教师教育学科核心素养丛书

化学教育专业核心素养提升读本

主编　任乃林　张晖英　周　青　李永亮

广东高等教育出版社
Guangdong Higher Education Press
·广州·

内容简介

本书以发展化学教育专业学生核心素养为目标，以《义务教育化学课程标准（2011 年版）》为指南，结合当前中学化学教育的核心素养发展和师范生培养的职业要求，系统地介绍了初中化学教师所需具备的基础知识和基本教学技能，涵盖了化学学科知识、化学教学设计、化学教学实施及化学教学评价四部分内容，并附有大量教学案例，内容循序渐进、通俗易懂。本书可作为化学师范专业学生、中学化学教师提高化学教学技能和实施素质教育的实训实践读本，也可作为化学教师资格证考试辅导书。

图书在版编目（CIP）数据

化学教育专业核心素养提升读本/任乃林等主编．—广州：广东高等教育出版社，2021.7

（教师教育学科核心素养丛书）

ISBN 978－7－5361－6953－1

Ⅰ.①化…　Ⅱ.①任…　Ⅲ.①中学化学课－教学研究－初中　Ⅳ.①G633.82

中国版本图书馆 CIP 数据核字（2020）第 256617 号

HUAXUE JIAOYU ZHUANYE HEXIN SUYANG TISHENG DUBEN

出版发行	广东高等教育出版社 社址：广州市天河区林和西横路 邮编：510500　营销电话：（020）87551597　87551077 http://www.gdgjs.com.cn
印　　刷	广州市穗彩印务有限公司
开　　本	787 毫米×1 092 毫米　1/16
印　　张	18.75
字　　数	448 千
版　　次	2021 年 7 月第 1 版
印　　次	2021 年 7 月第 1 次印刷
定　　价	48.00 元

总 序

核心素养的概念最早是由欧美一些发达国家在20世纪90年代提出来的，目的是提高各国公民的综合素养与核心竞争力。如何定义核心素养？表述不一。联合国教科文组织将学生终身学习所需要的素养称为核心素养；欧盟的《终身学习核心素养：欧洲参考框架》指出：核心素养是个体在自我实现、社会融入中所需知识、技能与态度的整合。在我国教育界，最先引发对核心素养关注的是2014年由教育部发布的《教育部关于全面深化课程改革 落实立德树人根本任务的意见》，这份文件明确提出要“研究制订学生发展核心素养体系和学业质量标准”。之后，北京师范大学牵头组织核心素养课题组，并于2016年9月13日发布中国学生发展核心素养的研究成果：以培养“全面发展的人”为核心，将核心素养分为文化基础、自主发展、社会参与三个方面，具体又细化为人文底蕴、科学精神、学会学习、健康生活、责任担当、实践创新等六大素养和国家认同等18个要点。

接下来的问题是如何培养学生的核心素养。这个任务，恐怕最终必须要落实到中小学的学科教学中。核心素养的培育，当然也可以通过家庭、社会教育的途径，但是，对于中小学生而言，他们接受教育的主要途径毕竟是学校教育，而学科教育是学校教育的基本教学形态。这样，学科核心素养的概念就被提出来了。一方面，学科核心素养是核心素养在学科中的具体化，如果没有学科教育的支撑，核心素养最终只能是空中楼阁；另一方面，每一个学科对核心素养的支撑又不可能是面面俱到的，它们有各自的学科特点和任务，它们支撑的可能是核心素养中某几个方面的要素，但是，各学科核心素养的有机结合就构成了新时代背景下学生必备的核心素养。目前，各学科的核心素养已经在教育界形成共识，并且已经被落实到新课程标准中。

对师范院校来说，当然要研究核心素养，要将学科核心素养纳入学科教学论的教学内容中。但更重要的是，我们培养的学生最终都要成为中小学某个学科的教师，他们要在教育教学中培养学生具有某学科的关键素质和能力，他们自己首先必须具有这一学科的核心素养。也可以说，具有学科核心素养，是师范生将来从事学科教育工作最基本的前提条件。甚至，我认为，各学科的师范生，应该自觉地将学科核心素养内化在自己的价值取向、思维方式、行为方式、情感态度之中，彰显自己作为某学科教师的独特标识。这样，对学生而言，他们不仅从教学中，而且从教师的身上，感受到具有鲜明学科特征的素养与品格。一个语文教师和一个数学教师，他们的行为方式、情感态度和气质，应该是不一样的。一个数学教师，应该是一丝不苟的、严谨的；一个语文教师，应该具有一点诗性气质。所以，对师范院校来说，如何培养学生的学科核心素养是一个事关人才培养的重要问题。这套丛书的编写，凝聚了我们对这个问题的思考和探索的成果。丛书没有统一的体例，有理论的阐述，亦有实践的案例，但是必须解决两个问题：其一，如何解读学科核心素养？其二，如何培养师范生的学科核心素养？从形成的书稿来看，水平有高低，体例各不同，但是大都涉及了这两个问题。我们的初衷是把这套丛书作为大学教师、师范生的教学参考书和读物。相信丛书的出版，对于提升师范专业人才培养质量，是有所借鉴和帮助的。

近年，广东提出了“新师范”的概念，也出台了《广东“新师范”建设实施方案》，这个概念的提出和若干措施的推动，不仅对广东，而且对全国教师教育改革都起到了较大的推动作用。当然，“新师范”究竟新在哪里？还有较大的阐释和讨论空间。我以为，“新师范”的“新”，应该包括党和国家对新时代教师所提出的新要求，也应该包括基础教育改革对教师素质和能力的新要求，而学科核心素养，无疑应该包含在这个新要求中。从这个角度看，这套丛书的编写和出版，也是对广东的“新师范”建设做出的一个微小的贡献。

黄景忠

2020 年 12 月

前　言

2001年教育部颁布了《全日制义务教育化学课程标准（实验稿）》，确定了化学课程改革的宗旨是全面提高学生的科学素养，经过十年的实践探索，课程改革取得了显著成效。同时，在课程标准执行过程中，也发现一些标准内容已不适应当前初中化学新课程教学改革的需要。经研究，教育部制订了《义务教育化学课程标准（2011年版）》。新标准着力提升初中学生的科学素养，提高他们的学习能力和创新能力。2014年教育部印发《关于全面深化课程改革落实立德树人根本任务的意见》，明确提出“核心素养体系”的概念，将核心素养体系放在深化课程改革、落实立德树人目标的基础地位，并作为未来发展不可缺少的因素。2016年9月《中国学生发展核心素养》的发布，标志着以核心素养为导向的新一轮基础教育课程改革已经启动。学生发展核心素养指学生应具备的、能够适应终身发展和社会发展需要的必备品格和关键能力，是关于学生知识、技能、情感、态度、价值观等多方面要求的综合表现。

2015年，教师资格证考试改革正式实施，教师资格证全国统考全面推行，由此提高了教师入职门槛，并打破了教师资格终身制，实行定期注册制度。2016年1月1日之后入学的全日制普通高校师范类专业学生，申请中小学教师资格必须参加教师资格证考试。2017年《普通高等学校师范类专业认证实施办法（暂行）》，认定“学生中心、产出导向、持续改进”为基本理念，明确了师范专业学生“一践行，三学会”（践行师德，学会教学、学会育人、学会发展）的毕业要求。为了全面落实立德树人的根本任务，提高化学专业师生的核心素养，推进专业实践创新，完成师范生培养目标，我们编写了《化学教育专业核心素养提升读本》。

本书以《义务教育化学课程标准（2011年版）》为指南，以发展学生核心素养为目标，重在提高学生的实践创新能力。全书贯穿新的教学理念，结合当前中学化学教育的核心素养发展和师范生培养的职业要求，系统地介绍了初中化学教师所需具备的基础知识及基本教学技能。可作为化学师范专业学生、中学化学教师提高化学教学技能和实施素质教育的实训实践读本，也可作为化学教师资格证考试辅导书。

全书在陕西师范大学博士生导师周青教授设计指导下完成，分为四大部分。第一部分化学学科知识由任乃林、严赞开撰写；第二部分化学教学设计由张晖英、林曼斌撰写；第三部分化学教学实施由李永亮、邱永革撰写；第四部分化学教学评价由周青、黄元东撰写。

由于编者水平有限，书中难免存在不足之处，敬请读者提出宝贵的意见和建议。

编　者

2020 年 10 月

目 录

第一部分　化学学科知识

第一章　化学专业知识

第一节　化学发展史

自古以来化学都是与人类的生活息息相关，从最初的钻木取火，到开始用火烧煮食物、烧制陶器、冶炼青铜器和铁器等，这些都是人类对化学技术的应用，极大地促进了当时社会生产力的发展，成为人类进步的标志。今天，化学作为一门基础学科，在科学技术和社会生活的方方面面正起着越来越不可替代的作用。化学学科的发展主要经历以下三个阶段（古代化学、近代化学和现代化学）和五个时期（化学的萌芽时期、炼丹和医药化学时期、燃素化学时期、定量化学时期和科学相互渗透时期）。

一、古代化学

原始人类从用火之时开始，由野蛮进入文明，同时也就开始了用化学方法认识和改造天然物质。燃烧就是一种化学现象。掌握了火以后，人类开始吃熟食，逐步学会了制陶、冶炼、酿造、染色等。这些由天然物质加工改造而成的制品，成为古代文明的标志。

古代化学是各种化学工艺知识的积累。它的产生与发展跟人类最基本的生活与生产联系在一起。这时的制陶、制玻璃、冶金、酿酒、染色等工艺，主要是人类在实践经验的直接启发下经历数万年摸索而来的，化学知识还没有形成。这是化学的萌芽时期。

我国在公元前8000年至前6000年的新石器时代，就发明并使用陶器了。早在商周以前就有了红陶与黑陶。到商周时代，人们已经懂得了用釉，出现了白陶和彩陶。在中国，普通的红陶、灰陶改造成白陶早在殷代就完成了。到秦代，制陶业的规模已十分惊人，其烧制技术十分高超，秦兵马俑被誉为世界八大奇迹之一。自秦以后，烧制砖瓦构成了中华建筑的基础，至今仍有“秦砖汉瓦”之说。汉代时，制陶业有了较大进步，从陶向瓷逐步发展，到魏晋时代已经出现了青瓷。唐代的瓷器质地已相当出色，出现了“薄如纸、白如玉、明如镜、声如罄”的高质量瓷器。考古证明，唐代以及宋代的陶瓷已大量出口，在埃及、伊朗、朝鲜、日本等国，都曾发现有唐宋时代的中国陶瓷。明代郑和七下西洋时，瓷器是他的船队的主要货物，作为礼物或进行交换的货物。总之，中国优质陶瓷的生产，反映了中国人民早已掌握了化学化工技术。

在古埃及、古印度、古希腊等国家和地区的劳动人民，也与我们的古人一样，创造了灿烂的古代文明。他们除了发明陶器外，还发明了玻璃。古埃及人很早就掌握了制造玻璃的技术，人们从公元前1000年的古埃及墓葬和干尸墓葬中发现了许多玻璃器皿。

无论是修筑宫殿的砖瓦，还是建造长城的白灰和巨砖，以及玻璃的发明、瓷釉的配制、日用器皿的成形，都成了人类文明不可分割的部分，有人把这种文明叫作“化学文明”。陶器、瓷器、玻璃的发明与使用，是人们应用物理方法与化学方法的伟大成果。

世界上最早炼铁和使用铁的国家是中国、埃及和印度，中国在春秋晚期（公元前6世纪）已炼出可供浇铸的生铁。最早的时候用木炭炼铁，木炭不完全燃烧产生的一氧化碳把铁矿石中的氧化铁还原为金属铁。铁被广泛用于制造犁铧、铁锛等，由此人类社会进入了铁器时代。由于铁比青铜更坚硬，炼铁的原料也远比铜矿丰富，在绝大部分地方，铁器代替了青铜器。

值得一提的是，我们的古人在酿酒技术上有一项重要的发明，就是用曲造酒。先用含有淀粉的谷粒蒸煮并碾碎之后，经过自然界的微生物与酶的生物化学作用后发酵成曲，再利用曲与更多的谷物酿制得酒，这个方法既经济又有效。在酿酒的同时，人们利用发酵原理，还从谷物中酿造出醋做调料，以及制成了酱与酱精（酱油）。曲的使用，开启了生物化学的先河。西方的造酒技术比中国晚许多年，曲技术大约在清代才传到西方，但由于西方人注意改进和定量研究，所以他们也酿造出许多名酒。

公元前1500年至公元1650年，炼丹术士们和炼金术士们，为求得长生不老的仙丹，为求得荣华富贵的黄金，在皇宫、教堂、自己家里，开始了最早的化学实验。记载、总结炼丹术的书籍，在中国、阿拉伯、埃及、希腊都有不少，积累了许多物质间的化学变化的资料，为化学的进一步发展准备了丰富的素材。后来，炼丹术、炼金术几经盛衰，被人们更多地看到了它荒唐的一面。化学方法转而在医药和冶金方面得到了更多应用。在欧洲文艺复兴时期，出版的一些关于化学的书籍中第一次出现了“化学”这个名词。英语的Chemistry起源于Alchemy，即炼金术。Chemist至今还保留着两个相关的含义：化学家和药剂师。这便是化学的炼丹和医药化学时期。

二、近代化学

1661年，英国科学家波义耳首次赋予“元素”以科学的定义，提出化学元素的概念。他还把严密的实验方法引入化学研究，为化学发展成为一门实验科学打下基础。波义耳认为化学应当为研究物质的组成、性质及其化学变化去进行研究。波义耳还主张，不应该单纯把化学看作是一种制造金属、药物等从事工艺的经验性技艺，而应把它看成一门科学。因此，波义耳被认为是将化学确立为科学的人，这些带有根本性的变化使化学成为一门独立的科学。

在 17 世纪下半叶至 18 世纪的欧洲，随着冶金工业和实验室经验的积累，人们总结感性知识，认为可燃物能够燃烧是因为它含有“燃素”，燃烧的过程是可燃物中“燃素”释放的过程，可燃物放出燃素后成为灰烬。1777 年前后，拉瓦锡（A. L. Lavoisier）以化学实验为基础阐述了燃烧的氧化学说，1779 年系统建立科学的氧化理论，全面替代了传统的燃素说。

1808 年，英国科学家道尔顿（J. Dolton）提出原子学说，首次把原子量的概念引入化学，使化学真正走上定量科学的道路。1811 年，意大利化学家阿伏加德罗（A. Avogadro）把“分子”引入道尔顿的原子论，提出了分子假说，促使道尔顿的原子论发展为完整全面的“原子—分子”论。

通过对矿物的分析，发现了许多新元素，加上对原子分子学说的实验验证，经典的化学分析方法也有了自己的体系。草酸和尿素的合成、原子价概念的产生、苯的六环结构和碳价键四面体等学说的创立、酒石酸拆分成旋光异构体，以及分子的不对称性等的发现，导致有机化学结构理论的建立，使人们对分子本质的认识更加深入，并奠定了有机化学的基础。

19 世纪下半叶，热力学等物理学理论创立后，不仅澄清了化学平衡和反应速率的概念，而且可以定量地判断化学反应中物质转化的方向和条件，相继建立了溶液理论、电离理论、电化学和化学动力学的理论基础。物理化学的诞生，把化学从理论上提高到一个新的水平。

此外，在这一时期还发现了元素周期律，发展了有机结构理论，等等。所有这一切都为现代化学的发展奠定了坚实的基础。

三、现代化学

20 世纪初，量子论的发展使化学和物理学有了共同的语言，现代物理技术应用在化学中，解决了化学上许多悬而未决的问题；以数学模型表达的量子力学的原子结构理论，使人们对原子内部结构的认识，在深度和广度上都达到了前所未有的水平。在此基础上，化学也进入了现代化学的发展时期。在这一时期，元素周期律有了新的发展，建立起现代的分子结构理论（包括价键理论、分子轨道理论和配位场理论），使人们对分子内部结构和化学键的认识不断深入。

近代物理的理论和技术、数学方法及计算机技术在化学中的应用，对现代化学的发展起了很大的推动作用。19 世纪末，电子、X 射线和放射性的发现为化学在 20 世纪的重大进展创造了条件。

在结构化学方面，由于电子的发现而确立的现代的有核原子模型，不仅丰富和深化了人们对元素周期表的认识，而且发展了分子理论。应用量子力学研究分子结构，产生了量子化学。

人们从氢分子结构的研究开始，逐步揭示了化学键的本质，先后创立了价键理论、分子轨道理论和配位场理论。化学反应理论也随之深入到微观境界。应用 X 射线作为研究物质结构的新分析手段，可以洞察物质的晶体结构。测定化合物立体结构的方法，有 X 射线衍射、电子衍射和中子衍射等。其中以 X 射线衍射法的应用所积累的精密分子立体结构信息最多。

研究物质结构的谱学方法也由可见光谱、紫外光谱、红外光谱扩展到核磁共振谱、电子自旋共振谱、光电子能谱、射线共振光谱、穆斯堡尔谱等，与计算机联用后，积累的大量物质结构与性能相关的资料，正由经验向理论发展。电子显微镜放大倍数不断提高，借助电子显微镜人们可以直接观察分子的结构。

经典的元素学说由于放射性的发现而产生深刻的变革。从放射性衰变理论的创立、同位素的发现到人工核反应和核裂变的实现、氘的发现、中子和正电子及其他基本粒子的发现，不仅使人类的认识深入到亚原子层次，而且创立了相应的实验方法和理论；不仅实现了古代炼丹家转变元素的思想，而且改变了人的宇宙观。

作为 20 世纪的时代标志，核能开始被人类掌握和使用。放射化学和核化学等分支学科相继产生，并迅速发展；同位素地质学、同位素宇宙化学等交叉学科接踵诞生。元素周期表扩充到了 109 号元素，并且正在探索超重元素以验证元素“稳定岛假说”。与现代宇宙学相依存的元素起源学说和与演化学说密切相关的同位素年龄测定等研究，都在不断补充和更新元素的观念。

在化学反应理论方面，由于对分子结构和化学键的认识的提高，经典的、统计的反应理论已进一步深化，在过渡态理论建立后，逐渐向微观的反应理论发展，用分子轨道理论研究微观的反应机理，并逐渐建立了分子轨道对称守恒原理和前线轨道理论。分子束、激光和等离子技术的应用，使得对不稳定化学物种的检测和研究成为现实，从而化学动力学已有可能从经典的、统计的宏观动力学深入到单个分子或原子水平的微观反应动力学。

计算机技术的发展，使得分子、电子结构和化学反应的量子化学计算、化学统计、化学模式识别，以及大规模技术的处理和综合等方面，都得到较大的进展，有的已经逐步进入化学教育之中。关于催化作用的研究，已提出了各种模型和理论，从无机催化进入有机催化和生物催化，开始从分子微观结构、尺寸的角度和生物物理有机化学的角度，来研究酶类的作用和酶类的结构与其功能的关系。

分析方法和手段是化学研究的基本方法和手段。一方面，经典的成分和组成分析方法仍在不断改进，分析灵敏度从常量发展到微量、超微量、痕量；另一方面，许多新的分析方法可深入到进行结构分析、构象测定、同位素测定、各种活泼中间体（如自由基、离子基、卡宾、氮宾、卡拜等）的直接测定以及对短寿命亚稳态分子的检测等。离子交换、膜技术、色谱法等分离技术也在不断革新。

合成各种物质，是化学研究的目的之一。在无机合成方面，首先合成的是氨。氨的合成不仅开创了无机合成工业，而且带动了催化化学，发展了化学热力学和反应动力学。后来相继合成的有红宝石、人造水晶、硼氢化合物、金刚石、半导体、超导材料和二茂铁等配位化合物。

在电子技术、核工业、航天技术等现代工业技术的推动下，各种超纯物质、新型化合物和特殊需要的材料的生产技术都得到了较大发展。稀有气体化合物的成功合成又向化学家提出了新的挑战，需要对零族元素的化学性质重新加以研究。无机化学在与有机化学、生物化学、物理化学等学科相互渗透中产生了有机金属化学、生物无机化学、无机固体化学等新兴学科。

酚醛树脂的合成，开辟了高分子科学领域。20 世纪 30 年代聚酰胺纤维的合成，使高分子的概念得到广泛的确认。后来，高分子的合成、结构和性能研究、应用三方面保持互相配合和促进，使高分子化学得以迅速发展。

各种高分子材料的合成和应用，为现代工农业、交通运输、医疗卫生、军事技术，以及人们衣食住行各方面，提供了多种性能优异而成本较低的重要材料，成为现代物质文明的重要标志。高分子工业发展为化学工业的重要支柱。

20 世纪是有机合成的黄金时代。化学的分离手段和结构分析方法已经有了很大发展，解决了许多天然有机化合物的结构问题，还发现了许多新的重要的有机反应和专一性有机试剂。在此基础上，精细有机合成，特别是在不对称合成方面取得了很大进展。

20 世纪以来，化学发展的趋势可以归纳为：由宏观向微观发展、由定性向定量发展、由稳定态向亚稳定态发展；由经验逐渐上升到理论，再用于指导设计和开创新的研究。一方面，为生产和技术部门提供尽可能多的新物质、新材料；另一方面，在与其他自然科学相互渗透的进程中不断产生新学科，并向探索生命科学和宇宙起源的方向发展。

现代化学的发展不仅表现于学科的相互浸透，走向高度的综合上，同时表现于学科的高度分化上，出现了许许多多分支学科。目前的分支学科有分析化学、无机化学、有机化学、物理化学、高分子化学、核化学和放射化学、环境化学、材料化学、生命化学等，而这些分支学科又有进一步的分支，如物理化学中有化学热力学、化学动力学、结构化学、量子化学、表面化学、元素结构化学、光化学、界面与胶体化学、电化学、催化化学、磁化学、计算化学、晶体化学、高能化学等，令人不胜枚举。值得一提的是，各个分支学科之间又是紧密联系、相互渗透的。

第二节　化学研究基本方法

一、化学科学方法的体系

化学方法是化学家认识化学运动规律的工具或手段，它担负着化学的发现和建立、检验、运用以及发展化学理论等重要职能。事实上，化学家只有解决好化学方法问题才能深刻地理解化学运动的本质，发现化学运动的规律，有效地促进化学科学的发展。方法教育是培养新型人才、提高学生科学素养所不可忽视的重要教育内容。

（一）实验方法与理论方法

1. 化学研究的实验方法（实践方法）

化学实践是最基本、最普通和最通用的研究方法，实践贯穿于化学发展的全过程，化学中的各种研究方法都源于实践。在17世纪，化学实现了向化学实验方法的过渡，古代化学才发展成为近代化学。化学从17世纪发展到现在，从获得化学物质的观点来看，化学实验方法的发展可分为4个阶段，也是4次飞跃，标志着化学实验方法推动着化学研究的逐步深入。第一阶段为17—18世纪，主要是通过实验方法了解天然化学物质，对一些元素和比较简单的化合物进行分析和制备。第二阶段为19世纪，维勒合成尿素开辟了由无机物合成天然有机物的道路。第三阶段为20世纪前半叶，人工合成非天然的多种无机化合物和有机化合物，其性能在许多方面超过天然化合物。第四阶段为20世纪60年代至今，化学通过分子设计、组装等先进手段合成了一系列新型材料，大大加快了新技术革命的历程。总之，化学实验是直接推动化学发展的重要方法，也是其他方法不能取代的，更是整个化学学科的根基。

2. 化学研究的理论方法

化学研究的理论方法与实验方法是协同发展的。由于科学理论的出现，化学成为系统的科学。化学中理论方法的发展可分为3个阶段。第一阶段为16—18世纪，主要是针对一些具体化学现象提出了相应理论，如波义耳的科学元素概念等，这些都是初步的理论。第二阶段为19世纪化学大发展时期，这一时期理论的发展是多方面的，涉及许多基本的内容，如原子分子论、有机化合物结构理论等，推动着当时化学的大发展。第三阶段为20世纪以来，除了常规的逻辑方法、模型方法、假说、数学方法等外，随着现代物理学在微观领域的研究成果渗透到化学领域，化学研究开始从静态向动态发展，化学研究的方法也在不断补充和完善，不断从低级到高级，从简单到复杂，从单一方法到多种方法的综合运用，形成了各种方法纵横发展，并在化学探索中，在不同的侧面运用不同的方法进行综合、整体、全面的考察，以不断改善实现化学任务的可能途径，推动化学学科的全面发展。在这个阶段产生了许多崭新的理论方法，如物理化学方法等。另外，随着微观研究与宏观研究的结合，化学理论有了相当大的进展，如在探索生命的化学奥秘方面，耗散结构理论在研究中展现了全新的天地。特别要强调的是，化学与其他学科方法相互配合而产生的新方法，以及其他科学的研究方法在化学研究中的运用，使得化学研究方法呈现交叉、多元化和综合化的发展趋势，并成为现代化学研究方法发展的重要标志，如数学化学法、物理化学法、生物化学法、哲学化学法以及系统科学方法在化学研究中的应用等。

实验方法和理论方法两者之间相辅相成，相互促进。化学的发展是以实验为基础的，而实验所获得的结果应上升到理论来认识，从这个意义上讲，实验又是为探索理论服务的。从两者的发展过程来看，两者并不一定同步，17—18世纪以实验方法为主，19 世纪以理论方法为主，20 世纪以后，逐渐发展到两种方法并驾齐驱，相互联系更为密切的综合发展阶段。

（二）感性方法与理性方法

化学科学的基本研究方法可以分为感性方法与理性方法。通过对化学科学研究的基本方法的探索，可以使化学研究模式化以提高研究效率。

1. 化学感性认识方法

（1）化学观察方法。即利用人的感官或感官的延伸仪器，直接从化学现象中获得感性认识的方法，它提供化学研究的初步信息。

（2）化学实验方法。是运用科学仪器和设备模拟或控制自然现象，排除次要因素和干扰因素，突出主要因素，以探索化学运动本质或规律的方法。

2. 化学理性认识方法

（1）逻辑思维方法。包括化学比较法、化学分类法、化学归纳法、化学演绎法、化学分析法、化学综合法、化学证明与证伪法、化学辩证思维方法等。

（2）化学抽象方法。透过一类化学事物的表面现象，通过思维抽取其共同的主要的方法，把握其一般本质的认识过程和思维方法，如化学概念和判断、化学符号思维方法、化学模型方法等。

（3）化学假说方法。是化学家根据已知的化学原理和化学事实，对未知的化学现象及其规律性所做出的一种假定性说明的思维方法。

（4）化学移植方法。是借助于其他科学的理论与方法研究化学对象的方法。

二、化学科学探究中的基本方法

义务教育阶段化学课程中的科学探究，是学生积极主动地获取化学知识、认识和解决化学问题的重要实践活动。它涉及提出问题、猜想与假设、制订计划、进行实验、收集证据、解释与结论、反思与评价、表达与交流等要素，科学探究的每个环节所涉及的科学方法既有独特性，又有联系性。以下将这些方法从提出问题、作出假设、实验探究和获得结论 4 个方面进行梳理和概述。

（一）提出问题的方法

提出问题作为科学探究的重要环节受到高度重视，一个人在学习过程中能否发现问题或能否提出好的问题，标志着他的学习水平的高低和能力的强弱。爱因斯坦曾指出：“提出一个问题往往比解决问题更重要，因为解决一个问题也许是一个数学上的或实验上的技能而已。而提出新的问题、新的可能性，从新的角度去看旧的问题，却需要有创造性的想象力而且标志着科学的真正进步。”

1. 对“生活”提问

九年级学生对化学知识的积累和认识都是十分有限的。但是，生活中处处都离不开化学，要充分利用身边的素材，培养学生提出问题的能力。从这个角度提问，素材可以说是取之不尽，用之不竭的。例如，家用的液化气其主要成分是什么？液化气燃烧时火焰呈蓝色，而炒菜时为什么会不时出现黄色火焰？铁制品为什么总是锈迹斑斑？用什么方法可以除掉铁锈？如何防止铁生锈？不粘锅内壁的材料是什么？等等。这些看上去很寻常简单的问题，可能会包含着许多高深的化学知识。正是因为生活中存在许许多多这种初中学生还不能解答的问题，他们才会对学习化学有兴趣，才会产生学习化学的持续动力。

2. 对“教科书”提问

引导学生利用好教科书，针对其中易混淆的概念、知识衔接点提问。如“原子”“分子”定义中的“最小粒子”各是什么含义？“催化剂”定义中的“改变速率”又是什么含义？等等。学生通过对教科书知识的质疑、讨论，会加深对教科书知识的理解和掌握。

3. 对“化学实验”提问

化学是一门以实验为基础的科学。化学实验是学生学习化学非常感兴趣的一个内容。例如，实验室用氯酸钾和二氧化锰混合加热制取氧气。可以引导学生提问：有没有其他化学品替代氯酸钾和二氧化锰也能制取氧气？二氧化锰催化剂能否用其他化学品替代？这套实验室制氧气的装置就只能制取氧气吗？等等。培养学生发现实验中的问题，并设法解决它，这样会极大地提高学生对化学实验的兴趣，培养学生动脑动手的自觉性，提高学生的实验能力。

（二）猜想与假设的方法

猜想与假设就是根据已有的资料和客观事实，对探讨的问题设想出来的一种或几种可能的答案与结论，它是科学探究的重要特征之一。第一，假设的内容是由问题决定的，因此，在做假设前，首先要清楚问题是什么。第二，做出的假设与基本预测有很大的关系。如果基本预测是肯定的，那么假设就是肯定的假设；如果基本预测是否定的，那么假设就是否定的假设。第三，假设在实验之前没有正确与错误之分，只有可以检验的假设和无法检验的假设。一般要求学生作出的假设应是可检验的，因为无法检验的假设对科学研究是没有意义的。第四，作出假设的基本句式是“如果……，那么……”，“如果”后面跟的是所做出的基本预测，“那么”后面跟的是可操作的定义（可观察或计量的）。引导学生提出假设的方法主要有以下几种。

1. 运用归纳法做出假设

归纳法就是把从特殊和个别事实所获得的认识或规律提高到一般的认识规律和方法，即从特殊到一般。例如，在对铝的性质进行预测时，通过已有的实验经验可知锌与稀硫酸（研究对象 1）、铁与稀硫酸（研究对象 2）、镁与稀硫酸（研究对象 3）都能相互发生反应生成盐和氢气。从而可以作出归纳式假设：金属与酸反应生成盐和氢气。铝是种金属，因此铝与稀盐酸能发生反应，生成铝盐和氢气。这样借助归纳法对铝的性质进行了假设，通过具体的实验可检验铝是否具有这一性质。

2．运用演绎法做出假设

与归纳法相反，演绎法就是把一般规律和原理运用于特殊与个别中，以验证一般规律和原理的适用性，即从一般到特殊。例如，运用演绎法对一氧化碳的化学性质作出假设，可先分析一氧化碳的化合价，然后运用“如果一种物质中的元素处于中间价态，那么这种物质既有氧化性又有还原性”的规律提出假设：一氧化碳既有还原性又有氧化性。

3．运用类比法做出假设

类比法就是根据两个或者两类对象有共同或相似属性，从而推出一个研究对象可能具有另一个研究对象所具有的属性。例如，学习二氧化硫气体的化学性质时，可以引导学生利用已有的二氧化碳的知识进行假设。二氧化碳能与水反应生成碳酸；能使紫色石蕊试液变红；通入石灰水中，使澄清石灰水变浑浊，若过量通入又会使浑浊溶液变澄清。那么二氧化硫是否也具有这些化学性质？而后引导学生设计实验验证假设。

4．运用分类法做出假设

分类法即对已有的现象或资料，按照某种重要的特征，将其分类整理，提出和建立假设的方法。例如，在探究电解质性质的活动中，对相同条件下的 HCl、NaOH、HAc（乙酸）、$NH_3 \cdot H_2O$ 进行导电性实验。首先要做的是分类，其中导电能力强的是 HCl 和 NaOH，导电能力弱的是 HAc 和 $NH_3 \cdot H_2O$。在分类的基础上提出假设：溶液导电性不同，是由于溶液中自由移动的离子浓度不同，在相同条件下，导电能力强的 HCl、NaOH 在水溶液中完全电离，导电能力弱的 HAc、$NH_3 \cdot H_2O$ 在水溶液中则部分电离。

（三）实验探究的方法

义务教育阶段学生实验能力的培养以实验观察和实验操作能力的培养为主。实验操作能力主要为实验技能的培养，在此处不做讨论。实验过程中还要关注实验设计方法和实验数据的统计和处理。

1．观察与描述

（1）观察。观察是激发学生学习化学的兴趣、直接获得感知对象的信息、培养观察能力的一种最基本、最重要的科学方法。在化学教学中，不论哪一种观察，都应引导学生做到：坚持观察的客观性，克服观察的主观性；坚持观察的全面性，克服观察的片面性；观察要有明确的目的性和观察重点；坚持观察时开展积极思维。

①观察的全面性。一般应包括反应物的颜色、状态，生成物的颜色、状态，反应过程中产生的光、焰、声、色、放热、沉淀、气味等变化，以及反应剧烈的程度等。

②观察的目的性。化学的实验现象五彩缤纷、多种多样，有的现象十分突出而明显，有些现象因转瞬即逝而不易被察觉，观察时要注意抓住反应变化本质的现象。如何才能抓住反应本质的现象呢？为此，实验前要仔细研究实验目的、过程，确定观察现象的重点。例如，在实验验证化学变化和物理变化的本质区别时，重点观察物质是

否发生了改变，是否有不同于原物质的新物质生成。如将镁条剪短，说明只是物理变化，没有新物质生成，它仍保持了银白色的金属光泽和富于弹性。但是，把镁条放在酒精灯火焰上点燃后，产生了耀眼的白光，冒烟，反应剧烈且放热，熄灭后生成了白色粉末。这一系列的实验现象，重点即是生成了不同于原来镁条的白色固体物质，是一种新物质，这才是观察的重点。白色固体物质的光泽、状态及弹性等方面都不同于原来的镁条，说明点燃镁条时发生了化学变化，而发生反应时出现的白光、放热，则是伴随化学变化的现象，不是判断物质变化的本质依据。

③观察中的积极思维。观察现象要深化，要思考，力求从感性认识上升为理性认识。每次实验后要将观察到的现象加以综合分析，认真思考，找到原因进行对比、推理、判断，然后得出结论，以求对事物深入了解和认识。只有坚持不懈地努力，才能对化学学习中出现的概念、原理、定律以及元素化合物的知识掌握得比较牢固。

（2）描述。用语言描述实验现象，是对观察所获得的视觉信息的进一步心理加工，以形成对事物的理性认识。这种从感性到理性的发展为学生形成科学认识奠定了基础。

对实验现象的描述要使用准确的化学用语。例如，“光”和“焰”的区别，“烟”和“雾”的区别。一般情况下，气体物质（或反应过程中有气态可燃物产生）燃烧有火焰，而难挥发的固体物质燃烧没有火焰但会发光。例如，氢气、一氧化碳这些气体燃烧，分别为淡蓝色火焰及蓝色火焰。硫虽然是固体，但它在燃烧时是先熔化进而挥发成硫蒸气，所以，它在空气中燃烧的火焰为微弱的淡蓝色，在氧气中燃烧的火焰为明亮的蓝紫色。固体物质，如木炭、铁丝、镁条等燃烧，其现象分别为发白光、火星四射、发出耀眼强光。“雾”是小液滴分散在空气中形成的，如浓盐酸挥发出的氯化氢气体遇水蒸气结合成盐酸小液滴，在空气中形成酸雾。“烟”是指固体小颗粒分散在空气中形成的，如红磷在空气中燃烧形成大量的、浓厚的“白烟”，就是生成的五氧化二磷白色固体小颗粒聚集而成的。

此外，还应注意做好观察记录。记录是一种有效的信息储存方式，是常用的科学方法。它可以督促学生坚持观察的客观性、全面性、系统性、思维性和目的性。

2. 设计和实施实验

在化学教学中，实验的设计需考虑实验的教学目的。设计实验要全面考虑实验仪器、工具、设备以及完成实验的条件，可能产生的变化和现象等。实验设计的水平直接关系到实验能否达到预期的目的，因而十分重要，是实验方法的关键部分。控制实验条件是人为地控制影响实验进行的各种外部因素，使实验产生预期的效果的科学方法。影响化学实验的外部条件有温度、压力、催化剂、试剂种类以及实验人员的操作方法和步骤等。

由于实验设计牵涉多方面的内容，所以设计过程必须遵循一定的程序。一般来说，化学实验设计有下列的程序：

（1）提出实验研究课题（实验目的）。实验目的是实验的出发点和归宿，因此在实验设计前，必须对实验的目的相当明确。

（2）根据实验目的确定实验的原理和方法。只有明确实验原理和方法，才能对实验设计做出合理的规划。

（3）厘清设计思路。实验设计的基本思路是：目的假设—变量—方法—步骤—器材。即根据实验目的提出假设，围绕假设确定被试和变量，按照实验变量采取相应的方法、手段，依据变量控制实验步骤、选择合适器材和反应条件等。

（4）实施、对比、控制。在实验实施过程中要特别重视对比和控制，对比不当，实验将失去意义；没有控制，则不能成为实验。实验应始终保持主题活性，细致观察实验现象，翔实记录数据。

（5）结果处理。对实验现象、结果、数据进行加工整理，准确表述实验结论。

（6）评价与修正。回顾实验设计，反思实验过程，修正检验假设，对结果评价。

义务教育阶段不要求学生自主进行完整的实验设计，但是要求学生有实验设计意识，能够理解实验设计和实验目的之间的关系，知道设计实验要全面考虑实验仪器、工具、设备以及完成实验的条件、可能产生的变化和现象等，能够尝试运用控制变量和对比的方法进行实验片段设计。

3. 实验数据的收集和处理

义务教育阶段学生会接触到一些定量实验，需要测定数据，并按一定要求处理数据，以便分析现象、发现问题、得出结论。

学生应该知道通过化学实验认识物质的一些属性（如密度、硬度、溶解度等），在了解物质组成中各组分的相对含量时都需要在实验中测定和处理数据，而选择适当的测量仪器、试剂、反应条件及规范的操作是获得准确数据的保证，也是科学方法的具体表现。

学生对实验数据应该具备一定的处理能力，知道测定的数据有的需要按一定的要求和方法进行处理才能说明问题，如将测定的各种物质的溶解度数据绘成溶解度曲线，可以清楚地认识物质溶解度随温度变化的情况，以及比较相同温度时各种物质溶解度的大小。

（四）获得结论的方法

在一些情况下，实验的目的、提出的假设以及实验方案比较具体化，可直接由实验的结果得出探究活动的结论。例如，实验表明铝可以与酸反应生成氢气，二氧化硫可以与水反应且溶液显酸性等。还有很多时候，需要对实验数据综合分析方能得出结论，这就需要使用比较、分类、归纳、概括等分析方法。这些方法的使用还可以使结论更加系统和深入。

1. 比较和分类

（1）比较。比较是辨别异同、区分事物之间的相同点和不同点的逻辑方法。比较的根据是事物之间客观存在着差异性和同一性。化学领域中各种化学物质普遍存在的个性与共性，是进行化学比较的客观基础。

比较方法分为时间的比较与空间的比较两种类型。客观世界中的多种元素及化合物、多种形式的化学反应在空间上并存着，所以可以对它们进行空间既定形态的比较。物质在化学反应过程中，由始态到终态在时间上是连续的、前后相随的，这就可以从不同阶段进行时间上历史形态的比较，进而认识整个化学反应的历程，揭示各类化学反应的本质。

（2）分类。所谓分类，就是一种根据事物之间的共同点和差异点，把研究对象区分为不同种类的逻辑方法。通常先用比较的方法确定事物之间的共同点与差异点，再根据它们的共同点将事物归并为较大的类，然后根据差异点将事物划分成较小的类，以此将事物划分成具有从属关系的不同等级的系统。可见，分类是以比较为基础的。

在化学研究中，对大量的科学材料进行分类，必须以事物性质的差别、事物矛盾的特殊性作为客观依据。凡是归为同一类的化学物质或化学反应，它们必须在性质上有共性，必须具有共同的矛盾特殊性，必须存在着本质的联系。化学分类还必须以研究对象本身的某种属性或联系作为标准。因为化学所研究的化学物质客观对象本身有多方面的属性，这些客观对象之间又有着多方面的联系，所以分类也有多种不同的标准。

2. 归纳和概括

归纳就是从实验和观测的事实材料和实验数据出发，推导出理论性的一般结论的方法。即从个别到一般的推理方法。

概括是形成概念的一种思维过程和方法。即从思想中把某些具有一些相同属性的事物抽取出来的本质属性，推广到具有这些属性的一切事物中，从而形成关于这类事物的普遍概念。

归纳和概括都是从具体的事实、数据出发，获得一般性结论的方法。所不同的是，归纳更强调推理过程，得到可推广的理论；概括更强调抽象过程，抽象出一组物质的共同属性，得到概念。

归纳法按照它概括的对象是否完全，可分为完全归纳法和不完全归纳法。完全归纳法是在某一类事物个体对象无一遗漏的情况下，概括出结论的推理方法。在科学研究中，很少能做到完全归纳，人们经常是和有限的事物和可能打交道，因此只能根据部分对象具有某种属性而作出概括，这就是不完全归纳。不完全归纳法是一种偶然性推理，结论也不是完全可靠的。

简单枚举法就是一种不完全归纳法。简单枚举法是列举出部分事物的共同点，而推出一般结论的归纳法。这样得到的结论可靠性不大，只能算是猜测，在科学研究中起着辅助手段的作用。如拉瓦锡根据硫酸（H_2SO_4）、硝酸（HNO_3）、硼酸（H_3BO_3）都含有氧元素，便归纳得出结论：氧元素是酸的本原，一切酸中都含有氧元素。这里因为没有列举全部对象，得出的结论便不可靠。这个结论中排除了盐酸等无氧酸，犯了以偏概全的错误。

在科学研究中，人们为了获得可靠的结论，在运用归纳法的过程中，必须同时运用演绎、分析、综合等方法，从而使不完全归纳法建立在综合的科学分析之上，这种建立在科学分析基础之上的归纳法，就是科学归纳法，但它仍属于不完全归纳法。

第三节　化学计量

一、溶解度

固体的溶解度表示在一定温度下，某固体物质在 100 g 溶剂里达到饱和状态时所溶解的质量，符号是 S，单位是 g。如果不指明溶剂，通常所说的溶解度是指物质在水里的溶解度。计算公式为：

$$S=\frac{m_{(质)}}{m_{(剂)}}\times 100\ \text{g}$$

影响溶解度大小的因素：

①内因：溶质、溶剂本身的性质。

②外因：温度。大多数固体物质的溶解度随温度的升高而增大，如硝酸钾、氯化铵等；少数固体物质的溶解度受温度变化的影响很小，如氯化钠；极少数固体物质的溶解度随温度的升高而减小，如氢氧化钙。

二、溶质的质量分数

溶液中溶质的质量分数是溶质质量与溶液质量之比，计算公式为：

$$溶质的质量分数=\frac{溶质质量}{溶液质量}\times 100\%$$

$$饱和溶液的溶质质量分数=\frac{S}{100+S}\times 100\%$$

三、物质的量

物质的量是一个物理量，它表示含有一定数目粒子的集合体，符号是 n，单位是 mol（摩尔）。

该物理量描述的对象是微观粒子，如原子、分子、离子、电子、中子、质子、光子等。

四、摩尔质量

摩尔质量是指单位物质的量的物质所具有的质量，符号是 M，常用单位是 $\text{g}\cdot\text{mol}^{-1}$。

摩尔质量、物质的质量与物质的量的关系为：$m=n\cdot M$

五、气体摩尔体积

气体摩尔体积是指单位物质的量的气体所占的体积，符号是 V_m，常用单位为 $L \cdot mol^{-1}$。它的大小与温度、压强有关，在标准状况（273 K、1.01×10^5 Pa）下，任何气体的摩尔体积都等于 $22.4\ L \cdot mol^{-1}$。

气体摩尔体积、气体的体积与物质的量的关系为：$V = n \cdot V_m$

六、物质的量浓度

物质的量浓度是以单位体积溶液里所含溶质 B 的物质的量来表示溶液组成的物理量，符号 c_B，常用单位是 $mol \cdot L^{-1}$。

物质的量浓度计算公式：$c_B = n_B/V$

第四节　物质结构与性质

一、原子结构与元素周期律

化学是在原子、分子水平上研究物质的组成、结构、性质、变化、制备和应用的自然科学。为了深入了解物质性质的变化规律，必须进一步从微观上考虑物质的结构。构成分子的原子具有怎样的结构？它们是如何构成各种各样的分子的？原子之间、分子之间是如何相互作用的？等等。这些问题都是关于物质结构理论的基本问题。原子结构和元素周期律的内容是化学理论的基础，它指导着元素及化合物知识和其他理论的学习。其中原子结构理论是关键和核心，只有很好地掌握它，才能了解元素化学性质及其变化的原因，理解元素周期律、化合价、化学键、氧化还原反应及电化学的实质。

（一）原子结构

原子结构从微观上揭示了元素性质呈现周期性变化的原因，即元素的原子半径和原子最外层电子数呈现周期性变化的结果，从微观的角度探求物质性质的根源。在该部分内容中，大致包括以下知识点。

1. 元素

元素是对具有相同的核电荷数（即质子数）的同类原子的总称。

判断不同微粒是否属于同一元素的要点是：单原子核质子数相同，而不管微粒是处于何种状态（游离态或化合态）或何种价态（各种可能的负价、0 价、正价）。

2. 核素

人们把具有一定数目的质子和一定数目的中子的原子叫作核素。换言之，核素是一种具体原子的另一称呼。

3. 同位素

具有相同质子数和不同中子数的同种元素的原子，互称同位素。换言之，同一元素的不同核素，互称同位素。

（1）同位素中“同”的含义：是指元素符号、质子数、电子数、电子排布、在周期表中位置、原子化学性质等相同，它们的物质性质略有差异。

（2）同位素的特征：同一元素的不同同位素原子的化学性质基本相同。

4. 原子

原子是化学变化中的最小微粒。在化学反应中，核外电子数可变，但原子核不变。

原子核（$^{A}_{Z}X$）

- 原子核
  - 中子 N（不带电荷）⟶同位素（核素）
  - 质子 Z（带正电荷）⟶核电荷数⟶元素⟶元素符号
  - 中子＋质子⟶质量数（A = N + Z）⟶近似相对原子质量
- 核外电子 Z
  - 电子数（Z 个）
  - 运动特征
    - 体积小，运动速率高（近光速），无固定轨道
    - 电子云（比喻）⟶小黑点的意义、小黑点密度的意义
    - 排布规律 $\xrightarrow{\text{决定}}$ 电子层数⟶周期序数及原子半径
  - 表示方法⟶原子（离子）的电子式、原子结构示意图

质子数（Z）= 核电荷数 = 原子序数

原子序数：按质子数由小到大的顺序给元素排序，所得序号为元素的原子序数。

质量数（A）= 质子数（Z）+ 中子数（N）

中性原子：质子数 = 核外电子数

阳离子：质子数 = 核外电子数 + 所带电荷数

阴离子：质子数 = 核外电子数 − 所带电荷数

5. 原子团

原子团是两个或两个以上原子结成的集团，作为一个整体参加化学反应。它可以是中性的基（如—CH_3），也可以是带正电的阳离子（如 NH_4^+）或带负电的阴离子（如 NO_3^-）。

6. 相对原子质量

相对原子质量是指某元素一个原子（同位素）的质量与一个 ^{12}C 原子的质量的 1/12

的比值（所以^{12}C原子的相对原子质量恰好为12）。其单位为1。

7. 电子云

以小黑点的疏密来描述电子在原子核外空间出现的机会大小所得的图形叫作电子云图。离原子核越近，电子出现的机会越大，电子云密度越大；离核越远，电子出现的机会越小，电子云密度越小。

8. 电子层

根据电子的能量差异和主要运动区域的不同，核外电子分别处于不同的电子层。原子由里向外对应的电子层符号分别为K，L，M，N，O，P，Q。

9. 原子轨道

处于同一电子层的原子核外电子，也可以在不同类型的原子轨道上运动，分别用s，p，d，f表示不同形状的轨道，s轨道呈球形，p轨道呈纺锤形，d轨道和f轨道较复杂。各轨道的伸展方向个数依次为1、3、5、7。

10. 原子核外电子排布规律

（1）构造原理：随着核电荷数递增，大多数元素的电中性基态原子的电子如图1－1－1所示顺序填入核外电子运动轨道（能级），叫作构造原理。

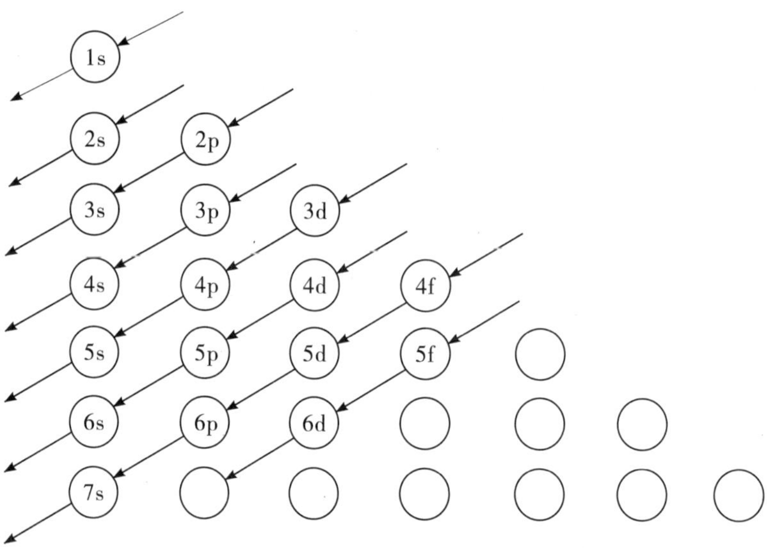

图1－1－1 构造原理示意图

能级交错：由构造原理可知，电子先进入4s轨道，后进入3d轨道，这种现象叫作能级交错。说明：构造原理并不是说4s能级比3d能级能量低（实际上4s能级比3d能级能量高），而是指按这样的顺序填充电子可以使整个原子的能量最低。也就是说，整个原子的能量不能机械地看作是各电子所处轨道的能量之和。

（2）能量最低原理：现代物质结构理论证实，原子的电子排布遵循构造原理，能使整个原子的能量处于最低状态，简称能量最低原理。

（3）泡利不相容原理：基态多电子原子中，不可能同时存在 4 个量子数完全相同的电子。换言之，一个轨道里最多只能容纳两个电子，且电子自旋方向相反（用“↑”“↓”表示），这个原理称为泡利（Pauli）不相容原理。

（4）洪特规则：当电子排布在同一能级的不同轨道（能量相同）时，总是优先单独占据一个轨道，而且自旋方向相同，这个规则叫洪特（Hund）规则。比如，p3 的轨道式为[↑|↑|↑]或[↓|↓|↓]，而不是[↑↓|↑|]。

11. 电离能、电负性

（1）电离能是指气态原子或离子失去 1 个电子时所需要的最低能量。第一电离能是指电中性基态原子失去 1 个电子转化为气态基态正离子所需要的最低能量。第一电离能数值越小，原子越容易失去 1 个电子。在同一周期的元素中，碱金属（或第ⅠA 族）第一电离能最小，稀有气体（或 0 族）第一电离能最大，从左到右总体呈现增大趋势。同主族元素，从上到下，第一电离能逐渐减小。同一原子的第二电离能比第一电离能要大。

（2）元素的电负性用来描述不同元素的原子对键合电子吸引力的大小。以氟的电负性为 4.0，锂的电负性为 1.0 作为相对标准，得出了各元素的电负性。电负性的大小也可以作为判断金属性和非金属性强弱的尺度，金属的电负性一般小于 1.8，非金属的电负性一般大于 1.8，而位于非金属三角区边界的“类金属”的电负性在 1.8 左右。“类金属”既有金属性，又有非金属性。

（3）电负性的应用。

①判断元素的金属性、非金属性及其强弱。

②金属元素的电负性越小，金属元素越活泼；非金属元素的电负性越大，非金属元素越活泼。

③同周期自左到右，元素电负性逐渐增大；同主族自上而下，元素电负性逐渐减小。

（二）元素周期表与元素周期律

1. 元素周期表

元素周期表是 1869 年俄国科学家门捷列夫首创，后来又经过多名科学家多年的修订才形成的。

元素周期表：电子层数相同的元素按原子序数递增的顺序从左到右排成横行，最外层电子数相同的元素按电子层数递增的顺序从上到下排成纵行，得到的表叫作元素周期表。

周期：具有相同的电子层数的元素按原子序数递增的顺序排列成的横行叫作周期。长式元素周期表有 7 个周期：1、2、3 周期为短周期；4、5、6 周期为长周期；7 为不完全周期。目前 1 ~7 周期元素数目分别为 2、8、8、18、18、32、26。周期序数 = 电子层数。

族：最外层电子数相同的元素按电子层数递增的顺序排成的纵行叫作族（8、9、10 纵行为一个族）。长式元素周期表有 18 纵行，分为 16 个族。

主族：由短周期元素和长周期元素共同构成的族。用族序数（罗马数字）后加字母 A 表示。7 个。

副族：完全由长周期元素构成的族。用族序数（罗马数字）后加字母 B 表示。7 个。

第Ⅷ族：第 8、9、10 纵行。

0 族：第 18 列稀有气体元素构成的族。

镧系元素：元素周期表中［行 6，列 3］的位置，共 15 种元素。

锕系元素：元素周期表中［行 7，列 3］的位置，共 15 种元素。均为放射性元素。

过渡元素：第Ⅷ族和全部副族共 60 多种元素的通称，因都是金属，又叫过渡金属元素。

2. 元素周期律

元素的性质随着元素原子序数的递增而呈周期性变化的规律叫作元素周期律。它从宏观上揭示了元素及化合物间的相互联系、性质及变化的规律，说明了元素的各种性质随着核电荷数的递增而出现周期性变化的结果。

（1）元素在周期表中的位置与元素性质的关系（见图 1 - 1 - 2）。

①分区线附近的元素，既表现出一定的金属性，又表现出一定的非金属性。

②对角线规则：在元素周期表中，某些主族元素与右下方的主族元素的性质有些相似，其相似性甚至超过了同主族元素，被称为“对角线规则”。

（2）原子结构与元素性质的关系。

①与原子半径的关系：原子半径越大，元素原子失电子的能力越强，还原性越强，氧化性越弱；反之，原子半径越小，元素原子得电子的能力越强，氧化性越强，还原性越弱。

②与最外层电子数的关系：最外层电子数越多，元素原子得电子能力越强，氧化性越强；反之，最外层电子数越少，元素原子失电子能力越强，还原性越强。

③分析某种元素的性质，要把以上两种因素综合起来考虑。即元素原子半径越小，最外层电子数越多，则元素原子得电子能力越强，氧化性越强，因此，氧化性最强的元素是氟 F；元素原子半径越大，最外层电子数越少，则元素原子失电子能力越强，还原性越强，因此，还原性最强的元素是铯 Cs（排除放射性元素）。

④最外层电子数 ≥4，一般为非金属元素，易得电子，难失电子；最外层电子数≤3，一般为金属元素，易失电子，难得电子；最外层电子数 = 8（只有两个电子层时 = 2），一般不易得失电子，性质不活泼，如 He、Ne、Ar 等稀有气体。

元素在周期表中的位置、原子结构与元素性质的关系如图1－1－2所示。

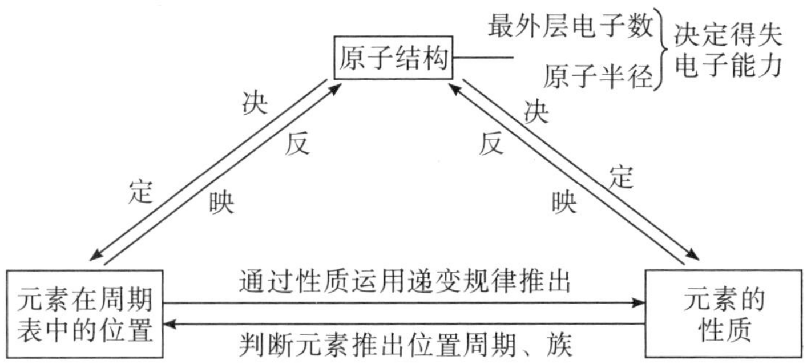

图1－1－2　元素在周期表中的位置、原子结构与元素性质的关系

3. 元素周期表的用途

（1）预测元素的性质：根据原子结构、元素性质及元素周期表中位置的关系预测元素的性质。

①比较同主族元素的金属性、非金属性、最高价氧化物对应水化物的酸碱性、氢化物的稳定性等。例如，碱性：KOH＞NaOH；气态氢化物稳定性：$CH_4 > SiH_4$。

②比较同周期元素及其化合物的性质。例如，酸性：$HClO_4 > H_2SO_4$；稳定性：$HCl > H_2S$。

③比较不同周期、不同主族元素性质。例如，比较氢氧化镁和氢氧化钾的碱性，可以把氢氧化钠作为参照物得出氢氧化钾的碱性强于氢氧化镁。

④推断一些未学过的元素的某些性质。如根据ⅡA族的$Ca(OH)_2$微溶，$Mg(OH)_2$难溶，可以推知$Be(OH)_2$更难溶。

（2）启发人们在一定范围内寻找某些物质。

①半导体元素在分区线附近，如Si、Ge、Ga等。②农药中常用元素在右上方，如F、Cl、S、P、As等。③催化剂和耐高温、耐腐蚀合金材料主要在过渡元素中找，如Fe、Ni、Rh、Pt、Pd等。

二、分子结构与晶体结构

（一）化学键

1. 等电子体原理

（1）概念。

①等电子体：任何两个分子或离子，只要它们的原子数目和电子总数（或价电子总数）均相同，则这些分子或离子称为等电子体。

②等电子原理：由于等电子体具有相同的电子结构和相似的空间构型，因而等电子体常具有相似的性质（主要是物理性质）。这是一条很有用的经验规律，称为等电子原理。

在无机化合物中，等电子体为数众多，根据等电子原理，以周期表为基础，通过归纳、对比、寻找等电子化合物，可使许多看起来毫不相干的物质互相联系起来，从而能更好地去认识和掌握它们。等电子原理在预见一些化合物的结构、预测一些化合物的性质方面具有一定的指导意义。

（2）等电子体的类型与结构。

①AB 型。如 CO、N_2、NO^+、CN^- 等，具有相似的结构有：C≡O：、：N≡N：、[：N≡O：]$^+$、[：C≡N：]$^-$，它们在形成配合物时都作为端基配体，形成许多结构相似的配合物，如羰基配合物、氰基配合物等。因 Fe^{2+}、Co^{3+}、Cr^{6+} 是等电子的，故 $[Fe(CN)_6]^{4-}$、$[Co(CN)_6]^{3-}$ 和 $Cr(CN)_6$ 都是八面体结构，M—CO 和 M—CN—（M 指金属原子或离子）都是直线形的，并以碳为配位原子。

②AB_2 型。有直线形和 V 字形两种构型。

构型为直线形的等电子体，中心原子无孤对电子。如 BO_2^-、CO_2、N_2O、NO_2^+ 等价电子数为 16。从周期表可知，B^-、C、N^+ 是等电子的，O 与 N^- 也是等电子的。

构型为 V 字形的等电子体，中心原子有 1 对或 2 对孤对电子，如 H_2O、NH_2、$PbCl_2$。

③AB_3 型。有平面正三角形和三角锥形两种构型。

构型为平面正三角形的等电子体，中心原子无孤对电子，如 BF_3、BO_3^{3-}、CO_3^{2-}、NO^{3-}、SO_3 等。

构型为三角锥形的等电子体，中心原子有 1 对孤对电子，如 SO_3^{2-}、SeO_3^{2-}、TeO_3^{2-}。

④AB_4 型。有正四面体形和变形四面体形及平面正方形三种构型。

构型为正四面体形的等电子体，中心原子无孤对电子，如 SO_4^{2-}、CH_4、CCl_4。

构型为变形四面体形（跷跷板形）的等电子体，中心原子有 1 对孤对电子，如 SF_4、SeF_4、PCl_4^+。

构型为平面正方形的等电子体，中心原子有 2 对孤对电子，如 BrF_4^-、ICl_4^-、$XeCl_4$。

⑤AB_5 型。有三角双锥形和四方锥形两种构型。

构型为三角双锥形的等电子体，中心原子无孤对电子，如 PF_5、AsF_5、SbF_5、PCl_5 等。

构型为四方锥形的等电子体，中心原子有 1 对孤对电子，如 IF_5、SbF_5^{2-}、TeF_5^{3-}、$TeCl_5^-$。

⑥AB_6 型。构型为正八面体形的等电子体，中心原子无孤对电子，如 SF_6、AlF_6^{2-}、SiF_6^{2-}、PF_6^-、AsF_6^-、$SbCl_6^-$、$BiCl_6^-$。

2. 化学键的类型

（1）化学键的种类。

①离子键：阴、阳离子间通过静电作用所形成的化学键。

②共价键：原子间通过共用电子对所形成的化学键。

③非极性共价键：同种非金属原子形成的共价键（电子对不发生偏移）。

④极性共价键：不同种非金属原子形成的共价键（电子对发生偏移）。

⑤特殊：He、Ne、Ar 等稀有气体是单原子分子，分子之间不存在化学键。

（2）共价键。

①共价键的本质及特征：共价键的本质是在原子之间形成共用电子对，其特征是具有饱和性和方向性。

②共价键的类型。

a. 按成键原子间共用电子对的数目不同，分为单键、双键、三键。

b. 按共用电子对是否偏移，分为极性键、非极性键。

c. 按原子轨道的重叠方式不同，分为 σ 键和 π 键。前者的电子云具有轴对称性，后者的电子云具有镜像对称性。

③共价键相关知识之间的关系。

- 共价键
  - 本质：原子之间形成共用电子对（或电子云重叠）
  - 特征：具有方向性和饱和性
  - 成键方式
    - σ 键 $\xrightarrow{\text{特征}}$ 电子云呈轴对称（如 s－s σ 键、s－p σ 键、p－p σ 键）
    - π 键 $\xrightarrow{\text{特征}}$ 电子云分布的界面对通过键轴的一个平面对称（如 p－p π 键）
  - 规律
    - 共价单键——σ 键
    - 共价双键——1 个 σ 键、1 个 π 键
    - 共价三键——1 个 σ 键、2 个 π 键

（3）键的类型与化合物类型之间的关系：共价化合物有共价键，一定不含离子键；离子化合物有离子键，可能含共价键。

3. 键的参数

（1）键能：气态基态原子形成 1 mol 化学键释放的最低能量。键能越大，化学键越稳定。

（2）键长：形成共价键的两个原子之间的核间距。键长越短，共价键越稳定。

（3）键角：在原子数超过 2 的分子中，两个共价键之间的夹角。

（4）键参数对分子性质的影响：键长越短，键能越大，分子越稳定。

- 键能、键长 $\xrightarrow{\text{决定}}$ 分子的稳定性
- 键长、键角 $\xrightarrow{\text{决定}}$ 分子的空间构型
- 分子的稳定性、分子的空间构型 $\xrightarrow{\text{决定}}$ 分子的性质

4. 分子间力

分子间作用力，指存在于分子与分子之间或高分子化合物分子内官能团之间的作用力，简称分子间力。它主要包括范德华力和氢键，范德华力普遍存在于固态、液态、气态任何微粒之间。

（1）范德华力。

①分类。根据来源不同又可分为：色散力，瞬时偶极之间的电性引力；取向力，固有偶极之间的电性引力；诱导力，诱导偶极与固有偶极之间的电性引力。

②三种力之间的关系。极性分子与极性分子之间，取向力、诱导力、色散力都存在；极性分子与非极性分子之间，存在诱导力和色散力；非极性分子与非极性分子之间，只存在色散力。这三种类型的力的比例大小，决定于相互作用分子的极性和变形性。极性越大，取向力的作用越重要；变形性越大，色散力的作用就越重要；诱导力则与这两种因素都有关。

（2）范德华力、氢键、共价键比较（见表1－1－1）。

表1－1－1　范德华力、氢键、共价键比较

项目	范德华力	氢键	共价键
概念	物质分子间普遍存在的一种相互作用力，又称分子间作用力	由已经与电负性很强的原子形成共价键的氢原子与另一个分子中电负性很强的原子形成的作用力	原子间通过共用电子对所形成的相互作用力
作用粒子	分子或原子（稀有气体）	氢原子与氟、氮、氧原子（分子内或分子间）	原子
特征	无方向性、无饱和性	有方向性、有饱和性	有方向性、有饱和性
强度比较	共价键＞氢键＞范德华力		
影响强度的因素	1. 随着分子极性和相对分子质量的增大而增大； 2. 组成和结构相似的物质，相对分子质量越大，分子间作用力越大	对于 A—H……B—A，B的电负性越大，氢键键能越大	成键原子半径越小，键长越短，键能越大，共价键越稳定
对物质性质的影响	1. 影响物质的熔沸点、溶解度等物理性质； 2. 组成和结构相似的物质，随相对分子质量的增大，物质的熔沸点升高，如 $F_2<Cl_2<Br_2<I_2$，$CF_4<CCl_4<CBr_4$	分子间氢键的存在，使物质的熔沸点升高，在水中的溶解度增大，如熔沸点：$H_2O>H_2S$，$HF>HCl$，$NH_3>PH_3$	影响分子的稳定性； 共价键键能越大，分子稳定性越强

5. 配位化合物（简称“配合物”）

（1）定义及组成。

①定义：金属离子（或原子）与某些分子或离子（称为配位体）以配位键结合形成的化合物。

②组成：如 $[Ag(NH_3)_2]OH$，中心离子为 Ag^+，配位体为 NH_3，配位数为2。

（2）配合物知识点之间的关系。

- 配合物
  - 概念：由提供孤对电子的配位体与接受孤对电子的中心原子以配位键结合而成的化合物
  - 组成
    - 外界
    - 内界
      - 中心原子
      - 配位体
      - 配位数
  - 形成条件
    - 中心原子有空轨道
    - 配位体可提供孤对电子
  - 空间结构
    - 配位数是 2 时可形成直线形，如 $[Ag(NH_3)_2]^+$
    - 配位数是 3 时可形成平面三角形，如 $[HgI_3]^-$
    - 配位数是 4 时可形成
      - 四面体形 $[ZnCl_4]^{2-}$
      - 平面正方形 $[PtCl_4]^{2-}$
  - 配合物的结构：

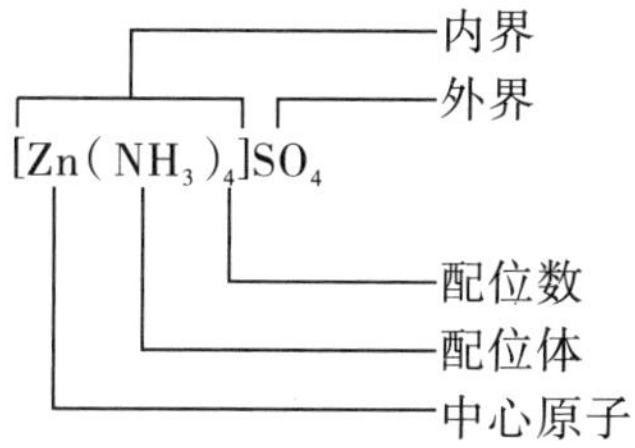

  - 电离方程式：$[Zn(NH_3)_4]SO_4 = [Zn(NH_3)_4]^{2+} + SO_4^{2-}$

（3）配位键与极性键、非极性键的比较（见表 1－1－2）。

表 1－1－2　配位键与极性键、非极性键的比较

项目	共价键		
	非极性键	极性键	配位键
本质	相邻原子间通过共用电子对（电子云的重叠）所形成的相互作用		
成键条件（元素种类）	成键原子得、失电子能力相同（同种非金属）	成键原子得、失电子能力差别较小（一般指不同种非金属）	成键原子一方有孤电子对（配位体），另一方有空轨道（中心离子）
特征	有方向性和饱和性		
表示方法	H—H	H—Cl	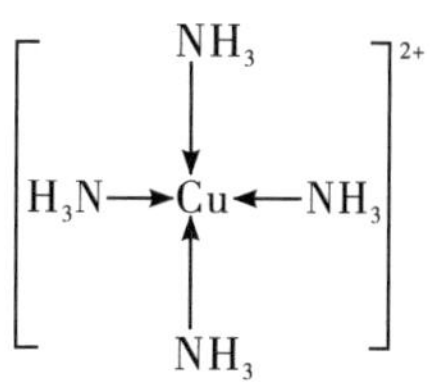
举例	单质 H_2，共价化合物 H_2O_2，离子化合物 Na_2O_2	共价化合物 HCl，离子化合物 NH_4Cl	配合物 $[Cu(NH_3)_4]^{2+}$

（二）分子结构

1. 分子结构相关理论

（1）分子构型与杂化轨道理论（见表1－1－3）。

杂化轨道的要点：当原子成键时，原子的价电子轨道相互混杂，形成与原轨道数相等且能量相同的杂化轨道。杂化轨道数不同，轨道间的夹角不同，形成分子的空间形状不同。

（2）分子构型与价层电子对互斥模型：价层电子对互斥模型说明的是价层电子对的空间构型，而分子的空间构型指的是成键电子对空间构型，不包括孤对电子。

①当中心原子无孤对电子时，两者的构型一致。

②当中心原子有孤对电子时，两者的构型不一致。

表1－1－3　分子构型与杂化轨道理论

<table>
<tr><th colspan="2">项目</th><th colspan="2">杂化类型</th><th>杂化轨道数目</th><th>杂化轨道间夹角</th><th>空间构型</th><th>实例</th></tr>
<tr><td rowspan="11">分子构型</td><td rowspan="3">杂化轨道理论</td><td colspan="2">sp</td><td>2</td><td>180°</td><td>直线形</td><td>$BeCl_2$</td></tr>
<tr><td colspan="2">sp^2</td><td>3</td><td>120°</td><td>平面三角形</td><td>BF_3</td></tr>
<tr><td colspan="2">sp^3</td><td>4</td><td>109°28′</td><td>正四面体形</td><td>CH_4</td></tr>
<tr><td rowspan="8">价层电子对互斥模型</td><td>电子对数</td><td>成键对数</td><td>孤对电子数</td><td>电子对空间构型</td><td>分子空间型</td><td>实例</td></tr>
<tr><td>2</td><td>2</td><td>0</td><td>直线形</td><td>直线形</td><td>$BaCl_2$</td></tr>
<tr><td rowspan="2">3</td><td>3</td><td>0</td><td rowspan="2">平面三角形</td><td>三角形</td><td>BF_3</td></tr>
<tr><td>2</td><td>1</td><td>V形</td><td>$SnBr_2$</td></tr>
<tr><td rowspan="3">4</td><td>4</td><td>0</td><td rowspan="3">四面体形</td><td>正四面体形</td><td>CH_4</td></tr>
<tr><td>3</td><td>1</td><td>三角锥形</td><td>NH_3</td></tr>
<tr><td>2</td><td>2</td><td>V形</td><td>H_2O</td></tr>
</table>

2. 分子结构与性质特点

（1）分子的极性。

①极性分子：正电中心和负电中心不重合的分子。

②非极性分子：正电中心和负电中心重合的分子。

（2）物质溶解性。

①“相似相溶”规律：非极性溶质一般能溶于非极性溶剂，极性溶质一般能溶于极性溶剂。若存在氢键，则溶剂和溶质之间的氢键作用力越大，溶解性越好。

②“相似相溶”还适用于分子结构的相似性，如乙醇和水互溶，而戊醇在水中的溶解度明显减小。

（3）无机含氧酸的酸性。无机含氧酸可写成 $(HO)_mRO_n$，如果成酸元素 R 相同，则 n 值越大，R 的正电性越高，使 R—O—H 中 O 的电子向 R 偏移，在水分子的作用下越易电离出 H^+，酸性越强，如酸性：$HClO < HClO_2 < HClO_3 < HClO_4$。

3．分子结构模型

（1）杂化轨道类型与分子空间构型的关系（见表 1－1－4）。

表 1－1－4　杂化轨道类型与分子空间构型的关系

杂化类型	一般构型	常见分子
sp	直线形	$BeCl_2$、$HgCl_2$、BeH_2 等
sp^2	平面三角形	BF_3、BCl_3
sp^3	四面体形	CH_4、CCl_4、NH_3（三角锥）、H_2O（V 形）
dsp^2	平面正方形	ICl_4^-、XeF_4
sp^3d	三角双锥形	PCl_5
sp^3d^2	八面体形	SF_6

一般来说，一个分子有几个轨道参与杂化，就会形成几个能量相同的杂化轨道，形成几个共价键，但如果分子中存在孤对电子或在一定场效应作用下，分子构型会发生变化，如 NH_3、H_2O 等。另外，具有相同价电子数和相同原子数的分子或离子具有相同空间结构特征。

（2）价层电子对互斥理论判断共价分子结构的一般规则。

中心原子的价层电子对数与分子的几何构型有密切联系（见表 1－1－5）。对于 AB_m 型化合物，A 的价电子数即为最外层电子数；若 B 为卤素、氢原子时，提供 1 个价电子；若 B 为氧原子、硫原子时，则不提供电子。

表 1－1－5　价层电子对数与几何构型的关系

价层电子对数	2	3	4
几何构型	直线形	平面三角形	四面体形

如果价层电子对中有未成键的孤对电子，则几何构型会发生相应的变化，可用价层电子对理论解释。

（三）晶体结构

1．晶体与非晶体

晶体与非晶体的比较见表 1－1－6。

表 1－1－6　晶体与非晶体的比较

<table>
<tr><td rowspan="2">项目</td><td colspan="2">本质差别</td><td colspan="2">性质差别</td><td rowspan="2">制法</td><td rowspan="2">鉴别方法</td></tr>
<tr><td>自范性</td><td>微观结构</td><td>固定熔点</td><td>各向异性</td></tr>
<tr><td>晶体</td><td>有</td><td>呈周期性有序排列</td><td>有</td><td>有</td><td>凝固、凝华、结晶</td><td rowspan="2">X 射线衍射实验等</td></tr>
<tr><td>非晶体</td><td>无</td><td>无序排列</td><td>无</td><td>无</td><td>—</td></tr>
</table>

2. 晶体类型

四类晶体的比较见表 1－1－7。

表 1－1－7　四类晶体的比较

<table>
<tr><td colspan="2">晶体类型</td><td>离子晶体</td><td>分子晶体</td><td>原子晶体</td><td>金属晶体</td></tr>
<tr><td rowspan="2">结构</td><td>构成晶体的粒子</td><td>阴、阳离子</td><td>分子</td><td>原子</td><td>金属离子、自由电子</td></tr>
<tr><td>微粒间作用力</td><td>离子键</td><td>范德华力</td><td>共价键</td><td>金属键</td></tr>
<tr><td rowspan="3">性质</td><td>熔沸点</td><td>熔沸点高</td><td>熔沸点低</td><td>熔沸点很高</td><td>熔沸点高或低</td></tr>
<tr><td>硬度</td><td>硬而脆</td><td>硬度小</td><td>质地硬</td><td>硬度大或小</td></tr>
<tr><td>溶解性</td><td>易溶于极性溶剂</td><td>水溶液能够导电</td><td>不溶于大多数溶剂</td><td>熔融态能导电</td></tr>
<tr><td rowspan="3">导电性</td><td>晶体</td><td>不导电</td><td>不导电</td><td>不导电</td><td>导电</td></tr>
<tr><td>熔融液</td><td>导电</td><td>不导电</td><td>不导电</td><td>导电</td></tr>
<tr><td>溶液</td><td>导电</td><td>可能导电</td><td>不溶于水</td><td>不溶于水</td></tr>
<tr><td colspan="2">熔化时克服的作用力</td><td>离子键</td><td>范德华力</td><td>共价键</td><td>金属键</td></tr>
<tr><td colspan="2">实例</td><td>食盐晶体</td><td>氨、氯化氢</td><td>金刚石</td><td>镁、铝</td></tr>
</table>

3. 晶体熔沸点高低的比较

（1）不同晶体类型的熔沸点比较。

一般来说，熔沸点：原子晶体 > 离子晶体 > 分子晶体（有例外）。

（2）同种晶体类型物质的熔沸点比较。

①离子晶体：阴、阳离子电荷数越大，半径越小，熔沸点越高。

②原子晶体：原子半径越小—键长越短—键能越大，熔沸点越高。

③分子晶体：组成和结构相似的分子晶体的相对分子质量越大，分子的极性越大，熔沸点越高（含氢键时反常）。

④金属晶体：金属阳离子电荷数越高，半径越小，熔沸点越高。

4．几种典型晶体的空间结构

（1）氯化钠晶体中阴、阳离子的配位数是6，即每个Na^+紧邻6个Cl^-，这些Cl^-构成的几何图形是正八面体；每个Na^+与12个Na^+等距离相邻。平均每个氯化钠晶胞含有4个Na^+和4个Cl^-。

（2）在氯化铯晶体中，每个Cl^-（或Cs^+）周围与之最接近且距离相等的Cs^+（或Cl^-）共有8个，这几个Cs^+（或Cl^-）在空间构成的几何构型为立方体；在每个Cs^+周围距离相等且最近的Cs^+共有6个，这几个Cs^+（或Cl^-）在空间构成的几何构型为正八面体。一个氯化铯晶胞含有1个Cs^+和1个Cl^-。

（3）干冰晶体属于分子晶体，每个CO_2分子与12个CO_2分子紧邻。

（4）金刚石属于原子晶体，这种晶体的特点是呈空间网状，无单个分子。金刚石中每个C原子与4个C原子紧邻，由共价键构成的最小环状结构中有6个C原子。晶体中C原子个数与C—C键数之比为1∶（4×1/2）=1∶2。

（5）二氧化硅中每个Si原子与4个O原子形成共价键，每个O原子与2个Si原子形成共价键。在晶体中Si原子与O原子个数比为1∶2，平均每n mol SiO_2晶体中含有Si—O键最接近$4n$ mol。

（6）石墨属于混合晶体，是层状结构，C原子呈sp^2杂化；晶体中每个C原子被3个六边形共用，平均每个环占有2个碳原子。晶体中碳原子数、碳环数和碳碳单键数之比为2∶1∶3。

第五节　化学反应原理

一、化学动力学基础

（一）化学反应速率

（1）化学反应速率是指化学反应进行的快慢程度（平均反应速率），用单位时间内反应物或生成物的物质的量来表示。在容积不变的反应容器中，通常用单位时间内反应物浓度的减少或生成物浓度的增加来表示。不管用哪种物质表示，均为正值。单位：mol/（L·s）或mol/（L·min）或mol/（L·h）。

（2）平均速率是指某段时间内反应速率的平均值。

（3）瞬时速率是指某时刻的反应速率。

（4）对于可逆反应，单位时间内，反应物浓度的减少或生成物浓度的增加叫作正反应速率，生成物浓度的减少或反应物浓度的增加叫作逆反应速率，正、逆反应速度的综合结果叫作总反应速率。

（5）反应进度（SI）是用来描述某一化学反应进行程度的物理量，它具有与物质的量相同的量纲，SI 单位为 mol，用符号 ξ 表示。

（二）影响化学反应速率的因素

1. 内因

影响化学反应速率的内因是反应物化学键的强弱。例如：在相同条件下，氟气与氢气在暗处就能发生爆炸（反应速率非常大）；氯气与氢气在光照条件下会发生爆炸（反应速率大）；溴气与氢气在加热条件下才能反应（反应速率较大）；碘蒸气与氢气在较高温度时才能发生反应，同时生成的碘化氢又会分解（反应速率较小）。

2. 外因

（1）压强。对于有气体参与的化学反应，其他条件不变时（除体积外），增大压强（即体积减小），反应物浓度增大，单位体积内活化分子数增多，单位时间内有效碰撞次数增多，反应速率加快；反之则减小。若体积不变，增大压强（加入不参加此化学反应的气体），反应速率则不变。但在体积不变的情况下，加入反应物，速率会增加。若体积可变，恒压（加入不参加此化学反应的气体），反应速率就减小。

（2）温度。只要升高温度，反应物分子获得能量，使一部分原来能量较低的分子变成活化分子，增加了活化分子的百分数，使得有效碰撞次数增多，故反应速率加大（主要原因）。当然，由于温度升高，使分子运动速率加快，单位时间内反应物分子碰撞次数增多，反应也会相应加快（次要原因）。

（3）催化剂。使用正催化剂能够降低反应所需的能量，使更多的反应物分子成为活化分子，大大提高了单位体积内反应物分子的百分数，从而成千上万倍地增大了反应物速率；负催化剂则反之。催化剂只能改变化学反应速率，却改不了化学反应平衡。

（4）浓度。当其他条件一致下，增加反应物浓度，就增加了单位体积的活化分子的数目，从而增加有效碰撞，反应速率增加，但活化分子百分数是不变的。

（5）其他因素。增大一定量固体的表面积（如粉碎），可增大反应速率；光照一般也可增大某些反应的速率；超声波、电磁波、溶剂等对反应速率也有影响。

（三）碰撞理论

（1）碰撞理论又称简单碰撞理论、硬球碰撞理论、有效碰撞理论。两个分子要发生反应，必须碰撞，但并非每一次碰撞都能发生反应，只有活化分子碰撞才有可能引起反应。

（2）活化分子在相同温度下，分子的能量并不完全相同，有些分子的能量高于分子的平均能量。能够发生有效碰撞的一定是活化分子，但是活化分子不一定发生有效碰撞。在一定温度下，某反应具有的活化分子数由该反应的活化能 E_a 决定。

（3）有效碰撞：并非每一次碰撞都发生预期的反应，只有极少的碰撞是有效的。首先，分子无限接近时，要克服斥力，这就要求分子具有足够的运动速度，即能量。具备足够的能量是有效碰撞的必要条件，一组碰撞的反应物的分子的总能量必须具备一个最低的能量值。这种能量要求称为活化 E_a。在碰撞理论中，一般认为 E_a 和温度无关。E_a 越大，活化分子组数则越少，有效碰撞分数越小，故反应速率越慢。

（4）影响有效碰撞的条件。

①浓度：增大反应物浓度→单位体积内活化分子数增多→单位时间内有效碰撞次数增多→反应速率增大。

②温度：温度升高时，分子运动速率加快，有效碰撞机会增多，反应速率加快。

③压强：对于有气体参加的反应，当其他条件不变，增加压强时，气体体积减小，浓度增大，分子间的有效碰撞机会增多，故反应速率加快。

④催化剂：催化剂能极大地降低反应的活化能，从而增大活化分子百分数，使反应速率加快。

（5）过渡态理论（即活化络合物理论）。过渡态：以量子力学对反应过程中的能量变化的研究为依据，认为从反应物到生成物之间形成了势能较高的活化络合物，活化络合物所处的状态叫过渡态。

二、化学热力学

（一）热化学

1．热化学基本概念

（1）体系和环境。被研究的物质系统（对象）称为体系；体系以外并与体系相联系的所有部分称为环境。按照体系、环境间物质、能量的交换关系，热力学体系可分为敞开体系、封闭体系和孤立体系。

①敞开体系——体系与环境之间既有能量传递又有物质交换。

②封闭体系——体系与环境之间只有能量传递但没有物质交换。

③孤立体系——体系与环境之间既没有能量传递又没有物质交换。

（2）状态和状态函数。一个体系的状态可由它的一系列物理量来确定；体系的状态是体系所有性质的综合表现。我们把确定体系状态的物理量称为状态函数。状态函数有三个相互联系的特征：状态一定值一定；殊途同归变化相等；周而复始变化为零。状态函数若具有加和性（如 V、m），则称其具有容量性质，称为容量性质状态函数；若没有加和性（如 T、P），则称其具有强度性质（与物质的量无关），称为强度性质状态函数。

（3）过程和途径。体系的状态发生变化时，状态变化的经过称为过程。完成这个过程的具体步骤则称为途径。常见的热力学过程有以下几种。

①等温过程——体系的始态温度与终态温度相同，且等于环境的温度（$T_1=T_2=T_{环}$）。

②等压过程——始态、终态的压力与环境相同（$P_1=P_2=P_{环}$）。

③等容过程——体系的体积不发生变化（$V_1=V_2$）。

④绝热过程——体系与环境之间无热量交换（$Q=0$）。

⑤循环过程——过程进行后，系统重新回到初始状态。

⑥可逆过程——它是一种在无限接近平衡并且没有摩擦力条件下进行的理想过程，也是在热力学研究中非常重要的一种过程。

（4）功和热。热力学中把体系与环境之间因温度差而变化的或传递的能量形式称为热，以 Q 表示。除热以外的能量交换形式都称为功，以 W 表示。在热力学中把各种功分成两大类：一是体系反抗外压所做的膨胀功（或称体积功）；另一类是除膨胀功以外的其他功（或称有用功、非体积功）。在热力学中规定：体系从环境吸收热量，$Q>0$；向环境放热，$Q<0$。体系对环境做功，$W>0$；环境对体系做功，$W<0$。

功和热的数值与状态变化的途径有关，为过程函数。理想气体恒温膨胀过程中，以可逆途径进行时，体系对环境做的功最大，吸收的热量最多；恒温压缩过程中，以可逆途径进行时，环境对体系做的功最小，体系放出的热量最少。

（5）热力学能（内能）。体系内部一切能量的总和称为体系的热力学能，用符号 U 表示。

①热力学能包括体系内各种物质的分子或原子的位能、振动能、转动能、平动能以及电子的动能、核能等。

②热力学能是状态函数。

③绝对值无法测量或计算，但可以测定 ΔU，$\Delta U = U_{终} - U_{始}$。

④热力学能具有加和性质。

⑤对于理想气体来说，热力学能只是温度的函数。

2. 热力学基本定律

（1）热力学第一定律。第一定律是自然界的一条普遍规律，它是人们在生产实践和科学实验的基础上总结出来的，又叫作能量守恒和转化定律。恩格斯将它誉为 19 世纪自然科学中具有决定意义的三大发现之一（其他为细胞学说、达尔文进化论）。主要内容：能量有各种不同的形式，能从一种形式转化为另一种形式，从一个物体传递给另一个物体，而在转化和传递中，能量的数值保持不变，其数学表达式为：$\Delta U = Q + W$。

（2）热力学第二定律。热力学第二定律，又称熵增定律，表明了在自然过程中，一个孤立系统的总混乱度（即“熵”，S）不会减小。

热力学第二定律是热力学基本定律之一，其主要内容为：不可能把热从低温物体传到高温物体而不产生其他影响；不可能从单一热源取热使之完全转换为有用的功而不产生其他影响；不可逆热力过程中熵的微增量总是大于零。

（3）热力学第三定律。热力学第三定律是对熵的论述。一般当封闭系统达到稳定平衡时，熵应该为最大值，在任何过程中，熵总是增加。理想气体如果是绝热可逆过程时，熵的变化为零，但是理想气体实际并不存在，所以现实物质中，即使是绝热可逆过程，系统的熵也在增加，不过增加得少。在绝对零度，任何完整晶体的熵为零。这称为热力学第三定律。

（4）热力学第零定律。如果两个热力学系统中的每一个都与第三个热力学系统处于热平衡（温度相同），则它们彼此也必定处于热平衡。这一结论称为热力学第零定律。热力学第零定律的重要性在于它给出了温度的定义和温度的测量方法。

根据热力学第零定律，确定了状态函数——温度；根据热力学第一定律，确定了状态函数——内能和焓（H）；根据热力学第二定律，也可以确定一个新的状态函数——熵。

3. 化学反应热效应

化学反应过程中同时存在着物质和能量的变化。能量的释放或吸收是以发生变化的物质为基础的，二者密不可分，但以物质为主。能量的多少则以反应物和生成物的质量为基础。当生成物与反应物温度相同时，化学反应过程中吸收或放出的热量，称为化学反应热效应，一般称为反应热。

（1）恒容反应热。恒容过程中完成的反应为恒容反应，其热效应称为恒容反应热（Q_V）。$Q_V=\Delta U$，即恒容反应过程中，体系吸收的热量全部用来改变体系的内能。

（2）恒压反应热。恒压过程中完成的化学反应称为恒压反应，其热效应称为恒压反应热（Q_P）。

（3）焓。焓的定义式为：$H=U+PV$，U 是体系的内能，P 是体系压强，V 是体积。常压下焓的变化量就是热量的变化，焓变：$\Delta H=H_2-H_1$。

（4）熵。熵（S）指的是体系的混乱程度，它在控制论、概率论、数论、天体物理、生命科学等领域都有重要应用，在不同的学科中也有引申出的更为具体的定义，是各领域十分重要的参量。熵是一种具有加和性的状态函数。

体系自发地倾向于混乱度增大，即向熵增加的方向进行。这就是自发过程的熵判据，也是热力学第二定律的一种表述，又称熵增原理，表示为：ΔS（孤立）系统 >0。

（5）吉布斯自由能。吉布斯自由能又叫作吉布斯函数，是热力学中为判断过程进行的方向而引入的热力学函数，常用 G 表示。它的定义是：$G=U-TS+PV=H-TS$，其中 U 是系统的内能，T 是温度，S 是熵，P 是压强，V 是体积，H 是焓。等温等压下不做非体积功的化学反应的判据变为：

$\Delta G<0$，反应以不可逆方式自发进行；

$\Delta G=0$，反应以可逆方式进行；

$\Delta G>0$，反应不能进行。

综合以上判据可以看出，等温等压下，体系的吉布斯自由能减小的方向是不做非体积功的化学反应进行的方向。

（6）盖斯定律。1840 年前后，俄国科学家盖斯（Hess）指出，在等压或等容条件下，一个化学反应若能分解成几步来完成，总反应的焓变 $\Delta_r H$ 等于各步分反应的焓变 $\Delta_r H_i$ 之和。换句话说，当任何一个过程是若干分过程的总和时，总过程的焓变一定等于各分步过程焓变的代数和。因此，可以根据已知的化学反应的反应热来求得某反应的反应热。

（7）热化学方程式。表示化学反应与热效应关系的化学方程式，称为热化学方程式。在书写热化学方程式时有以下几点说明。

①要注明反应的温度和压力（如果是常温 298.15 K 和标准大气压下，可不予注明）。

②必须在化学式的右侧，注明该物质的物态。

③写出热效应 ΔH 值。

如：$H_2(g) + Cl_2(g) \xlongequal{} 2HCl(g) \quad \Delta_r H_m^{\ominus} = -184.6\ kJ/mol$

（二）化学平衡

1. 可逆反应

在同一个条件下，既能向正反应方向又能向逆反应方向进行的化学反应，叫作可逆反应。绝大多数化学反应均有一定的可逆性，只有少数反应只朝一个方向进行。在书写化学方程式时，对于典型的可逆反应用可逆符号。

2. 化学平衡状态

在一定条件下，当一个可逆反应的正反应速率与逆反应速率相等时，反应物的浓度与生成物的浓度不再改变，达到一种表面静止的状态，即化学平衡状态。其中，正反应速率与逆反应速率相等是化学平衡状态的实质，而反应物的浓度与生成物的浓度不再改变是化学平衡状态的表现。正反应速率与逆反应速率针对同一可逆反应而言，正与反只是相对而言，不是绝对概念。

3. 平衡常数

化学平衡常数，是指可逆反应在一定温度下，无论从正反应开始还是从逆反应开始，也不管反应物起始浓度大小，最后都能达到平衡，这时各生成物浓度的化学计量数次幂的乘积除以各反应物浓度的化学计量数次幂的乘积所得的比值是个常数，用 K 表示，这个常数叫化学平衡常数。

4. 化学平衡移动

在化学反应条件下，因反应条件的改变，使可逆反应从一种平衡状态转变为另一种平衡状态的过程，叫作化学平衡的移动。化学平衡发生移动的根本原因是正逆反应速率不相等，而平衡移动的结果是可逆反应达到了一个新的平衡状态，此时正逆反应速率重新相等（与原来的速率可能相等也可能不相等）。

三、溶液与胶体

（一）溶液

1. 溶液的概念

溶液是由至少两种物质组成的均一、稳定的混合物，被分散的物质（溶质）以分子或更小的质点分散于另一物质（溶剂）中。溶液在常温时有固体、液体和气体三种状态。大气本身就是一种气体溶液。固体溶液常称固溶体，如合金。一般所说的溶液专指液体溶液，包括能够导电的电解质溶液和不能导电的非电解质溶液两种。所谓胶体溶液，更确切地说应称为溶胶。其中，溶质相当于分散质，溶剂相当于分散剂。在生活中常见的溶液有蔗糖溶液、碘酒、澄清石灰水、稀盐酸、盐水、空气等。

2．溶液的成分

溶液主要有两种主要成分，即溶质和溶剂。溶质：被溶解的物质（例如，用盐和水配置盐水，盐就是溶质）；溶剂：能溶解其他物质的物质（例如，用盐和水配置盐水，水就是溶剂）。两种溶液互溶时，一般把量多的一种叫作溶剂，量少的一种叫作溶质。两种溶液互溶时，若其中一种是水，一般将水称为溶剂。固体或气体溶于液体，通常把液体称为溶剂。

3．溶液的性质

（1）均一性：溶液各处的密度、组成和性质完全一样。

（2）稳定性：温度不变，溶剂量不变时，溶质和溶剂长期不会分离（透明）。

（3）混合物：溶液一定是混合物。

4．溶液的分类

对于溶液的分类，标准不一样，所分类的结果也不一样。

（1）依据溶解度可分为饱和溶液和不饱和溶液。饱和溶液：在一定温度、一定量的溶剂中，溶质不能继续被溶解的溶液。不饱和溶液：在一定温度、一定量的溶剂中，溶质可以继续被溶解的溶液。

（2）依存在形态可分为气态型（气体溶于气体、液体溶于气体、固体溶于气体）、液态型（气体溶于液体、液体溶于液体、固体溶于液体）、固态型（气体溶于固体、液体溶于固体、固体溶于固体）。

（3）依溶剂种类分为水溶液与非水溶液。

（4）依溶质粒子大小分为真溶液、胶体溶液、悬浮液。

（5）依溶液导电性分为电解质和非电解质。

5．溶液的用途

在溶液里进行的化学反应通常是比较快的。实验室里或化工生产中，要使两种不能反应的固体起反应，常常先把它们溶解，然后把两种溶液混合，并加以振荡或搅动，以加快反应的进行。

溶液对动植物的生理活动也有很大意义。动物摄取食物里的养分，必须经过消化变成溶液才能吸收。在动物体内，氧气和二氧化碳也是溶解在血液中进行循环的。在医疗上用的葡萄糖溶液、生理盐水和医治细菌感染引起的各种炎症的注射液（如庆大霉素、卡那霉素）、各种眼药水等，都是按一定的要求配成溶液使用的。植物从土壤里获得各种养料，也要成为溶液，才能由根部吸收。土壤里含有水分，里面溶解了多种物质，形成土壤溶液。许多肥料，如人粪尿、牛马粪、农作物秸秆、野草等，在施用以前都要经过腐熟的过程，目的之一是使复杂的难溶的有机物变成简单的易溶的物质，这些物质能溶解在土壤溶液里，供农作物吸收。

（二）胶体

1．胶体的概念

胶体，又称胶状分散体，是一种均匀混合物，同溶液、浊液一样都属于分散系。它们的本质区别是胶粒与其他分散质直径大小不同，胶体微粒分散质的直径（1～100 nm）在溶液（<1 nm）和浊液（>100 nm）之间，是一种高度分散的多相不均匀体系。

2．胶体的分类

按照分散剂状态不同，胶体可分为气溶胶（如烟、云、雾）、固溶胶（如烟水晶、有色玻璃）、液溶胶（如蛋白溶液、淀粉溶液、肥皂水、血液）。按照胶粒组成不同，胶体可分为分子胶体（如淀粉胶体、蛋白质胶体）、粒子胶体（如土壤）。

3．胶体的性质

（1）丁达尔现象：当一束平行光通过胶体时，从侧面可看到一束光亮的“通路”。这是胶体中胶粒在光照时产生对光的散射作用形成的。

（2）布朗运动：胶体中胶粒不停地做无规则运动。其胶粒的运动方向和运动速率随时会发生改变，从而使胶体微粒聚集变难，这是胶体稳定的一个原因。

（3）电泳现象：胶粒在外加电场作用下，能在分散剂里向阳极或阴极做定向移动的现象。电泳现象表明胶粒带电。一般来说，金属氢氧化物、金属氧化物的胶体微粒吸附阳离子带正电荷，如 $Fe(OH)_3$ 胶体、AgX 胶体等；非金属氧化物、金属硫化物胶体微粒吸附阴离子带负电荷，如硅酸胶体、土壤胶体等。胶粒带电荷，但整个胶体是电中性的。

（4）凝聚：胶体中胶粒在适当的条件下相互结合成直径较大的颗粒而沉淀或沉积下来的过程。聚沉的方法有：加电解质溶液；加与胶粒带相反电荷的另一种胶体；长时间加热；等等。

4．胶体的制备

（1）机械法：用特殊的机械加工法将固体物质直接加工到纳米级（$1\ nm=10^{-9}\ m$）的超细粉末粒子，加入分散剂中混匀即得胶体，如碳素墨水等。

（2）反应法：如氢氧化铁胶体的制备，用烧杯取少量蒸馏水，加热至沸腾，然后逐渐向沸水中滴加 $1\ mol \cdot L^{-1}$（或饱和）的 $FeCl_3$ 溶液，并继续煮沸至液体呈透明的红褐色的氢氧化铁胶体。

$FeCl_3+3H_2O \xlongequal{加热} Fe(OH)_3$（胶体）$+3HCl$（不能过度加热）

（3）溶解法：如淀粉、蛋白质等溶解于水可直接得到胶体（又叫高分子溶液）。

5．胶体的净化——渗析

渗析又称为透析，指利用膜对溶质的选择透过性，以浓度差为推动力的膜分离操作，实现不同性质溶质的分离。利用半透膜能透过小分子和离子，但不能透过胶体粒子的特性，渗析能从溶胶中除掉作为杂质的小分子或离子，达到纯化、提纯胶体的目的。

6. 胶体的应用

工农业生产和日常生活中的许多材料和现象都与胶体相关，例如：①农业生产：土壤的保肥作用。土壤里许多物质（如黏土、腐殖质等）常以胶体形式存在。②医疗卫生：利用高度分散的胶体来检验或治疗疾病，如胶态磁流体治癌术、血液透析、血清纸上电泳等。③日常生活：制豆腐原理（胶体的聚沉）和豆浆、牛奶、粥，明矾净水等。④自然地理：江河入海口处形成三角洲，其形成原理是海水中的电解质使江河泥沙形成胶体发生聚沉。⑤工业生产：制有色玻璃（固溶胶），国防工业的火药、炸药，冶金工业利用电泳原理选矿，石油原油的脱水、工业废水的净化、水泥的硬化，都用到胶体的知识。总之，人类不可缺少的衣食住行无一不与胶体有关，胶体化学已成为一门独立的学科。

胶体知识与学生以前所学的知识有所不同，它研究的不是某种物质所特有的性质，而是物质的聚集状态所表现出来的性质。这对学生而言是一个较为陌生的领域。各版本化学教材对胶体内容的广度、难度编排设置也存在较大差异，有些只介绍丁达尔效应，对于渗析、布朗运动和电泳现象及胶体的介稳性基本不做介绍，或者只作为课外阅读。胶体的化学原理和制备方法与当前高科技的纳米技术发展息息相关，教学时有必要结合学生的实际，在了解胶体概念及其性质的基础上做适度扩展，增加胶体内容的深度和广度。

（三）电解质溶液

1. 电解质

电解质是溶于水溶液中或在熔融状态下就能够导电（自身电离成阳离子与阴离子）的化合物，可分为强电解质和弱电解质。电解质不一定能导电，而只有在溶于水或熔融状态时电离出自由移动的离子后才能导电。离子化合物在水溶液中或熔化状态下能导电；某些共价化合物也能在水溶液中导电；有些固体电解质也能导电，其导电性来源于晶格中离子的迁移。强电解质是在水溶液中或熔融状态下几乎完全发生电离的电解质，弱电解质是在水溶液中或熔融状态下不完全发生电离的电解质。强弱电解质导电的性质与物质的溶解度无关。一般强酸、强碱、活泼金属氧化物和大多数盐都是强电解质，如碳酸钙、硫酸铜；少部分盐不是电解质。弱电解质是一些具有极性键的共价化合物，一般有弱酸、弱碱以及少数盐，如醋酸、一水合氨（$NH_3 \cdot H_2O$）、醋酸铅、氯化汞。水是极弱电解质。

2. 酸

溶于水后电解的所有阳离子都是 H^+ 的化合物叫作酸。强酸主要指高锰酸、盐酸、硫酸、硝酸、高氯酸、硒酸、氢溴酸、氢碘酸、氯酸，其中高氯酸、氢碘酸、氢溴酸、盐酸（氢氯酸）、硫酸、硝酸合称为六大无机强酸，它们都有强烈刺激性和腐蚀作用，人体接触会造成严重烧伤，宜用清水冲洗或苏打水冲洗。弱酸是和强酸相对的酸，酸性较弱。弱酸是指在溶液中不完全电离的酸。

3. 碱

在水溶液中电离出的阴离子全部是 OH^- 的物质为碱。碱的更广义的概念是指提供电子或是接受质子的物质。碱溶液能使特定指示剂变色（如使紫色石蕊溶液变蓝，使无色酚酞溶液变红等），在标准情况下，pH 值大于 7。所谓强碱、弱碱是相对而言，如果碱溶于水能发生完全电离的，则属于强碱。活泼的金属对应的碱一般是强碱；弱碱是指难溶于水、不能发生完全电离的碱，一般属于不活泼金属形成的碱，如 $NH_3 \cdot H_2O$、$Al(OH)_3$、$Cu(OH)_2$、$Fe(OH)_2$、$Fe(OH)_3$、$Zn(OH)_2$、AgOH 等是弱碱。

4. 盐

电离时生成金属离子和酸根离子的化合物叫作盐。如 NaCl、KNO_3、$Al_2(SO_4)_3$ 等。

5. 离子反应

离子反应指有离子参加的化学反应。离子反应的本质是某些离子浓度发生改变。常见的离子反应多数在水溶液中进行。根据反应原理，离子反应可分为复分解、盐类水解、氧化还原、络合 4 个类型；根据参加反应的微粒，可分为离子间、离子与分子间、离子与原子间的反应。极浓的电解质跟固态物质反应时，应根据反应的本质来确定是否属于离子反应。例如，浓硫酸跟铜反应时，表现的是硫酸分子的氧化性，不属于离子反应；浓硫酸跟固体亚硫酸钠反应时，实际上是氢离子跟亚硫酸根离子间的作用，属于离子反应。此外，离子化合物在熔融状态也能发生离子反应。

离子方程式的书写：

“一写”：首先以客观事实为依据写出反应的化学方程式。

“二改”：把易溶于水、易电离物质改写成离子形式（最关键的一步）。

“三删”：删去方程式两边未参加反应的离子。

“四查”：检查离子方程式两边各元素的原子个数和电荷总数是否相等。

离子方程式反映了离子反应的实质，它不仅能表示一定物质间的某个反应，而且可以表示同一类型的离子反应。

6. 电离

电解质在水溶液中或熔融状态下离解成自由移动的阴、阳离子的过程叫作电离。将电子从基态激发到脱离原子，这个过程所需要的能量叫作电离电势能。例如氢原子中基态的能量为 -13.6 eV，使电子电离的电离势能就是 13.6 eV。

7. 水解

水解是盐电离出的离子结合了水电离出的 H^+ 或 OH^- 生成弱电解质分子的反应。水解是物质与水发生的、导致物质发生分解的反应（不一定是复分解反应），也可以说是物质与水中的 H^+ 或者 OH^- 发生反应。

（1）无机盐的水解。盐溶液中的阴、阳离子结合从水中电离出来的 H^+ 或 OH^- 能生成弱电解质的反应叫盐类的水解。无机盐的水解有以下几种情况。

①强酸强碱盐不发生水解，因为它们电离出来的阴、阳离子不能破坏水的电离平衡，所以呈中性。

②强酸弱碱盐，弱碱离子结合从水中电离出来的 OH^-，破坏了水的电离平衡，使得水的电离正向移动，结果溶液中的 H^+浓度大于 OH^-浓度，使水溶液呈酸性。

③强碱弱酸盐，弱酸部分结合从水中电离出来的 H^+，使得溶液中 OH^-浓度大于 H^+浓度，使溶液呈碱性。

④弱酸弱碱盐，弱酸部分结合 H^+，弱碱部分结合 OH^-，生成两种弱电解质，再比较它们的电离常数 K_a、K_b 值的大小（不是水解度的大小），谁强呈谁性。

（2）有机物的水解。常见的有机物的水解有四种类型。

①卤化物的水解。通常用氢氧化钠水溶液做水解剂，反应通式如下：

$RX + NaOH \longrightarrow ROH + NaX$

$ArX + 2NaOH \longrightarrow ArONa + NaX + H_2O$

式中 R、Ar、X 分别表示烷基、芳基、卤素。脂链上的卤素一般比较活泼，可在较温和的条件下水解，如从氯化苄制苯甲醇；芳环上的卤素被邻位或对位硝基活化时，水解较易进行，如从对硝基氯化苯制对硝基酚钠。

②酯的水解。在有酸或有碱存在的条件下，酸能发生水解反应生成相应的酸或醇。油脂在碱性条件下水解可得到高级脂肪酸钠（肥皂）和甘油，酸性条件下水解可得到甘油和高级脂肪酸。

③蛋白质的水解。蛋白质都是由大量氨基酸缩合脱水得到的，水解反应就是它的逆反应。蛋白质的典型一级结构就是肽键，每个肽键水解后生成一个氨基和一个羧基：$RCONHR' + H_2O = RCOOH + NH_2R'$。如果蛋白质完全水解，则得到氨基酸。

④糖类的水解。指双糖或多糖在稀酸的催化下，最终水解为葡萄糖或果糖。

四、氧化还原反应与电化学

（一）氧化还原反应

1. 氧化还原反应的概念

氧化还原反应：在反应过程中有元素化合价变化的化学反应叫作氧化还原反应。此类反应都遵守电荷守恒。这种反应可以理解成由两个半反应构成，即氧化反应和还原反应。两者可以比喻为阴阳之间相互依靠、转化、消长且互相对立的关系。

氧化反应：还原剂（反应物）→失电子或共用电子对偏离→化合价升高→被氧化→发生氧化反应→生成氧化产物。

还原反应：氧化剂（反应物）→得电子或共用电子对偏向→化合价降低→被还原→发生还原反应→生成还原产物。

因为氧化还原反应中会发生电子转移，也就是元素的化合价会发生变化，可以得知：复分解反应不是氧化还原反应，置换反应一定是氧化还原反应，化合反应和分解反应不一定是氧化还原反应，有单质参加的化合反应一定是氧化还原反应，有单质生成的分解反应一定是氧化还原反应，但有单质参与的反应不一定是氧化还原反应（如石墨变成金刚石，氧气变臭氧）。归中反应、歧化反应可以看作是特殊的氧化还原反应。

2. 氧化还原半反应与氧化还原电对

氧化还原反应的方程式可分解成两个半反应。反应中，氧化剂（氧化型）在反应过程中生成氧化数较低的还原型；还原剂（还原型）在反应过程中转化为氧化数较高的氧化型。由一对氧化型和还原型构成的共轭体系称为氧化还原电对，可用“氧化型/还原型”表示。例如，$2Fe^{3+}+2I^{-}=\!=\!=2Fe^{2+}+I_2$反应中存在$Fe^{3+}/Fe^{2+}$和$I_2/I^{-}$两个氧化还原电对。

半反应式的书写要遵循以下的规则：

（1）半反应式的书写格式是统一的——高价态写在左边，低价态写在右边；半反应式里一定有电子，而且写在等式左边。半反应式的正向和逆向都有发生的可能，究竟向哪个方向进行视具体反应而定。

（2）半反应式从左到右相当于氧化剂接受电子生成共轭还原剂；反之，从右到左相当于还原剂放出电子生成共轭氧化剂。例如，$Fe^{3+}+e^{-}\longrightarrow Fe^{2+}$。

（3）半反应式必须是配平的，一个半反应中发生氧化态变动的元素只能有一个。

（4）对于水溶液系统，半反应式中的物质必须是它们在水中的主要存在形态，符合通常的离子方程式的书写规则。

3. 氧化还原反应的应用

氧化还原反应在工农业生产、科学技术和日常生活中有着广泛的应用。例如，用于酒后驾车检测的呼气式酒精测试仪的检测原理就是氧化还原反应。在分析化学中，还可以根据氧化还原反应进行滴定，这样的滴定方法叫作氧化还原滴定法。

我们所需要的各种各样的金属，都是通过氧化还原反应从矿石中提炼得到的。如制取活泼的有色金属要用电解或置换的方法；制取黑色金属和其他有色金属都是在高温条件下用还原的方法；制备贵金属常用湿法还原；等等。

许多重要化工产品的制造，如合成氨、合成盐酸、接触法制硫酸、氨氧化法制硝酸、食盐水电解制烧碱等，主要反应也都是氧化还原反应。石油化工里的催化去氢、催化加氢、链烃氧化制羧酸、环氧树脂的合成等也都是氧化还原反应。在农业生产中，植物的光合作用、呼吸作用是复杂的氧化还原反应。

我们通常用的干电池、蓄电池以及在空间技术上应用的高能电池都是应用氧化还原反应，否则就不可能把化学能转变成电能，或把电能转变成化学能。

（二）原电池

1. 原电池的概念

原电池是将化学能直接转化为电能的一种装置。其原理也是通过化学反应（在正负极发生不同的氧化还原反应）使闭合电路中产生电子流，从而产生电流的。其中在负极发生氧化反应，正极发生还原反应。根据其定义，普通的干电池、燃料电池等非蓄电池都可以称为原电池。

2. 原电池的构造

构成原电池需要同时满足以下条件：

（1）电极材料由两种金属活泼性不同的金属或由金属与其他导电的材料（非金属或某些氧化物）组成。

（2）两电极必须浸泡在电解质溶液中，其中一极可以与电解质自发进行氧化还原反应。

（3）两电极之间有导线连接，形成闭合回路。

3. 原电池的工作原理

原电池反应属于放热的氧化还原反应，但区别于一般的氧化还原反应的是，电子转移不是通过氧化剂和还原剂之间的有效碰撞完成的，而是还原剂在负极上失电子发生氧化反应，电子通过外电路输送到正极上，氧化剂在正极上得电子发生还原反应，从而完成还原剂和氧化剂之间电子的转移。两极之间溶液中离子的定向移动和外部导线中电子的定向移动构成了闭合回路，使两个电极反应不断进行，发生有序的电子转移过程，产生电流，从而实现化学能向电能的转化。

从能量转化角度看，原电池是将化学能转化为电能的装置；从化学反应角度看，原电池的原理是氧化还原反应中的还原剂失去的电子经外接导线传递给氧化剂，使氧化还原反应分别在两个电极上进行。

4. 电极反应

电极反应是指在原电池或电解池中，两个电极上发生的半反应。原电池的负极和电解池的阳极的电极反应都是氧化反应，故也叫氧化极。原电池的正极和电解池的阴极反应都是还原反应，故也叫还原极。

原电池的电极由电极本身决定：相对活泼的金属为负极，金属失电子，发生氧化反应；相对不活泼的金属或非金属为正极，金属得电子，发生还原反应。电解池的电极由外加电源决定，分为阴极和阳极。阴极上，阳离子得电子发生还原反应；阳极上，阴离子失电子发生氧化反应。两电极相加等于氧化还原反应方程式。

5. 电池电动势与电极电势

电池的电动势指单位正电荷从电池的负极到正极由非静电力所做的功，常被称为电压。在等温等压可逆的条件下，若在电池中进行电极化学反应只做电功，则化学反应的吉布斯函数变化值 ΔG 等于电池所做的功，即 $-\Delta G = nFE$，式中 E 为可逆电池的电动势，F 为法拉第常数，n 为反应中电子转移数。

通常人们就把产生在金属和盐溶液之间的双电层间的电势差称为金属的电极电势，并以此描述电极得失电子能力的相对强弱。电极电势以符号 $E_{(M^{n+}/M)}$ 表示，单位为伏

(V)。电极电势的大小主要取决于电极的本性，并受温度、介质和离子浓度等因素的影响。

6. 原电池的应用

①加快或减慢化学反应速率：若金属为原电池的负极，则加快该金属的化学反应速率；若金属为原电池的正极，则被保护，减慢该金属的化学反应速率。②根据原电池原理，可以设计化学电池，如寻求和制造干电池和蓄电池等化学电源。③比较金属的活动性强弱。在原电池中，一般是较活泼的金属做负极，活动性较弱的金属做正极。

(三) 电解池

1. 电解池的概念

电解池是在阴、阳两极引起氧化还原反应将电能转化为化学能的装置。

2. 电解池的构造

构成电解池需要满足以下的条件：①连接直流电源。②有阴、阳电极。与电源负极相连为阴极，与电源正极相连为阳极。③两极处于电解质溶液或熔融电解质中。④两电极形成闭合回路。

3. 电解池的原理

电解的过程是将电能转换为化学能的过程。以电解饱和食盐水溶液为例，饱和食盐水溶液中存在 Na^+ 和 Cl^- 以及水电离产生的 H^+ 和 OH^-。其中氧化性 $H^+ > Na^+$，还原性 $Cl^- > OH^-$，所以 H^+ 和 Cl^- 先放电（即发生还原或氧化反应）。

阴极：$2H^+ + 2e^- \!=\!=\!= H_2\uparrow$ （还原反应）

阳极：$2Cl^- - 2e^- \!=\!=\!= Cl_2\uparrow$ （氧化反应）

总反应的化学方程式：$2NaCl + 2H_2O \xlongequal{电解} 2NaOH + H_2\uparrow + Cl_2\uparrow$

4. 放电顺序

阳极的电极材料是惰性物质（如 Au、Pt 或石墨）时，通电后溶液中的阴离子在阳极上失去电子，当溶液中同时存在多种阴离子时，还原性强的离子先失去电子发生氧化反应。常见阴离子的还原性由强到弱的顺序是：活性电极 $> S^{2-} > I^- > Br^- > Cl^- > OH^- >$ 含氧酸根离子（如 SO_4^{2-}、NO_3^- 等）$> F^-$。

在阴极上发生还原反应的是溶液中的阳离子。当溶液中存在多种阳离子时，按金属活动性顺序，越不活泼的金属，其阳离子的氧化性越强，越容易被还原。在水溶液中，排在铝之前的金属的阳离子不能被还原。

5. 电解池的应用

(1) 电解饱和食盐水制取烧碱、氯气和氢气。

(2) 电镀与电解精炼。①电镀金属层。应用电解的原理在某些金属的表面镀上一薄层金属或合金的方法。镀层金属通常是常温下在空气或溶液里不易起变化的金属和合金。②铜的电解精炼。将含有少量较活泼金属 Zn、Fe、Ni 以及不如铜活泼的 Au、Ag

等的粗铜作为阳极，纯铜作为阴极。电解过程中，粗铜中的铜及活泼金属失去电子形成相应的离子，Cu^{2+}优先在阴极放电而析出。

（3）冶炼金属就是使矿石中的金属离子获得电子，从它们的化合物中还原出来，反应通式为 $M^{n+} + ne^- \xlongequal{} M$。由于电解是最强有力的氧化还原手段，所以电解法是冶炼金属的一个重要方法。对于冶炼如钠、钙、镁、铝这样的活泼金属，电解法几乎是唯一可行的工业方法。

6. 金属的腐蚀与防护

金属的腐蚀：指金属或合金与周围环境中的物质发生化学反应而腐蚀损耗的现象。其实质是金属失去电子被氧化。常见的类型有化学腐蚀和电化学腐蚀。化学腐蚀是指金属与其他物质直接接触发生氧化还原反应而引起的腐蚀，腐蚀过程中无电流产生。电化学腐蚀是指不纯的金属或合金发生原电池反应，使较活泼的金属失去电子被氧化而引起的腐蚀。电化学腐蚀分为吸氧腐蚀和析氢腐蚀。

金属的防护是指阻止金属被腐蚀及阻止金属发生氧化反应。常见的金属的防护法有改变金属内部结构（如制成合金等）、加防护层（如在金属表面喷油漆、涂油脂、电镀等）和电化学防护。电化学防护法又包括牺牲阳极的阴极保护法和外加电流的阴极保护法。

第六节　物质世界

一、元素及其化合物

（一）金属及其化合物

1. 钠及其化合物

（1）钠单质。

物理性质：钠是一种质软、银白色、有金属光泽的金属，具有良好的导电性、导热性，密度比水小、比煤油大，熔点较低。

化学性质：

①与非金属单质反应：$4Na + O_2 \xlongequal{} 2Na_2O$；$2Na + O_2 \xlongequal{点燃} Na_2O_2$

②与水反应（现象：浮、熔、游、响、红）：$2Na + 2H_2O \xlongequal{} 2NaOH + H_2\uparrow$

制备：

$2NaCl$（熔融）$\xlongequal{通电} 2Na + Cl_2\uparrow$

（2）钠的重要化合物。

①氧化钠（Na_2O）和过氧化钠（Na_2O_2）。

a. 与水反应：$Na_2O + H_2O \xlongequal{} 2NaOH$；$2Na_2O_2 + 2H_2O \xlongequal{} 4NaOH + O_2\uparrow$

b. 与二氧化碳反应：$Na_2O + CO_2 \xlongequal{} Na_2CO_3$；$2Na_2O_2 + 2CO_2 \xlongequal{} 2Na_2CO_3 + O_2$

c. 与盐酸反应：$Na_2O + 2HCl \xlongequal{} 2NaCl + H_2O$；$2Na_2O_2 + 4HCl \xlongequal{} 4NaCl + 2H_2O + O_2\uparrow$

用途：过氧化钠可用作漂白剂，也可用在呼吸面具和潜水艇中做供氧剂。

②碳酸钠（Na_2CO_3）与碳酸氢钠（$NaHCO_3$）。

碳酸钠与碳酸氢钠的性质比较见表 1－1－8。

表 1－1－8　碳酸钠与碳酸氢钠的比较

名称	碳酸钠	碳酸氢钠
俗名	纯碱、苏打	小苏打
颜色、状态	白色固体	白色固体
水溶性	易溶于水，溶液呈碱性	易溶于水（但比 Na_2CO_3 溶解度小）
与盐酸反应及反应速率	$Na_2CO_3 + 2HCl \xlongequal{} 2NaCl + H_2O + CO_2\uparrow$；$NaHCO_3 + HCl \xlongequal{} NaCl + H_2O + CO_2\uparrow$ 相同条件下反应速率：$NaHCO_3$ 比 Na_2CO_3 反应快	
热稳定性	受热难分解	$2NaHCO_3 \xlongequal{\triangle} Na_2CO_3 + H_2O + CO_2\uparrow$

2. 铝及其化合物

（1）铝单质。

物理性质：铝是银白色轻金属，有金属光泽；有良好的导电性、导热性；密度 2.7 g/cm^3；熔点 660 ℃，沸点 2 519 ℃。

化学性质：

①与非金属单质反应：$2Al + 3Cl_2 \xlongequal{} 2AlCl_3$

②与盐溶液反应：$2Al + 3CuSO_4 \xlongequal{} 3Cu + Al_2(SO_4)_3$

③与某些氧化物反应：$2Al + Fe_2O_3 \xlongequal{} 2Fe + Al_2O_3$（铝热反应）

④与沸水微弱反应：$2Al + 6H_2O \xlongequal{} 2Al(OH)_3 + 3H_2\uparrow$

⑤与酸反应：$2Al + 6HCl \xlongequal{} 2AlCl_3 + H_2\uparrow$；$2Al + 3H_2SO_4 \xlongequal{} Al_2(SO_4)_3 + 3H_2\uparrow$

注意：铝在冷的浓硫酸、浓硝酸中钝化。

⑥与碱反应：$2Al + 2NaOH + 2H_2O \xlongequal{} 2NaAlO_2 + 3H_2\uparrow$

$Al(OH)_3 + NaOH \xlongequal{} NaAlO_2 + 2H_2O$

（2）铝的重要化合物。

①氧化铝（Al_2O_3）。

物理性质：白色固体，熔点高（2 054 ℃），不溶于水，不与水化合，常做耐火材料。刚玉的主要成分是 Al_2O_3，其中把含少量铬元素的刚玉称为红宝石，含少量铁和钛元素的刚玉称为蓝宝石。

化学性质：

a. 电解熔融的氧化铝制备单质铝，但由于氧化铝的熔点很高，故在氧化铝中添加冰晶石（Na_3AlF_6）降低其熔点。

b. 与酸反应：$Al_2O_3 + 6HCl \xlongequal{} 2AlCl_3 + 3H_2O$

c. 与碱反应：$Al_2O_3 + 2NaOH \xlongequal{} 2NaAlO_2 + H_2O$

既能与酸反应又能与碱反应生成盐和水的氧化物叫两性氧化物。Al_2O_3 是两性氧化物。

②氢氧化铝［$Al(OH)_3$］。

物理性质：氢氧化铝是白色胶状物质，不溶于水，有强吸附性，可以吸附水中的悬浮物和各种色素。

化学性质：

a. 与碱反应：$Al(OH)_3 + NaOH \xlongequal{} NaAlO_2 + 2H_2O$

b. 与酸反应：$Al(OH)_3 + 3HCl \xlongequal{} AlCl_3 + 3H_2O$

$Al(OH)_3$具有两性的原因：$H^+ + AlO_2^- + H_2O \rightleftharpoons Al(OH)_3 \rightleftharpoons Al^{3+} + 3OH^-$

③明矾［$KAl(SO_4)_2 \cdot 12H_2O$］。

复盐的概念：由两种不同的金属离子和一种酸根离子组成的盐叫复盐。

明矾水解：$Al^{3+} + 3H_2O \xlongequal{} Al(OH)_3$（胶体）$+ 3H^+$

3. 铁及其化合物

（1）铁单质。

物理性质：纯铁具有银白色金属光泽；有良好的延展性及导电、导热性能；有很强的铁磁性；密度为 7.87 g/cm^3；熔点为 1 535 ℃，沸点为 2 750 ℃；比热容为 460 J/(kg · ℃)。

纯铁质地软，现实生活中见到的多为铁合金或者是掺有杂质的铁，熔点降低，硬度增大。生铁和钢都是铁的合金，区别是含碳量不同，生铁的含碳量高，钢含碳量低。

化学性质：

①与非金属单质反应：$2Fe + 3Cl_2 \xlongequal{点燃} 2FeCl_3$；$Fe + I_2 \xlongequal{\triangle} FeI_2$

②与水蒸气反应：$3Fe + 4H_2O(g) \xlongequal{高温} Fe_3O_4 + 4H_2$

③与非氧化性酸反应：$Fe + 2H^+ \xlongequal{} Fe^{2+} + H_2\uparrow$

与氧化性酸反应：常温下遇冷浓 HNO_3、浓 H_2SO_4发生钝化。

④与盐溶液反应：$Fe + Cu^{2+} \xlongequal{} Cu + Fe^{2+}$

（2）铁的重要化合物。

①铁的氧化物（见表 1－1－9）。

表 1-1-9 铁的氧化物

项目	氧化亚铁（FeO）	氧化铁（Fe_2O_3）	四氧化三铁（Fe_3O_4）
俗名	—	铁红	磁性氧化铁
色态	黑色粉末	红棕色粉末	黑色晶体
铁元素价态	+2	+3	+2、+3
与酸反应	$FeO + 2H^+ = Fe^{2+} + H_2O$	$Fe_2O_3 + 6H^+ = 2Fe^{3+} + 3H_2O$	$Fe_3O_4 + 8H^+ = Fe^{2+} + 2Fe^{3+} + 4H_2O$
与 CO 反应	$Fe_xO_y + yCO = xFe + yCO_2$		

②铁的氢氧化物（见表 1-1-10）。

表 1-1-10 铁的氢氧化物

项目	氢氧化亚铁［$Fe(OH)_2$］	氢氧化铁［$Fe(OH)_3$］
色态	白色固体	红褐色固体
与酸反应	$Fe(OH)_2 + 2H^+ = Fe^{2+} + 2H_2O$	$Fe(OH)_3 + 3H^+ = Fe^{3+} + 3H_2O$
受热分解	—	$2Fe(OH)_3 \xlongequal{\triangle} Fe_2O_3 + 3H_2O$
二者关系	生成的 $Fe(OH)_2$ 暴露在空气中能迅速被氧化成 $Fe(OH)_3$，沉淀由白色迅速变为灰绿色，最后变成红褐色，反应方程式：$4Fe(OH)_2 + O_2 + 2H_2O = 4Fe(OH)_3$	

（二）非金属及其化合物

1. 氢气

（1）物理性质。

通常情况下，氢气是无色、无味的气体，集满氢气的集气瓶口应朝下放置，这是因为氢气比空气轻。标准状况下，氢气的密度为 0.089 9 g/L，是所有气体中密度最小的。在压强为 1.01×10^5 Pa 时，无色液态氢的沸点为 -252.8 ℃，雪状固态氢的熔点为 -259.14 ℃。氢气难溶于水，标准状况下，1 L 水中仅能溶解 20 mL 氢气。

（2）化学性质。

在常温下，氢气的化学性质是稳定的。在点燃或加热的条件下，氢气很容易和多种物质发生化学反应。纯净的氢气在点燃时，可安静燃烧，发出淡蓝色火焰，放出热量，并有水珠生成。若在火焰上罩一干冷的烧杯，可以在烧杯壁上见到水珠。

$$2H_2 + O_2 \xlongequal{点燃} 2H_2O$$

把点燃氢气的导管伸入盛满氯气的集气瓶中，氢气继续燃烧，发出苍白色火焰，放出热量，生成无色有刺激性气味的气体。该气体遇空气中的水蒸气呈雾状，溶于水生成盐酸。

$$H_2 + Cl_2 \xlongequal{点燃} 2HCl$$

在点燃氢气之前，一定要先检验氢气的纯度，因为不纯的氢气点燃时可能发生爆炸。实验测定，氢气中混入空气，在 $V(H_2):V$（空气）为 75∶25 至 4.1∶95.8 的范围内，点燃时都会发生爆炸。氢气不但能跟氧单质反应，也能跟某些化合物里的氧发生反应。例如，将氢气通过灼热的氧化铜，可得到红色的金属铜，同时有水生成。此反应证明了氢气具有还原性，是很好的还原剂。

$$H_2 + CuO \xlongequal{\triangle} H_2O + Cu$$

在合适的催化剂、高温条件下，氢气是高度活泼的。氢的化合价有 +1、−1。氢气还可作为重要有机反应的还原剂。

$$H_2 + RCH{=}CH_2 \longrightarrow RCH{-}CH_3$$

综上所述氢气的化学性质：①可燃性。在空气中爆炸极限为 4.1%～75%（体积）。燃烧时有浅蓝色火焰。②常温下不活动，加热时能与多种物质反应，如与活泼非金属生成气态氢化物；与碱金属、钙、铁生成固态氢化物。③还原性，能从氧化物中热还原出中等活泼或不活泼金属。④与有机物中的不饱和化合物发生加成或还原反应（催化剂，加热条件下）。

2. 氧气

（1）物理性质。

在常温常压下（一般指 20 ℃，101 kPa），氧气为无色透明、无臭无味的气体。氧气在 1 个大气压下冷却到 −183 ℃时，变成天蓝色、透明、易于流动的液体。当继续冷却到 −218.79 ℃时，液氧将转变成蓝色固体结晶。氧气能溶解于水，在标准状态下，100 体积的水中可溶解 5 体积的氧气；当温度上升到 20 ℃时，100 体积中的水仅能溶解 3 体积的氧气。因为氧气在水中溶解度很小，所以实验室收集氧气往往采用排水集气法。

（2）化学性质。

氧气的化学性质很活泼，非常容易与其他物质化合。氧气纯度越高，反应越剧烈，同时放出大量的热。

氧气有助燃的性质。例如，氧与可燃性气体（氢气、乙炔、甲烷等）按一定比例混合后易发生爆炸。其中氢气与氧气接触易发生爆炸而生成水。各种油脂与压缩的氧气接触时，温度超过燃点，可发生自燃。被氧饱和的衣服及其他纺织品与火种接触时会立即着火。

液态氧通过长期触放电作用，能部分转变为新的化学物质液态臭氧（O_3）。液态臭氧是深蓝色易爆炸的液体。这种液氧与固体可燃性吸附剂（黑炭、木屑、金属粉末等）组成的爆炸混合物称为液氧炸药。

综上所述，氧在冶金、化工、国防工业等领域具有广泛的用途。在国防中用于高空飞行、潜水作业和用液氧作为火箭的助推燃料等。此外在医疗救护、城市污水处理等方面也有广泛应用。

3. 碳、硅及其化合物

碳、硅及其化合物的相互转化关系如图1－1－3所示。

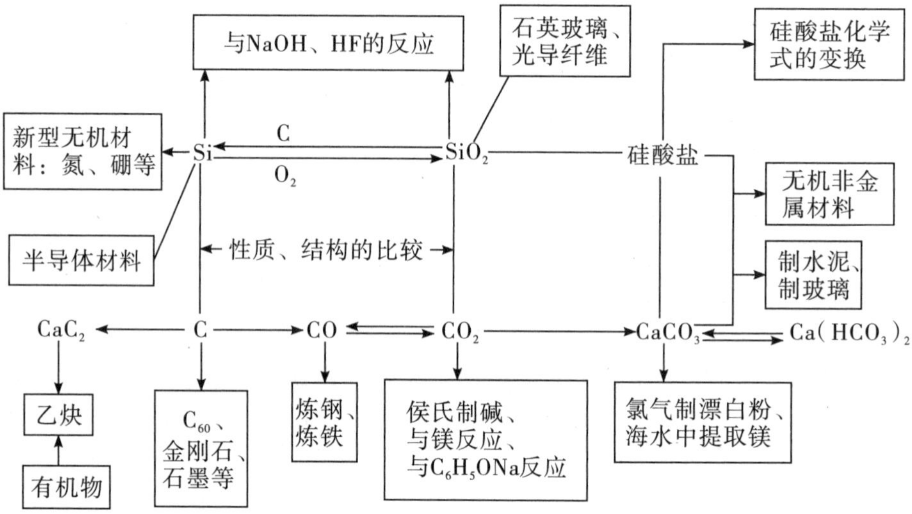

图1－1－3　碳、硅及其化合物的相互转化关系

（1）碳族元素。

①碳族元素的特征：碳族元素原子最外层电子数为4，既不容易失去电子，又不容易得到电子，易形成共价键，难形成离子键。碳族元素形成的单质在同周期中硬度最大，熔沸点最高（如金刚石、晶体硅）。

②碳族元素的化合价：碳族元素的主要化合价有+2、+4，其中铅元素+2价稳定，其余元素+4价稳定。

③碳族元素的递变规律：从上到下电子层数增多，原子半径增大，原子核对最外层电子的吸引能力减弱，失电子的能力增强，从上到下由非金属递变为金属的变化非常典型。其中碳是非金属，锡、铅是金属，硅、锗是半导体材料。

④碳族元素在自然界里的存在：自然界里碳有游离态和化合态两种；硅在地壳里无游离态，主要以含氧化合物的形式存在。

⑤几种同素异形体：碳，金刚石、石墨、C_{60}、C_{70}等；硅，晶体硅、无定形硅。

碳族元素的性质比较见表1－1－11。

表1－1－11　碳族元素的性质比较

元素	C	Si	Ge	Sn	Pb
单质颜色状态	无色固体或黑色固体	无色到棕色固体	灰白色晶体	银白色晶体	蓝白色晶体
与H_2化合的难易程度	在高温下化合	在高温下化合	不能直接化合	不能直接化合	不能直接化合

续上表

元素	C	Si	Ge	Sn	Pb
氢化物	CH_4	SiH_4	—	—	—
分解温度/℃	800	450	—	—	—
最高价氧化物	CO_2	SiO_2	SnO_2	GeO_2	PbO_2
最高价氧化物对应水化物	H_2CO_3	H_2SiO_3、H_4SiO_4	$Sn(OH)_4$	$Ge(OH)_4$	$Pb(OH)_4$
	酸性逐渐减弱 →				

（2）碳。

①物理性质：碳元素形成的同素异形体由于碳原子的排列方式不同，导致物理性质有较大的差别。

②化学性质：在常温下碳很稳定，只在高温下能发生反应，通常表现为还原性。

a. 燃烧反应：

$$C + O_2 \xlongequal{点燃} CO_2 \qquad 2C + O_2 \xlongequal{点燃} 2CO$$

b. 与某些氧化物的反应：

$$C + 2CuO \xlongequal{\triangle} 2Cu + CO_2\uparrow \qquad C + CO_2 \xlongequal{\triangle} 2CO$$

$$C + H_2O(g) \xlongequal{\triangle} CO + H_2 \qquad 2C + SiO_2 \xlongequal{高温} Si + 2CO\uparrow$$

c. 与氧化性酸反应：

$$C + 4HNO_3(浓) \xlongequal{\triangle} CO_2\uparrow + 4NO_2\uparrow + 2H_2O$$

$$C + 2H_2SO_4(浓) \xlongequal{\triangle} CO_2\uparrow + 2SO_2\uparrow + 2H_2O$$

③碳的同素异形体的比较（见表1－1－12）。

表1－1－12 碳的同素异形体的比较

同素异形体	金刚石	石墨	C_{60}
晶体结构	正四面体，空间网状结构的原子晶体	平面层状正六边形结构，层与层之间以分子间作用力结合	分子内碳碳之间以共价键结合成空心笼状结构，由20个六边形和12个五边形构成的20面体
主要物理性质	熔沸点高，硬度极大，难溶于溶剂，不能导电，无色透明的晶体	熔点很高，深灰色，质软有滑腻感，易导电的片状固体	灰黑色固体
物理性质不同的原因	结构不同，碳原子的排列方式不同		

续上表

同素异形体	金刚石	石墨	C_{60}
化学性质	相同		
用途	钻具、装饰品	电极、润滑剂、耐火材料	超导、磁性、光学、催化、材料、生物方面有优异的性能

注意：碳元素不仅可以形成多种同素异形体，而且还可以形成多种无机化合物和有机化合物，是形成化合物种类最多的元素。

（3）硅。

①硅在自然界中没有游离态，只有化合态。硅元素在地壳中的存在形式为 SiO_2、硅酸盐。其含量在地壳中居第二，仅次于氧，是构成矿物和岩石的主要成分。

②单质硅有晶体硅和无定形硅两种。晶体硅是灰黑色、有金属光泽、硬而脆的固体，具有较高的硬度和熔点。导电性介于导体和绝缘体之间，是常用的半导体材料。

③硅的化学性质不活泼。常温下，只能与氟气、氢氟酸及强碱溶液反应：$Si+2F_2 = SiF_4$、$Si+4HF = SiF_4+2H_2\uparrow$、$Si+2NaOH+H_2O = Na_2SiO_3+2H_2\uparrow$；在加热条件下，能与氧气、氯气等少数非金属单质化合：$Si+O_2 \xlongequal{\triangle} SiO_2$，$Si+2Cl_2 \xlongequal{\triangle} SiCl_4$，$Si+2H_2 \xlongequal{高温} SiH_4$。

④制备。先在电炉里用碳还原二氧化硅制得粗硅：$SiO_2+2C \xlongequal{高温} Si+2CO\uparrow$（制备粗硅，隔绝空气条件进行，C 过量）；将制得的粗硅，再与 Cl_2 反应后，蒸馏出 $SiCl_4$，然后用 H_2 还原 $SiCl_4$ 可得到纯硅，有关的反应为：$Si+2Cl_2 \xlongequal{高温} SiCl_4$，$SiCl_4+2H_2 \xlongequal{高温} Si+4HCl$。

⑤硅在高新技术中的应用。高纯硅可做半导体材料，晶体硅还可做光电转换材料及制作 DNA 芯片为代表的生物工程芯片。

方法规律

C、Si 单质性质及其用途的比较（见表 1－1－13）

表 1－1－13　C、Si 单质性质及其用途的比较

项目	碳	硅
存在形态	既有游离态，又有化合态；主要单质有金刚石、石墨、C_{60} 等同素异形体	在地壳中的含量仅次于氧，全部以化合态存在；主要单质有晶体硅和无定性硅两大类

续上表

项目		碳	硅
单质的物理性质		金刚石熔点很高，硬度很大；石墨熔点很高（比金刚石高），硬度较小，能导电，有滑腻感	晶体硅，灰黑色，有金属光泽；与金刚石相似，熔点很高，硬度很大；是良好的半导体材料
化学性质	与非金属单质反应	$C+O_2\xlongequal{点燃}CO_2$　$2C+O_2\xlongequal{点燃}2CO$ $C+2S(g)\xlongequal{高温}CS_2$	$Si+O_2\xlongequal{\triangle}SiO_2$ $Si+2F_2\xlongequal{}SiF_4$ $Si+2H_2\xlongequal{高温}SiH_4$（不稳定）
	与氧化物反应	$C+2CuO\xlongequal{高温}CO_2\uparrow+2Cu$ $3C+Fe_2O_3\xlongequal{高温}3CO\uparrow+2Fe$ $2C+SiO_2\xlongequal{电炉}2CO\uparrow+Si$ $3C+SiO_2\xlongequal{高温}2CO\uparrow+SiC$ $3C+CaO\xlongequal{高温}CaC_2+CO\uparrow$	与 FeO 反应： $Si+2FeO\xlongequal{高温}SiO_2+2Fe$
	与酸反应	与浓硫酸、浓硝酸反应： $C+2H_2SO_4(浓)\xlongequal{\triangle}CO_2\uparrow+2SO_2\uparrow+2H_2O$ $C+4HNO_3(浓)\xlongequal{\triangle}CO_2\uparrow+4NO_2\uparrow+2H_2O$	只与氢氟酸反应： $Si+4HF\xlongequal{}SiF_4\uparrow+2H_2\uparrow$
	与水或碱反应	①与碱不反应 ②$C+H_2O(g)\xlongequal{高温}CO+H_2$	与 NaOH 溶液反应： $Si+2NaOH+H_2O\xlongequal{}Na_2SiO_3+2H_2\uparrow$
用途		金刚石用于切割工具；石墨用作电极、铅笔芯	含硅 4% 的硅钢具有很高的导磁性，主要用作变压器铁芯；含硅 15% 的硅钢具有很好的耐酸性能，作为耐酸材料、制光电池等

（4）一氧化碳。

CO 不溶于水，有毒（CO 和血红蛋白结合，使血红蛋白无法和 O_2 结合，而使细胞缺氧引起中毒），由于其无色无味因此具有更大的危险性。

①可燃性。

②还原性：$CO+CuO\xlongequal{\triangle}CO_2+Cu$，$CO+H_2O\ (g)\xlongequal[催化剂]{\triangle}CO_2+H_2$

（5）二氧化碳。

直线形（O═C═O）非极性分子，无色能溶于水，密度大于空气，易液化。固

态 CO_2 俗称干冰，能升华，常用于人工降雨。实验室制法：$CaCO_3 + 2HCl \xlongequal{} CaCl_2 + CO_2\uparrow + H_2O$

①酸性氧化物：$Ca(OH)_2 + CO_2 \xlongequal{} CaCO_3\downarrow + H_2O$（用于检验 CO_2）

②氧化性：$CO_2 + C \xlongequal{高温} 2CO$；$2Mg + CO_2 \xlongequal{点燃} 2MgO + C$

方法规律

CO、CO_2 性质的比较（见表 1－1－14）

表 1－1－14　CO、CO_2 性质的比较

氧化物	一氧化碳	二氧化碳
物理性质	无色无味气体、有毒、难溶于水，能与人体中血红蛋白迅速结合。是一种严重的大气污染物	无色略带酸味气体，无毒，能溶于水，固态时俗称“干冰”。是产生温室效应的气体之一
化学性质	可燃性； 还原性：与 CuO、Fe_2O_3、H_2O 反应； 不成盐氧化物	不能燃烧； 与 C、Mg 等反应，表现氧化性； 酸性氧化物（与碱反应）
实验室制法	$HCOOH \xlongequal[\triangle]{浓硫酸} CO\uparrow + H_2O$	$CaCO_3 + 2HCl \xlongequal{} CaCl_2 + H_2O + CO_2\uparrow$
收集方法	排水法	向上排空气法
检验方法	点燃后在火焰上分别罩上干燥的烧杯或沾有澄清石灰水的烧杯	使澄清石灰水变浑浊
用途	燃料、化工原料	化工原料、灭火等
相互转化	$C + CO_2 \xlongequal{高温} 2CO$；$2CO + O_2 \xlongequal{点燃} 2CO_2$	

（6）二氧化硅。

①SiO_2 为原子晶体，是一种坚硬难熔的固体，硬度、熔点都很高。而 CO_2 通常状况下是气体，固体熔点很低。其差别在于晶体类型不同。

②二氧化硅的化学性质很稳定，不能跟酸（氢氟酸除外）发生反应。由于它是一种酸性氧化物，所以能跟碱性氧化物或强碱反应。

$$SiO_2 + CaO \xlongequal{高温} CaSiO_3$$

$$SiO_2 + 2NaOH \xlongequal{} Na_2SiO_3 + H_2O$$

③二氧化硅是一种特殊的酸性氧化物。

a. 酸性氧化物大都能直接跟水化合生成酸，但二氧化硅却不能直接跟水化合，它的对应水化物（硅酸）只能用相应的可溶性硅酸盐跟盐酸作用制得：首先让 SiO_2 和 NaOH（或 Na_2CO_3）在熔化条件下反应生成相应的硅酸钠，$SiO_2 + 2NaOH \xlongequal{熔化} Na_2SiO_3 +$

H_2O，$SiO_2 + Na_2CO_3 \xlongequal{熔化} Na_2SiO_3 + CO_2\uparrow$；然后用酸与硅酸钠作用制得硅酸，$Na_2SiO_3 + 2HCl \xlongequal{} H_2SiO_3 + 2NaCl$。

b. 酸性氧化物一般不跟酸作用，但二氧化硅却能跟氢氟酸起反应：$SiO_2 + 4HF \xlongequal{} SiF_4\uparrow + 2H_2O$（氢氟酸不能盛放在玻璃容器中，常保存在铅制器具中或塑料瓶中）。

④光导纤维：从高纯度的 SiO_2 或石英玻璃熔融体中，拉出的直径约 100 μm 的细丝，称为石英玻璃纤维，这种纤维称为光导纤维。光导纤维通信优点：信息传输量大；原料来源广；质量轻；不怕腐蚀，铺设方便；抗电磁干扰，保密性好。

⑤石英、水晶及其压电效应。石英的主要成分是 SiO_2，可用来制造石英玻璃，耐高温，加热时不易爆炸。石英晶体中有时含有其他元素的化合物，它们以溶解状态存在于石英中，呈各种颜色。纯净的 SiO_2 晶体叫作水晶，它是六方柱状的透明晶体，是较贵重的宝石。水晶或石英在受压时能产生一定的电场，这种现象被称为“压电效应”。后来这种“压电效应”被应用在电子工业、钟表工业和超声技术上。天然的石英又叫作硅石。

方法规律

1. CO_2 和 SiO_2 的比较（见表 1-1-15）

表 1-1-15 CO_2 和 SiO_2 的比较

物质		二氧化硅	二氧化碳
类别		酸性氧化物	酸性氧化物
晶体类型		原子晶体	分子晶体
物理性质		硬度大，熔沸点高，常温下为固体，不溶于水	熔沸点低，常温下为气体，微溶于水
化学性质	①与水反应	不反应	$CO_2 + H_2O \rightleftharpoons H_2CO_3$
	②与酸反应	$SiO_2 + 4HF \xlongequal{} SiF_4\uparrow + 2H_2O$	不反应
	③与碱反应	$SiO_2 + 2NaOH \xlongequal{高温} Na_2SiO_3 + H_2O$ （盛碱液的试剂瓶用橡皮塞）	$CO_2 + 2NaOH \xlongequal{} Na_2CO_3 + H_2O$ 或 $CO_2 + NaOH \xlongequal{} 2NaHCO_3$
	④与盐反应	$SiO_2 + Na_2CO_3 \xlongequal{高温} Na_2SiO_3 + CO_2\uparrow$； $SiO_2 + CaCO_3 \xlongequal{} CaSiO_3 + CO_2\uparrow$	$Ca(ClO)_2 + CO_2 + H_2O \xlongequal{} CaCO_3\downarrow + 2HClO$； $CO_2 + Na_2CO_3 + H_2O \xlongequal{} 2NaHCO_3$
	⑤与碱性氧化物反应	$SiO_2 + CaO \xlongequal{高温} CaSiO_3$	$CO_2 + Na_2O \xlongequal{} Na_2CO_3$
	⑥联系	$Na_2SiO_3 + CO_2 + 2H_2O \xlongequal{} H_4SiO_4\downarrow + Na_2CO_3$， $H_4SiO_4 \xlongequal{\triangle} SiO_2 + 2H_2O$	

2. 除杂（见表 1－1－16）

表 1－1－16　CO、CO_2、Fe_2O_3 除杂的方法

物质	试剂（或方法）	化学方程式
CO（CO_2）	NaOH 溶液	$CO_2 + 2NaOH \xlongequal{} Na_2CO_3 + H_2O$
CO_2（CO）	灼热的氧化铜	$CO + CuO \xlongequal{\triangle} Cu + CO_2$
Fe_2O_3（SiO_2）	NaOH 溶液，过滤	$SiO_2 + 2NaOH \xlongequal{} Na_2SiO_3 + H_2O$

（7）硅酸。

硅酸有多种形式，如 H_4SiO_4、H_2SiO_3、$H_2Si_2O_5$ 等。一般用通式 $xSiO_2 \cdot yH_2O$ 表示，由于“H_2SiO_3”分子式最简单，习惯采用 H_2SiO_3 作为硅酸的代表。

①物理性质：与一般的无机含氧酸不同，硅酸难溶于水。

②化学性质：

弱酸性：是二元弱酸，酸性比碳酸弱。由下列反应可证明：$Na_2SiO_3 + CO_2 + H_2O \xlongequal{} H_2SiO_3\downarrow + Na_2CO_3$，$H_2SiO_3 + 2NaOH \xlongequal{} Na_2SiO_3 + 2H_2O$。

不稳定性：受热易分解。化学方程式为：$H_2SiO_3 \xlongequal{\triangle} H_2O + SiO_2$。

③制备：通过可溶性硅酸盐与其他酸反应制得。如 Na_2SiO_3 溶液与盐酸反应：$Na_2SiO_3 + 2HCl \xlongequal{} H_2SiO_3\downarrow + 2NaCl$。

④制取硅酸胶体：将 1 mL 硅酸钠溶液倒入 5～10 mL 稀盐酸溶液中，振荡。

$Na_2SiO_3 + 2HCl \xlongequal{} H_2SiO_3$（胶体）$+ 2NaCl$

硅胶具有良好的吸水性，而且吸水后还能烘干重复使用，所以在实验室中常把硅胶作为干燥剂。

蓝色硅胶是指硅胺中加入氯化钴，干燥时呈蓝色，吸水后呈红色。

（8）碳酸盐。

①溶解性：$Ca(HCO_3)_2 > CaCO_3$；$Na_2CO_3 > NaHCO_3$。

②热稳定性：$Na_2CO_3 > CaCO_3$；碱金属正盐 > 碱金属酸式盐：$Na_2CO_3 > NaHCO_3$。

③相互转化：碳酸正盐 $\xlongequal[\triangle\text{或加碱}]{\text{加酸}}$ 碳酸酸式盐（除杂用）

（9）硅酸盐。

①硅酸盐：硅酸盐是由硅、氧和金属元素组成的化合物的总称，是构成地壳岩石的主要成分。其结构复杂，组成可用氧化物的形式表示。例如：硅酸钠 Na_2SiO_3（$Na_2O \cdot SiO_2$）；镁橄榄石 Mg_2SiO_4（$2MgO \cdot SiO_2$）；高岭石 $Al_2(Si_2O_5)(OH)_4$（$Al_2O_3 \cdot 2SiO_2 \cdot 2H_2O$）。云母、滑石、石棉、高岭石等，它们都属于天然的硅酸盐。人造硅酸盐主要有玻璃、水泥、陶瓷、砖瓦、耐火砖、水玻璃以及某些分子筛等。

②硅酸钠（Na_2SiO_3）。硅酸钠溶液俗称水玻璃，无色黏稠液体，是一种矿物胶，

显碱性，常用于制备黏合剂、防腐剂、耐火材料，是建筑业常见的一种黏合剂。用水玻璃浸泡过的木材或纺织品既耐腐蚀，又不易着火，称木材防护剂。还可以用作肥皂材料及耐火材料等。

③硅酸盐制品性质稳定，熔点较高，难溶于水，有很广泛的用途。最简单的硅酸盐是硅酸钠。

易错归纳

硅及其化合物的特殊性质

1. 非金属单质一般为非导体，但Si却为半导体；非金属氧化物一般为分子晶体，而SiO_2却为原子晶体。

2. 非金属单质与碱反应一般是非金属既做氧化剂又做还原剂，而Si与碱反应只做还原剂。

3. C、Si同属ⅣA族，还原性是Si大于C，而C却能将Si从SiO_2中还原出来（条件是高温），原因是产物CO气体迅速从反应体系中逸出，$SiO_2+2C\xlongequal{高温}Si+2CO\uparrow$。

4. 非金属单质一般不跟非氧化性酸作用，而Si能与HF发生反应，$Si+4HF\xlongequal{}SiF_4\uparrow+2H_2\uparrow$。

5. 非金属单质与强碱溶液反应一般不生成氢气，但硅与强碱溶液反应却生成氢气：$Si+2NaOH+H_2O\xlongequal{}Na_2SiO_3+2H_2\uparrow$。

6. SiO_2不溶于水，但其是硅酸的酸酐，因此硅酸不能用SiO_2直接与水反应制得，只能采用可溶性硅酸盐与酸作用生成。

7. 酸性氧化物一般不与酸反应，但二氧化硅却能与氢氟酸反应，生成四氟化硅和水。

8. 无机酸一般易溶于水，而硅酸却难溶于水。

9. 在水溶液中，碳酸的酸性比硅酸强，因此二氧化碳能与硅酸钠反应生成碳酸钠和硅酸沉淀，但在高温下碳酸钠与二氧化硅却能反应生成硅酸钠和二氧化碳：$SiO_2+Na_2CO_3\xlongequal{}Na_2SiO_3+CO_2\uparrow$，其原因是在高温条件下生成的二氧化碳离开反应体系而使反应进行到底。

10. Na_2SiO_3的水溶液称水玻璃，但它与玻璃的成分大不相同，水玻璃称泡花碱，但它却是盐的溶液，并不是碱溶液。

（10）水泥、玻璃、陶瓷。

①普通水泥的主要成分是硅酸三钙（$3CaO\cdot SiO_2$）、硅酸二钙（$2CaO\cdot SiO_2$）和铝酸三钙（$3CaO\cdot Al_2O_3$），水泥具有水硬性，水泥、沙子和碎石的混合物叫混凝土。

②普通玻璃的化学组成是Na_2SiO_3、$CaSiO_3$和SiO_2。制玻璃的主要原料是纯碱、石灰石和石英，主要反应是：$SiO_2+Na_2CO_3\xlongequal{高温}Na_2SiO_3+CO_2\uparrow$，$SiO_2+CaCO_3\xlongequal{高温}CaSiO_3+CO_2\uparrow$。玻璃是无固定熔点的混合物。加入氧化钴后的玻璃呈蓝色，加入氧化亚铜后的玻璃呈红色，普通玻璃一般呈淡绿色，这是因为原料中混有二价铁的缘故。

③制造陶瓷的主要原料是黏土，黏土的主要成分：$Al_2O_3 \cdot 2SiO_2 \cdot 2H_2O$。

硅酸盐材料是传统的无机非金属材料，玻璃、水泥以及各种陶瓷都是以黏土、石英和长石等为原料生产的硅酸盐制品。水泥和玻璃的比较见表1－1－17。

表1－1－17 水泥和玻璃的比较

硅酸盐产品	水泥	玻璃
原　料	主要原料：石灰石、黏土（主要成分是铝硅酸盐） 辅料：石膏（加入石膏作用：调节水泥的硬化速度。水泥的硬化是复杂的物理、化学变化）	纯碱、石灰石、石英
反应原理	发生复杂的物理、化学变化（不做要求）	$SiO_2 + Na_2CO_3 \xlongequal{高温} Na_2SiO_3 + CO_2\uparrow$ $SiO_2 + CaCO_3 \xlongequal{高温} CaSiO_3 + CO_2\uparrow$
主要设备	水泥回转窑	玻璃熔炉
主要成分	$3CaO \cdot SiO_2$、$2CaO \cdot SiO_2$、$3CaO \cdot Al_2O_3$	Na_2SiO_3、$CaSiO_3$、SiO_2
反应条件	高温煅烧	高温熔融

（11）无机非金属材料。

无机非金属材料包含除传统陶瓷外的各种性能优异的精细陶瓷：耐高温的二氧化锆（ZrO_2）陶瓷、高熔点的氮化硅（Si_3N_4）和碳化硅（SiC）陶瓷；透明的氧化铝、砷化镓（GaAs）、硫化锌（ZnS）、硒化锌（ZnSe）、氟化镁（MgF_2）、氟化钙（CaF_2）等氧化物或非氧化物陶瓷；生物陶瓷；超细微粉体粒子制造的纳米陶瓷等。

新型无机非金属材料的比较见表1－1－18。

表1－1－18 新型无机非金属材料的比较

材料类别	主要特性	示例	用途
高温结构陶瓷	能承受高温，强度高	氮化硅陶瓷模具等	汽轮机叶片、轴承
半导体陶瓷	具有电学特性	氧化锡陶瓷	集成电路中的半导体
光学材料	具有光学特性	光导纤维	光缆通信、医疗、照明等
生物陶瓷	具有生物功能	氧化铝陶瓷钉	人造骨、人造关节、接骨螺

常见的无机非金属材料、金属材料与复合材料的比较见表 1－1－19。

表 1－1－19　无机非金属材料、金属材料与复合材料的比较

材料	无机非金属材料	金属材料	复合材料
含义	以黏土、石英和长石等为原料生产的硅酸盐制品	金属及其合金	两种或两种以上性质不同的材料经特殊加工而制成的
主要成分	各种硅酸盐的混合物	各种金属及硅等少量非金属	由基体（黏结作用）和增强体（骨架作用）组成
特性	抗腐蚀、耐高温、硬度大、耐磨损，新型无机非金属材料还具有电学、光学特性及生物功能等	强度高，坚韧，塑性好，易于成型，有良好的延展性、导电性、导热性，合金抗腐蚀性强	耐酸碱、化学稳定性好、密度小、强度高、韧性好、耐高温、导电导热性能好；性能保持原材料特点又优于原材料
品种示例	玻璃、水泥、各种陶瓷（黏土质陶瓷、高温结构陶瓷、生物陶瓷、压电陶瓷等）、光导纤维	黑色金属材料（铁、铬、锰及合金）：钢铁；有色金属材料（铁、铬、锰以外的金属及合金）：金、银、铜及合金	生产生活中的复合材料（玻璃钢：玻璃纤维增强树脂基复合材料；碳纤维：碳纤维增强树脂基复合材料）； 航空航天中的复合材料（飞机、火箭：纤维增强金属基复合材料；航天飞机：纤维增强陶瓷基复合材料）

4. 氮及其化合物

（1）氮气。

①物理性质：无色无味的气体，难溶于水。氮的结构式：$N\equiv N$。

②化学性质：

氧化性：$N_2+3H_2 \xlongequal{} 2NH_3$，$N_2+3Mg \xlongequal{} Mg_3N_2$

还原性：与 O_2 的化合（放电或高温条件下）。

（2）氮氧化物。

氮元素有 +1、+2、+3、+4、+5 五种化合价，五种化合价对应的六种化合物分别为 N_2O、NO、N_2O_4、N_2O_3（亚硝酸酸酐）、NO_2、N_2O_5（硝酸酸酐），常见的氮氧化物有 NO 和 NO_2（见表 1－1－20）。

表 1-1-20　氮氧化物

种类	物理性质	稳定性
NO	无色气体，难溶于水	中等活泼
NO_2	红棕色气体，易溶于水，有毒	较活泼，易发生二聚反应

①NO_2与水反应：$3NO_2 + H_2O = 2HNO_3 + NO$

②NO、NO_2的尾气吸收：

$$2NO_2 + 2NaOH = NaNO_3 + NaNO_2 + H_2O$$

$$NO_2 + NO + 2NaOH = 2NaNO_2 + H_2O$$

③NO 的检验：现象为无色气体和空气接触后变为红棕色。

④NO 与 O_2 可与水反应，计算中所用的两个方程式：

$$4NO + 3O_2 + 2H_2O = 4HNO_3$$

$$4NO_2 + O_2 + 2H_2O = 4HNO_3$$

（3）氨气。

①氨分子的结构。氨的化学式为 NH_3，氨分子中氮的化合价为 -3 价，分子中含有极性共价键，分子构型为 V 形，氨分子为极性分子。

②氨的物理性质。氨是没有颜色、有刺激性气味的气体；密度比空气小；极易溶于水且能快速溶解，在常温、常压下 1 体积水能溶解 700 体积氨。氨水密度随质量分数的增大而下降。

③氨气的合成：$N_2 + 3H_2 \xrightleftharpoons[\text{高温高压}]{\text{催化剂}} 2NH_3$

④氨气的化学性质。

a. 与水反应。氨水是混合物，溶液中含有 H_2O、$NH_3 \cdot H_2O$、NH_3等分子和 NH_4^+、OH^-（还含有极少量的 H^+）等离子，氨在水中大部分以 $NH_3 \cdot H_2O$ 形式存在，溶液呈弱碱性，能使无色的酚酞试液变红色。

氨水受热时容易逸出氨气（$NH_3 \cdot H_2O \xlongequal{\triangle} NH_3\uparrow + H_2O$），不易运输保存，所以常将氨气转化成各种铵盐。

b. 与酸反应。有冒白烟现象，白烟是生成的 NH_4Cl 小颗粒，该反应可以检验氨气的存在。

c. 与一些氧化剂的反应。

$4NH_3 + 5O_2 \xlongequal[\text{催化剂}]{\triangle} 4NO + 6H_2O$

$2NH_3 + 3Cl_2 = N_2 + 6HCl$

⑤氨气的实验室制备。

a. 原理：固态铵盐与碱加热反应。

b. 发生装置：固 + 固加热型，与制备 O_2 相似。

c. 收集：向下排空气法。

d. 检验：用湿润的红色石蕊试纸（变蓝）或用蘸有浓盐酸的玻璃棒（冒白烟）；干燥用盛碱石灰（CaO 和 NaOH 的混合物）的干燥管，不可用酸性干燥剂。

（4）铵盐。

由铵根离子（NH_4^+）和酸根离子构成的化合物叫铵盐，铵盐都是晶体，易溶于水。

①不稳定性。一般铵盐受热分解出氨气和相应的酸。

$NH_4HCO_3 \xlongequal{\triangle} NH_3\uparrow + CO_2\uparrow + H_2O$

$NH_4Cl \xlongequal{\triangle} NH_3\uparrow + HCl\uparrow$

NH_4Cl 受热分解有类似“升华”现象（受热分解后产生的氨气和氯化氢遇冷重新生成 NH_4Cl：$NH_3 + HCl \xlongequal{} NH_4Cl$），可用于物质的提纯，如 NaCl 混入 NH_4Cl 中可加热提纯。

②与碱的反应。

$NH_4Cl + NaOH \xlongequal{\triangle} NaCl + NH_3\uparrow + H_2O$

铵盐与碱共热都能产生氨气，这是铵盐的特征反应。可据此检验铵盐的存在，即取样品与 NaOH 溶液共热，产生的气体能使湿润的红色石蕊试纸变蓝色，说明样品含铵盐。

（5）硝酸。

①硝酸的工业制法。

$4NH_3 + 5O_2 \xlongequal[\triangle]{催化剂} 4NO + 6H_2O$

$2NO + O_2 \xlongequal{} 2NO_2$

$3NO_2 + H_2O \xlongequal{} 2HNO_3 + NO$

②硝酸的性质。硝酸是无色、易挥发、有刺激性气味的液体，能以任意比溶解于水。质量分数 69% 的硝酸被称为浓硝酸，98% 的浓硝酸通常叫“发烟硝酸”，浓硝酸常带有黄色。

a. 不稳定性。

见光分解：$4HNO_3$（浓）$\xlongequal{光照} 4NO_2\uparrow + O_2\uparrow + 2H_2O$

硝酸应贮存在避光、低温处。

b. 强氧化性。

Cu 与 HNO_3（浓）的反应：$Cu + 4HNO_3$（浓）$\xlongequal{\triangle} Cu(NO_3)_2 + 2NO_2\uparrow + 2H_2O$

Cu 与 HNO_3（稀）的反应：$3Cu + 8HNO_3 \xlongequal{\triangle} 3Cu(NO_3)_2 + 2NO\uparrow + 4H_2O$

浓 HNO_3 还能使铁、铝等发生钝化现象，所以可用铝制容器装运浓硝酸。

浓硝酸与 C 反应：$C + 4HNO_3$（浓）$\xlongequal{\triangle} CO_2\uparrow + 4NO_2\uparrow + 2H_2O$

硝酸能氧化很多低价态的化合物，所以在酸性条件下 NO_3^- 与 S^{2-}、SO_3^{2-}、I^-、Fe^{2+} 不能共存于同一溶液中。

③硝酸的相关计算。

a. 从硝酸在反应中的作用（酸性和氧化性）考虑：参加反应的硝酸一部分显酸性，生成硝酸盐，另一部分做氧化剂，一般转化为氮的氧化物（NO 或 NO_2），根据物料守恒——氮元素守恒解题。

b. 从氧化还原反应的规律——得失电子守恒考虑：一般情况下，金属失去的电子被 +5 价的氮得到，转化为 NO 或 NO_2，根据得失电子解题。

c. 从离子反应角度考虑：金属与硝酸反应的本质是金属与 H^+ 和 NO_3^- 共同作用。

④规律总结。

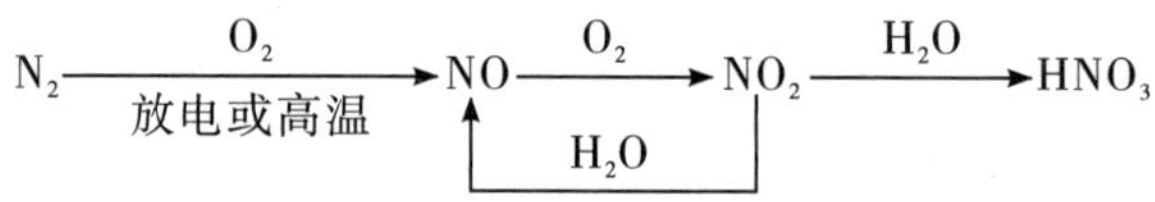

5. 硫及其化合物

(1) 硫。

①物理性质：硫为淡黄色固体；不溶于水，微溶于酒精，易溶于 CS_2（用于洗去试管壁上的硫）。硫有多种同素异形体，如单斜硫、斜方硫、弹性硫等。

②化学性质：硫原子最外层 6 个电子，较易得电子，表现较强的氧化性。

a. 与金属反应（与变价金属反应，均是金属氧化成低价态）。

$$2Na + S = Na_2S$$（剧烈反应并发生爆炸）

$$2Al + 3S \xlongequal{\triangle} Al_2S_3$$（制取 Al_2S_3 的唯一途径）

$$Fe + S \xlongequal{\triangle} FeS$$（黑色）

$$2Cu + S \xlongequal{\triangle} Cu_2S$$（黑色）

b. 与非金属反应。

$$S + O_2 \xlongequal{\triangle} SO_2$$

$$S + H_2 \overset{\triangle}{\rightleftharpoons} H_2S$$（说明硫化氢不稳定）

c. 与化合物的反应。

$$S + 6HNO_3(浓) \xlongequal{\triangle} H_2SO_4 + 6NO_2\uparrow + 2H_2O$$

$$S + 2H_2SO_4(浓) \xlongequal{\triangle} 3SO_2\uparrow + 2H_2O$$

$$3S + 6NaOH \xlongequal{\triangle} 2Na_2S + Na_2SO_3 + 3H_2O$$（用热碱溶液清洗硫）

③用途：大量用于制造硫酸、硫化天然橡胶，也用于医药、火药、农药和火柴（三药一柴）的原料。

（2）硫的氢化物。

①硫化氢的物理性质。H_2S 是无色、有臭鸡蛋气味的有毒气体，能溶于水，密度比空气略大。

②硫化氢的化学性质。

a. 可燃性。

当 $n(H_2S)/n(O_2) \geq 2/1$ 时，$2H_2S + O_2 \xlongequal{点燃} 2S + 2H_2O$（$H_2S$ 过量）；

当 $n(H_2S)/n(O_2) \leq 2/3$ 时，$2H_2S + 3O_2 \xlongequal{点燃} 2SO_2 + 2H_2O$（$O_2$ 过量）；

当 $\frac{2}{3} < \frac{n(H_2S)}{n(O_2)} < 2$ 时，两种反应物全部反应完，而产物既有硫又有 SO_2。

b. 强还原性：常见氧化剂有 Cl_2、Br_2、I_2、Fe^{3+}、HNO_3、浓 H_2SO_4、$KMnO_4$ 等，甚至 SO_2 均可将 H_2S 氧化。

c. 不稳定性：300 ℃以上易受热分解。

③H_2S 的水溶液叫氢硫酸，是二元弱酸。

④硫化氢的制取。

$FeS + H_2SO_4$（稀）$\xlongequal{} FeSO_4 + H_2S\uparrow$

不用浓硫酸、浓盐酸制 H_2S 的原因是浓 H_2SO_4 有强氧化性，能氧化 H_2S；浓盐酸有挥发性，使产生的 H_2S 气体中混有 HCl 气体。不用 CuS（黑）、Ag_2S（黑）、PbS（黑）制 H_2S 的原因是它们不溶于稀强酸。

⑤不溶于水也不溶于稀酸的金属硫化物有 CuS、Ag_2S、PbS，它们可溶于浓硝酸。所以 $Pb(NO_3)_2$ 等可以与 H_2S 反应生成沉淀：$Pb(NO_3)_2 + H_2S \xlongequal{} PbS\downarrow + 2HNO_3$。

⑥检验。用湿润的 $Pb(CH_3COO)_2$ 试纸检验 H_2S：$Pb(CH_3COO)_2 + H_2S \xlongequal{} PbS\downarrow + 2CH_3COOH$。

⑦除杂。用 $CuSO_4$ 溶液除去 H_2S：$CuSO_4 + H_2S \xlongequal{} CuS\downarrow + H_2SO_4$。

（3）硫的氧化物。

①二氧化硫。

a. SO_2 是无色而有刺激性气味的有毒气体，密度比空气大，容易液化，易溶于水。

b. SO_2 是酸性氧化物，能跟水反应生成亚硫酸，亚硫酸是中强酸。

c. SO_2 有强还原性。常见氧化剂均可与 SO_2 发生氧化还原反应。如：$SO_2 + Cl_2 + 2H_2O \xlongequal{} H_2SO_4 + 2HCl$。

d. SO_2 也有一定的氧化性：$2H_2S + SO_2 \xlongequal{} 3S\downarrow + 2H_2O$。

e. SO_2 具有漂白性，能跟有色有机化合物生成无色物质（可逆，非氧化还原反应）。

f. 实验室制法：

$$Na_2SO_3 + H_2SO_4（浓）\xlongequal{} Na_2SO_4 + H_2O + SO_2\uparrow$$

$$Cu + 2H_2SO_4（浓）\xlongequal{} CuSO_4 + 2H_2O + SO_2\uparrow$$

②三氧化硫：SO_3 是一种没有颜色易挥发的晶体；具有酸性氧化物的通性，遇水剧烈反应生成硫酸并放出大量的热。气态 SO_3 是具有强刺激性臭味的有毒气体。

方法规律

比较 SO_2 与 CO_2、SO_3 的性质（见表 1-1-21）

表 1-1-21　SO_2、CO_2、SO_3 性质的比较

物质	SO_2	CO_2	SO_3
主要物性	无色，有刺激性气体，易液化，易溶于水（1∶40）	无色、无气味气体，能溶于水（1∶1）	无色固体，熔点 16.8 ℃
与水反应	$SO_2 + H_2O \rightleftharpoons H_2SO_3$（中强酸）	$CO_2 + H_2O \rightleftharpoons H_2CO_3$（弱酸）	$SO_3 + H_2O = H_2SO_4$（强酸）
与碱反应	$Ca(OH)_2 \xrightarrow{SO_2} CaSO_3\downarrow \xrightarrow{SO_2} Ca(HSO_3)_2$	$Ca(OH)_2 \xrightarrow{CO_2} CaCO_3\downarrow \xrightarrow{CO_2} Ca(HCO_3)_2$	$SO_3 + Ca(OH)_2 = CaSO_4$（微溶）
紫色石蕊	变红	变红	变红
品红	褪色	不褪色	不褪色
鉴定存在	能使品红褪色，又能使澄清石灰水变浑浊	不能使品红褪色，但能使澄清石灰水变浑浊	—
氧化性	$SO_2 + 2H_2S = 3S\downarrow + 2H_2O$	$CO_2 + 2Mg = 2MgO + C$；$CO_2 + C = 2CO$	—
还原性	有	无	—
与 Na_2O_2 作用	$Na_2O_2 + SO_2 = Na_2SO_4$	$2Na_2O_2 + 2CO_2 = 2Na_2CO_3 + O_2$	$2Na_2O_2 + 2SO_3 = 2Na_2SO_4 + O_2\uparrow$

（4）硫酸。

①稀硫酸具有酸的一般通性，而浓硫酸除具有酸的通性外还具有三大特性（见图 1-1-4）。

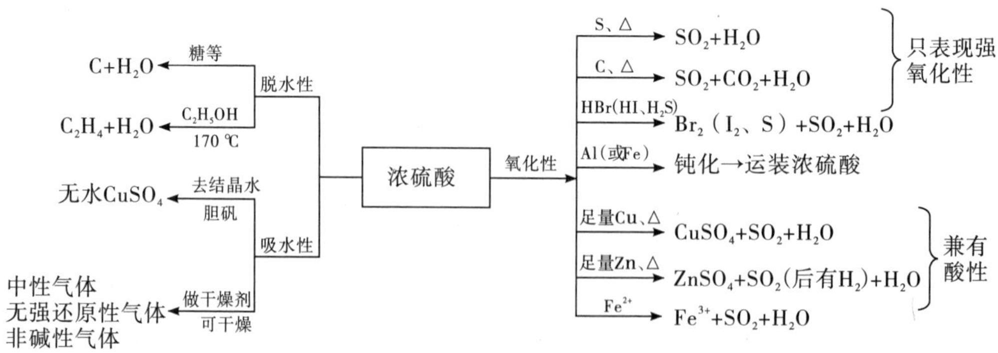

图 1-1-4　浓硫酸的三大特性

②SO_4^{2-}的鉴定（干扰离子可能有：CO_3^{2-}、SO_3^{2-}、SiO_3^{2-}、Ag^+、PO_4^{3-}等）。

待测液$\xrightarrow{\text{加过量盐酸酸化}}$澄清液$\xrightarrow{\text{加氯化钡溶液}}$白色沉淀（说明待测液中含有$SO_4^{2-}$）

③硫酸的用途：制作磷酸钙、硫酸铵、硫酸铜、硫酸亚铁、医药、炸药，用于铅蓄电池，做干燥剂，制挥发性酸，做脱水剂和催化剂等。

（5）酸雨的形成和防治。

①酸雨的形成。

硫酸型酸雨的形成过程为：气相反应，$2SO_2+O_2 = 2SO_3$，$SO_3+H_2O = H_2SO_4$；液相反应，$SO_2+H_2O = H_2SO_3$，$2H_2SO_3+O_2 = 2H_2SO_4$。总反应：$2SO_2+2H_2O+O_2 \xrightarrow{Mn^{2+}、Fe^{3+}、Cu^{2+}、V^{5+}} 2H_2SO_4$。

硝酸型酸雨的形成过程为：$2NO+O_2 = 2NO_2$，$3NO_2+H_2O = 2HNO_3+NO$。

引起硫酸型酸雨的SO_2的人为来源主要是化石燃料的燃烧、工业尾气的排放、土法炼硫等。引起硝酸型酸雨的NO_x的人为来源主要是机动车尾气排放。

②酸雨的危害：直接引起人的呼吸系统疾病；使土壤酸化，损坏森林；腐蚀建筑结构、工业装备、电信电缆等。

③酸雨防治与各种脱硫技术。

要防治酸雨的污染，最根本的途径是减少人为的污染物排放。因此研究煤炭中硫资源的综合开发与利用、采取排烟脱硫技术回收二氧化硫、寻找替代能源、城市煤气化、提高燃煤效率等都是防止和治理酸雨的有效途径。目前比较成熟的方法是各种脱硫技术的应用。

在含硫矿物燃料中加生石灰，及时吸收燃烧过程中产生的SO_2，这种方法称为“钙基固硫”，其反应方程式为：$SO_2+CaO = CaSO_3$，$2CaSO_3+O_2 = 2CaSO_4$；也可采用烟气脱硫技术，用石灰浆液或石灰石在烟气吸收塔内循环，吸收烟气中的SO_2，其反应方程式为：$SO_2+Ca(OH)_2 = CaSO_3+H_2O$，$SO_2+CaCO_3 = CaSO_3+CO_2$，$2CaSO_3+O_2 = 2CaSO_4$。在冶金工业的烟道废气中，常混有大量的$SO_2$和CO，它们都是大气的污染物，在773 K和催化剂（铝矾土）的作用下，使二者反应可收回大量的硫黄，其反应原理为：$SO_2+2CO = S+2CO_2$。

6. 氯及其化合物

（1）氯气。

①结构。氯元素是17号元素，原子最外层有7个电子，易得电子，典型的非金属元素。氯分子（Cl_2）是双原子单质分子。

②物理性质。

a. 常温下，氯气为黄绿色、有强烈刺激性气味的气体。加压或降温后易液化为液氯，进一步加压或降温则变成固态氯，常压下冷却到-34.6 ℃时变成液氯。

b. 常温下，氯气可溶于水（1体积水溶解2体积氯气），属可溶性气体。

c. 氯气有毒并具有强烈的刺激性，吸入少量会引起胸部疼痛和咳嗽，吸入大量则会中毒死亡。因此，实验室闻氯气气味的正确方法为：用手在瓶口轻轻扇动，仅使少量的氯气飘进鼻孔。

③氯气的化学性质。

a. 与金属单质的反应。

$Cu + Cl_2 \xlongequal{点燃} CuCl_2$ （燃烧，产生棕黄色烟）

$2Fe + 3Cl_2 \xlongequal{点燃} 2FeCl_3$ （燃烧，产生棕褐色烟）

$2Na + Cl_2 \xlongequal{点燃} 2NaCl$ （燃烧，产生白烟）

$2Al + 3Cl_2 \xlongequal{点燃} 2AlCl_3$ （燃烧，产生白烟）

注意：在常温、常压下，干燥的氯气不能与铁发生反应，可用绿色钢瓶储存、运输液氯；"烟"是固体小颗粒分散到空气中形成的物质，如铜在氯气中燃烧，产生的棕黄色的烟为氯化铜细小颗粒。

b. 与非金属单质的反应。

$H_2 + Cl_2 \xlongequal{点燃} 2HCl$（苍白色火焰，光照爆炸）

$2P + 3Cl_2 \xlongequal{点燃} 2PCl_3$（液态，形成白雾）

$PCl_3 + Cl_2 \xlongequal{} PCl_5$（固态，形成白烟）

c. 与水反应：$Cl_2 + H_2O \xlongequal{} HCl + HClO$（溶液呈浅黄绿色）

d. 与碱溶液的反应。

$2NaOH + Cl_2 \xlongequal{} NaClO + NaCl + H_2O$（漂白液）

$2Cl_2 + 2Ca(OH)_2 \xlongequal{} CaCl_2 + Ca(ClO)_2 + 2H_2O$（制漂粉精）

$3Cl_2 + 6NaOH$（浓）$\xlongequal{\triangle} NaClO_3 + 5NaCl + 3H_2O$

e. 与某些盐溶液的反应。

$Cl_2 + 2KI \xlongequal{} 2KCl + I_2$　　　$Cl_2 + 2NaBr \xlongequal{} 2NaCl + Br_2$

$Cl_2 + Na_2S \xlongequal{} 2NaCl + S\downarrow$　　　$Cl_2 + 2FeCl_2 \xlongequal{} 2FeCl_3$

$Cl_2 + AgNO_3 + H_2O \xlongequal{} AgCl + HClO + HNO_3$

$2Cl_2 + Na_2CO_3 + H_2O \xlongequal{} 2NaCl + 2HClO + CO_2\uparrow$

$Cl_2 + NaHCO_3 \xlongequal{} NaCl + HClO + CO_2\uparrow$

f. 与某些还原性气体的反应。

$Cl_2 + 2HBr \xlongequal{} 2HCl + Br_2$

$Cl_2 + 2HI \xlongequal{} 2HCl + I_2$

$Cl_2 + H_2S \xlongequal{} 2HCl + S\downarrow$

$3Cl_2 + 2NH_3 \xlongequal{} 6HCl + N_2$（氯气过量）

$3Cl_2 + 8NH_3 \xlongequal{} 6NH_4Cl + N_2$（氯气不足）

④氯气的制备。

a. 实验室制备方法。

反应原理：$MnO_2 + 4HCl$（浓）$\xlongequal{\triangle} MnCl_2 + Cl_2\uparrow + 2H_2O$

注意：实验室通常用氧化浓盐酸的方法来制取氯气。实验室中浓盐酸的代用品：浓 $H_2SO_4 + NaCl$（不能用稀盐酸代替浓盐酸）；实验室中 MnO_2 的代用品：$KMnO_4$（不需要加热或微热）、$KClO_3$。

实验装置（见图1－1－5）：

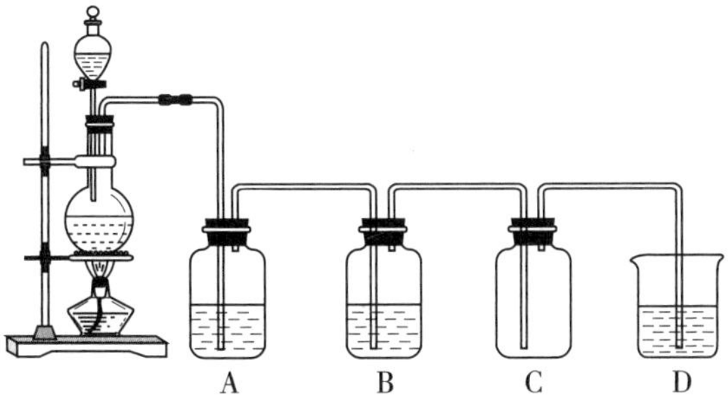

图1－1－5　氯气的实验室制备实验装置

收集方法：向上排空气法。

检验氯气（验满）：$Cl_2+2KI═2KCl+I_2$，把湿润的KI淀粉试纸放在瓶口，若变蓝，说明瓶口氯气已充满，因为Cl_2把I^-氧化成I_2，I_2遇淀粉变蓝色。

总结：气体实验室制备的基本流程：发生装置→纯化装置→收集装置→除尾装置。

b. 工业制备方法。

制备原理：电解饱和食盐水（通电前溶液中滴入几滴酚酞试剂）。

$$2NaCl+2H_2O\xlongequal{通电}2NaOH+H_2\uparrow+Cl_2\uparrow$$

阳极产物：Cl_2（逸出黄绿色气体）。

阴极产物：H_2和NaOH（阴极附近溶液先变红）。

⑤氯气的用途。杀菌、消毒、漂白，做化工原料，做医药和农药的原料。

（2）氯化氢。

①物理性质。无色而有刺激性气味的气体；易溶于水，在0 ℃时，1体积的水大约能溶解500体积的HCl；密度比空气大。

②HCl水溶液（盐酸）的化学性质。

a. 具有酸的通性。

b. 浓盐酸具有一定的还原性（如被高锰酸钾、二氧化锰、氯酸钾等氧化）。

③氯化氢的制备。

a. 实验室制备方法：

$$H_2SO_4（浓）+NaCl\xlongequal{\triangle}NaHSO_4+HCl\uparrow$$

装置图与实验室制氯气装置图相似（固液加热装置）。

b. 工业制备：

氯气通入氢气中燃烧：$H_2+Cl_2\xlongequal{点燃}2HCl$

④用途。氯化氢主要用于制染料、香料、药物和各种氯化物等。

（3）次氯酸。

①弱酸性：一般用酸碱指示剂难以检验次氯酸的酸性（次氯酸比碳酸弱）。

②强氧化性（包括漂白性）：HClO 氧化性比 Cl_2 强，常用于杀菌消毒，能在湿润条件下漂白红花、紫花、品红试纸等，且 HClO 的漂白属永久漂白。

③不稳定性：HClO 见光易分解，$2HClO \xlongequal{光照} 2HCl + O_2\uparrow$

注意：氯气和次氯酸盐的漂白作用都是通过 HClO 的漂白性直接实现的。

（4）漂白粉。

①漂白粉的制备：$2Cl_2 + 2Ca(OH)_2 \xlongequal{} CaCl_2 + Ca(ClO)_2 + 2H_2O$

②漂白粉的组成：主要成分 $Ca(ClO)_2$ 和 $CaCl_2$，可能混有 $Ca(OH)_2$，有效成分 $Ca(ClO)_2$。

③漂白粉的化学性质。漂白粉本身没有漂白性，在水溶液中只有转化成 HClO 才有漂白性。

$Ca(ClO)_2 + 2HCl \xlongequal{} CaCl_2 + 2HClO$

$Ca(ClO)_2 + 2CO_2 + 2H_2O \xlongequal{} Ca(HCO_3)_2\downarrow + 2HClO$（次氯酸比碳酸弱）

注意：久露置在空气中的漂白粉会变质，需隔绝空气保存。

（5）其他卤族元素。

①溴。

a. 物理性质。常温下是深红色，密度比水大的液体，难溶于水但易溶于酒精、四氯化碳、苯、汽油等有机溶剂。

b. 化学性质。

$NaBr + AgNO_3 \xlongequal{} AgBr\downarrow + NaNO_3$（生成淡黄色的难溶物）

c. 制取。从海水中提取溴，通常是将氯气通入提取粗食盐的母液中，将溶液中的溴离子转化为溴单质。生成的溴单质仍然溶解在水中，鼓入热空气或水蒸气，能将溴从溶液中挥发出来，冷凝后得到粗溴，精制粗溴可得到高纯度的溴单质。

d. 用途。溴可以用来制作防爆剂，溴化银被用作杀虫剂、照相中的感光剂等。

②碘。

a. 物理性质。紫黑色固体，易升华，难溶于水但易溶于酒精、四氯化碳、苯、汽油等有机溶剂。

b. 化学性质。

$NaI + AgNO_3 \xlongequal{} AgI\downarrow + NaNO_3$（生成黄色的难溶物）

c. 制取（工业上采用的方法）：从海带中提取。

d. 用途：重要的药用元素，碘化银可用于人工降雨等。

二、有机化学

（一）有机化合物概论

1. 有机化合物的定义

有机化合物简称有机物，通常指含碳元素的化合物，或碳氢化合物及其衍生物。

CO、CO_2、$CaCO_3$、CaC_2 和 HCN 等简单含碳化合物不是有机化合物。除含碳元素外，绝大多数有机物分子中含有氢元素，有些还含有氧、氮、卤素、硫和磷等。有机化合物对人类具有重要意义，地球上的生命形式主要是由有机物组成的。

2. 有机化合物的分类

（1）按碳的骨架分类。

- 有机化合物
  - 链状化合物（如 $CH_3CH_2CH_2CH_3$）
  - 环状化合物
    - 脂环化合物（如  等）
    - 芳香化合物（如  等）

（2）按官能团分类（见表 1－1－22）。

表 1－1－22 有机化合物的分类

类别	官能团	典型代表物
烷烃	—	CH_4
烯烃	$>C=C<$（碳碳双键）	$CH_2=CH_2$
炔烃	$-C\equiv C-$（碳碳三键）	$CH\equiv CH$
芳香烃	—	
卤代烃	—X（X 代表卤素原子）	CH_3CH_2Br
醇	—OH（醇羟基）	CH_3CH_2OH
酚	—OH（酚羟基）	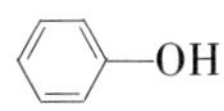
醚	$-\overset{\mid}{\underset{\mid}{C}}-O-\overset{\mid}{\underset{\mid}{C}}-$（醚键）	$CH_3CH_2OCH_2CH_3$
醛	—CHO（醛基）	CH_3CHO
酮	—CO—（羰基）	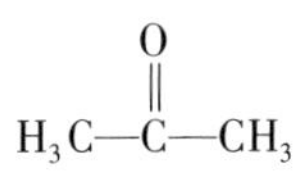
羧酸	—COOH（羧基）	CH_3COOH
酯	—COO—（酯基）	$CH_3COOCH_2CH_3$

3. 有机化合物的命名

（1）烷烃的命名。烷烃通常用系统命名法命名，其要点如下：

①直链烷烃根据碳原子数称“某烷”，碳原子数由1到10用甲、乙、丙、丁、戊、己、庚、辛、壬、癸表示，如 $CH_3CH_2CH_2CH_3$ 叫丁烷；自11起用汉语数字表示，如 $C_{11}H_{24}$ 叫十一烷。

②带有支链烷烃的命名原则。

a. 选取主链。从烷烃构造式中，选取含碳原子数最多的碳链为主链，写出相当于这一碳链的直链烷烃的名称。当具有相同长度的碳链可选做主链时，应选定具有支链数最多的碳链为主链。

b. 编号。从最靠近取代基的一端开始，用1、2、3、4……对主链进行编号，使取代基编号“位次最小”；如果有几种取代基时应依“次序规则”排列。

（2）脂环烃的命名。脂环烃分为饱和的脂环烃和不饱和的脂环烃。饱和的脂环烃称为环烷烃，不饱和的脂环烃称为环烯烃或环炔烃。它们的命名是在同数目碳原子的开链烃的名称之前加词头“环”。

①连有取代基的环烷烃，命名时使取代基的编号最小。

②取代的不饱和环烃，要从重键开始编号，并使取代基有较小的位次。

③环之间有共同碳原子的多环化合物叫多环烃。根据环中共用碳原子的不同可分为螺环烃和桥环烃。

（3）含官能团化合物的命名。含单官能团化合物的命名按下列步骤进行：

①选择主链：选择含官能团的最长碳链为主链，称为“某烯”“某炔”“某醇”“某醛”“某酸”等（卤素、硝基、烷氧基只做取代基），并标明官能团的位置。

②编号：从靠近官能团（或取代基）的一端开始编号。

③词头次序：同支链烷烃，按“次序规则”排列。

（4）含多官能团的化合物的命名。

①选择主链（或母体）：开链烃应选择含尽可能多官能团（尽量包含碳碳双键或碳碳三键）的最长碳链为主链（或母体）；碳环、芳环、杂环以环核为母体。按下列次序优先选择一个主要官能团做词尾（即列在前面的官能团，优先选作词尾）：（某）酸、（某）磺酸、（某）酸（某）酯、（某）酰卤、（某）酰胺、（某）腈、（某）醛、（某）酮、（某）醇（或酚）、（某）巯醇（某）胺、（某）亚胺、（某）烯、（某）炔等。

②编号：对开链烃编号从靠近主要官能团（选为词尾的官能团）的一端编起；对碳环、芳香环化合物编号时，要使主要官能团的编号最低。

③词头次序：不选作主要官能团的其他官能团以及取代基一律做词头，其次序排列按“次序规则”。

4. 同系物与同分异构体

（1）同系物。

同系物的概念：结构相似，在分子组成上相差一个或若干个—CH_2原子团的物质互称为同系物。

同系物的特点：①结构相似，通式相同（分子组成相差一个或若干个—CH_2原子团）。只有当二者同时具备时，才可能是同系物。②化学性质相似，物理性质一般是随碳原子数的增加而发生规律性的变化。

（2）同分异构体。化合物具有相同的分子式，但具有不同的结构式的现象，叫作同分异构现象。具有同分异构现象的化合物互称为同分异构体。

5. 有机的反应类型

（1）取代反应：有机物分子中某些原子或原子团被其他原子或原子团所代替的反应。取代反应包括卤代、硝化、磺化、水解、酯化等反应类型。

（2）加成反应：有机物分子中不饱和碳原子与其他原子或原子团直接生成新的物质的反应。能发生加成反应的官能团：双键、三键、苯环、羰基（醛、酮）等。

（3）消去反应：有机物在一定条件下，从一个分子中脱去一个小分子（如 H_2O、HX、NH_3等）生成不饱和化合物的反应（消去小分子）。

（4）氧化反应：有机物加氧或失氢的反应。

氧化反应包括：烃和烃的衍生物的燃烧反应；烯烃、炔烃、二烯烃、苯的同系物、醇、醛等与酸性高锰酸钾反应；醇氧化为醛或酮的反应；醛氧化为羧酸的反应等。

（5）还原反应：有机物加氢或失氧的反应。

（6）加聚反应：通过加成反应聚合成高分子化合物的反应（加成聚合）。主要为含双键的单体聚合。

（7）缩聚反应：单体间通过缩合反应生成高分子化合物，同时生成小分子（H_2O、NH_3、HX 等）的反应。缩聚反应主要包括酚醛缩聚、醇酸缩聚、氨基酸缩聚等。

（8）酯化反应（属于取代反应）：酸（有机羧酸、无机含氧酸）与醇作用生成酯和水的反应。

（9）水解反应：有机物在一定条件下跟水作用生成两种或多种物质的反应。水解反应包括卤代烃水解、酯水解、糖水解、蛋白质水解等。

（10）裂化反应：在一定温度下，把相对分子质量大、沸点较高的长链烃断裂为相对分子质量小、沸点较低的短链烃的反应。

6. 研究有机化合物的常用方法

（1）元素分析与相对分子质量的测定。

①元素分析。用化学方法鉴定有机物分子的元素组成，以及分子内各元素原子的质量分数，这就是元素的定性、定量分析。元素定量分析的原理是将一定量的有机物燃烧，分解为简单的无机物，并做定量测定，通过无机物的质量推算出组成该有机物元素原子的质量分数，然后计算出该有机物分子所含元素原子最简单的整数比，即确定实验式。

②相对分子质量的测定——质谱法。质谱是近代发展起来的快速、微量、精确测定相对分子质量的方法。它用高能电子流等轰击样品分子，使该分子失去电子变成带

正电荷的分子离子和碎片离子。分子离子、碎片离子各自具有不同的相对质量，它们在磁场的作用下到达检测器的时间会因质量的不同而不同，其结果被记录为质谱图。

（2）分子结构的鉴定。有机化合物结构的确定，过去常通过利用有机化合物的化学性质，确定分子中所含的官能团，再确定其所在的位置；现代化学确定有机化合物的结构可用现代化的物理方法，如核磁共振谱和红外光谱等。

①确定有机化合物的官能团。官能团决定有机化合物的特殊化学性质，通过一些特殊的化学反应和实验现象，我们可以确定有机化合物中含有何种官能团。

常见重要官能团的检验方法（见表1－1－23）。

表1－1－23　常见重要官能团的检验方法

官能团种类	试剂	判断依据
碳碳双键或碳碳三键	溴的四氯化碳溶液	红棕色褪去
	酸性高锰酸钾溶液	紫色褪去
卤素原子	NaOH溶液，$AgNO_3$和稀硝酸的混合液	有沉淀产生
醇羟基	钠	有氢气放出
酚羟基	$FeCl_3$溶液	溶液显紫色
	浓溴水	有白色沉淀产生
醛基	银氨溶液	有银镜生成
	新制$Cu(OH)_2$悬浊液	有砖红色沉淀产生
羧基	$NaHCO_3$溶液	有CO_2气体放出

②核磁共振谱和红外光谱。分子在特定频率光的照射下，吸收一定的能量，引起分子结构中电子能级的跃迁或分子中原子间价键振动频率的变化等，产生不同的吸收光谱，这些光谱反映了分子结构的某些特征。利用这一原理，可以对有机化合物分子结构进行确定。现代化学确定有机化合物结构的方法比较多，经常采用的是核磁共振谱和红外光谱。

核磁共振谱（NMR）：核磁共振谱分为氢谱（^1H核磁共振）和碳谱两类，其中比较常用的是氢谱。氢谱能够确定有机化合物分子中氢原子在碳骨架上的位置和数目，进而推断出有机化合物的碳骨架结构。

红外光谱（IR）：每种官能团在红外光谱中都有一个特定的吸收区域，因此从一未知物的红外光谱可以准确判断该有机化合物中含有哪些官能团。红外光谱不仅可以用于定性鉴定，还可以定量算出样品的浓度。

（二）烃

1. 脂肪烃

（1）烃的分类。

- 烃
  - 链烃（开链脂肪烃）
    - 烷烃
    - 烯烃
    - 炔烃
  - 环烃
    - 脂肪环烃
      - 环烷烃
      - 环烯烃
      - 环炔烃
    - 芳香烃

（2）烃的结构特点。

①饱和烃：碳原子之间以碳碳单键结合，剩余的价键与氢原子相结合，这样的烃叫作饱和烃，如烷烃、环烷烃。

不饱和烃：烃分子中含有碳碳双键或碳碳三键，碳原子所结合的氢原子数少于饱和链烃的氢原子数，这样的烃叫作不饱和烃，如烯烃、炔烃、环烯烃、环炔烃、芳香烃等。

②碳原子的 sp^3 杂化与甲烷、烷烃、环烷烃的结构特点：甲烷是正四面体结构，烷烃、环烷烃中碳原子进行 sp^3 杂化，杂化后的轨道分别与另外的碳原子或氢原子形成 σ 键，因此烷烃、环烷烃为立体结构。

③碳原子的 sp^2 杂化与乙烯的结构：组成乙烯分子的 6 个原子在同一个平面内，是平面形结构。

④碳原子的 sp 杂化与乙炔的结构：乙炔分子的 4 个原子在一条直线上，是直线形分子。

（3）烷烃、烯烃和炔烃的物理性质。

烷烃、烯烃、炔烃具有相似的物理性质。它们均为无色物质，不溶于水而易溶于苯、乙醚等有机溶剂，密度比水小。分子中有 1 ~ 4 个碳原子的开链脂肪烃在常温下均为气体。随着碳原子数的增加，物理性质显现规律性变化，沸点逐渐升高，相对密度逐渐增大，常温下的存在状态也由气态逐渐过渡到液态、固态。

（4）烷烃的化学性质。

烷烃分子中的碳氢键和单键的链能较高，在常温下很不活泼，与强酸、强碱、强氧化剂和还原剂等都不发生反应，只有在特殊条件（如光照或高温）下才发生某些化学反应。

①与卤素单质发生取代反应。

$$CH_3CH_3 + Cl_2 \xrightarrow{光} CH_3CH_2Cl + HCl$$

说明：a. 烷烃中的氢原子都可以被卤素单质取代，所以取代反应副产物较多。

b. 烃分子中的氢原子被卤素原子取代的化学物称为卤代烃。

②与氧气反应。

$$C_nH_{2n+2}+\left(\frac{3}{2}n+\frac{1}{2}\right)O_2\xrightarrow{\text{点燃}}nCO_2+(n+1)H_2O$$

③分解反应（高温裂解）。

（5）烯烃和炔烃的化学性质。

烯烃、炔烃中的碳碳双键、碳碳三键较易断裂，较烷烃性质活泼，具有相似的化学性质，易发生如下反应：

①与卤素单质、氢气、卤化氢等发生加成反应。

$$CH_2{=}CH_2+Br_2\longrightarrow CH_2BrCH_2Br$$

$$CH{\equiv}CH+2Br_2\longrightarrow CHBr_2CHBr_2$$

注意：烯烃或炔烃使溴的四氯化碳溶液褪色的反应，常用于烯烃与烷烃或炔烃与烷烃的鉴别。

②共轭二烯烃及其加成反应。分子中有两个碳碳双键且两个双键之间只有一个单键相隔的烯烃叫作共轭二烯烃。例如：$CH_2{=}CH{-}CH{=}CH_2$。

a. 共轭二烯烃的1，2加成反应：

$$CH_2{=}CH{-}CH{=}CH_2+Br_2\longrightarrow \underset{Br}{\underset{|}{CH_2}}{-}\underset{Br}{\underset{|}{CH}}{-}CH{=}CH_2$$

b. 共轭二烯烃的1，4加成反应：

$$CH_2{=}CH{-}CH{=}CH_2+Br_2\longrightarrow \underset{Br}{\underset{|}{CH_2}}{-}CH{=}CH{-}\underset{Br}{\underset{|}{CH_2}}$$

③与酸性高锰酸钾溶液的反应。烯烃或炔烃在酸性高锰酸钾溶液的作用下，分子中的不饱和键完全断裂生成羧酸、二氧化碳或酮，同时可以观察到酸性高锰酸钾溶液逐渐褪色。

④可以发生加聚反应形成高分子聚合物。

$$nCH_2{=}CH_2\xrightarrow{\text{引发剂}}{+}\!\!\!\!{[}CH_2{-}CH_2{]}_n\text{（聚乙烯）}$$

$$nCH{\equiv}CH\xrightarrow{\text{引发剂}}{[}CH{=}CH{]}_n\text{（聚乙炔）}$$

$$nCH_2{=}CH{-}CH{=}CH_2\xrightarrow{\text{引发剂}}{[}CH_2{-}CH{=}CH{-}CH_2{]}_n\text{（聚1，3-丁二烯）}$$

⑤乙烯和乙炔实验室制法的比较（见表1-1-24）。

表1-1-24 乙烯和乙炔实验室制法的比较

物质	乙烯	乙炔
原理	$CH_3CH_2OH\xrightarrow[\text{浓硫酸}]{170\ ℃}CH_2{=}CH_2\uparrow+H_2O$	$CaC_2+2H_2O{=\!=\!=}Ca(OH)_2+\ CH_2{=}CH_2\uparrow$

续上表

物质	乙烯	乙炔
反应装置	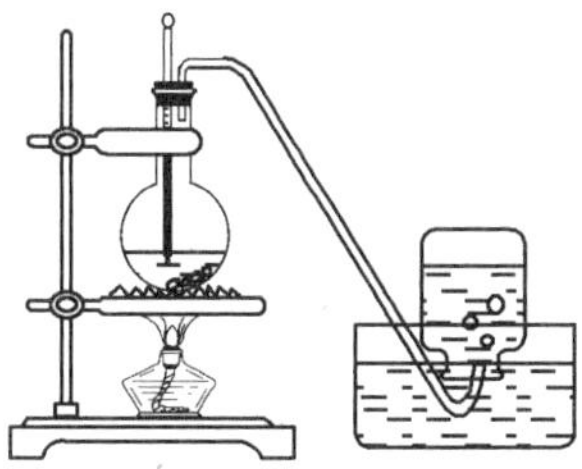	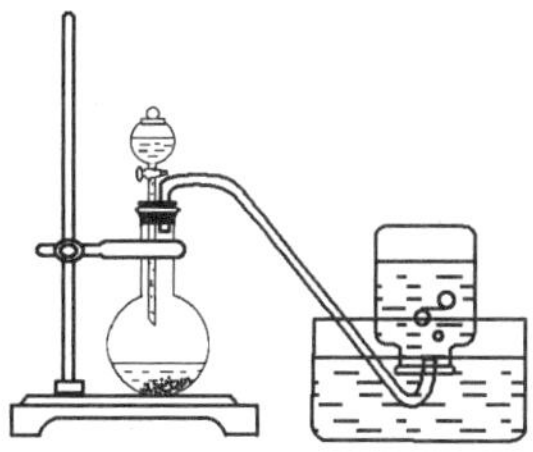
收集方法	排水集气法	排水集气法或向下排空气法
实验注意事项	①酒精与浓硫酸的体积比为1∶3； ②酒精与浓硫酸的混合方法：先在容器中加入酒精，再沿器壁慢慢加入浓硫酸，边冷却边搅拌； ③温度计的水银球应插入反应混合液的液面下； ④应在混合液中加几片碎瓷片防止暴沸； ⑤应使温度迅速升至170 ℃； ⑥浓硫酸的作用：催化剂和脱水剂	①因反应放热且电石易变成粉末，所以不能使用启普发生器或其他简易装置； ②为了得到比较平缓的乙炔气流，可用饱和食盐水代替水； ③因反应太剧烈，可用分液漏斗控制滴水速度来控制反应速度
净化	因酒精会被炭化，且碳与浓硫酸反应，则乙烯中会混有CO_2、SO_2等杂质，可用盛有NaOH溶液的洗气瓶将其除去	因电石中含有磷和硫元素，与水反应会生成PH_3和H_2S等杂质，可用硫酸铜溶液将其除去

易错提醒

1. 取乙炔时，CaC_2和水反应剧烈并产生泡沫，为了防止产生的泡沫涌入导气管，应在导气管附近塞入少量棉花。要塞一团棉花的常见装置如下：

①用$KMnO_4$制O_2的试管口。

②干燥管的出气口。

③用向下排空气法收集比空气轻的气体时的试管口。

④用排空气法收集有毒气体（如SO_2）时的试管口。

2. 制乙烯时的注意问题。

①向烧瓶中加入反应物的正确顺序是：先加乙醇，再慢慢注入浓H_2SO_4，类似于浓硫酸的稀释。

②加热时应迅速升到170 ℃，因为140 ℃时会发生副反应：$2CH_3CH_2OH \xrightarrow[\text{浓硫酸}]{140\ ℃}$

$CH_3CH_2OCH_2CH_3 + H_2O$。

③浓硫酸的作用：催化剂、脱水剂。

④在加热过程中，浓 H_2SO_4 的颜色由无色逐渐变成棕色，甚至变成黑褐色。原因是乙醇被氧化：

$C_2H_5OH + 2H_2SO_4$（浓）$\xlongequal{}$ $2C + 2SO_2\uparrow + 5H_2O$

$C + 2H_2SO_4$（浓）$\xlongequal{}$ $CO_2\uparrow + 2SO_2\uparrow + 2H_2O$

所以制取的乙烯中还可能混有 CO_2、SO_2 等杂质气体。

2. 芳香烃

（1）苯的结构。

苯的分子式为 C_6H_6，由此可以看出，苯是一种碳原子的价键远没有达到饱和的烃。

德国化学家凯库勒于 1866 年提出了苯的分子结构模型，并用  表示苯的分子结构。苯具有平面正六边形结构，键与键的夹角为 120°；苯分子中不存在一般的碳碳双键，6 个碳原子之间的键长、键能相等，是一种介于单键和双键之间的独特的键。分子里含有一个或多个苯环的碳氢化合物属于芳香烃，苯是最简单的芳香烃。

（2）苯的物理性质。苯为无色、有特殊气味的液体，有毒，难溶于水，密度比水小，熔点仅为 5.5 ℃。

（3）苯的化学性质。苯不能被酸性高锰酸钾溶液氧化，一般情况下也不能与溴水发生加成反应，说明苯的化学性质比烯烃稳定。但苯的化学稳定性是相对的，在一定条件下，苯也能发生某些化学反应。

①在空气中燃烧：

$$2C_6H_6 + 15O_2 \xrightarrow{点燃} 12CO_2 + 6H_2O$$

苯易燃烧，在苯的生产、贮存、运输和使用的过程中要注意防火。

②苯的取代反应。

a. 苯与溴的反应：在有催化剂 $FeBr_3$ 存在时，苯与溴发生取代反应，生成溴苯。

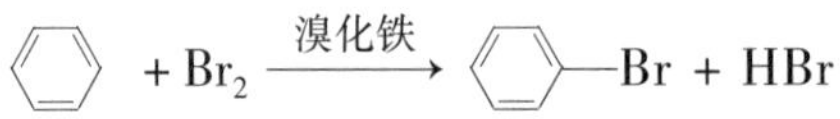

该反应中溴为液态溴，溴水不与苯反应；在催化剂溴化铁的存在下，苯与液溴常温下就能剧烈反应；反应中只有一个氢原子被取代；生成的溴苯是不溶于水、密度比水大的无色油状液体，反应中因溶解了溴而显红褐色。提纯溴苯可以用 NaOH 溶液。在催化剂的作用下，苯也可以与其他卤素单质发生取代反应。

b. 苯的硝化反应：苯与浓硝酸和浓硫酸的混合物加热至 50 ~ 60 ℃时，发生取代反应，苯环上的一个氢原子被硝基（$—NO_2$）取代生成硝基苯。苯分子里的氢原子被硝基所取代的反应叫硝化反应。

硝基苯是一种无色、带有苦杏仁味的油状液体，不溶于水，密度比水大，有毒。

③苯的加成反应。虽然苯不具有典型的碳碳双键所应有的加成反应的性质，但在一定的条件下，苯也能发生加成反应。如在镍做催化剂并加热到 180～250 ℃时，苯可以与氢气发生加成反应生成环己烷（C_6H_{12}）；苯与氯气在适当的条件下，也可以发生加成反应生成六氯环己烷（$C_6H_6Cl_6$），这就是被淘汰的农药六六六。

通过上述性质的学习，我们可以将苯的化学性质归纳为：易取代，能加成，能燃烧，但不能发生除燃烧之外的氧化反应。

（4）苯的同系物、芳香烃。

苯的同系物与芳香烃、芳香族化合物的关系如图 1－1－6 所示。

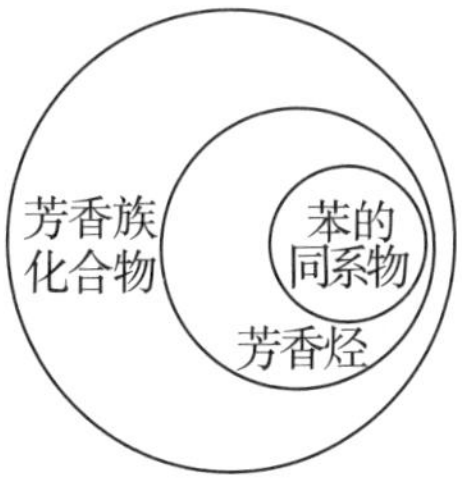

图 1－1－6　苯的同系物与芳香烃、芳香族化合物的关系

①氧化反应：苯的同系物分子中的烃基一般可以被酸性 $KMnO_4$溶液氧化为羧基。

②取代反应：

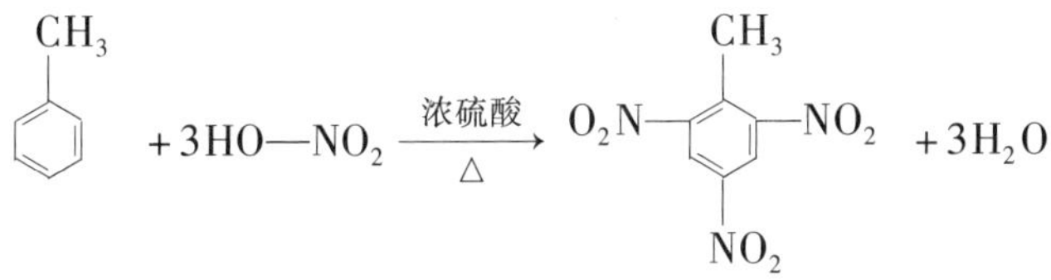

方法规律

芳香族化合物芳香烃、苯的同系物的区别（见表 1－1－25）

表 1－1－25　芳香族化合物芳香烃、苯的同系物的区别

物　质		芳香烃	苯的同系物	芳香族化合物
共同点	含有的元素	只含碳和氢元素	只含碳和氢元素	含碳和氢元素
	结构特点	都含有苯环		
不同点	含有的元素	只含碳和氢元素	只含碳和氢元素	除碳和氢元素外还含有其他元素
	通式	无通式	C_nH_{2n-6}（$n≥6$）	无通式

（三）烃的衍生物

1. 卤代烃

（1）卤代烃的结构特点。卤素原子是卤代烃的官能团。C—X 之间的共用电子对偏向卤原子，形成一个极性较强的共价键，分子中 C—X 键易断裂。

（2）卤代烃的物理性质。

①溶解性：难溶于水，易溶于大多数有机溶剂。

②状态、密度：CH_3Cl 常温下呈气态，C_2H_5Br、CH_2Cl_2、$CHCl_3$、CCl_4 常温下呈液态，且密度大于 1 g/cm^3。

（3）卤代烃的化学性质。与溴乙烷相似，在强碱的水溶液中可发生水解反应；在强碱的醇溶液中加热可发生消去反应。

①水解反应：

$$R—X + H_2O \xrightarrow[\triangle]{NaOH} R—OH + HX$$

②消去反应：有机化合物在一定条件下，从一个分子中脱去一个或几个小分子（如 H_2O、HBr 等），而生成含不饱和键（如碳碳双键或碳碳三键）的化学反应。

$$R—CH_2—CH_2—X + NaOH \xrightarrow[\triangle]{乙醇} R—CH=CH_2 + NaX + H_2O$$

方法规律

1. 卤代烃中卤素原子的检验

（1）实验原理：$R—X + H_2O \xrightarrow[\triangle]{NaOH} R—OH + HX$，$HX + NaOH = NaX + H_2O$，$AgNO_3 + NaX = AgX\downarrow + NaNO_3$，根据沉淀（AgX）的颜色（白色、浅黄色、黄色）可确定卤素（氯、溴、碘）。

（2）实验步骤：取少量卤代烃；加入 NaOH 溶液；加热煮沸；冷却；加入稀硝酸酸化；加入硝酸银溶液。

（3）实验说明：①加热煮沸是为了加快水解反应的速率，因为不同的卤代烃水解难易程度不同。②加入稀硝酸酸化，一是为了中和过量的 NaOH，防止 NaOH 与 $AgNO_3$ 反应对实验产生影响；二是检验生成的沉淀是否溶于稀硝酸。

（4）量的关系：据 R—X ~ NaX ~ AgX，1 mol 一卤代烃可得到 1 mol 卤化银（除 F 外）沉淀，常利用此量的关系来定量测定卤代烃。

2. 卤代烃的取代反应与消去反应对比（见表 1－1－26）

表 1－1－26　卤代烃的取代反应与消去反应对比

反应类型	取代（水解）反应	消去反应
反应条件	强碱的水溶液、加热	强碱的醇溶液、加热
反应本质	卤代烃分子中卤原子被溶液中的 OH^- 所取代，生成卤素负离子： $R—X + H_2O \xrightarrow[\triangle]{NaOH} R—OH + HX$（X 表示卤素）	相邻的两个碳原子间脱去小分子 HX： $H_2C—CH_2 + NaOH \xrightarrow[\triangle]{乙醇} CH_2═CH_2\uparrow + NaX + H_2O$（X 表示卤素） （$H_2C—CH_2$ 中脱去的 H、X 分别连在两个相邻碳原子上）
反应规律	所有的卤代烃在 NaOH 水溶液中均能发生水解反应	①没有邻位碳原子的卤代烃不能发生消去反应，如 CH_3Cl。 ②有邻位碳原子，但邻位碳原子上无氢原子的卤代烃也不能发生消去反应。例如： $(CH_3)_3C—CH_2Cl$（$H_3C—C(CH_3)_2—CH_2Cl$）、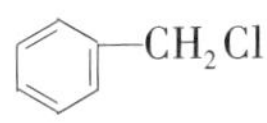 ③不对称卤代烃的消去有多种可能的方式： 如 $CH_3—CH_2—CH(Cl)—CH_3$ 可生成 $CH_3CH═CHCH_3$ 或 $CH_3CH_2CH═CH_2$

易错提醒

1. 卤代烃在碱性条件下是发生取代反应还是消去反应，主要是看反应条件。记忆方法："无醇成醇，有醇成烯"。

2. 在 CH_3CH_2Br 的水解反应或消去反应实验中，竖直玻璃管或长导管均起冷凝回流 CH_3CH_2Br 的作用，可提高原料的利用率。

（4）卤代烃对环境的污染。氟氯烃在平流层中会破坏臭氧层，是造成臭氧层空洞的罪魁祸首。

2. 烃的含氧衍生物

（1）醇。

①羟基取代链烃分子或苯环侧链上的氢原子得到的化合物称为醇。

②根据醇分子中所含羟基的数目，可以分为一元醇、二元醇和多元醇。乙二醇和丙三醇都是无色、黏稠、有甜味的液体，都易溶于水和乙醇，是重要的化工原料。

③相对分子质量相近的醇和烷烃相比，醇的沸点高。这是由于醇分子中羟基的氧原子与另一醇分子中羟基的氢原子存在着相互吸引作用，这种吸引作用称为氢键。因

此甲醇、乙醇、丙醇均可与水以任意比互溶。

④醇的化学性质主要由羟基官能团决定，碳氧键和氢氧键容易断裂。醇的断键位置及相关反应如表 1－1－27 所示。

表 1－1－27　醇的断键位置及相关反应

条件	断键位置（见图 1－1－7）	反应类型	化学方程式
Na	①	置换	$2CH_3CH_2OH + 2Na \longrightarrow 2CH_3CH_2ONa + H_2\uparrow$
HBr，△	②	取代	$CH_3CH_2OH + HBr \xrightarrow{\triangle} CH_3CH_2Br + H_2O$
O_2（Cu），△	①③	氧化	$2CH_3CH_2OH + O_2 \xrightarrow[\triangle]{Cu} 2CH_3CHO + 2H_2O$
浓硫酸，170 ℃	②④	消去	$CH_3CH_2OH \xrightarrow[\text{浓硫酸}]{170\ ℃} CH_2{=}CH_2\uparrow + H_2O$
浓硫酸，140 ℃	①②	取代	$2CH_3CH_2OH \xrightarrow[\text{浓硫酸}]{140\ ℃} C_2H_5{-}O{-}C_2H_5 + H_2O$
CH_3COOH（浓硫酸，△）	①	取代	$CH_3CH_2OH + CH_3COOH \rightleftharpoons CH_3COOC_2H_5 + H_2O$

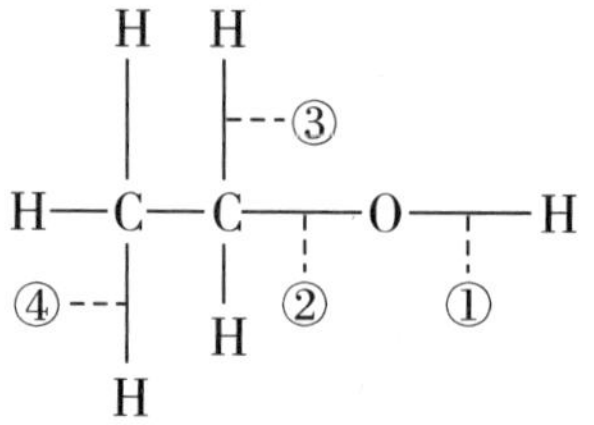

图 1－1－7　醇的断键位置

方法规律

1. 醇的催化氧化规律

（1）实验装置（见图 1－1－8）。

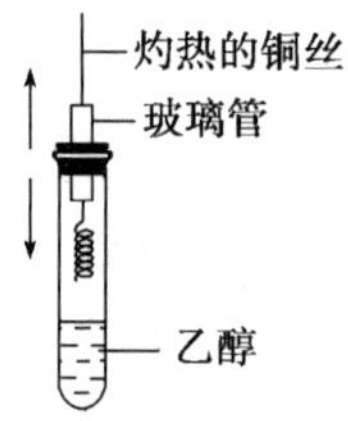

图 1－1－8 醇的催化氧化实验装置

（2）实验现象：在空气中灼烧过的铜丝表面由黑变红，试管中液体有刺激性气味。

（3）原理。

①$2Cu + O_2 \overset{\triangle}{=\!=} 2CuO$

②

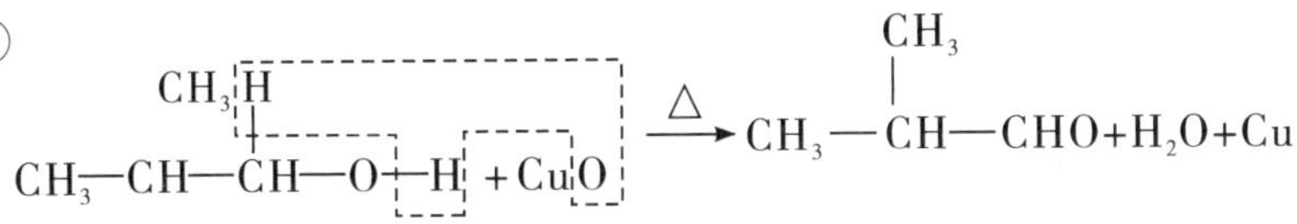

(4) 规律。

①若 α－C 上有 2 个氢原子，则醇被氧化成醛，如：$CH_3CH_2OH \xrightarrow[\triangle]{Cu} CH_3CHO$

②若 α－C 上有 1 个氢原子，则醇被氧化成酮，如：

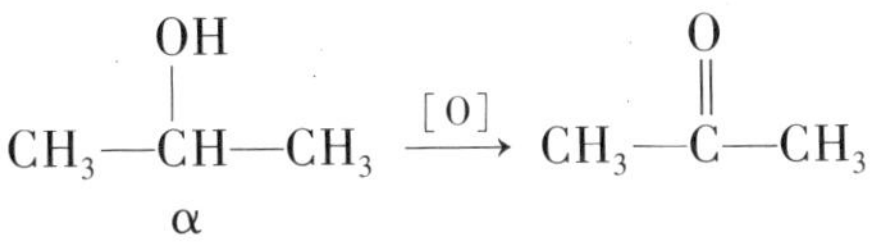

③若 α－C 上没有氢原子，该醇不能被催化氧化，即不反应，如：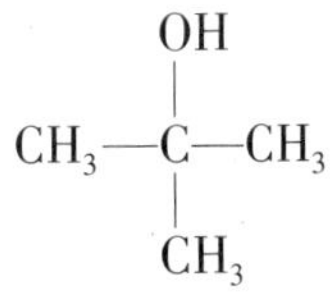

2. 醇的消去反应规律

(1) 只有 1 个碳原子的醇不能发生消去反应。

(2) β－C 上有氢原子，能发生消去反应，否则不能。

$$\underset{\beta}{CH_3}—\underset{\alpha}{CH_2}OH \xrightarrow[170\ ℃]{H_2SO_4(浓)} CH_2=CH_2\uparrow + H_2O$$

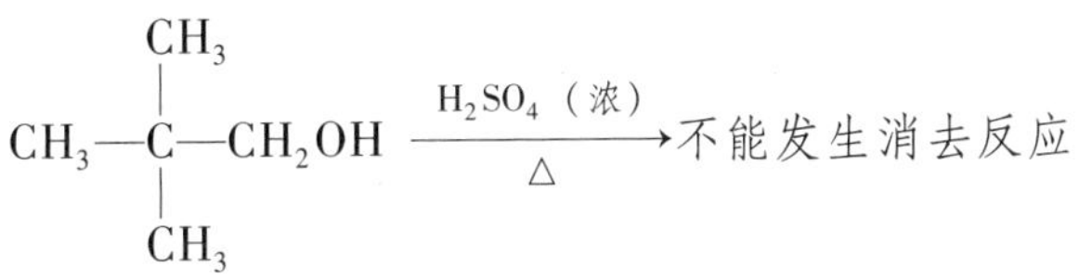

(2) 酚。

①酚的概念：羟基与苯环直接相连的化合物称为酚。

②苯酚的分子式。苯酚的分子式为 C_6H_6O，结构简式为 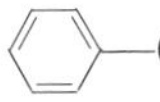—OH 或 C_6H_5OH。

③苯酚的物理性质。纯净的苯酚是无色晶体，有特殊气味，易被空气氧化呈粉红色。苯酚常温下在水中的溶解度不大，高于 65 ℃时与水以任意比互溶，易溶于酒精。苯酚有毒，对皮肤有强烈的腐蚀作用，如果不慎沾到皮肤上要立即用酒精洗涤。

④苯酚的化学性质。由于苯环对羟基的影响，酚羟基比醇羟基活泼；由于羟基对苯环的影响，苯酚中苯环上的氢比苯中的氢活泼。

a. 弱酸性（酸性比碳酸强）。

酸性：$H_2CO_3 > C_6H_5OH > HCO_3^-$

b. 苯环上的取代反应。此反应常用于苯酚的定性检验和定量测定；溴原子只能取代酚羟基邻、对位上的氢原子。

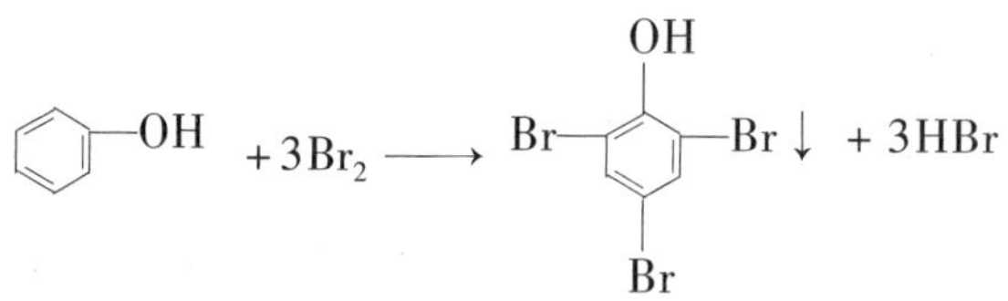

c. 氧化反应：苯酚常温下常呈粉红色，是被 O_2 氧化的结果；可使酸性 $KMnO_4$ 溶液褪色；可以燃烧。

d. 显色反应：遇 Fe^{3+} 呈紫色，可用于检验苯酚。

e. 加成反应：

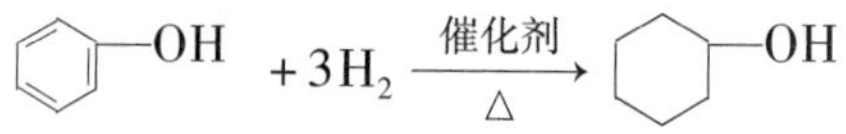

f. 缩聚反应：

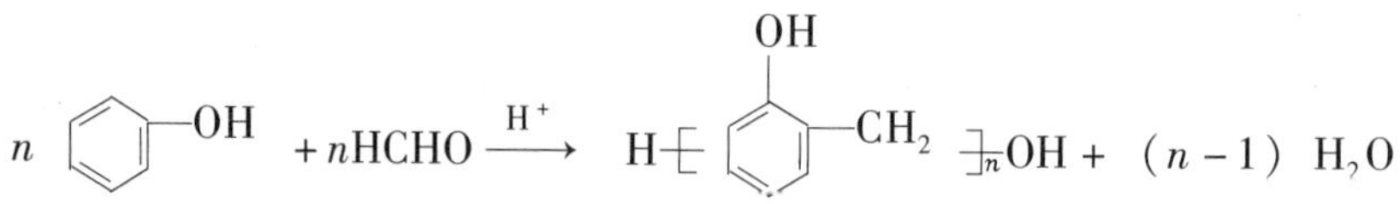

(3) 醛。

①概念：醛是由烃基与醛基相连而构成的化合物。

②分子结构（见表 1－1－28）。

表 1－1－28　甲醛与乙醛的分子结构

物质	分子式	结构简式	官能团
甲醛	CH_2O	HCHO	—CHO
乙醛	C_2H_4O	CH_3CHO	

③物理性质（见表 1－1－29）。

表 1－1－29　甲醛与乙醛的物理性质

物质	颜色	状态	气味	溶解性
甲醛	无色	气态	刺激性气味	易溶于水
乙醛	无色	液态	刺激性气味	与水、乙醇互溶

④化学性质（以 CH_3CHO 为例）。

a. 加成反应。醛基中的羰基（—CO—）可与 H_2、HCN 等加成，但不与 Br_2 加成。

$$RCHO + H_2 \xrightarrow[\triangle]{Ni} RCH_2OH$$

b. 氧化反应。

燃烧：$2CH_3CHO + 5O_2 \xrightarrow{点燃} 4H_2O + 4CO_2$

催化氧化：$2RCHO + O_2 \xrightarrow[\triangle]{催化剂} 2RCOOH$

被弱氧化剂氧化：

$RCHO + 2Ag(NH_3)_2OH \xrightarrow{水浴} RCOONH_4 + 3NH_3 + 2Ag\downarrow + H_2O$（银镜反应）

$RCHO + 2Cu(OH)_2 \xrightarrow{\triangle} RCOOH + Cu_2O\downarrow + 2H_2O$（生成红色沉淀）

方法规律

1. 凡是含有醛基的化合物均具有氧化性、还原性，1 mol 的醛基（—CHO）可与 1 mol 的 H_2 发生加成反应，与 2 mol 的 $Cu(OH)_2$ 或 2 mol 的 $[Ag(NH_3)_2]^+$ 发生氧化反应。

2. 醇（$R—CH_2OH$）$\underset{还原}{\overset{氧化}{\rightleftharpoons}}$ R—CHO $\underset{还原}{\overset{氧化}{\rightleftharpoons}}$ R—COOH

分子组成关系：$C_nH_{2n+1}CH_2OH \xrightarrow{-2H} C_nH_{2n+1}CHO \xrightarrow{+O} C_nH_{2n+1}COOH$

相对分子质量：　M　　　　$M-2$　　　　$M+14$

3. 可在一定条件下与 H_2 加成的有 $\gt C=C\lt$ 、—C≡C— 、苯环、醛、酮、—N=N—等，但酯基不行。

（4）羧酸。

①概述：由羧基与烃基相连构成的有机物。

a. 通式：R—COOH，饱和一元羧酸通式为 $C_nH_{2n}O_2$（$n\geq1$）。

b. 羧酸的分类：一元羧酸、二元羧酸。

c. 性质：羧酸分子结构中都有羧基官能团，因此都有酸性，都能发生酯化反应。

②乙酸。

a. 俗名：醋酸，分子式为 $C_2H_4O_2$，结构简式为 CH_3COOH，官能团：—COOH。

b. 物理性质：无色液体，易溶于水，有刺激性气味。

③化学性质。

a. 酸性。乙酸的电离方程式：

$$CH_3COOH \rightleftharpoons CH_3COO^- + H^+$$

Ⅰ. 乙酸可使紫色石蕊试液变红，因此可鉴别乙酸与其他类含氧衍生物。

Ⅱ. 与活泼金属反应放出 H_2：

$Zn + 2CH_3COOH = (CH_3COO)_2Zn + H_2\uparrow$（比 Zn 与盐酸反应缓慢）

Ⅲ. 与新制 $Cu(OH)_2$ 悬浊液发生中和反应：

$$Cu(OH)_2 + 2CH_3COOH = (CH_3COO)_2Cu + 2H_2O$$

b. 酯化反应。酸和醇作用生成酯和水：

$$CH_3COOH + CH_3CH_2OH \underset{\triangle}{\overset{浓硫酸}{\rightleftharpoons}} CH_3COOCH_2CH_3 + H_2O$$

(5) 酯。

①结构。羧酸酯的官能团“—COO—”，饱和一元羧酸与饱和一元醇所生成的酯的通式为 $C_nH_{2n}O_2$（$n \geq 2$）。

②性质。

a. 物理性质：一般酯的密度比水小，难溶于水，易溶于乙醇、乙醚等有机溶剂，低级酯是具有果香气味的液体。

b. 化学性质。

水解反应：

$$RCOOR' + H_2O \underset{\triangle}{\overset{\text{浓硫酸}}{\rightleftharpoons}} RCOOH + R'OH$$

(四) 生命中的有机化合物

1. 糖类

(1) 糖类的组成与分类。

①糖类的组成元素为 C、H、O。

②糖类的分类（见表 1－1－30）。

表 1－1－30　糖类的分类

类别	单糖	双糖	多糖
特点	不能再水解成更简单的糖	一分子双糖能水解成两分子单糖	能水解成多分子单糖
示例	葡萄糖、果糖	麦芽糖、蔗糖	淀粉、纤维素
分子式	$C_6H_{12}O_6$	$C_{12}H_{22}O_{11}$	$(C_6H_{10}O_5)_n$
相互关系	同分异构体	同分异构体	—

(2) 糖类的性质。

①葡萄糖 [$CH_2OH(CHOH)_4CHO$]。

a. 有甜味，易溶于水。

b. 与新制 $Cu(OH)_2$ 反应，生成砖红色沉淀。

c. 与银氨溶液反应析出银。

d. 在酒化酶催化作用下，转化成乙醇。

e. 在人体内缓慢氧化或燃烧。

②淀粉和纤维素。

a. 在酸或酶的催化下水解，生成葡萄糖。

b. 淀粉遇单质碘变蓝色，可用于检验淀粉的存在。

③糖的水解。

取 1 mL 20% 蔗糖溶液，加入 3～5 滴稀硫酸。水浴加热 5 min 后取少量溶液，加氢氧化钠溶液调 pH 至碱性，再加少量新制备的 $Cu(OH)_2$ 悬浊液，加热 3～5 min，观察实验现象有红色沉淀生成。说明：蔗糖水解生成了具有还原性的葡萄糖。

$$C_{12}H_{22}O_{11}\text{（蔗糖）}+H_2O \xrightarrow[\triangle]{\text{浓硫酸}} C_6H_{12}O_6\text{（葡萄糖）}+C_6H_{12}O_6\text{（果糖）}$$

$$CH_2OH(CHOH)_4CHO+Cu(OH)_2 \xrightarrow{\triangle} CH_2OH(CHOH)_4COOH+Cu_2O\downarrow+H_2O$$

注意：检验水解产物之前，一定要加碱中和所用的酸，并将溶液调至碱性。麦芽糖、淀粉、纤维素在稀酸存在下，最终水解产物都为葡萄糖。

（3）糖类的用途。

①糖类物质可给动物提供能量。

②葡萄糖是重要的工业原料，主要用于食品加工、医疗输液、合成药物等。

③淀粉可做食物，用于生产葡萄糖和酒精。

④纤维素可用于造纸，制造纤维素酯、黏胶纤维等。

2. 油脂

（1）定义：油脂属于酯类，是高级脂肪酸和甘油生成的酯。油脂中的碳链含碳碳双键时，主要是低沸点的植物油；碳链全部是碳碳单键时，主要是高沸点的动物脂肪。

天然油脂都是混合物，没有恒定的熔点、沸点。由液态油转变为半固态的脂肪的过程叫油脂的硬化，发生的反应是还原反应。

（2）物理性质：油脂的密度比水小，不溶于水，易溶于有机溶剂。油脂在人体内的消化过程是通过水解反应完成的。

（3）化学性质：油脂在酸、碱或酶的催化作用下均可水解。油脂水解得到的高级脂肪酸常见的有软脂酸（$C_{15}H_{31}COOH$）、硬脂酸（$C_{17}H_{35}COOH$）、油酸（$C_{17}H_{33}COOH$）、亚油酸（$C_{17}H_{31}COOH$）。在碱性条件下油脂可完全水解，此反应称为皂化反应。硬脂酸甘油酯在酸性和碱性条件下水解的化学方程式为：

$$\begin{array}{l} C_{17}H_{35}\text{—}COOCH_2 \\ \qquad\qquad\qquad\ \ | \\ C_{17}H_{35}\text{—}COOCH \\ \qquad\qquad\qquad\ \ | \\ C_{17}H_{35}\text{—}COOCH_2 \end{array} + 3H_2O \overset{H^+}{\rightleftharpoons} 3C_{17}H_{35}COOH + \begin{array}{l} CH_2OH \\ | \\ CHOH \\ | \\ CH_2OH \end{array}$$

（4）肥皂的主要成分是高级脂肪酸钠，它在水溶液中能电离出 Na^+ 和 $RCOO^-$。在 $RCOO^-$ 原子团中，极性的—COO^- 部分易溶于水，叫亲水基，而非极性的烃基（—R）部分易溶于油，叫憎水基。根据肥皂的去污原理，人们研制出各种各样的合成洗涤剂。但是由于很多洗涤剂产品含有对微生物生长有利的磷酸盐，使得污水排放后湖泊和海湾水体富营养化，产生水华和赤潮现象。推广使用无磷洗涤剂成为当务之急。

3. 蛋白质

（1）蛋白质的组成：蛋白质由 C、H、O、N 等元素组成，蛋白质分子是由氨基酸分子连接成的高分子化合物。

（2）氨基酸的性质。天然蛋白质水解得到的氨基酸均为 α－氨基酸，其结构通式

为 $R-CH(NH_2)-COOH$

常见的氨基酸：

$CH_2(NH_2)COOH$

甘氨酸

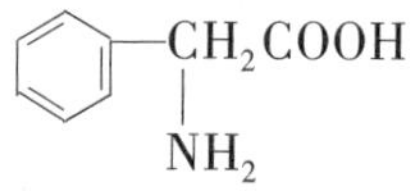

苯丙氨酸

$CH_3CH(NH_2)COOH$

丙氨酸

氨基酸一般能溶于水，难溶于乙醇和乙醚。动物的毛发和皮、蚕丝、动物胶、病毒、细菌、激素、酶等都属于蛋白质。1961 年我国人工合成了结晶牛胰岛素。

（3）氨基酸分子中既含有氨基，又含有羧基，因此氨基酸是两性化合物，能与酸、碱反应生成盐。

（4）两个氨基酸分子在酸或碱存在下加热，可以脱去一分子水，缩合成含有肽键（ $-\overset{O}{\overset{\|}{C}}-\overset{H}{\overset{|}{N}}-$ ）的化合物，称为二肽。如：

$$CH_3-CH(NH_2)-COOH + CH_2(NH_2)-COOH \longrightarrow CH_3-CH(NH_2)-CONH-CH_2-COOH + H_2O$$

（5）蛋白质与氨基酸一样也是两性分子，既能与酸反应，也能与碱反应。蛋白质除了在酸、碱或酶的作用下水解得到各种氨基酸外，还有如下性质。

①盐析：少量盐［如 $(NH_4)_2SO_4$、Na_2SO_4、NaCl］能够促进蛋白质的溶解，浓的上述盐溶液可以使蛋白质的溶解度降低而从溶液中析出。蛋白质的盐析是可逆的，可用于分离和提纯。

②变性：在某些物理因素和化学因素的影响下，蛋白质的理化性质和生理功能发生改变。该过程是不可逆过程。能使蛋白质变性的物理因素有加热、搅拌、振荡、紫外线照射、超声波等，化学因素有强酸、强碱、重金属盐、三氯乙酸、乙醇、丙酮等。

③颜色反应：含有苯环的蛋白质加入浓硝酸会有白色沉淀产生，加热变成黄色。

④蛋白质的灼烧：蛋白质易燃烧。可以通过蛋白质烧焦时的特殊气味鉴别羊毛和化纤织物。

（6）酶是一种特殊的蛋白质，对生物体内的化学反应的催化作用的特点是：条件温和，不需加热；具有高度的专一性；具有高效的催化作用。

4. 维生素

维生素是人和动物为维持正常的生理功能而必须从食物中获得的一类微量有机物质，在人体生长、代谢、发育过程中发挥着重要的作用。维生素既不参与构成人体细胞，也不为人体提供能量。常见维生素及其作用如下：

维生素 A：维持正常视力，预防夜盲症；维持上皮细胞组织健康；促进生长发育；增加对传染病的抵抗力；预防和治疗干眼病。

维生素 D：调节人体内钙和磷的代谢，促进吸收利用，促进骨骼成长。

维生素 E：维持正常的生殖能力和肌肉正常代谢；维持中枢神经和血管系统的完整。

维生素 B1：保持循环、消化、神经和肌肉正常功能；调整胃肠道的功能；构成脱羧酶的辅酶，参加糖的代谢；能预防脚气病。

维生素 B2：又叫核黄素。核黄素是人体内许多重要辅酶类的组成成分，这些酶能在人体内物质代谢过程中传递氢，它还是蛋白质、糖、脂肪酸代谢和能量利用与组成所必需的物质。能促进生长发育，保护眼睛、皮肤的健康。

维生素 C：连接骨骼、牙齿、结缔组织结构的功能；对毛细血管壁的各个细胞间有黏合功能；增加抗体，增强抵抗力；促进红细胞成熟。

维生素 PP（烟酸）：在细胞生理氧化过程中起传递氢作用，具有防治癞皮病的功效。

（五）有机合成材料

1．塑料

塑料的主要成分是树脂。有些塑料基本上是由合成树脂所组成，不含或少含添加剂，如有机玻璃、聚苯乙烯等。

高分子化合物基本有两种类型：第一种是线型结构，具有这种结构的高分子化合物称为线型高分子化合物；第二种是体型结构，具有这种结构的高分子化合物称为体型高分子化合物。有些高分子带有支链，称为支链高分子，属于线型结构。有些高分子虽然分子间有交联，但交联较少，称为网状结构，属于体型结构。

两种不同的结构，表现出两种相反的性能。线型结构，加热能熔融，硬度和脆性较小。体型结构硬度和脆性较大。塑料两种结构的高分子都有，由线型高分子制成的是热塑性塑料，由体型高分子制成的是热固性塑料。

2．合成纤维

合成纤维的品种很多，用于纺织品的主要有涤纶、锦纶、腈纶、丙纶和氨纶等。其中以涤纶、锦纶和腈纶的产量最大，约占合成纤维总产量的90%以上。

合成纤维是将人工合成的、具有适宜分子量并具有可溶（或可熔）性的线型聚合物，经纺丝成形和后处理而制得的化学纤维。通常将这类具有成纤性能的聚合物称为成纤聚合物。与天然纤维和人造纤维相比，合成纤维的原料是由人工合成方法制得的，生产不受自然条件的限制。合成纤维除了具有化学纤维的一般优越性能，如强度高、质轻、易洗快干、弹性好、不怕霉蛀等外，不同品种的合成纤维各具有某些独特性能。

合成纤维的特征有：①是线形高分子化合物；②高分子化合物的聚集状态既要有晶区，又要有非晶区；③高分子化合物的分子量分布要比较窄，即分子量大小不能相差太大；④分子键之间作用力比较大，高分子链上要有极性基团，最好有可形成氢键的羟基或氨基。

3. 合成橡胶

合成橡胶是由人工合成的高弹性聚合物，也称合成弹性体，是三大合成材料之一，其产量仅低于合成树脂（或塑料）、合成纤维。其性能因单体不同而异，少数品种的性能与天然橡胶相似。某些合成橡胶具有较天然橡胶优良的耐温、耐磨、耐老化、耐腐蚀或耐油等性能。

第七节　中学化学重点实验

一、常见仪器及使用方法

1. 化学实验仪器的分类

常见化学实验仪器分为下列8类：

①计量类。用于量度质量、体积、温度、密度等的仪器。这类仪器中多为玻璃量器。主要有滴定管、移液管、量筒、量杯等。

②反应类。用于发生化学反应的仪器，也包括部分可加热的仪器。这类仪器中多为玻璃或瓷质烧器。主要有试管、烧瓶、蒸发皿、锥形瓶等。

③容器类。用于盛装或贮存固体、液体、气体等各种化学试剂的试剂瓶等。

④分离类。用于进行过滤、分液、萃取、蒸发、灼烧、结晶、分馏等分离提纯操作的仪器。主要有漏斗、蒸发皿、烧瓶、冷凝器、坩埚、烧杯等。

⑤固体夹持类。用于固定、夹持各种仪器的用品或仪器。主要有铁夹、铁圈、铁架台、漏斗架等。

⑥加热类。用于加热的用品或仪器。主要有试管、烧杯、烧瓶、蒸发皿、坩埚等。

⑦配套类。用于组装、连接仪器时所用的玻璃管、玻璃阀、橡胶管、橡胶塞等用品或仪器。

⑧其他。不便归属于上述各类的其他仪器或用品。

2. 常见化学实验仪器的使用

（1）计量仪器。

①量筒：用来量取液体的体积，主要为玻璃仪器。有5 mL、10 mL、25 mL、50 mL、100 mL、250 mL、500 mL、1 000 mL等规格。

使用注意事项：量筒不能用于加热；不能用作反应容器，也不能用作存放物质的容器；读数时，量筒必须放平，视线应与液体凹液面的最低处保持水平。

②量杯：用于量度从量器中排出液体的体积。量杯有两种类型，面对分度表时，量杯倾液嘴向右，便于左手操作，称为左执式量杯；倾液嘴向左，则称为右执式量杯。

一般来说，250 mL 以内的量杯均为左执式，500 mL 以上者则属于右执式。

③温度计：用于测量温度的仪器。其种类很多，有数码式温度计、热敏温度计等。而实验室中常用玻璃液体温度计。温度计可根据用途和测量精度分为标准温度计和实用温度计两类。标准温度计的精度高，主要用于校正其他温度计。实用温度计是指所供实际测温用的温度计，主要有实验用温度计、工业温度计、气象温度计、医用温度计等。中学常用棒式工业温度计，其中酒精温度计的量程为 100 ℃，水银温度计有 200 ℃和 360 ℃两种量程规格。

使用注意事项：应选择适合测量范围的温度计。严禁超量程使用温度计；测液体温度时，温度计的液泡应完全浸入液体中，但不得接触容器壁；测蒸汽温度时液泡应在液面以上；测蒸馏馏分温度时，液泡应略低于蒸馏烧瓶支管口；在读数时，视线应与液柱凸液面最高点（水银温度计）或凹液面最低点（酒精温度计）水平；禁止用温度计代替玻璃棒用于搅拌。用完后应擦拭干净，装入纸套内，远离热源存放。

④托盘天平：用来粗略称量物质质量的一种仪器，每架天平都成套配备砝码一盒。

使用注意事项：称量前应将天平放置平稳，并将游码左移至刻度尺的零处，检查天平的摆动是否达到平衡。如果指针摆动时先后指示的标尺上左、右两边的格数接近相等，指针静止时指在标尺的中央，则说明天平已达平衡。如果天平的摆动未达到平衡，可以调节左、右螺丝使摆动达到平衡。称量物不能直接放在托盘上，应在两个托盘上分别放一张大小相同的同种纸，然后把要称量的试剂放在纸上称量。潮湿的或具有腐蚀性的试剂必须放在玻璃容器（如表面皿、烧杯或称量瓶）里称量；把称量物放在左盘，砝码放在右盘，砝码要用镊子夹取。先加质量大的砝码，再加质量小的砝码，最后可移动游码，直至指针摆动达到平衡为止；称量完毕后，应将砝码依次放回砝码盒中。把游码移回零处。

⑤滴定管：容量分析中用于滴定操作的较精密的玻璃仪器。滴定管的种类较多。中学学习酸碱中和滴定时常使用无阀滴定管和有阀滴定管两种。无阀滴定管的下部用一小段橡胶管将管身与滴头连接，在橡胶管内放入一个外径大于橡胶管内径的玻璃珠，起封闭液体的作用。因用于盛装碱性溶液，所以常称它为碱式滴定管。有阀滴定管的下部带有磨砂活动玻璃阀（常称活塞），因宜用于盛装酸性溶液，所以又称它为酸式滴定管。所有滴定管的零刻度在上方，最大容积值在下方，每 10 条分度线有一个数字。常有 25 mL 和 50 mL 两种规格。

使用注意事项：酸式滴定管可盛放除碱性以及对玻璃有腐蚀作用以外的液体，碱式滴定管只盛碱液；滴定管在使用之前应检查玻璃活塞是否转动良好，玻璃珠挤动是否灵活，有无漏液现象及阻塞情况；滴定管在注入溶液时，应用所盛的溶液润洗 2～3 次，以保证其浓度不被稀释；注入溶液后，管内不能留有气泡，若有气泡，必须排除。其方法是：打开酸式滴定管活塞，让溶液急速下流冲出气泡，或将碱式滴定管的橡胶管向上弯曲、挤压玻璃珠，使溶液从滴头喷出从而排出气泡。

⑥移液管：又称吸管，是用来准确移取一定体积液体的量器。根据移液管有无分度，可将其分为无分度吸管和分度吸管两类。无分度吸管常为大肚吸管，只有一条位

于吸管上方的环形标线，标志吸管的最大容积量。它属于完全流出式。分度吸管常为直形，有完全流出式、不完全流出式和吹出式三种。分度表的刻法也不尽相同，其中不完全流出式的分刻表与滴定管相似，而吹出式吸管上标有“吹”字。吹出式移液管在溶液放尽后，须将尖嘴部分残留液吹入容器内。中学常用的是完全流出式移液管，其规格以最大吸液容积量区分，有 2 mL、5 mL、20 mL 等多种。

使用注意事项：使用前需用移取液润洗 2 ~ 3 次；移取液体时，管尖应插入液面下，并始终保持在 1 cm 左右。用吸气橡皮球（又称洗耳球）抽吸液体至刻度线以上 2 cm 处时，迅速用食指按住上口，辅以拇指和中指配合，保持吸管垂直，并左或右旋动同时稍松食指，使液面下降至所需刻度（弯月面底部与标线相切）。若管尖挂有液滴，可使其与容器壁接触让其落下；放出液体时，保持吸管垂直，其下端伸入倾斜的容器内，管尖与容器内壁接触。放开食指，使液体自然流出，除吹出式吸管外，残留在管尖的液滴均不能用外力使之移入容器内；移液管用完后，若短期内不再使用它吸取同一溶液，应及时用水洗净并上下各加一纸套后存放在架上。

⑦容量瓶：又叫量瓶，是用来配制一定体积、一定物质的量浓度溶液的精密计量仪器。容量瓶形状为细颈、梨形、平底，带有磨砂玻璃瓶塞或塑料塞，其颈部刻有一条环形标线，以示液体定容到此刻度。其细颈便于定容，平底则便于移放桌上。容量瓶的规格以容积表示，常用有 100 mL、250 mL、500 mL 和 1 000 mL 等多种。

使用注意事项：容量瓶使用前应检查是否漏水。其方法是加水至环形标线处，把瓶口和瓶塞擦干，不涂任何油脂而塞紧瓶塞。将瓶颠倒静置 10 s 以上，反复 10 次。然后用滤纸条在塞紧瓶塞的瓶口处检查，若不渗水，则可使用。瓶塞不能互换，常将瓶塞用绳拴在瓶颈上；配制溶液时，应先将溶质在烧杯中完全溶解，并冷却至室温后，再全都移入容量瓶中。分次加水，每加一次，都要摇匀。当加水近环形标线 2 ~ 3 cm 处时，要改用胶头滴管小心加水，至瓶内凹液面最低处与环形标线相切为止，以免加水过量。禁止直接在容量瓶中配制溶液；容量瓶不能用直火加热，也不能在烘箱内烘烤，以免影响其精度；容量瓶只能用来配制溶液，不能久贮溶液，更不能长期存放碱液。用后应及时洗净，塞上塞子，最好在塞子与瓶口间夹一白纸条，以防止黏结。

⑧pH 试纸：测量溶液酸碱性的“尺子”，包括广泛 pH 试纸和精密 pH 试纸两类，用来检验溶液的 pH。广泛 pH 试纸的变色范围是 pH 在 1 ~ 14，它只能粗略地计算溶液的 pH。精密 pH 试纸可以较精确地计算溶液的 pH，根据其变色范围可分为多种。如变色范围为 pH 在 3. 8 ~ 5. 4，pH 在 8. 2 ~ 10 等。根据待测溶液的酸碱性，可选用某一变色范围的试纸。

使用注意事项：检验溶液时，取一小块试纸在表面皿或玻璃片上，用洁净干燥的玻璃棒蘸取待测液点滴于试纸的中部，观察变化稳定后的颜色，与标准比色卡对比，判断溶液的性质。检验气体时，先用蒸馏水把试纸润湿，粘在玻璃棒的一端，再送到盛有待测气体的容器口附近，观察颜色的变化，判断气体的性质。试纸不可直接伸入溶液中，不能测浓硫酸的 pH；试纸不可接触试管口、瓶口、导管口等；测定溶液的 pH 时，试纸不可事先用蒸馏水润湿，因为润湿试纸相当于稀释被检验的溶液，这会导致测量不准确。正确的方法是用蘸有待测溶液的玻璃棒点滴在试纸的中部，待试纸变色后，再与标准比色卡比较来确定溶液的 pH；取出试纸后，应将盛放试纸的容器盖严，以免被实验室的一些气体玷污。

石蕊试纸和酚酞试纸有红色和蓝色两种。石蕊试纸、酚酞试纸用来定性检验溶液的酸碱性。

淀粉碘化钾试纸用来定性检验氧化性气体，如 Cl_2、Br_2 等。当氧化性气体遇到湿的淀粉碘化钾试纸后，则将试纸上的 I^- 氧化成 I_2，I_2 立即与试纸上的淀粉作用变成蓝色：$2I^- + Cl_2 = 2Cl^- + I_2$；如果气体氧化性强，而且浓度大时，还可以进一步将 I_2 氧化成无色的 IO_3^-，使蓝色褪去：$I_2 + 5Cl_2 + 6H_2O = 2HIO_3 + 10HCl$。所以，使用时必须仔细观察试纸颜色的变化，否则会得出错误的结论。

醋酸铅试纸用来定性检验硫化氢气体。当含有 S^{2-} 的溶液被酸化时，逸出的硫化氢气体遇到试纸后，即与试纸上的醋酸铅反应，生成黑色的硫化铅沉淀，使试纸呈褐黑色，并有金属光泽：$Pb(Ac)_2 + H_2S = PbS\downarrow + 2HAc$，当溶液中 S^{2-} 浓度较小时，则不易检验出来。

（2）反应类仪器。

①试管：用作少量试剂的反应容器，也可用于收集少量气体。试管根据其用途常分为平口试管、翻口试管和具支试管等。平口试管适宜于一般化学反应，翻口试管适宜加配橡胶塞，具支试管可做气体发生器，也可做洗气瓶或少量蒸馏用。试管的大小一般由管外径与管长的乘积来规定，常用为 10 mm × 100 mm、12 mm × 100 mm、15 mm × 150 mm、18 mm × 180 mm、20 mm × 200 mm 和 32 mm × 200 mm 等。

使用注意事项：选用试管时，应根据不同用量选用大小合适的试管。徒手夹持试管应用拇指、食指、中指三指握持试管上沿处，振荡时要腕动臂不动；盛装液体加热，液体不应超过容积的 1/2，试管与桌面成 45°，管口不能朝向自己或他人。若要保持沸腾状态，可加热液面附近；盛装粉末状试剂，要用纸槽送入管底；盛装粒状固体时，应将试管倾斜，使粒状物沿试管壁慢慢滑入管底；夹持试管应用试管夹或铁夹，自底部往上套，夹在离试管口的 1/3 ~ 1/4 处。加热时试管外部应擦干，不能手持试管加热。加热后，要注意避免骤冷以防止炸裂；加热固体试剂时，试管口向下倾斜，管底应略高于管口，加热完毕时，应继续固定或放在石棉网上，让其自然冷却。

②烧杯：通常用作反应物量较多时的反应容器。此外也用来配制溶液、加速物质溶解、促进溶剂蒸发等。烧杯的种类和规格较多，中学常用低型烧杯。烧杯的规格以容积大小区分，常用的有 50 mL、100 mL、250 mL、500 mL 等多种。

使用注意事项：烧杯所盛溶液不宜过多，约为容积的 2/3，但在加热时，所盛溶液不能超过容积的 1/2；烧杯不能干烧，在盛有液体时方能较长时间加热，但必须垫上石棉网；拿烧杯时，要拿外壁，手指勿接触内壁。需用玻璃棒搅拌烧杯内所盛溶液时，应沿杯壁均匀旋动玻璃棒，切勿撞击杯壁与杯底；烧杯不宜长期存放化学试剂，用后应立即洗净、擦干、倒置存放。

③烧瓶：用作反应物较多且需较长时间加热的、有液体参加反应的容器。其瓶颈口径较小，配上塞子及所需附件后，也常用来生成蒸气或做气体发生器。中学常用圆底烧瓶和平底烧瓶。圆底烧瓶一般用作加热条件下的反应容器，而平底烧瓶用于不加热条件下的气体发生器，也常用来装配洗瓶等。烧瓶的规格以容积大小区分，常用的有 150 mL、250 mL 和 500 mL 几种。

使用注意事项：圆底烧瓶底部厚薄较均匀，可用于长时间加强热时使用；加热时烧瓶应放置在石棉网上，不能用火焰直接加热；实验完毕后，应撤去热源，静止冷却后，再进行废液处理，进行洗涤。

④锥形瓶：又叫锥形烧瓶或三角烧瓶。锥形瓶瓶体较长，底大而口小，盛入溶液后，重心靠下，极便于手持振荡，故常用在容量分析中做滴定容器。实验室也常用它装配气体发生器或洗瓶。锥形瓶的大小以容积区分，常用的有 150 mL、250 mL 等几种。

使用注意事项：振荡时，用右手拇指、食指、中指握住瓶颈，无名指轻扶瓶颈下部，手腕放松，手掌带动手指用力，做圆周形振动；锥形瓶需振荡时，瓶内所盛溶液不超过容积的 1/2；若需加热锥形瓶中所盛液体时，必须垫上石棉网。

⑤启普发生器：又称气体发生器，因由荷兰化学家启普发明而得名，它用作不需加热、由块状固体与液体反应制取难溶性气体的发生装置。启普发生器由上部的球形漏斗、下部的容器和用单孔橡胶塞与容器相连的带活塞的导气管三部分组成。若加酸量较大时，为防止酸液从球形漏斗溢出，可在球形漏斗上口通过单孔塞连接一个安全漏斗（若加酸量不大时，可以不加配安全漏斗）。启普发生器使用非常方便，当打开导气管的活塞时，球形漏斗中的液体落入容器与窄口上固体接触而产生气体；当关闭活塞时，生成的气体将液体压入球形漏斗，使固、液体试剂脱离接触而使反应暂行停止。可供较长时间反复使用。启普发生器的规格以球形漏斗的容积大小区别，常用的为 250 mL 或 500 mL。

使用注意事项：装配启普发生器时，要在球型漏斗与容器磨砂口之间涂少量凡士林，以防止漏气。在容器中部窄口上面加一橡胶圈或垫适量玻璃棉，以防止固体落入容器下部，造成事故；使用前要检查气密性；加入试剂时，先加块状固体。选择大小合适的块状固体试剂从容器上部排气孔放入，均匀置于球形漏斗颈的周围，塞上带导气管的单孔塞后，打开活塞，再从球形漏斗口加入液体做试剂，直至进入容器后又刚好浸没固体试剂，此时关闭导气管上的活塞待用；启普发生器禁止加热使用；若需更换液体试剂时，可将启普发生器放置在实验桌边，使容器下部塞子朝外伸出桌边缘，下面用一容积大于球形漏斗的容器接好，再小心打开塞子，务必使液体流进承接容器，待快流尽液体时，可倾斜仪器使液体全部倒出，塞紧塞子后，方可重新加液体。启普发生器常用于制取氢气、二氧化碳、硫化氢气体，不能用来制取乙炔和氮的氧化物等气体。

⑥坩埚：属瓷质化学仪器，在分析实验中用来灼烧沉淀。中学还用来灼烧结晶水合物、熔化不腐蚀瓷器的盐类，以及燃烧某些有机物。瓷质坩埚用于定量分析实验时，常需称量，为方便起见常在坩埚上注明其质量。坩埚的规格以容积大小区别，中学常用的为 30 mL。

使用注意事项：做定量实验时，称量过的坩埚和坩埚盖必须配套使用；瓷坩埚可放在泥三角上用酒精灯直接加热，加热时要用坩埚钳均匀转动；热坩埚不要直接放在实验桌面上，要放在石棉网上，并盖好坩埚盖或连同坩埚盖移入保干器中冷却。

⑦铂丝：通常固定在一段玻璃棒上使用，是用来进行焰色反应的专用物品。铂丝的规格常以直径与长度表示。

使用注意事项：铂丝应轻拿轻放，避免撞击，以防止铂丝与玻璃棒脱节或折断铂丝；每次实验前、后，需用盐酸洗涤铂丝，并在火焰上灼烧，重复多次以除尽杂质，使火焰近于无色；若做钾盐的焰色反应时，还应配备蓝色钴玻璃片，以观察其产生的浅紫色火焰。

（3）容器类仪器。

①集气瓶：收集气体的容器，常配磨砂玻璃片。集气瓶与广口瓶的形状相似，但为了增强集气瓶的气密性，玻璃片与瓶口应保证严密。所以集气瓶的瓶口要进行磨平处理，而广口瓶的瓶口则不需磨平。由于集气瓶一般不需要有塞，所以其瓶颈内沿不采用磨砂工艺。集气瓶的规格以容积大小表示，常用的有 30 mL、60 mL、125 mL 和 250 mL 几种。

使用注意事项：使用集气瓶收集气体时，磨砂玻璃片与瓶口都应均匀薄涂一层凡士林。磨砂玻璃片应紧贴瓶口推拉进行开、闭操作。当集满气体待用时，有两种放置方式：若收集的气体比空气重时，瓶口应向上放置；反之，则向下放置。集气瓶不能加热。当进行某些燃烧实验时，瓶底还应铺一层细砂或盛少许水，以免高温固体生成物溅落瓶底引起集气瓶炸裂。

②水槽：用来贮水的容器，它常与集气瓶配合使用进行排水法收集气体。玻璃水槽常为圆柱形，由于具有透明度，便于排水法收集气体时进行观察。为克服其易碎易损坏的缺点，应采用塑料水槽。玻璃水槽的规格以口径大小表示，常用的有 150 mm、180 mm、210 mm、250 mm、300 mm 等多种。

使用注意事项：玻璃水槽不能加热，也不能盛装温度过高的热水；收集气体时，可根据气体的性质选用不同的液体。例如，可用排饱和食盐水法收集氯气等。

③洗瓶：用以喷注细股水流冲洗试剂、沉淀以及洗涤器皿的一种盛水容器。实验室中常用带进气管、出液管的双孔塞和平底烧瓶或锥形瓶配制。有的洗瓶喷液嘴还用橡胶管与出液管连接，便于从不同角度进行洗涤。近年来为克服其易破损的缺点而更多使用结构操作都较简便的塑料洗瓶。玻璃洗瓶的规格以容量表示，常用的为 125 mL 和 250 mL 两种。

使用注意事项：使用玻璃洗瓶时，在检查气密性后，打开塞子加满蒸馏水。用食指、中指轻夹橡胶管，尖嘴对准洗涤物，另外三指握持瓶颈上部，务必使在吹气时塞子不会发生松动现象；洗瓶多在常温下使用，若需热水洗涤，温度不应太高，遇碱液时则可换用塑料洗瓶。

④滴瓶：盛装实验时需按滴数加入液体的容器。滴瓶是由带胶帽的磨砂滴管和内磨砂瓶颈的细口瓶组成，最适宜存放指示剂和各种非碱性液体试剂。滴瓶有白色（或

称无色）、茶色（或称棕色）两种，其规格均以容积大小表示，常用的为 30 mL、60 mL、125 mL、250 mL 等几种。

使用注意事项：棕色滴瓶用于盛装见光易变质的液体试剂；滴管不能互换使用；滴瓶不能长期盛放碱性液体，以免腐蚀、黏结；使用滴管加液时，滴管不能伸入容器内，以免污染试液及撞伤滴管尖；胶帽老化后不能吸液，要及时更换。

⑤称量瓶：用于使用分析天平称量固体试剂的容器。常用的有高型和低型两种。无论哪种称量瓶都成套配有磨砂盖，以保证被称量物不被散落或污染。称量瓶的规格以瓶外径与瓶高乘积表示。高型称量瓶常用有 25 mm × 40 mm、30 mm × 50 mm、30 mm × 60 mm 三种，低型称量瓶常用有 25 mm × 25 mm、50 mm × 30 mm 和 60 mm × 30 mm 三种。

使用注意事项：盖子与瓶子务必配套使用，切忌互换；称量瓶使用前必须洗涤干净、烘干、冷却后方能用于称量；称量时要用洁净干燥结实的纸条围在称量瓶外壁进行夹取，严禁直接用手拿取称量瓶。

⑥试剂瓶：实验室里专门用来盛放各种液体、固体试剂的容器，形状主要有细口、广口之分。试剂瓶的规格以容积大小表示，小至 30 mL、60 mL，大至几千至几万毫升不等。

使用注意事项：有塞试剂瓶不使用时，要在瓶塞与瓶口磨砂面间夹上纸条，防止粘连。如前所述，所有试剂瓶都不能用于加热。根据盛装试剂的理化性质选用所需试剂瓶的一般原则是：盛装固体试剂——选用广口瓶，盛装液体试剂——选用细口瓶，盛装见光易分解或变质的试剂——选用棕色瓶，盛装低沸点易挥发的试剂——选用有磨砂口的玻璃试剂瓶，盛装碱性试剂——选用带橡胶塞的试剂瓶，等等。若试剂具有上述多项理化指标时，则可根据以上原则综合考虑，选用适宜的试剂瓶；有些特殊试剂，如氢氟酸等不能用玻璃试剂瓶而选用塑料瓶盛装。

（4）分离类仪器。

①漏斗：又称三角漏斗，是用于向小口径容器加液或配上滤纸做过滤器而将固体和液体混合物进行分离的一种仪器。漏斗有短柄、长柄之分，但都是圆锥体，圆锥角一般在 57°～60°之间。漏斗的规格以上口直径表示，常见为 40 mm、60 mm 和 90 mm 三种。

使用注意事项：过滤时，漏斗应放在漏斗架上，其漏斗柄下端要紧贴承接容器内壁，滤纸应紧贴漏斗内壁，滤纸边缘应低于漏斗边缘约 5 mm，事先用蒸馏水润湿使其不残留气泡；倾入分离物时，要沿玻璃棒引流入漏斗，玻璃棒与三层滤纸处紧贴。分离物的液面要低于滤纸边缘；漏斗内的沉淀物不得超过滤纸高度的 2/3，便于过滤后洗涤沉淀；漏斗不能直火加热。若需趁热过滤时，应将漏斗置于金属加热夹套中进行。若无金属夹套时，可事先把漏斗用热水浸泡预热使用。

②分液漏斗：用于气体发生器中控制加液，也常用于互不相溶的几种液体的分离。分液漏斗有球形、梨形（或锥形）、筒形三种。梨形及筒形分液漏斗多用于分液操作。球形分液漏斗既做加液使用，也在分液时使用。分液漏斗的规格以容积大小表示，常用为 60 mL、125 mL 两种。

使用注意事项：使用前，应在漏斗的玻璃活塞处涂一薄层凡士林，但不可太多，以免阻塞流液孔。使用时，左手虎口顶住漏斗球，用拇指、食指转动活塞控制加液。此时玻璃塞的小槽要与漏斗口侧面小孔对齐相通，才能使加液顺利进行；做加液器时，漏斗下端不能浸入液面下；振荡时，塞子的小槽应与漏斗口侧面小孔错位封闭塞紧。分液时，下层液体从漏斗颈流出，上层液体要从漏斗口倾出；长期不使用分液漏斗时，应在活塞面夹一纸条防止粘连，并用一橡皮筋套住活塞，以免丢失。

③布氏漏斗：用于减压过滤的一种瓷质仪器。布氏漏斗常与吸滤瓶配套使用，用于滤吸较多量固体。布氏漏斗的规格以斗径和斗长表示，常用为 20 mm × 60 mm、25 mm × 65 mm、32 mm × 75 mm。

使用注意事项：使用布氏漏斗进行减压过滤时，要在漏斗底上平放一张比漏斗内径略小的圆形滤纸，使底上细孔被全部盖住。事先用蒸馏水润湿，特别要注意滤纸边缘与底部紧贴；布氏漏斗要用一个大小相宜的单孔橡胶塞紧套在漏斗颈上与配套使用的吸滤瓶相连。

④吸滤瓶：又叫抽滤瓶，是与布氏漏斗配套组成减压过滤装置时做承接滤液的容器。吸滤瓶的瓶壁较厚，能承受一定压力。它与布氏漏斗配套后，一般用抽气机或水流抽气管（又称水流泵、射水泵，俗名水吹子）减压。在抽气管与吸滤瓶之间也常连接一个广口瓶做缓冲器，以防止倒流现象。吸滤瓶的规格以容积表示，常用的为 250 mL、500 mL 及 1 000 mL 等几种。

使用注意事项：安装时，布氏漏斗颈的斜口要远离且面向吸滤瓶的抽气嘴。抽滤时速度（用流水控制）要慢且均匀，滤液不能超过抽气嘴；抽滤过程中，若漏斗内沉淀物有裂纹时，要用玻璃棒及时压紧消除，以保证吸滤瓶的低压，便于吸滤。

二、化学实验基本操作

1. 常用仪器的洗涤与干燥

实验用过的仪器，须及时洗涤干净、晾干（或烘干、吹干）以便备用或保存。

（1）一般污物洗涤法：适用于可溶性污物或油污。其洗涤的过程是：

①用自来水刷洗；②用去污粉或洗涤剂刷洗；③用自来水冲洗；④用去离子水清洗（仅对分析实验使用仪器）。

（2）特殊污物洗涤法：根据污物的化学性质，选用不同的洗涤方法。如：碳酸盐、$KMnO_4$、MnO_2、氢氧化物及铁锈——盐酸；铜、银等金属——稀硝酸；硫——煮沸的石灰水；碘——有机溶剂；油污——热碱液或洗衣粉等。

仪器洗净的标志是：内壁附着的水既不聚成水滴，也不成股流下时，表示仪器已洗干净。

2. 试剂及其取用

常用的化学试剂根据其纯度不同，分成不同的规格。我国生产的试剂一般分为四级（见表 1－1－31）。

表 1－1－31　常用的化学试剂的规格

级别	名称	代号	标签颜色	适用范围
一级	优级纯	GR	绿色	精密分析实验
二级	分析纯	AR	红色	一般分析试验
三级	化学纯	CP	蓝色	一般化学实验
四级	实验试剂	LR	黄色	普通实验

（1）固体试剂的取用。

①要用洁净的药匙取用，用过的药匙必须洗净擦干后才能再使用，以免玷污试剂。

②注意不要超过指定用量取药，多取的不能倒回原瓶，可放在指定的容器中供他人使用。

③要求取用一定质量的固体试剂时，可把固体放在洁净的纸上称量。具有腐蚀性、强氧化性或易潮解的固体试剂放在表面皿上或玻璃容器内称量。

④要求准确称取一定质量的固体试剂时，可用称量瓶按差减法进行称量，即称取试剂的量是由两次称量的差来计算的。

（2）液体试剂的取用。

①从滴瓶中取用液体试剂时，滴管不能伸入所用的容器中，以免接触器壁而玷污药品。

②从细口瓶中取用试剂时，用倾注法。

③如需准确地量取试剂，则根据准确度的要求，选用量筒、移液管。

3．加热与冷却

（1）液体加热。

少量的液体加热可放在试管中直接加热，但液体不能超过试管容积的1/3，加热时试管与桌面呈45°，先均匀加热，然后由液体中上部开始上下移动加热。大量液体加热可放在烧杯、烧瓶、锥形瓶等仪器中垫石棉网加热。易挥发的物质应放在锥形瓶中。易燃物品不能敞口加热。

（2）固体加热。

少量的固体加热可放在试管中直接加热。为了防止冷凝水回流到灼热的试管底部引起试管骤冷而破裂，加热时必须注意水的流向或将试管口稍微向下倾斜。较多量的固体可在蒸发皿中加热，但要注意用玻璃棒充分搅拌，使固体受热均匀。需要高温下加热固体时，可在坩埚中灼烧。

4．溶解

（1）固体物质的溶解。

常用粉碎、搅拌、振荡、加热等方法来加快溶解速度。为了加快固体溶解，还可采用加热的方法，但对易水解或极易受热分解的物质不宜采用加热方法。某些易水解的固体盐溶解时，需先在溶剂中加入防止水解的试剂。如硝酸银溶解时，一不应研细，二不应加热，三需在水中加少量硝酸。

(2) 液体物质的溶解。

应把浓硫酸（密度大的液体）沿着玻璃棒慢慢加到盛有水（密度小的液体）的烧杯中，并用玻璃棒不断搅拌，使产生热量迅速扩散。

(3) 气体物质的溶解。

溶解度较小的气体（如 Cl_2、H_2S 等）溶于水，要把导管口插入水中。为了增大溶解速度，应把导管插入水底部。极易溶于水的气体（如 NH_3、HCl 等）溶于水，应在导管末端接一倒置的漏斗，使漏斗边缘刚刚接触水面，防止因气体溶解压强减小，水被倒吸到气体发生装置内。

5. 物质的分离

(1) 液体与固体的分离。

过滤器由漏斗、滤纸组成。过滤操作可总结为“一角、二低、三靠”。一角是指滤纸折叠的角度必须与漏斗的角度相符；二低是指滤纸边缘应稍低于漏斗边缘，过滤液应略低于滤纸的边缘；三靠是指盛混合液的烧杯口与玻璃棒相靠，玻璃棒一端与滤纸的三层处相靠，漏斗的下端管口紧靠烧杯内壁。当沉淀物的密度较大或结晶的颗粒较大，静置后能很快沉降至容器的底部时，可用倾析法。操作时，把沉淀物底部的溶液倾入另一容器内，即可使沉淀物和溶液分离。

蒸发是用加热方法使溶剂不断挥发，溶质从溶液中不断结晶析出。加热蒸发时，应用玻璃棒不断搅动，以防止溶液局部温度过高而飞溅。当晶体开始析出时，停止加热，利用余热蒸干。

(2) 液体和液体的分离。

①分馏：利用液体混合物中各组分的沸点不同，将混合物分离和提纯的方法叫蒸馏。同时分别收集不同温度范围内的溜出液的蒸馏过程叫分馏，如石油的分馏。分馏装置如图 1－1－9 所示。

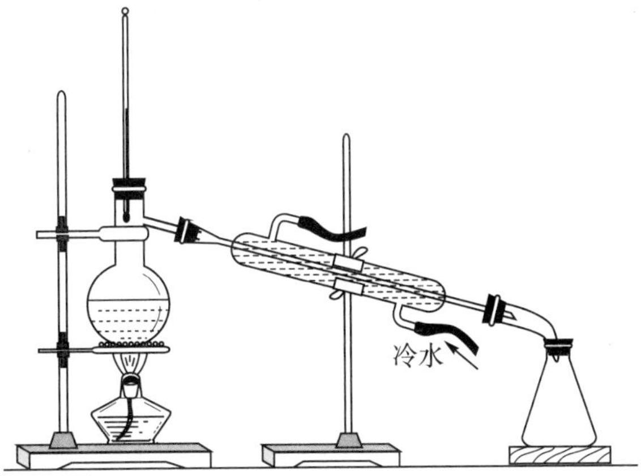

图 1－1－9　分馏装置

②萃取：利用溶质在互不相溶的两种溶剂里溶解度不同，用一种溶剂把溶质从它与另一种溶剂所组成的溶液里提取出来的方法叫萃取。如用 CCl_4 将碘从碘的饱和水溶液中萃取出来。

③分液：把两种不相混溶的液体进行分离的操作。操作时在混合液中加入萃取剂，用右手压住分液漏斗口部，左手握住活塞部分，把分液漏斗倒转过来用力震荡，放气；把分液漏斗放在铁架台上静置片刻，使液体分为两层后，打开活塞，使下层液体流入烧杯，待下层液体流完，立即关闭活塞，将上层液体从分液漏斗的上口倒出。

（3）固体和固体的分离。

①结晶：利用可溶性固体物质在同一溶剂中溶解度的不同进行分离的方法。对溶解度受温度变化影响不大的固体溶质，一般就用蒸发溶剂的方法得到晶体，如分离 NaCl 和 KNO_3 混合物，当 NaCl 较多时，可用此法分离，NaCl 先析出。对溶解度受温度影响相当大的固体溶质，一般可用冷却热饱和溶液的方法，使溶质结晶析出，当分离 KNO_3 多于 NaCl 的混合物时，就可利用此法，使 KNO_3 先析出。

②重结晶：一次结晶得到的晶体里往往混有少量杂质，要得到纯度更高的晶体，可以把过滤得到的晶体再溶解在热的蒸馏水中，制成饱和溶液，冷却后第二次析出晶体。该过程叫作重结晶。

③升华：利用某些物质具有升华的特性，将它与无升华特性的固体物质分离的方法叫作升华法。用升华法制得的产品纯度较高，但损失较大。

6. 溶液的配制

（1）质量百分比浓度溶液的配制。

根据要求计算所配溶液溶质、溶剂的用量：固体溶质的质量；液体（包括浓溶液）溶质的体积；溶剂的体积。固体溶质用天平称取，液体溶质和溶剂用量筒量取；把溶剂、溶质先后放入烧杯中，用玻璃棒搅动使其溶解或均匀；冷却后倒入试剂瓶中，贴上标签，注明名称、浓度和配制日期。

（2）物质的量浓度溶液的配制。

根据要求计算所配溶液固体溶质质量或液体溶质（包括浓溶液）的体积，选择相应的容量瓶。用天平（或分析天平）称取固体溶质或用量筒（或相应移液管）量取液体溶质。把适量溶剂、溶质先后放入烧杯中，搅拌使其溶解或均匀，恢复至室温。将烧杯中溶液用玻璃棒引流注入容量瓶中，用少量蒸馏水洗涤烧杯和玻璃棒 2 ~ 3 次，一并注入容量瓶中，往容量瓶中加蒸馏水至接近标线2 ~ 3 cm 处，改用胶头滴管加水至液体的凹液面最低处与标线相切。盖上容量瓶塞，倒转数次摇匀。配好溶液移入试剂瓶中，贴上标签注明名称、浓度及配制日期。

注意：配制标定物质溶液应用精度较高的分析天平和移液管称量，配制待测溶液用托盘天平和量筒称量。

三、物质的分离、提纯和检验

1. 物质的分离和提纯

分离提纯是指将混合物中的杂质分离出来以提高物质纯度的操作。分离提纯作为一种重要的化学方法，不仅在化学研究中具有重要作用，在化工生产中也同样具有十分重要的作用。不少重要的化学研究与化工生产，都是以分离提纯为主体的，如石油工业等。

分离提纯的方法不拘泥于物理变化还是化学变化，在可能的条件下能够使样品中的杂质或使样品中各种成分分离出来的变化都可以使用。常见的分离提纯方法见表1－1－32。

表1－1－32 常见的分离提纯方法

名称	方 法
分级结晶法	这种方法为加热蒸发溶液，控制溶液的密度，使其中一部分溶质结晶析出。经反复操作可以达到分离提纯的目的
分步沉淀法	这种方法常选用适宜的试剂或调节 pH，使溶液中的某一部分沉淀析出。经反复的操作，也可达到分离提纯的目的
选择性氧化还原法	用适宜的氧化剂或还原剂，使混合物中的某些成分氧化或还原，并进一步达到分离提纯的目的
吸收、吸附法	用适宜的试剂吸收混合物中的某些成分，例如用烧碱吸收混合气体中的二氧化碳。或者用适宜的物质吸附混合物中的某些成分，如用活性炭吸附某些气体，从而达到分离提纯的目的
溶液溶剂萃取法	选用适宜的溶剂，把混合物中的某些成分溶解吸收，从而达到分离提纯的目的
蒸馏法	控制混合溶液蒸气的冷凝温度，使不同沸点的成分分步冷凝析出，从而达到分离提纯的目的

（1）常见混合物类型的分离提纯方法（见表1－1－33）。

表1－1－33 常见混合物类型的分离提纯方法

混合物状态	方 法
固—固混合分离型	灼烧、热分解、升华、结晶（或重结晶）
固—液混合分离型	过滤、盐析、蒸发

续上表

混合物状态	方法
液—液混合分离型	萃取、分液、蒸馏、渗析
气—气混合分离型	洗气

（2）物质分离提纯的原则。

在进行物质的分离提纯时，选择试剂和实验措施应遵循以下三个原则：不能引入新杂质；提纯后的物质成分不变；实验过程和操作方法简单易行。

（3）对混合物进行分离和提纯的物理方法（见表1－1－34）。

表1－1－34　分离提纯的物理方法

分离提纯方法	适用范围	主要仪器名称
过滤	不溶性固体与液体的分离	烧杯、漏斗、滤纸、玻璃棒
蒸发、浓缩、结晶、重结晶	易溶固体与液体的分离	蒸发皿、玻璃棒、酒精灯、烧杯
蒸馏、分馏	沸点不同的互溶液体混合物的分离	蒸馏烧瓶、冷凝管、牛角管、锥形瓶、温度计
升华	固体与固体杂质的分离	烧杯、酒精灯、石棉网
分液、萃取	不互溶的液体分离	分液漏斗
渗析	胶粒与溶液中溶质的分离	半透膜、烧杯

（4）无机物溶液分离和提纯的常用方法。

①生成沉淀法。例如NaCl溶液里混有少量的$MgCl_2$杂质，可加入过量的NaOH溶液，使Mg^{2+}转化为$Mg(OH)_2$沉淀（但引入新的杂质OH^-），过滤除去$Mg(OH)_2$，然后加入适量盐酸，调节pH至中性。

②生成气体法。例如Na_2SO_4溶液中混有少量Na_2CO_3，为了不引入新的杂质并增加SO_4^{2-}，可加入适量的稀硫酸，将CO_3^{2-}转化为CO_2气体而除去。

③氧化还原法。例如在$FeCl_3$溶液里有少量$FeCl_2$杂质，可通入适量的Cl_2将$FeCl_2$氧化为$FeCl_3$。若在$FeCl_2$溶液里含有少量$FeCl_3$，可加入适量的铁粉而将其除去。

④正盐和酸式盐相互转化法。例如在Na_2CO_3固体中含有少量$NaHCO_3$杂质，可将固体加热，使$NaHCO_3$分解生成Na_2CO_3而除去杂质。若在$NaHCO_3$溶液中混有少量Na_2CO_3杂质，可向溶液里通入足量CO_2，使Na_2CO_3转化为$NaHCO_3$。

⑤利用物质的两性除去杂质。如在Fe_2O_3里混有少量的Al_2O_3杂质，可利用Al_2O_3是两性氧化物，能与强碱溶液反应，往试样里加入足量的NaOH溶液，使其中Al_2O_3转化为可溶性$NaAlO_2$，然后过滤，洗涤难溶物，即得纯净的Fe_2O_3。

（5）有机物分离和提纯的方法。

有机物的提纯要依据被提纯物质的性质，采用物理方法和化学方法除去杂质。一般情况是加入某种试剂，与杂质反应，生成易溶于水的物质，再用分液的方法除去杂质。如除去乙酸乙酯中混有的乙酸和乙醇，应在混合物中加入饱和碳酸钠溶液，杂质乙醇易溶于水，乙酸与碳酸钠反应生成易溶于水的乙酸钠（同时降低乙酸乙酯的溶解度），充分搅拌后，用分液漏斗分液，可得到纯净的乙酸乙酯。对于沸点相近且均溶于水的有机物分离，可先将其中一种物质转化成难挥发物质，再蒸馏，最后再用化学方法得到原物质。

2. 物质的检验

（1）物质检验的要求。

对反应条件的要求：反应要有明显的外部特征，如溶液颜色的改变、沉淀的生成或溶解、气体的产生等。反应要在适宜的条件下进行，如酸碱度、浓度、温度等的选择。还要排除干扰物的影响。

对反应选择性的要求：一种试剂如果只与少数几种离子反应，这种反应就叫选择性反应。与该试剂反应的离子种类越少，反应的选择性越高。如果试剂只与一种离子发生反应，这个反应的选择性最高，这样的反应称为这种离子的特征反应。在物质检验过程中应尽量采用选择性高的离子反应。

（2）物质检验的一般步骤（见图 1－1－10）。

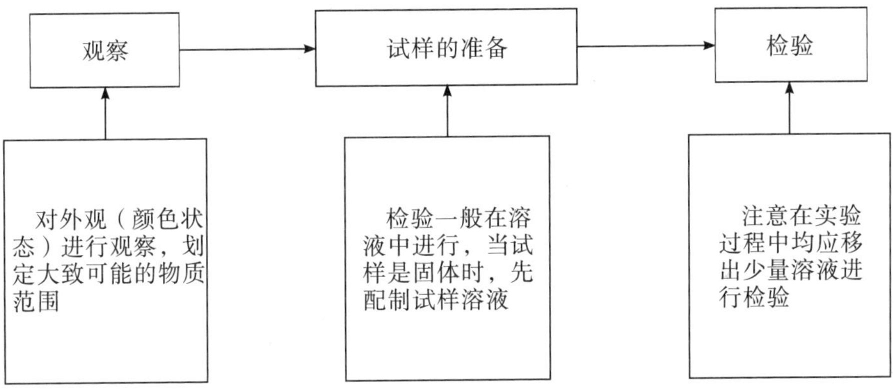

图 1－1－10　物质检验的一般步骤

（3）离子的检验。

①常见阳离子的检验。

Na^+、K^+——用焰色反应来检验时，火焰分别呈黄色、紫色（透过蓝色钴玻璃片）。

Mg^{2+}——能与 NaOH 溶液反应生成 $Mg(OH)_2$ 白色沉淀，该沉淀能溶于酸溶液。

Al^{3+}——能与适量的 NaOH 溶液或过量的氨水反应生成 $Al(OH)_3$ 絮状沉淀，该沉淀能溶于盐酸和过量的 NaOH 溶液。

Fe^{3+}——能与 KSCN 溶液反应生成血红色的 $Fe(SCN)_3$，还能与 NaOH 溶液反应生成红褐色 $Fe(OH)_3$ 沉淀。

Fe^{2+}——能与 NaOH 溶液反应，先生成白色 $Fe(OH)_2$沉淀，沉淀迅速变为灰绿色，最后变为红褐色 $Fe(OH)_3$沉淀。或向 Fe^{2+} 的盐溶液中加入 KSCN 溶液，不显红色，再加入少量的新制氯水后立即显红色。

NH_4^+——能与 NaOH 溶液反应并加热，放出使湿润的红色石蕊试纸变蓝的有刺激性气味的气体。

②常见阴离子的检验。

Cl^-——能与硝酸银反应，生成不溶于稀硝酸的白色沉淀。

Br^-——能与硝酸银反应，生成不溶于稀硝酸的淡黄色沉淀。

I^-——能与硝酸银反应，生成不溶于稀硝酸的黄色沉淀。

SO_4^{2-}——能与氢氧化钡及可溶性钡盐反应，生成不溶于硝酸的白色沉淀。

CO_3^{2-}——能与 $BaCl_2$溶液反应生成白色沉淀，该沉淀溶于稀盐酸，且放出无色无味的气体，能使澄清的石灰水变浑浊。

（4）气体物质的检验。

检验气体的根据是气体的特性。一般从气体的颜色和气味，水溶液的酸碱性，助燃性、可燃性及燃烧现象和产物，遇空气的变化及其他特性去考虑。

具体方法：

①观察法：对于特殊颜色的气体如 Cl_2（黄绿色）、NO_2（红棕色）、I_2蒸气（紫色）可据色辨之。

②溶解法：根据溶于水的现象不同区分。如 NO_2和 Br_2蒸气均为红棕色，但溶于水后 NO_2形成无色溶液，Br_2形成橙色溶液。

③褪色法：如 SO_2和 CO_2可用品红溶液区分。

④氧化法：被空气氧化看变化，如 NO 的检验。

⑤试纸法：如石蕊试纸、KI 淀粉试纸等。

⑥星火法：适用于有助燃性或可燃性的气体检验。如 O_2能使带火星的木条复燃；CH_4、C_2H_2的检验可点燃看现象；CH_4、CO、H_2则可根据其燃烧产物来判断。还有一些方法如闻气味等，但一般不采用。

若几种气体在某些检验方法上显出共性（如红棕色的 Br_2 蒸气和 NO_2 气体都可以使 KI 淀粉试纸变蓝，CO、CH_4、H_2 点燃时，火焰都呈淡蓝色），则应注意它们之间的差异，用其他实验来进一步验证。

四、常见物质的实验室制备

1. 常见气体的制备（见表 1－1－35）

表 1－1－35　常见气体的制备

装置类型	固体反应物（加热）	固液反应物（不加热）	固液反应物（加热）
装置示意图	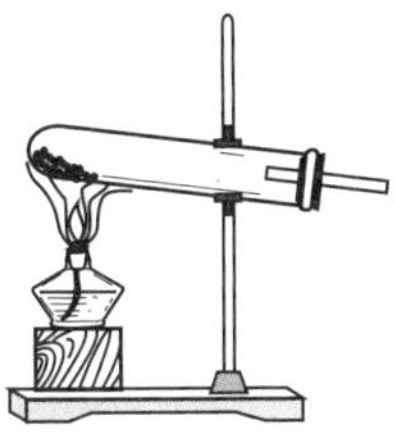	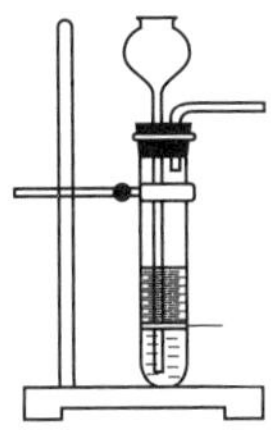	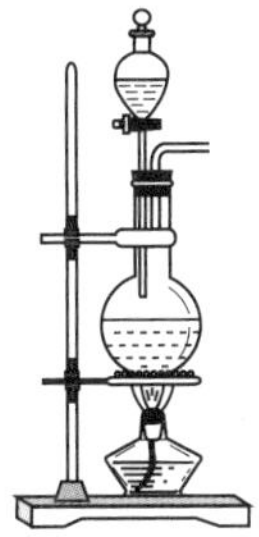
典型气体	O_2、NH_3、CH_4等	H_2、CO_2、H_2S等	Cl_2、HCl、C_2H_4等
操作要点	（1）试管口应稍向下倾斜，以防止产生的水蒸气在管口冷凝后倒流而引起试管破裂； （2）铁夹应夹在离试管口1/3处； （3）胶塞上的导管伸入试管里面不能太长，否则会妨碍气体的导出	（1）在用简易装置时，如用长颈漏斗，漏斗颈的下口应伸入液面以下，否则起不到液封的作用； （2）加入的液体反应物（如酸）要适当； （3）块状固体与液体的混合物在常温下反应制备气体可用启普发生器制备	（1）先把固体药品加入烧瓶，然后加入液体药品； （2）要正确使用分液漏斗

2. 气体的净化与干燥

（1）装置基本类型（见表 1－1－36）。

表 1－1－36　气体净化装置

装置类型	液体除杂剂（不加热）	固体除杂剂（不加热）	固体除杂剂（加热）
装置示意图		 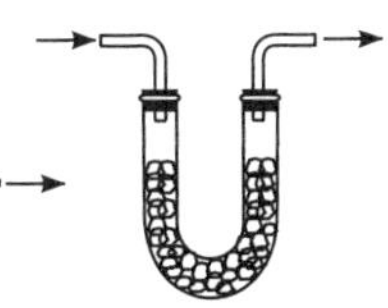	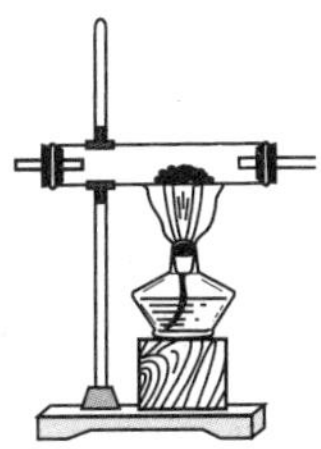

（2）气体吸收剂的选择。

选择气体吸收剂应根据气体的性质和杂质的性质而确定，所选用的吸收剂只能吸收气体中的杂质，而不能与被提纯的气体反应。一般情况下：易溶于水的气体杂质可用水来吸收；酸性杂质可用碱性物质吸收；碱性杂质可用酸性物质吸收；水分可用干燥剂来吸收；能与杂质反应生成沉淀（或可溶物）的物质也可作为吸收剂。

（3）气体干燥剂的类型及选择。常用的气体干燥剂按酸碱性可分为三类（见表1－1－37）。

表1－1－37　气体干燥剂

干燥剂分类	干燥剂举例	被干燥物的酸碱性	被干燥物举例
酸性干燥剂	浓硫酸、五氧化二磷、硅胶	干燥显酸性或中性的气体	CO_2、SO_2、NO_2、HCl、H_2、Cl_2、O_2、CH_4等
碱性干燥剂	生石灰、碱石灰、固体氢氧化钠	干燥显碱性或中性的气体	NH_3、H_2、O_2等
中性干燥剂	无水氯化钙等	干燥中性、酸性、碱性气体	H_2、O_2、CH_4等

在选用干燥剂时，显碱性的气体不能选用酸性干燥剂，显酸性的气体不能选用碱性干燥剂，有还原性的气体不能选用有氧化性的干燥剂。能与气体反应的物质不能选作干燥剂，如不能用$CaCl_2$来干燥NH_3（因生成$CaCl_2 \cdot 8NH_3$），不能用浓硫酸干燥NH_3、H_2S、HBr、HI等。

（4）气体净化与干燥的注意事项。

一般情况下，若采用溶液做除杂试剂，应先除杂后干燥；若采用加热法除去杂质，应先干燥后加热。

对于有毒、有害的气体尾气必须用适当的溶液加以吸收（或点燃），使它们变为无毒、无害、无污染的物质。如尾气Cl_2、SO_2、Br_2（蒸气）等可用NaOH溶液吸收；尾气H_2S可用$CuSO_4$或NaOH溶液吸收；尾气CO可用点燃法，将它转化为CO_2气体。

3. 气体的收集与吸收

（1）收集装置（见表1－1－38）。

表1－1－38　气体收集装置

收集方法	排水集气法	向上排空气法	向下排空气法
装置示意图	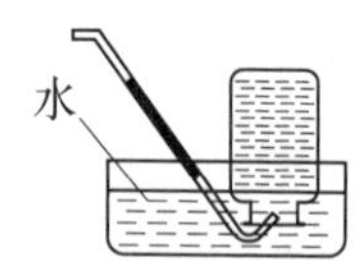		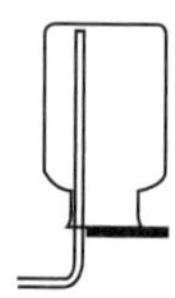
适用范围	不溶于水的气体	密度大于空气的气体	密度小于空气的气体
典型气体	H_2、O_2、CO、NO、CH_4	Cl_2、HCl、CO_2、SO_2、H_2S	H_2、NH_3、CH_4

（2）收集装置判断原则。

①易溶或与水反应的气体：排空气法。

②与空气反应或与空气密度相近的气体：排水（液）法。

③可溶性气体考虑用排液法。

④两种方法皆可用时，排水法收集的气体较纯。

（3）尾气处理装置（见表 1－1－39）。

表 1－1－39　尾气处理装置

处理方法	方法图示
直接吸收	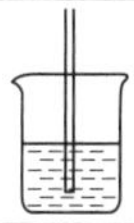
燃烧处理或袋装	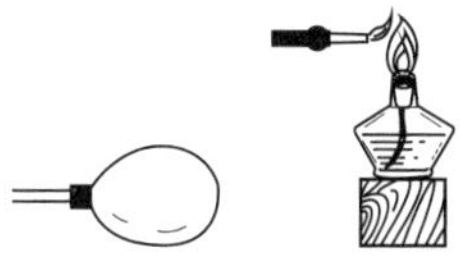
防倒吸装置	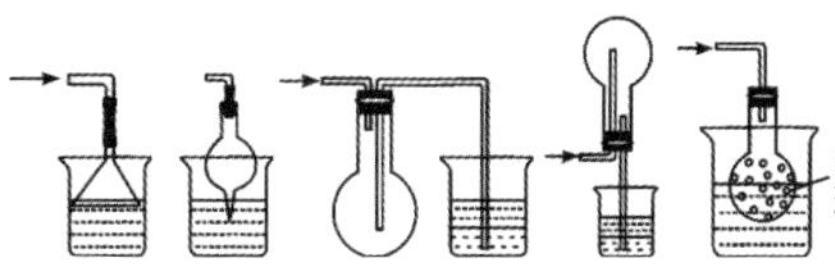

（4）尾气处理装置判断原则。

①有毒、污染环境的气体不能直接排放。

②尾气吸收要选择合适的吸收剂和吸收装置。直接吸收：Cl_2、H_2S、NO_2；防倒吸：HCl、NH_3、SO_2。常用吸收剂：水、NaOH 溶液、硫酸铜溶液等。

③可燃且难用吸收剂吸收的气体：燃烧处理或袋装。

4. 常见化合物的制备

（1）$CuSO_4$、$Cu(NO_3)_2$的制取。

在实验室制取 $CuSO_4$或 $Cu(NO_3)_2$时有以下两条途径：

途径一：$Cu + 2H_2SO_4$（浓）$\xlongequal{\triangle} CuSO_4 + SO_2\uparrow + 2H_2O$

$Cu + 4HNO_3$（浓）$\xlongequal{} Cu(NO_3)_2 + 2NO_2\uparrow + 2H_2O$

途径二：$2Cu + O_2 \xlongequal{\triangle} 2CuO$

$CuO + H_2SO_4$（稀）$\xlongequal{} CuSO_4 + H_2O$

$CuO + 2HNO_3$（稀）$\xlongequal{} Cu(NO_3)_2 + H_2O$

从环保、原料利用、安全生产的角度比较上述两条途径，可知途径二的优点更加突出。

（2）$Fe(OH)_2$的制备。

①隔绝空气的复分解反应。

a. 亚铁盐需新制，如在 $FeCl_3$ 溶液中加入足量铁粉，充分反应后用 KSCN 溶液检验不显示红色。

b. 将所用 NaOH 溶液煮沸以赶尽溶于其中的 O_2。

c. 用长滴管伸入亚铁盐溶液液面下再挤出 NaOH 溶液。

②氢气氛中复分解反应法。如图 1－1－11 所示，打开 C，先让 A 中物质发生反应排净 B 中空气，待检验 H_2 纯度后关闭 C，使 A 中液体沿导管流入 B 中发生反应。

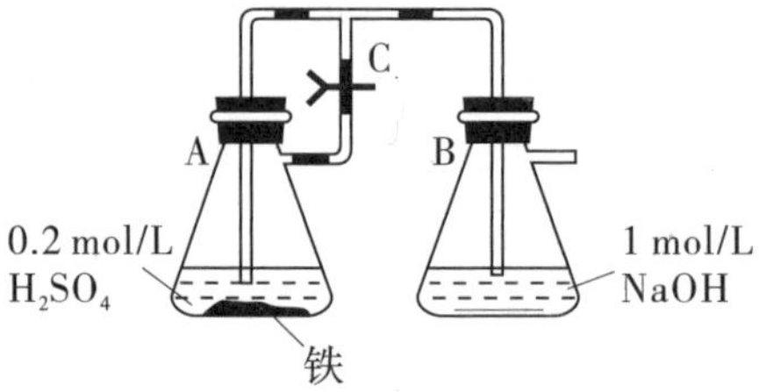

图 1－1－11 氢气氛实验装置

5. 物质制备的原则

（1）物质制备的实验流程应提高原料的利用率，节约资源，防止污染环境。

（2）对于易氧化的物质要防止空气中氧气的作用，提供无氧环境。

（3）对于易水解的物质，要保证装置内反应气体干燥，防止空气中的水蒸气进入实验装置。

五、实验设计

完整的实验设计，应考虑实验目的、实验用品及装置、实验步骤和实验结论，可采用实验报告形式，也可采用流程图或语言描述形式。一般的实验设计题是根据所学实验知识进行迁移、扩展的。

对已有的实验进行补全、改造的实验题，就限制了设计方式，必须按照设计者的意图去完成实验，去联想物质的性质、组成、制取、鉴别等基础知识，灵活、创造性地解决问题。

一套完整的实验装置应由以下四个部分组成：发生装置—净化装置—性质实验装置—尾气处理装置。干燥装置：除去水蒸气的干燥装置，一般在除杂装置之后，是为了避免除杂后带出水蒸气影响实验。除杂装置注意“大进小出”或“长进短出”的安装顺序。

实验设计题是集实验基本操作、基本原理、实验方案、实验装置连接、实验现象分析、实验数据处理于一体的综合性习题，它不仅可以考查学生基础知识和基本技能的掌握情况，而且能考查学生分析、推理和综合运用知识的能力。解答这类习题首先要弄清相关物质的性质、制取、反应现象等基础知识；其次，要熟悉常用仪器的功能和使用注意事项，从而弄清仪器在实验中的作用；对实验数据要从物质之间的质量关系着手进行计算、讨论，对不正确的操作引起的实验误差进行分析。

第二章　初中化学课程知识

第一节　《义务教育化学课程标准（2011年版）》概述

《义务教育化学课程标准（2011年版）》（以下简称《课程标准》）是我国义务教育阶段化学课程改革的重要文件。《课程标准》从提高未来公民科学素养的高度阐述了义务教育化学课程的性质，构建了课程目标体系，打破了按学科体系组织化学教学内容的传统框架，立足于学生学习方式的转变，大力倡导科学探究，有针对性地培养学生的创新精神和实践能力。

一、化学课程

1．基本概念

课程是指根据一定的教育目标而编制的全部教育内容，它包括课程目标、课程内容、学习活动方式及评价方式等要素。广义的课程是指学校为实现教育目标而选择的教育内容及其进程的总和，它包括学校教师所教授的各门学科和有目的、有计划的教育活动；狭义的课程是指学校开设的某一门学科。

作为课程形态的“化学”与科学体系的“化学”有着很大的区别。化学课程是指学校为实现培养目标而选择的化学教育内容及其进程的总和，它的设计需要考虑到学科知识、学生发展、社会需求等因素，而不仅仅是一种逻辑严密的学科知识体系。化学作为一门课程在学校教育体制中设置，与化学科学的发展相互促进又相互制约。

2．基础教育中的化学课程

基础教育化学课程分布在义务教育初三阶段以及高中阶段，新课程通过课程标准对我国21世纪前20年的初、高中化学课程进行了系统设计，包括课程理念、课程目标、课程结构、课程内容和课程实施。明确提出“以提高学生的科学素养为主旨”的课程理念，并依据科学素养的基本内涵构成，确立了“知识与技能”“过程与方法”“情感态度与价值观”3个维度的课程目标体系，特别设定了学生科学探究意识和探究能力的具体发展目标和要求。义务教育阶段设置分科化学与综合化学（科学课）并存的课程结构；高中阶段设置了基于模块的多样化选择性的课程结构。构建了“模块化、主题性；多元化、层次性；结构化、建构性”的课程内容体系，明确强调STSE的科学教育思想对新课程的教学、评价、课程资源的利用与开发等提出了系列实施建议和要求，倡导以探究为核心的多样化教学方式，以及旨在促进学生科学素养发展的多样化的评价方式。

在义务教育阶段，受教育者需要形成基础的化学学科观念：认识常见物质的组成（元素观）；初步建立科学的物质观；形成一些最基本的化学概念，初步认识物质的微观构成（微粒观）；认识物质是变化的，了解化学变化的基本特征（变化观）；树立珍惜资源、爱护环境、合理使用物质的观念（情感价值观）；初步学会运用比较、分析、归纳、演绎，以及实验目的与实验设计的关联等思维方法获取、加工、运用信息；获得科学探究的能力与方法（实验观）。

3. 化学课程编制的过程与方法

我国化学课程的编制一直是在国家教育主管部门直接领导下，由专门机构负责、部分学科专家和部分中学化学教师参与进行的。改革开放以来，随着人们思想观念的不断解放，课程研究的逐步深入，我国化学课程编制日趋科学化、民主化，形成了“一纲多本”的局面，即课程计划和课程标准由国家教育行政部门统一颁布，教材按照课程计划和标准来编写，多种版本教材并存。

在课程编制理论上有很多种模式，其中最为著名的是美国课程专家拉尔夫·泰勒（R. W. Tyler）的目标模式。泰勒的目标编制模式是一种最典型的目标模式。它围绕如下四个问题展开：第一，学校应该达到哪些教育目标？第二，如何选择可能有助于达到这些目标的学习经验？第三，如何为有效的教学组织学习经验？第四，如何评价学习经验的有效性？在提出这四个基本问题的过程中，泰勒确定了课程编制的四个要点、四个步骤，四个要点是目标、选择经验、课程组织、评估；四个步骤是确定目标、选择经验、组织经验、评价结果。在泰勒之后，目标模式继续得到了发展和补充。

我国化学课程的编制总体上包括确定课程计划、编制课程标准和编写教材三个层次。我国对课程标准和各种教材的编写有着一致的要求，这些要求主要是：第一，科学性和思想性的统一。首先保证科学性，在此基础上力图体现一定的思想性。第二，理论联系实际。既要有知识观点，又要有事实材料；既要有原理知识，又要有技能、技巧；要反映时代需要，联系生活实际。第三，基础性。课程标准和教材要注意选择基础知识和基本技能，在此基础上突出课程的综合功能，力求能力培养和人格养成相结合。第四，遵循学生的认知规律。根据学生的认知规律来设计教材的结构、体系，使学生容易接受。第五，注意形式上的特殊要求。根据教学法和美育的要求，设计教材的形式，使之美观而富有教育意义。

二、初中化学课程的性质和基本理念

《课程标准》首先阐述了化学学科本身的特征以及化学学科与社会发展的关系。“化学是在原子、分子水平上研究物质的组成、结构、性质及其应用的一门基础自然科学，其特征是研究物质和创造物质。化学不仅与公民的日常生活密切相关，也是材料科学、生命科学、信息科学、环境科学和能源科学等现代科学技术的重要基础，是推进现代社会文明和科学技术进步的重要力量，它在缓解人类面临的一系列问题，如能源危机、环境污染、资源匮乏和粮食供应不足等方面，同样做出了积极的贡献。”在此基础上提出“义务教育阶段的化学教育，不仅要引导学生更全面地认识物质世界的变化规律，而且要有助于学生更好地适应现代社会生活，提高学生的科学素养，促进学生在德、智、体、美诸方面都得到良好的发展”的要求。

1. 初中化学课程的性质

《课程标准》规定：“义务教育阶段的化学课程是科学教育的重要组成部分，应体现启蒙性和基础性。一方面，要提供给学生未来发展所需要的最基础的化学知识和技能，使学生从化学的角度初步认识物质世界，提高学生运用化学知识、科学方法分析和解决简单问题的能力；另一方面，要帮助学生体验科学探究，在活动中激发学生交流讨论，启迪学生的思维，拓展学生的视野，提高学生的实践能力，引导学生初步认识化学与环境、化学与资源、化学与人类健康的关系，逐步树立科学发展观，认识化学对社会发展的重要作用，增强对自然和社会的责任感，在实践中不断培养学生的创新意识，使其在面临和处理与化学有关社会问题的挑战时，能做出更理智、更科学的思考和判断。”

可见，义务教育化学课程的性质首先是启蒙性，帮助学生了解什么是化学，从化学视角如何认识世界、用化学方法可以怎样解决问题；其次是基础性，通过义务教育化学课程的学习，学生能够具备利用化学知识解决与化学有关的社会问题的意识和能力。其核心是提高学生的科学素养，帮助学生更好地适应现代社会生活。

2. 初中化学课程的基本理念

《课程标准》对课程的基本理念做出如下规定：

（1）使每一个学生以愉快的心情去学习生动有趣的化学，激励学生积极探究化学变化的奥秘，增强学生学习化学的兴趣和学好化学的自信心，培养学生终身学习的意识和能力，树立为民族复兴和社会进步而勤奋学习的志向。

（2）为每一个学生提供平等的学习机会，使他们都能具备适应现代生活及未来社会所必需的化学基础知识、技能、方法和态度，具备适应未来生存和发展所必需的科学素养，同时又注意使不同水平的学生都能在原有基础上得到发展。

（3）注意从学生已有的经验出发，让他们在熟悉的生活情境和社会实践中感受化学的重要性，了解化学与日常生活的密切关系，逐步学会分析和解决与化学有关的一些简单的实际问题。

（4）让学生有更多的机会主动地体验科学探究的过程，在知识的形成、相互联系和应用过程中养成科学的态度，学习科学方法，在“做科学”的探究实践中培养学生的创新精神和实践能力。

（5）使学生初步了解化学对人类文明发展的巨大贡献，认识化学在实现人与自然和谐共处、促进人类和社会可持续发展中的地位和作用，认同化学将为实现人类更美好的未来继续发挥它的重大作用。

（6）为每一个学生的发展提供多样化的学习评价方式。既考核学生掌握知识、技能的程度，又注重评价学生的科学探究能力和实践能力，还要重视学生在情感、态度、价值观方面的发展。在学习过程中，力求使更多的学生学会反思和自我评价，增强学习的主动性。

课程基本理念反映了义务教育化学课程的核心价值，强调课程的服务对象是“每一个学生”，要为全体学生提供“平等的学习机会”；课程理念提出“在熟悉的生活情境和社会实践中感受化学的重要性”“体验科学探究的过程”“使学生初步了解化学对人类文明发展的巨大贡献”，给教师选择化学课程的教学内容和教学方式指出了方向；课程理念倡导多样化的学习评价方式，促进学生“学会反思和自我评价”，也给教师思考为什么评价、评价什么和如何评价提供了依据。教师应认真体会义务教育化学课程的基本理念，并结合《课程标准》中的课程目标和课程内容深入分析，以更好地领悟义务教育阶段化学课程的本质。

三、初中化学课程设计思路

《课程标准》包含前言、课程目标、课程内容和实施建议四个部分。从以下六个方面进行了阐述。

（1）依据国内化学课程的现状、国际科学教育和化学课程改革的趋势，以及基础教育课程改革的指导思想，提出化学课程改革的重点如下：以提高学生的科学素养为主旨；重视科学、技术与社会的相互联系；倡导多样化的学习方式；强化评价的诊断、激励与发展功能。

（2）通过知识与技能、过程与方法、情感态度与价值观三个方面来具体体现化学课程对学生科学素养的要求，并据此制订义务教育阶段化学课程目标和课程内容，提出课程实施建议。

（3）依据学生的已有经验、心理发展水平和全面发展的需求选择化学课程内容，力求反映化学学科的特点，重视科学、技术与社会的联系，以“科学探究”“身边的化学物质”“物质构成的奥秘”“物质的化学变化”和“化学与社会发展”为主题，规定具体的课程内容。这些内容是学生终身学习和适应现代社会生活所必需的化学基础知识，也是对学生进行科学方法和情感、态度、价值观教育的载体。

（4）科学探究是一种重要而有效的学习方式，在义务教育化学课程内容中单独设立主题，明确地提出发展科学探究能力所包含的内容及要求。

在“课程内容”的学习主题中设置了“活动与探究建议”，旨在转变学生的学习方式，突出学生的实践活动，使学生积极主动地获取化学知识，培养创新精神和实践能力。实验是学生学习化学、进行科学探究的重要途径，观察、调查、资料收集、阅读、讨论和辩论等都是积极的学习方式。这些活动本身也是化学课程目标和课程内容的有机组成部分。

（5）为帮助教师更好地理解“课程内容”，实施课堂教学，在“课程内容”的相关主题中设置“可供选择的学习情境素材”，包括化学史料、日常生活中生动的自然现象和化学事实、化学科学与技术发展及应用的重大成就、化学对社会发展影响的事件等。教师可利用这些素材来创设学习情境，生动地进行爱国主义教育，增强学生的社会责任感，充分调动学生学习的主动性和积极性，帮助学生理解学习内容，认识化学、技术、社会、环境的相互关系，引导学生理解人与自然的关系，认识化学在促进社会可持续发展中的重要作用。

（6）对课程目标要求的描述所用的词语分别指向认知学习目标、技能性学习目标和体验性学习目标。按照学习目标的要求设有不同的水平层次，采用一系列词语来描述不同层次学习水平的要求。这些词语中有的是对学习结果目标的描述，有的是对学习过程目标的描述。其中，认知性目标主要涉及比较具体的知识内容，体验性目标主要涉及情感态度与价值观内容。

由此可见，《课程标准》对化学课程改革的方向、课程三维目标的实现、课程内容、转变学生学习方式等方面给出了更加明确、清晰、准确的阐述，重点强调了科学探究的重要性。

四、初中化学课程目标

义务教育阶段化学课程以提高学生的科学素养为主旨，激发学生学习化学的兴趣，帮助学生了解科学探究的基本过程和方法，发展科学探究能力，获得进一步学习和发展所需要的化学基础知识和基本技能；引导学生认识化学在促进社会发展和提高人类生活质量方面的重要作用，通过化学学习培养学生的合作精神和社会责任感，培养学生的民族自尊心、自信心和自豪感；引导学生学会学习，学会生存，能更好地适应现代生活。

《课程标准》规定，通过义务教育阶段化学课程的学习，学生主要在以下三个方面得到发展。

1．知识与技能领域目标

（1）认识身边一些常见物质的组成、性质及其在社会生产和生活中的初步应用，能用简单的化学语言予以描述。

（2）形成一些最基本的化学概念，初步认识物质的微观构成，了解化学变化的基本特征，初步认识物质的性质与用途之间的关系。

（3）了解化学与社会和技术的相互联系，并能以此分析有关的简单问题。

（4）初步形成基本的化学实验技能，初步学会设计并能完成一些简单的化学实验。

这些目标既有最基本的化学知识技能，又有联系实际、联系技术和社会方面的要求。同时充分考虑了学生的认知特点，注意从学生熟悉的身边物质和化学现象入手，增加学习兴趣，降低学习难度，鼓励学生学以致用。

2. 过程与方法领域目标

（1）认识科学探究的意义和基本过程，进行简单的探究活动，增进对科学探究的体验。

（2）初步学习运用观察、实验等方法获取信息，能用文字、图表和化学语言表述有关信息，初步学习运用比较、分类、归纳、概括等方法对获取的信息进行加工。

（3）能用变化和联系的观点分析常见的化学现象，说明并解释一些简单的化学问题。

（4）能主动与他人进行交流和讨论，清楚地表达自己的观点，逐步形成良好的学习习惯和学习方法。

这些目标对学生应该掌握的科学方法、学科能力做出了规定，强调学生必须参与探究活动，获得科学探究的体验，同时明确了在科学活动中进行合作、交流等人际交往能力的培养和良好习惯的养成。这些课程目标的实现依赖于学生主体的学习活动的精心设计和展开，不可能仅靠知识传授而实现。

3. 情感态度与价值观领域目标

（1）保持和增强对生活和自然界中化学现象的好奇心和探究欲望，发展学习化学的兴趣。

（2）初步建立科学的物质观，增进对“世界是物质的”“物质是变化的”等辩证唯物主义观点的认识，逐步树立崇尚科学、反对迷信的观念。

（3）感受并赞赏化学对改善人类生活和促进社会发展的积极作用，关注与化学有关的社会问题，初步形成主动参与社会决策的意识。

（4）增强安全意识，逐步树立珍惜资源、爱护环境、合理使用化学物质的可持续发展观念。

（5）初步养成勤于思考、敢于质疑、严谨求实、乐于实践、善于合作、勇于创新等科学品质。

（6）增强热爱祖国的情感，树立为民族复兴和社会进步学习化学的志向。

这些目标既有对待自然、物质和科学方面的情感、态度、价值观，又有对待社会和自身发展的情感、态度、价值观。这些目标的实现不但有利于学生知识与技能、过程与方法目标的顺利实现，也有利于他们的情感向着积极的方面发展，有利于学生形成良好的科学素养，以及逐步形成正确的世界观和人生态度，为他们日后的良好发展打下基础。

五、初中化学课程主题设置和内容标准

课程内容是实现课程目标的重要保证，是《课程标准》的重要组成部分。课程内容的确定要以课程目标为核心，综合考虑学科知识、社会需求和学生发展三个方面。对义务教育化学课程而言，从学科知识的角度分析，课程内容的选择要体现化学知识的现代化，要教给学生比较系统的化学基础知识和基本技能；从社会需求的角度分析，

课程内容要关注化学知识在社会生活中的应用，努力贴近生活，贴近社会；从学生发展的角度分析，课程内容的选择要重视学生终身学习的愿望和学习能力的培养，激发学生学习化学的兴趣，教给学生最基本的科学观念和科学方法。

1. 初中化学课程的主题设置

结合化学学科的特点，学生的已有经验、心理发展水平以及社会的发展需要，《课程标准》确定了5个一级主题，每个一级主题由若干个二级主题（单元）构成。

《课程标准》规定的5个一级主题分别为：科学探究、身边的化学物质、物质构成的奥秘、物质的化学变化、化学与社会发展。这5个一级主题之间存在着一种内在联系，让义务教育阶段的学生通过科学探究的方式，从身边的化学物质入手，学习物质的构成与变化知识，然后应用所学化学知识解决社会生活问题，实现“从生活走近化学，从化学走向社会”。

2. 初中化学课程的内容标准

《课程标准》对每个二级主题从“标准”“活动与探究建议”两个维度对学习内容加以说明。其中，“标准”规定了学习本课程所要达到的最基本的学习要求。“活动与探究建议”中所列举的活动不要求全盘照搬，在教材编写或教学时可依据实际情况选择应用，也可以增补更适合的探究活动。其中的实验探究活动应尽可能鼓励学生主动去完成；综合性较强的探究活动要组织学生以小组为单位共同协作完成，以培养学生的团队精神和协同工作能力。

下面分主题对义务教育化学课程的内容标准做简单介绍。

（1）科学探究。

《课程标准》指出“义务教育阶段化学课程中的科学探究，是学生积极主动地获取化学知识、认识和解决化学问题的重要实践活动”，“既是一种重要的学习方式，也是义务教育阶段化学课程的目标和重要内容，对发展学生的科学素养具有不可替代的作用”。也就是说，对于科学探究，学生既要理解科学探究是什么，又要能够运用科学探究解决实际问题。因此《课程标准》对科学探究提出了3个二级主题，分别是：增进对科学探究的理解、发展科学探究能力和学习基本的实验技能。《课程标准》从提出问题、猜想与假设、制订计划、进行实验、收集证据、解释与结论、反思与评价、表达与交流等8个要素对科学探究能力提出要求，并对每一能力要素给出了具体的能力发展目标。《课程标准》对学生应具备的实验技能也提出了具体要求，包括：

①能进行药品的取用、简单仪器的使用和连接、加热等基本的实验操作。

②能在教师指导下根据实验需要选择实验药品和仪器，并能安全操作。

③初步学会配制一定溶质质量分数的溶液。

④初步学会用酸碱指示剂、pH 试纸检验溶液的酸碱性。

⑤初步学会根据某些性质检验和区分一些常见的物质。

⑥初步学习使用过滤、蒸发的方法对混合物进行分离。

⑦初步学习运用简单的装置和方法制取某些气体。

科学探究主题的学习必须让学生亲身经历丰富的探究活动，探究活动包括实验、调查、阅读、讨论、辩论等多种形式，在探究活动过程中探究要素的呈现顺序不是固定的，也不一定是每个探究都必须包含的，教师在组织探究活动时要从学生的实际和探究课题的情况出发，设计探究的基本要素，确定探究活动的重点环节，完成探究任务，促进学生探究能力的发展。

（2）身边的化学物质。

对物质组成、性质、用途的认识是化学课程的重要内容，从身边的物质入手，可以让学生感受到从化学视角探究物质的乐趣，体会研究物质对提高人类生活质量和促进社会发展的重要意义。同时，身边的化学物质这一主题也为学生学习化学核心概念、形成化学的基本观念提供了感性基础，为学生了解化学与生活、化学与社会发展、化学与技术进步之间的密切关系提供了丰富的情境素材。

这一主题包含 4 个二级主题，分别是：

①我们周围的空气。包括：空气的组成，氧气、二氧化碳的主要性质以及它们对人类生活的重要作用，氧气和二氧化碳的实验室制取方法，自然界中的氧循环和碳循环。

②水与常见的溶液。包括：水的组成，知道纯水与天然水、硬水与软水等的区别，常用净化水的方法，溶解现象，溶液中溶质的存在状态，溶解度、溶液质量分数，配制一定溶质质量分数的溶液，结晶现象，乳化现象，溶液在生产和生活中的重要应用。

③金属与金属矿物。包括：金属的物理特征、化学性质，常见金属的矿物，铁矿石炼铁的原理，合金及金属材料在生产和生活中的重要作用，防止金属腐蚀的方法，废弃金属对环境的污染和回收金属的重要性。

④生活中常见的化合物。包括：常见酸碱的主要性质和用途，酸碱的腐蚀性，酸碱溶液的稀释方法，用酸碱指示剂和 pH 试纸检验溶液的酸碱性，酸碱性对人体健康和农作物生长的影响，食盐、纯碱、小苏打、碳酸钙等盐在日常生活中的用途，常用化肥，常见有机物及其对人类生活的重要性。

对于身边的化学物质的教学要充分利用学习内容为学生所熟悉的特点，调用丰富的学习素材，创设学习情境，设计学习活动，带领学生从化学视角深入了解这些物质，使学生感受到探究这些物质的意义，并注意以这些物质的学习作为素材和感性知识的积累，帮助学生化学核心概念、核心观念的形成和发展。

（3）物质构成的奥秘。

从微观角度了解物质的组成、构成，理解物质及其变化的本质是化学的重要学习内容。只有对物质的微观结构有足够的了解，才能理解物质的多样性和统一性，才能理解物质变化的本质和规律。因此，在本主题的学习中，学生既要了解物质组成、构成的基本知识，也要有意识地运用这些知识分析物质、解释物质的变化，解决化学问题。

本主题包含 4 个二级主题，分别是：

①化学物质的多样性。包括：物质的三态变化，物质的多样性，物质的分类。

②微粒构成物质。包括：分子、原子、离子及其转化关系，原子的构成及最外层电子在化学变化中的作用，用微粒的观点解释现象。

③认识化学元素。包括：常见元素的名称、符号、分类，根据元素的原子序数在元素周期表中找到指定的元素，“化学变化过程中元素不变”的观点。

④物质组成的表示。包括：化合价、化学式、相对原子质量、相对分子质量、各种标签上的元素及含量。

本主题引导学生从微观视角认识物质和物质变化，将宏观世界与微观世界构建联系，是对学生认识世界的方式的一个重大突破，正因为如此，本主题的教学内容也是初中化学教学的难点。对于这一主题的教学要把握好《课程标准》规定的深度和广度，比如说，《课程标准》规定只要求“说出几种常见元素的化合价”，理解物质组成中各元素的原子数之间有一定的比例关系，这个关系可以通过化合价体现出来，而不要求学生从电子得失角度理解化合价；对“分子”“原子”“元素”等概念也只要求能正确使用，能领悟含义就可以了，而不要求学生进行严格的概念化的理解和界定。本主题的内容涉及较多关于物质构成的概念，比较抽象，所以要注意引导学生从熟悉的现象和已有经验出发，运用实验、图片、模型等手段描述、解释构成物质的微粒和微粒的性质；还要注意引导学生运用所学的知识解释、说明相关的现象形成观念。

（4）物质的化学变化。

本主题的主要内容是关于物质的性质和变化的知识，通过本主题的学习，学生可以形成物质变化观、能量转化观、（质量、元素、原子等）守恒观等一系列关于物质变化过程和结果的观念，进一步认识现象和本质的区别和联系；同时，学生还会认识到人类是怎样研究和利用化学反应的，理解对化学反应的控制和使用给人类社会进步带来的重大价值。

本主题包含 3 个二级主题，分别是：

①化学变化的基本特征。包括：物质在一定条件下可以相互转化，化学反应的本质，化学变化的基本特征，化学变化中的能量变化，催化剂和催化作用。

②认识几种化学反应。包括：四大基本反应类型，金属活动性顺序，控制和利用化学反应的意义和价值。

③质量守恒定律。包括：质量守恒定律，化学方程式的书写和计算，定量研究的意义。

这 3 个二级主题分别从化学变化的本质与特征、基于类别认识化学变化和定量认识化学变化的几个角度发展学生对物质变化的认识，教学中要注意引导学生利用这些知识解释说明日常生活中、社会生产或科学研究中的有关现象，促进学生从多角度认识物质的变化。这部分内容理论性较强，但理论本身对学生而言并不难，所以教学中可以充分利用科学探究活动，指导学生对化学变化的特征、规律提出假设，并设计实验进行验证，促进学生对物质变化的深刻理解，同时也发展了学生的实验探究能力。

（5）化学与社会发展。

本主题是化学学科对社会的价值以及化学教育价值的集中体现。通过本主题的学习，学生能够更全面深入地认识化学学科对人类社会发展的贡献，体会到研究化学、应用化学的重要意义，当然也能看到不当使用化学品、不顾社会道德规范滥用化学知识给人类带来的危害，从而建立正确的价值观和合理使用化学品、科学利用化学知识的意识。

本主题分为4个二级主题，从4个方面展现化学与社会发展的关系：

①化学与能源和资源的利用。包括：燃烧、缓慢氧化、爆炸等氧化反应，燃烧条件和控制，化石燃料和新型能源，石油化工，水资源保护。

②常见的化学合成材料。包括：常见合成材料，合成材料的开发利用对环境的影响，以及合成材料与社会发展的关系。

③化学物质与健康。包括：钙、锌、铁等元素与人体健康，六大营养物质，甲醛等有害物质对人体的危害，化学对人类健康的促进作用。

④保护好我们的环境。包括：大气、水、土壤的污染，“三废”处理，合理使用化肥和农药，化学对环境监测和环境保护的贡献。

这一主题的教学内容与学生的生活联系紧密，容易找到教学的情境素材，学生也乐于学习。值得注意的是，不能脱离化学讲解教学内容，要注意挖掘本主题教学内容的学科知识发展价值。比如，讲解燃烧条件和灭火条件，教学目标不要只定位在燃烧的3个条件，而应该引导学生领悟对化学反应调节和控制的意义，以及如何控制化学反应。总之，义务教育阶段对化学与社会发展主题的学习是培养学生关注科学、技术、社会及其关系的一种途径，是一种观念的培养和建构过程，这种观念的培养一定不是只在这一个主题中开展的，应贯穿于整个初中化学课程，在各个主题中进行渗透。

第二节　初中化学教材简介

教材是在学科课程的范畴之中，为了学习的需要而系统编制的教学用书。它集中反映国家的教育理念，是学校教育中最重要的材料，是衡量一个国家或地区基础教育水准的标志。《课程标准》倡导增加学生学习的选择性，创造机会鼓励学生学习适合自己的化学，在化学教材方面，倡导“一标多本”。

一、初中化学教材的编写理念

1. 遵循《课程标准》的要求，以提升学生科学素养为主旨

《课程标准》规定：“义务教育阶段的化学教育，不仅要引导学生更全面地认识物质世界的变化规律，而且要有助于学生更好地适应现代社会生活，提高学生科学素养，促进学生在德、智、体、美诸方面都得到良好的发展。”各版本教材都遵循《课程标准》的规定，落实其具体要求，将提高学生科学素养，促进学生的全面发展作为化学

教材编写的基本理念。

2. 体现义务教育化学课程的基础性和启蒙性

各版本教材都充分体现义务教育化学课程的基础性和启蒙性，编写教材时从学生熟悉的事物出发，注意与学生已有的生物、物理、地理知识的关联，语言生动、通俗易懂，又不失科学性。对化学概念的处理，以经验性、描述性概念为主；对义务教育阶段无法给出科学定义或学生难以理解的概念做弹性处理，留给学生对概念认识的发展空间。

3. 创设丰富的教学情境和多样化学生活动，促进学习方式的转变

各版本教材努力促进学生学习方式的转变，创设学生自主活动和探究的情境，引导学生积极参与知识的学习、获取过程，获得科学探究的亲身体验，以利于学生构建自身发展所需的化学基础知识和基本技能，增进对物质世界的认识。在这些活动过程中，培养学生的科学方法、科学态度和科学精神。

4. 强化实验教学，体现学科特色，提高学生的实验能力

化学实验是进行科学探究的重要方式，学生具备基本的化学实验技能是学习化学和进行探究活动的基础和保证。各版本教材都精心设计了各种实验活动，以提高学生的实验技能，发展学生的实验探究能力。以人教版教材为例，不包括习题中涉及的实验和家庭小实验，教材中共有实验 34 个，可分为：规范实验操作、培养实验能力的实验活动；揭示物质性质的实验和探究活动；形成核心概念的实验和探究活动；形成探究能力的综合实验和探究活动。

5. 紧密联系学生的生活和社会现实，服务于学生的发展

各版本教材都重视选择与学生密切相关的学习内容和社会生活生产中的重要事件，鼓励学生将所学知识与自己的生活和社会相联系，激发学生的学习兴趣，引导学生体会化学与人类生产生活的密切关系，关注与化学有关的社会问题。教学内容的选择也会适当反映由于不恰当地运用科学技术成果而产生的负面影响，体现社会发展对化学科学提出的新要求，帮助学生理解科学、技术与社会和谐发展的重要作用，培养学生的社会责任感和促进其社会可持续发展理念的形成。

二、初中化学教材的编写特点

九年级化学教育的宗旨在于激发学生学习化学的兴趣，充分调动学生学习化学的积极性，使学生掌握学习化学的方法，为将来更深层次的学习打好基础。义务教育化学教材在编写上体现如下特点。

1. 注重教材单元和知识融合

新教材采用了学科和社会二者融合的方式，吸收了学科中心和社会中心体系结构各自的优点，综合考虑知识的逻辑顺序、社会需求和学生的认知规律。在教材中，理论性知识和知识的逻辑性相对弱化，联系实际的知识和知识的应用相对加强。

2. 内容组织上体现了“三序”结合

所谓“三序”，即教材的逻辑顺序、学生的认识顺序、学生的心理发展顺序。一本优秀的教材，它的体系必须与学生的认识结构相匹配，也就是说必须达到“三序”结合，才能使师生便教易学。“三序”结合就是要根据学科的教学目的，把以上三种顺序所涉及的种种复杂因素综合地加以考虑，最后设计出一个合乎科学逻辑、合乎认识规律和学生心理发展水平的教材体系。

3. 教材栏目设计的多样化

教材是学生学习的工具，新教材的栏目设计突出了教材的这种功能，新教材的栏目设计以学为本，较好地体现了对学生学习活动的规划和指导，而且这种规划和指导贯穿在课前、课中、课后各个环节。

4. 重视联系学生的生活经验

初中学生以经验型的逻辑思维为主，理解抽象的概念和结论往往需要借助生动直观的形象和已有生活经验的支持。化学是一门应用性和实践性很强的科学，它与生活实际的联系非常密切，可以说化学知识渗透在人类生活的各个方面。因此，通过实验了解化学在生活实际中的作用，可以说是一条很好的途径。我国义务教育化学教材充分考虑到这一点，选择了一些与生活实际密切相关的素材，如“硬水和软水的区分”“模拟煤气中毒”“模拟酸雨的危害”等。另外，实验生活化还体现在实验用品上。同时还能启发教师在实验条件较差和经费较少的情况下，创造性地选择简易材料设计实验，也能启发学生随时利用生活中的物品进行一些简单的实验探究活动。

5. 突出科学探究和探究学习

科学探究是《课程标准》提倡的重要理念之一。教材中科学探究的编写体现了以下四种特点：①科学探究是一种重要的学习方式；②科学探究是培养学生全面科学素养的有效途径；③科学探究要求学习者自己寻找问题答案；④科学探究贯穿于整个教材中。

《课程标准》中提出：以提高学生的科学素养为主旨，激发学生学习化学的兴趣，帮助学生了解科学探究的基本过程和方法，培养学生的科学探究能力，使学生获得进一步学习和发展所需要的化学基础知识和基本技能。实验是进行科学探究的主要方式，它的功能是其他教学手段无法代替的。

6. 注重精简内容与调整难度

在我国义务教育化学教材中，纯理论知识总量明显减少，如核外电子排布的初步知识、原子结构示意图、溶液的导电性等内容不再列入。化学教材不过分强调学科知识的逻辑顺序，而是更多地以学生对科学过程的感受为基础，采用化学理论与化学事实相结合的编写方法，将知识的学习与过程、方法、价值观等结合起来，促使学生全面达到教学目标。

7. 加强实验内容和实验教学的改革

化学实验既是化学课程的重要内容，同时也是学生学习化学的重要工具。《课程标准》选择了学生为主体的化学实验 42 项，而且实验的内容和方式发生了根本性变化，实验的探究性、开放性、趣味性和综合性明显加强。化学教材注意通过实验来反映化学原理的事实，淡化了学生实验和演示实验的界限，突出实验的探究性，提高了实验的趣味性，增强实验的生活化，把实验作为化学学习的重要手段，贯穿于整个化学学习中。考虑到目前我国初中化学教学的实验情况，化学教材编入了一些仪器简单、与学生生活联系紧密的实验。这些实验简单易做、现象明显、说服力强，充分体现了化学是一门以实验为基础的自然学科这一特点。

8. 拓展了课程内容的来源和范围

新教材拓展了课程内容的来源和范围，提供各种可供选择的学习情境素材，包括与学习内容相关的各种背景资料，如化学史料、日常生活中生动的自然现象和化学事实、化学科学与技术发展及应用的重大成就、化学对社会发展影响的事件等。化学教材充分考虑了计算机网络和多媒体等信息技术发展为化学教材内容的拓展带来的有利条件，体现了鲜明的时代感和开放性。此外，化学教材增加了开放题和实践题的比例，对同样的问题允许不同答案或解决方法，增强了问题设计和习题设计的探索性和开放性。过程开放或结论开放的习题能为学生提供积极探究的问题情境，鼓励学生多角度、多侧面、多层次思考问题，有助于充分调动学生的潜在能力。教材的弹性设计既注意了其普遍的适用性，也为因材施教和促进学生个性特长的发展提供了可能。

9. 关于 STSE 教育的渗透和融合

STSE 即科学、技术、社会和环境的缩写。STSE 教育要求学生在具有真实性和综合性背景中接受科学教育。以学生发展为本，就是从学生的需要和利益出发，促进学生全面、主动、多样化地发展，既让所有的学生在原有的基础之上都得到更好的发展，又要实现不同发展状况学生的个性化发展，也就是关注学生可持续的终身发展。旧版教材重视学科知识的学习，忽视了人文精神的培养，学科知识与人文内容没有很好地结合，STSE 思想体现不足。而新教材在对学生进行学科知识、科学方法教育的同时渗透了科学态度、情感、价值观、责任感等人文精神的教育，使学科知识与人文内容相互联系，达到了科学精神与人文精神的渗透与融合，体现了 STSE 思想。

三、初中化学教材的知识呈现形式

1. 灵活多样的栏目设计，增强教材与学生的互动性

各版本教材都设计了灵活多样的学习栏目，指导学生展开各种学习活动，强调学习过程、学习方法和科学探究，增强教材与学生的交互性，同时也呈现出现场教学感，为教师的教学设计和实施提供了帮助。

各版本教材虽然栏目名称各异，但是基本都包括教学活动类、知识拓展类、概括

总结类、课外活动类、评价反馈类等5种类型的栏目，5种类型的栏目各具功能，满足了指导教师的教学、支持学生课内课外的学习、给不同学生留足弹性学习空间等要求。

2. 图文并茂阐释教学内容，增强教材的可读性

作为传播学习信息的一种重要媒体，插图已不再是可有可无的点缀，而是表达学习内容和学习方法的重要组成部分。教材中的实物照片和富有情趣的拟人画，真实、直观、亲切、深刻，往往比文字更具有说服力，起到了文字所难以起到的独特作用。例如，人教版教材中编入一些国家的人均水量以及我国各地区人均水量的比较图，对一些地区缺水的警告会起到强烈的震撼作用；钠与氯气反应形成氯化钠的示意图以及化学方程式的配平示意图等，虽简洁明了，却深刻地反映了其中的化学原理。

实验现象、实验装置、实验仪器等照片的引入对学生正确进行化学实验及操作，分析化学实验的现象，事后回忆有关化学实验过程及问题有很好的提示作用，有利于提高学生化学实验能力、实验设计能力和实验知识综合应用能力，同时能大大减轻学生对化学实验过程、现象记忆的信息量。

化学发展史实，化学在生产、生活、科技方面的成果和应用的插图，可以帮助学生“了解20世纪化学发展的基本特征和21世纪化学的发展趋势”，“认识和欣赏化学科学对提高人类生活质量和促进社会发展的重要作用”。理论、模型、分类、归纳方面的插图，为学生“认识实验、假说、模型、比较、分类、归纳等科学方法”提供了较好的学习平台，从而降低了学生学习化学理论知识的难度。

3. 分层次的概括总结，增强学习过程的系统性

梳理学习内容、总结学习要点，使获得的知识系统化、结构化是有效而重要的学习环节，各版本教材都关注学生学习方法的培养，用不同方式引导学生完成学习总结，实现知识的系统化。例如，鲁教版在每一节后有“长话短说”作为节知识目标梳理；上教版在每一章后有“整理与归纳”，针对本章涉及的知识、能力以及对化学与社会的认识等各方面要求，提出反思性问题，供学生自主反思，自主构建系统；人教版则通过每一课题后的“学完本课题你应该知道”和每个单元后的“单元小结”实现学习成果的梳理。

4. 形式多样的课后习题，保证教学评价的全面性

习题是反映课程内容和要求的一面镜子，它能全面体现课程的培养目标和任务。各版本教材都注意了习题多层次、多角度、多形式，既编入了一定量的反映重点内容和核心概念的有标准答案的习题，也编入了一定量的联系实际及对培养学生的创新精神和实践能力有重要作用的开放性习题，并力求使这两者紧密结合起来，以实现对学生的多元化的评价，达到反馈教学效果、激发深入思考、实现教学延伸的作用。

第三章　初中化学教学知识

第一节　化学教学的理念和原则

一、化学教学理念

在21世纪里，我国基础教育课程的总体目标是：以邓小平教育理论特别是“教育要面向现代化，面向世界，面向未来”的思想为指针，认真贯彻《中共中央国务院关于深化教育改革，全面推进素质教育的决定》，构建一个开放的、充满生机的、有中国特色的社会主义基础教育课程体系。这种课程体系将全面落实国家教育方针，以提高国民素质为宗旨，加强德育的针对性和实效性，突出学生创新精神和实践能力、收集和处理信息的能力、获取新知识的能力、分析与解决问题的能力以及交流与协作的能力，发展学生对自然和社会的责任感，为造就“有理想，有道德，有文化，有纪律”的德智体美等全面发展的社会主义事业建设者和接班人奠定基础。国务院于2001年6月颁发了《基础教育课程改革纲要（试行）》，依据该文件制定的全日制义务教育化学课程和普通高中化学课程构成了我国中学化学面向21世纪的化学新课程。这种“为了每一个学生的发展”“以人为本”的新课程，具有哪些特点呢？

为了适应21世纪科学技术和社会可持续发展的需要，培养符合时代要求的高素质人才，化学新课程也与时俱进地提出了新的教学理念。

化学新课程突出思想品德教育。化学这门课程结合自身的特点，对学生渗透爱国主义、集体主义、社会主义和正确的世界观、人生观、价值观以及科学精神、科学方法、科学态度等方面的教育。

第一，改变课程内容过于注重知识传授的倾向，强调形成积极主动的学习态度，使获得基础知识和基本技能的过程同时成为学会学习和形成正确价值观的过程。

第二，体现了课程内容的现代化。改变了以往课程内容的“难、繁、偏、旧”和过于注重书本知识的现状，加强了课程内容与学生生活以及现代社会和科技发展的联系，关注学生的学习兴趣和经验，精选终身学习必备的基础知识和技能。

第三，化学新课程强调加强教学中的实践性，倡导建构的学习。教学活动本身就是实践性很强的活动，而在这种教学活动中学生处于主体地位，学生主动参与，积极活动和亲身体验，强调学生的主动性和实践主体性。

第四，化学新课程要求在教学中创设教学的学习情境，“让每一个学生以轻松愉快的心情去学习化学，形成持续的化学学习兴趣，增强学习信心”。

二、化学教学的原则

1．科学性与思想性统一的原则

中学化学教学中的科学性，主要是指化学教学内容必须是符合现代科学水平的，反映客观事实、正确、可靠、系统的化学教学知识与技能。中学化学教学中的思想性，主要是指在中学化学教学中坚持贯彻使学生德、智、体、美全面发展和保证中学教育“双重”任务的教学方向，化学教学内容中包含着对学生进行政治思想教育的因素，以及用马克思主义的立场、观点和方法阐明教学内容。在中学化学教学中，结合化学科学知识教学进行思想教育的内容是很丰富的。例如，在各章节的教学中，通过介绍物质的用途，化学原理的应用，化学在工农业生产、国防建设、现代化科学技术和日常生活中所起的重大作用，以及我国化学科学和化工生产在中华人民共和国成立前后发展情况的事实的对比，对学生进行社会主义制度优越性和为实现四个现代化而学好化学的思想教育。通过有关科学家生平事迹的介绍，可对学生进行热爱科学、不畏艰难、攻克难关、坚韧不拔的思想品德教育。通过化学实验的教学，在教师以身示范的基础上，严格要求学生掌握科学实验方法的同时，对学生进行尊重事实、重视实践、实事求是的科学态度，整齐清洁、认真细致、一丝不苟、严肃认真、有条不紊的工作作风；遵守纪律、热爱劳动、勤俭节约、爱护公共财物等共产主义道德品质的教育。在中学化学教学中，结合化学科学知识教学，对学生进行辩证唯物主义教育。培养学生的辩证唯物主义观点，是中学化学教学中体现科学性与思想性统一原则的一个重要方面。

2．理论联系实际的原则

化学教学是以传授书本知识为主，强调理论知识重要性的同时，必须十分重视理论联系实际，落实到化学教学，要着重注意下列几点。

（1）化学实验是化学教学理论联系实际的重要途径。化学是以实验为基础的一门学科。教学实践证明，在重视理论知识教学的同时，重视和加强化学实验是提高化学教学质量的重要一环。化学实验是化学教学理论联系实际的重要途径，是学生的主要实践活动之一。它在化学教学中，不仅具有重要的认识论的意义，而且对学生科学世界观、方法论的培养训练也具有特殊意义。

（2）要紧密结合所学化学知识，联系我国化学科学和化学工业的状况，及其在“四个现代化”中的作用。化学教学中应重视向学生讲解所学物质或化学反应等知识对人类的意义及对工农业生产等所起的作用，还应注意联系我国化学科学在这方面的成就和化学工业的发展。例如，学习“蛋白质”时联系我国在世界上第一次人工合成结晶牛胰岛素的重大意义；讲到“有机高分子”时，联系我国塑料、合成纤维、橡胶等化工生产的发展情况；学到“农药、肥料”时联系我国在这方面的生产情况及对农业生产的作用；等等。总之，化学教学联系实际，可使学生更具体地了解化学已深入到国民经济各个领域中和我们生活的周围，从而更进一步认识化学在“四个现代化”中的作用，提高学习的兴趣和自觉性。

（3）化学教学中还应正确处理联系生产和生活实际等问题。化学与生产、生活等方面是密切相关的，教学中要注意联系，但要适当。联系生产主要是化学原理及与物质有关的性质等不要牵涉生产细节和具体的工艺。中学教育是基础教育不是专业教育，因此，中学化学教学要联系生产，但不能过多。

3. 掌握知识技能与培养能力相结合的原则

在教学论发展史上，关于掌握知识、技能与发展认识能力的问题历来就有争论。第一种观点是“形式教育”论，认为强调教学就是智能的训练，忽视科学知识及其系统。第二种观点是“实质教育”论，认为教学就是使学生学到社会生活所需要的知识和技能，不必致力于智力的发展。第三种观点是“知识与能力统一”论，主张把对学生的知识、技能的教学同发展学生的认识能力结合起来。在现代化科学技术高速度发展的今天，强调发展学生的认识能力，具有特别重要的作用。有人把在教学过程中发展学生的认识能力，喻为“给学生以点石成金的指头，开启知识宝库的钥匙”，这反映了教学中重视能力发展的重大意义。从知识技能与能力的内在联系来看，掌握知识、技能是发展认识能力的基础。认识能力是开发知识、技能的工具。可见在教学过程中，必须坚持掌握知识、技能与发展认识能力统一的原则，才符合教学过程的客观规律。学生的认识能力，是在掌握基础知识和基本技能的过程化中发展的，但不等于获得了知识、技能，就一定发展了认识能力。现实情况表明，不少学习成绩好的学生，其认识能力不一定高；认识能力低的学生，其学习成绩也不一定就差。其原因在于影响学习成绩的因素很多，除内在条件认识能力外，还与勤奋程度、师资水平、学习时间、环境以及体力状况等有关。因此，获得了知识就自然而然发展了能力的看法是违背客观规律的。

4. 教师的主导作用和学生的主体作用相结合的原则

中学化学教学过程包括教师教和学生学两个方面。学生掌握化学知识和技能，把知识和技能转化成自已内在的东西，要靠学生本人积极自觉的认识活动来完成。

如果学生不喜欢学化学，不愿意学化学，甚至讨厌化学，那么，教师的教就会毫无效果。现代教学理论的主要特征之一就是对学生学习积极性的重视。学生的自觉积极性来源于浓厚的学习兴趣、正确的学习动机、良好的学习方法。在学习化学课程时，学生对这些方面往往是处于一无所知或知之不多的状态，这就需要启发、指导；教师则受过化学专业知识、技能的训练，担负着贯彻执行党的教育方针和学校教学计划的任务。因此，从学生的需要和教师的可能来看，要使教学能有目的、有计划、有组织地进行，并在有限的时间内采取捷径去完成教学任务，教师的作用必须居于主导地位。在教育发展史上，对教师的主导作用和学生的主体作用的关系，曾有两种看法：一种是把教师的主导作用曲解为随心所欲的强制作用，否定学生学习的主动性和独立思考；

另一种是把学生的主动性理解为随心所欲的个性，全面否定教师的主导作用。这两种看法都是片面的，都在于否定教和学的统一性，其结果都会妨碍学生获得系统的知识技能，影响学生的智力发展，这是与社会主义学校的教育目的相违背的。不少学校近年来试验“读读、议议、讲讲、练练”的教学方法和“读、议、讲、练、做”的教学方法等，其基本精神均与充分发挥教师的主导作用和学生的主体作用相结合的原则相一致。

实践证明，充分发挥教师的主导作用与学生的主体作用结合起来的原则，才真实反映了教学过程的客观规律，有利于提高教学质量。教师的主导作用是多方面的，它在以下三个方面的具体体现已引起我国中学化学教师的注意。第一，启发指导学生掌握学习化学的方法。学生只有掌握了学习化学的方法才会增强学习化学的自觉积极性，还会进一步激发学生的情感。中学化学教师指导学生的学习方法，一般包括听课、阅读、实验、解题、复习、观察、思考、记忆、探索，对自己的学习进行自我评价和自我修正等方法，这实质上也是由教师的自控激发学生的自控。在指导学习方法时，还应向学生指正，既要借鉴他人的经验，又要根据自己的特点而有所创新。第二，启发学生形成正确的学习动机，激发学生的学习兴趣。正确的学习动机是推动学生自觉积极学习的动力，它以兴趣、愿望和理想等形式表现出来。浓厚的学习兴趣能使学生处于积极的精神状态，观察就会敏锐，理解就会迅速，记忆就会牢固，想象就会丰富，同时产生积极的探索热情。许多事实表明，创造性是与好奇心、求知欲、浓厚的兴趣、丰富的想象以及明确的学习目的联系在一起的。因此启发学生的学习动机，养成他们对化学学科持久的学习兴趣、情感和意志，是教师在整个教学过程中都应十分重视的。第三，在教学工作上要周密制定最优教学方案。认真组织好以课堂教学为中心的各个教学环节，讲究教学方法，贯彻启发式原则，善于为学生的学习“导航”，探索各项行之有效的教学原则，不断提高教学质量。此外，直观性原则、巩固性原则、因材施教原则等都是中学化学教学中应贯彻的。

第二节　化学教学的策略和方法

一、化学教学策略

化学教学策略是为了解决教学问题、完成教学任务、实现教学目标而确定的师生活动成分及其相互联系与组织方式的谋划和方略，是根据化学教学目标和教学条件选择、组织各种基本活动方法，调节、控制主体的内部注意、感知、思维和操作活动，对教学活动进行内部定向指导、监控和调节的准绳。在这里，化学教学策略是化学教师对教学情境、知识呈现方式和次序、学习方式、教学活动方式进行的设计与实施。

1. 化学教学策略的类型

（1）知识与技能的教学策略。

概念图是化学教与学的重要工具。概念图的构建可以帮助学生完善化学知识认知结构，从而使其转化为一种有效的学习策略，实现由“学会”转为“会学”。化学教学中构建“概念图”的具体策略是：设计先行组织者，帮助学生衔接知识、疏通思路；组织概念网络，促进新旧知识同化；反思评价，修正、发展知识结构；变式练习应用概念，强化理解。

（2）化学实验的策略。

化学实验设计的策略有多制法策略、多器用策略、多法鉴别策略、一器（置）多用策略、替代策略、增减策略、颠倒策略、组合策略、引入策略、模拟策略。化学实验培养学生科学探究能力的策略有：设计开放性实验试题，培养学生的探究能力，设计实验探究式教学，培养学生探究的习惯、意识及能力，将化学实验设计成探究性实验。

（3）思维方法的教学策略。

培养思维品质的策略：抓本质——培养思维的深刻性；善于变通——培养思维的灵活性；熟能生巧——培养思维的敏捷性；敢于质疑——培养思维的批判性；注重创新——培养思维的独创性。有研究者认为化学教学中创造性思维培养的策略和方法有：发散为本脑力激荡法、表象为本观察法、表象为本情境创设课堂教学法、知识结构调整教学法、直觉思维总结法、模型建造教学法。

（4）化学学习策略。

分析综合方法、比较分类法、归纳法、演绎法、类比法、假说方法、联想思维法等方法可以发展学生的数理逻辑智能；通过化学实验、师生合作实验、家庭小实验可以发展学生的身体运动智能；通过创设优雅的教学外部环境，利用图表、图解、图像、照片和激发想象等方式，在促使学生提高学习效率的同时，发展学生的视觉空间智力；通过创造满怀激情的学习环境，欣赏与学习内容有关的音乐，把学习内容填入乐曲或创新乐曲等方式，来发展学生的音乐节奏智能；通过分组学习、合作学习，来发展学生的人际关系智能；通过化学单元认知教学、自我指导学习等方式来发展学生的自我认知智能；通过充分利用化学课内课外资源，以及网络媒体中的资源来发展学生的自然观察者智能。

还有研究认为中学生解决化学问题过程的思维阶段相应的有效思维策略主要有8种：①读题审题策略；②综合分析策略；③双向推理策略；④同中求异、异中求同策略；⑤化繁为简策略；⑥巧设速解策略；⑦模糊思维策略；⑧总结反思策略。

（5）过程与方法的教学策略。

过程与方法的教学策略重在教学情境的设计，教学情境有生活经验教学情境、真实事件教学情境、实验探究问题情境、语言直观教学情境、模象直观教学情境等。《课程标准》要求教学要紧密联系学生的生活实际，从学生的生活经验和已有知识出发，创设生动有趣的情境，引导学生开展观察、操作、猜想、推理、交流等活动，通过化学活动，学生能够掌握基本的化学知识和技能，学会从化学的角度去观察事物、思考问题，激发对化学的学习兴趣以及学好化学的愿望。

（6）情感态度与价值观的教学策略。

一是根据教学实际，制定切实可行的情意类教学目标，并创设有利于健康积极的情感态度与价值观形成的外部氛围；二是以课堂教学为主线，课外教育活动为辅助，不放过任何一个教育机会。充分利用课堂40分钟的时间，以激发学生的化学学习兴趣为起点，以启发鼓励为手段，以化学知识教学、化学实验教学、探究性学习、讨论交流为载体，以具有高尚人格的科学家为楷模，努力做到以境育情、以情育情、以理育情、以智育情和评价育情，紧紧抓住课外培养学生情感态度与价值观的有利时机，不留教育死角。

2. 影响教学策略的因素

教学策略包括对教学过程、内容的安排，以及教学方法、步骤、组织形式的选择。由于这些因素的组合方式多种多样，这就决定了教学策略的复杂多样性。一般认为影响教学策略制定或选择的因素主要包括教学观念、教学目标、教学内容、教学对象、教师自身和教学环境等几个方面。

（1）教学观念。

教学策略是观念与实践间的桥梁和中介，因为教学策略的选择与运用必定要受到一定教学观念的制约或指导，并为教学目标服务，为了实现教学目标就必须在教学实践中采取一定的方法和措施组织教学过程，完成教学任务，选择和运用教学策略也就是教师在教学理论的指导下，如何在教学实践中去做的问题。总之，制定与选择教学策略的任何环节都要受教学观念的制约，这需要我们广大教育工作者认真研读课程方案和《课程标准》，在正确理解和把握新课程理念的基础上，把新课程理念更好地贯彻到我们的实际教学中去。

（2）教学目标。

教学目标是教学中教学策略的构成要素之一，是制约教学策略选择的决定性因素。教学策略运用得恰当与否，也要看目标的达成情况。《课程标准》将化学教学目标划分为三个领域，即知识与技能领域、过程与方法领域和情感态度与价值观领域。同一教学内容可能同时涉及这三个领域。在正确的目标指导下，就可以制定和运用教学策略来实现教学过程的最优化。虽然每一种教学策略都是在一定的教学目标下制定的，但两者不是一对一的关系，一种教学策略可以为多种目标服务。

（3）教学内容。

教学内容本身的特点是选取教学策略的最重要的依据。首先，从教学内容的化学特征看，有基本概念、基本理论、化学用语、元素化合物知识、化学计算、化学实验等。不同类型的教学内容具有不同的特点，要求采用不同的教学策略。如对元素化合物知识的教学，要突出实验，加强对典型反应和现象的感知，注重联系社会生活实际，使学生逐步掌握元素化合物知识的内在联系，形成一定的知识网络，而不是孤立地死记硬背有关物质的性质知识。其次，《课程标准》中对化学课程内容的选择打破了传统的以学科知识为体系的框架，依据学生的已有经验和心理发展水平，在全面反映化学学科特点的基础上，重视科学、技术与社会的密切联系，确定了“科学探究”“身边的化学物质”“物质构成的奥秘”“物质的化学变化”“化学与社会发展”五个主题内容，规定了具体的课程内容标准。对于不同内容主题，采取的教学策略也会有所不同。因此在选择教学策略时必须考虑如何将这三者有机地结合起来。

（4）教学对象。

教学是一个动态化的过程，教材承载着知识，需要教师和学生之间进行交流、体验来获得。学生必须参与到学习活动中去，否则课堂内容无法理解。参与是课程实施的核心，学生参与教学充分体现了活动、民主、自由的课程理念。每一位学生都是拥有独自特征的个体，他们在知识储备、思维能力、心理特点、学习态度等方面都会有或多或少的差异，因此，教师在制定和选择教学策略时，一定要考虑各类学生特点，采用多种教学策略，合理运用现代教育技术为学生创设学习情境，优化课堂教学。

在制定教学策略时，一定要树立正确的教学观念，根据中学生的特点，以学生为主体，教师为主导，对所选取的教学策略要灵活运用，只要能取得好的教学效果就可以考虑。

（5）教师。

影响有效教学策略制定的主观因素则主要取决于化学教师自身的特征，包括教师的教学思想、知识经验、教学风格、职业心理素质水平等。在教学过程中，化学教师是制定、选择、监督和实施教学策略的主体，他们一般都倾向于选择与其教学思想、知识经验、教学风格、心理特征相一致的教学策略。所以，教师在制定或选择教学策略时，不仅应重视教学目标和学生初始状态的分析，还应努力发挥自己的主观能动性，充分发挥自身特征中的积极因素在制定或选择有效教学策略的作用，应有意识地克服自身特征中的消极因素对制定或选择教学策略的不利影响。

（6）教学设备。

化学教学设备包括化学教具（模型、标本和图表等）、化学实验设施和电教设施。结合教材利用化学教具让学生通过观察、阅读来理解教学内容，无疑是一种培养学生自学能力的策略；依据化学实验设备情况，除完成教学大纲中的实验内容外，还可多设计趣味实验，这是提高学生学习兴趣的策略，并且为了增加学生的参与度，更快、更好地掌握实验技能，可开放实验室等。应当指出现代科学技术及其相伴而生的现代教学媒体，在教学中的应用，丰富了传统的教学手段，增加了信息传递的方式，极大地方便了教学策略的实施，但在中学化学教学中操作教学策略时，不是使用的教学媒体越现代越好，而应看它是否适合特定的教学内容，以及使用媒体时，学习的效率与所付出的代价是否合适，因此我们应重视多种媒体的有机组合。

二、化学教学方法

化学教学方法是在教学过程中，教师和学生为实现教学“三维”目标、完成教学任务而采取的教与学相互作用的活动总称。化学教学方法包括教师教的方法和学生学的方法，是教师引导学生实现知识与技能、过程与方法、情感态度与价值观目标，获得身心与个性和谐发展而开展的共同活动方法。

目前，在中学化学教学中，常用的几种具体的教学方法有讲授法、演示和展示法、阅读指导法、练习法、参观法等。

1. 讲授法

讲授是教师运用简明生动而富有逻辑性的口头语言，向学生传授知识，促进学生智力发展的一种行之有效的教学方法。它能在较短时间内简洁地传授大量知识；方便而又及时地向学生提出问题，指出解决问题的途径；特别是对化学教材中抽象的内容，必须通过教师启发性的讲授以促使学生积极地思考。初中化学教学中一切其他的方法，都必须和讲授相结合。因此，讲授法是化学教学中最基本的教学方法之一。在具体运用中，因进行的方式不同，讲授法又分为讲解法、讲演法、谈话法。

2. 演示和展示法

演示和展示法最具理科特色。上课时，教师配合讲授法给学生演示化学实验，或展示化学实验，或展示实物、模型等直观教具，以及采用现代教育技术手段，用以说明或验证所传授的知识。该教学法的特点是使学生获得丰富的感性材料，加深所学知识的印象，把理论、书本知识和实际事物联系起来，以形成正确的概念。此外，该法还能引起学生的兴趣，集中学生的注意力，使学生获得的知识更加巩固。

3. 阅读指导法

阅读指导法又称读书指导法，是教师指导学生阅读化学教材和参考书，使学生加深理解和牢固地掌握知识，以扩大学生的知识领域，发展学生智能的一种教学方法。这是培养学生自主学习的好方法。

4. 练习法

练习法是以学生的实践活动为主，教师的必要总结讲解为辅的一种常用教学方法。其主要形式有口头表述、板书演示、书面作业、实际操作等，既有课内练习又有课外练习。在中学化学教学过程中，应把练习与讲授、演示、实验等方法交相运用。特别是一些重要的化学用语、化学基本概念、基础理论与实验操作技术，要采用灵活多样的练习方式，经常地、反复地进行。提倡精讲多练、讲练结合，要充分发挥练习在巩固知识、培养技能和发展能力方面的作用。

5. 参观法

参观法是课堂教学的补充和延续，也是理论与实践结合的一种教学方法。通过参观，学生可直接感知所学对象，加深对知识的理解和运用，既开阔了眼界又发展了观察能力。

第三节 化学教学的过程

一、化学教学过程的基本特点及其规律

1. 化学教学过程的基本特点

化学是一门实验科学，实验是化学的灵魂和生命。化学实验是化学科学产生和发展的基础，化学科学的每一次重大突破，都与实验方法的改革密切相关。任何化学的原理、定律以及规律无一不是从实验中得出的结论。化学实验是检验化学科学知识真理性的标准，是化学教学中学生获取化学经验知识和检验化学知识的重要手段，是提高学生化学科学素质的重要内容和途径。因此，以实验为基础是化学学科的基本特点。

实验在化学教学中具有以下的重要作用。

(1) 从认识论的角度来看，化学教学过程是一个特殊的认识过程。因此，化学教学过程中学生获得知识的过程也应符合人类认识事物的规律，即从感性到理性，再从理性到实践。而对于化学课程教学而言，学生感性认识的获得很大程度上来源于化学实验，所以化学实验对于学生完成化学学习的认识过程起着非常重要的作用。

(2) 从心理学的观点看，青少年学生普遍具有强烈的好奇心和求知欲，对新奇的事物具有浓厚的兴趣和探究欲望，而化学实验正具有这种特点。化学实验中五彩缤纷的实验现象能够引起学生浓厚的认识兴趣，而这种认识兴趣是学习动机中最现实、最活跃的成分。学生对化学实验的兴趣是认识兴趣中一种重要的表现形式，是学生对化学实验的一种带有强烈感情色彩的特殊的活动倾向，是促进学生进一步探究物质及其变化规律的一种重要的内驱力，具有较强的动机功能。

(3)《课程标准》中的化学实验不仅是一种实践活动，它更是一种方法和过程，学生通过亲历科学实验探究的过程，一方面获得有关的化学知识，掌握有关的化学技能；另一方面体验化学实验的科学方法，如观察的方法、实验的方法、实验记录的方法、对实验数据和事实的处理方法、科学抽象的方法、假说的方法、模型的方法。如此经过长期的训练和积累，就能逐渐达到《课程标准》中要求的培养学生科学素养的总目标。化学实验的方法论功能具体表现在：化学实验能培养学生的创新观察能力、思维能力以及动手操作能力。

此外，化学实验是进行科学探究的重要方式，在实验探究过程中，学生可以形成基本的化学实验技能，发展实验能力。反过来，化学实验又是学生学习化学和顺利进行探究活动的基础和保证，通过化学实验增进学生对科学探究的理解，发展学生的科学探究能力。

(4) 在科学教育中渗透方法、态度、价值、情感、责任等人文内涵，使学科知识

与人文内容相联系，体现科学教育与人文教育的融合，是现代科学教育的一个重要趋势。化学实验作为化学教育内容的一个重要方面，在人文教育方面起着其他内容无法替代的作用。化学实验可以培养学生实事求是、严肃认真的科学态度，一切从实际情况出发，如实地反映实验中观察到的实验现象和化学事实。化学实验不仅为学生提供丰富的感性材料，同时还能引导学生用辩证唯物主义观点来认识和分析化学事实，形成科学的世界观和价值观。化学实验还可以培养学生关爱社会、关爱自然、与人合作的情感，在实验过程中经历成功与失败的情感体验，同时通过实验还可以对学生进行安全教育等。

2. 化学教学过程的基本规律

规律就是客观事物的内部联系。化学教学规律是指化学教学过程中，教师、学生、教材、教学手段等诸多因素之间本质的、内在的联系。教师能否遵循教学规律进行教学，关系到教学的成败。

（1）感性—理性—实践的认识规律。

化学教学过程是学生的一种认识过程。它虽然具有自身的特殊性，但总是要受认识规律制约的。列宁曾精辟地指出："从生动的直观到抽象的思维，并从抽象的思维到实践，这就是认识真理、认识客观实在的辩证的途径。"化学教学遵循这一认识原理，把教学当作自有其客观规律的过程来研究。教师在教学中应该尽可能地利用化学实验或直观教具，引导学生具体观察事物的现象，产生感性认识，然后经过思维，达到理性认识，再通过运用化学知识去分析、解决化学实际问题，从而达到发展学生认识能力的目的。

（2）化学知识与化学实验同步的规律。

人所共知，化学知识是建立在科学实验和化学事实的基础之上的。因此化学知识与化学实验同步是必然的规律，正是因为这样，更使化学教学具有一定的魅力。从教材的编写上看，几乎每节教材都编入一定的化学史实或化学实验，这是学生感性认识的主要来源。它使学生的学习具有生动性和实际性，更为他们深刻地理解和掌握化学基本概念、基本理论和基本技能提供了重要的条件。正如我国胶体化学家傅鹰先生所说："化学是实验的科学，只有实验才是最高法庭。"

实验教学可以帮助学生形成化学概念，理解和巩固化学知识，培养学生观察现象、分析问题、解决问题的能力，获得比较熟练的实验技能，培养学生实事求是、严肃认真的科学态度。在中学化学教学中，化学知识和化学技能的教学必须建立在学生观察实验现象和自己动手做实验的基础上，只有这样才能使学生的学习从宏观到微观，从静态到动态，从定性到定量，逐步深入地从本质上理解概念，掌握理论，熟练技能，从而获得好的教学效果和学习效果。

（3）循序渐进的规律。

"循序渐进"主要是指认识上的由浅入深、由简到繁、不断深化发展的过程。中学化学初三到高三的教学内容中，从简单物质到复杂物质，从非金属元素到金属元素，从无机物到有机物，从物质结构的初步知识到物质结构的理论体系，都体现了循序渐进的规律，体现了化学科学知识本身的逻辑系统和学生认识活动的规律。中学化学教学实践证明，按以上化学学科严谨的逻辑系统为序进行教学，有利于发展学生的逻辑思维，便于学生牢固地掌握系统的化学知识和技能。

在中学化学教学中，教师要在加强双基教学的基础上，遵循循序渐进的规律，有计划地培养学生的观察能力、表达能力、实验操作能力、运算能力、抽象思维能力和自学能力。要从学生智力发展的不同水平、不同层次来理解和运用循序渐进的规律。总之，要把握好“三序”（一是教材的逻辑顺序，二是学生的认识顺序，三是学生的心理发展顺序），才能达到渐进的目的。

（4）教育性规律。

在中学化学教学中，学生不仅接受化学知识的教育，而且接受一定的思想品德、世界观和方法论的教育。教师在教育教学过程中，只有紧密结合具体的教学内容，通过辩证唯物主义教育、爱国主义教育以及科学态度和科学方法的教育，学生才能逐步形成科学的世界观和方法论。

例如，中学化学知识所涉及的基本概念、理论、原理和定律，其本质是辩证唯物主义的。结合化学教学的具体内容向学生进行辩证唯物主义教育，有利于学生树立科学的世界观。如通过分子、原子、离子的存在和物质都是由基本粒子构成的教学，学生能够树立起辩证唯物主义的物质观；通过各种化学反应及能量转化、微观粒子的吸引和排斥及运动规律的教学，学生能够树立起辩证唯物主义的运动观；通过元素性质随元素原子序数递增而发生周期性变化等教学，学生能够掌握量变引起质变的辩证规律；通过原子中原子核与电子，分子内原子间作用力的关系等教学，学生能够掌握对立统一规律。总之，向学生进行辩证唯物主义教育的内容是十分丰富的。从这个意义上讲，教学是塑造学生心灵的工作，教师是人类灵魂的工程师。

只有遵循化学教学内在的规律，采取科学的教学方法，才能取得更好的教学效果，不断提高教育教学质量。

二、化学教学过程的优化

中学阶段的化学课程是科学教育的重要组成部分，要给学生提供未来发展所需要的最基础的化学知识和技能，使学生从化学的角度初步认识物质世界，提高学生运用化学知识和科学方法分析、解决简单问题的能力，为学生的发展奠定必要的基础。化学教学要激发学生学习化学的好奇心，引导学生认识物质世界的变化规律，形成化学的基本观念并培养学生终身学习的意识和能力。

培养学生化学学科素养的任务最终也必须落实到化学教学中，因为在学校的教育活动中，学科教学是学校教育教学的基本教学形态，学科教学才是提升学生发展核心素养、关键能力和获取必备知识内容的基本路径。为此，教师应该依据学生核心素养体系，进一步明确各学段具体的教学目标，以《课程标准》为指导，认真研读《课程标准》与教材，对教学进行系统设计，优化教学过程，合理使用教学手段和教学媒体，实现提高整体教育质量的最终目标。

1. 以课程标准为指导，设计教学目标

课程标准是国家课程的基本纲领性文件，是国家对基础教育课程的基本规范和质量要求。它规定了不同学段学生在某一学科领域所应学习的内容范围和对相应内容所应达到的最低层次要求，同时给出了课程实施的建议，包括教学建议、评价建议、教材编写建议和课程资源开发与利用建议，是教材编写、教师教学、学生学业评估和考试命题的直接依据。化学课程标准作为国家颁布的基础教育课程标准中的重要组成部分，它规定了国家对国民在化学方面或化学领域的基本素质要求，是国家对国民在化学领域应具有的科学素养所提出的基本要求，规定了化学课程的性质、目标、内容框架，提出教学和评价建议。教学目标是指教学活动实施的方向和预期达成的结果，是一切教学活动的出发点和最终归宿，教学目标的设计要以课程标准为指导，切实提高学生的基本素质。

2. 以教学目标为依据，结合学情，合理选择和组织教学内容

教学目标是指教学活动预期达到的结果，是教育目的、教学目标和课程目标的具体化，也是教师完成教学任务所要达到的要求和标准。在进行具体教学设计过程中，教师还应对学生的情况进行分析，掌握学生在学习方面的特点、学习方法、习惯、兴趣，以及成绩等，以此为依据，精选教学内容并进行合理组织。教师在教学内容的选择上，应该拓展视野，注意从学生已有的经验出发，让他们在熟悉的生活情景和社会实践中感受化学的重要性，了解化学与日常生活的密切关系，逐步学会分析和解决与化学有关的一些简单的实际问题。教学过程中，要注重“用教材教，而非教教材”，教学内容的组织也应根据具体情况合理安排，而非套用教材顺序，应最大限度地发展学生。

3. 根据教学内容，优化教学方法和手段

新《课程标准》下的化学教学要充分体现学生的主体参与，为每一个学生提供平等的学习机会，让学生有更多的机会主动地体验科学探究的过程，在知识的形成、相互联系和应用过程中养成科学的态度，学习科学方法，在“做科学”的探究实践中培养学生的创新精神和实践能力。化学教学中，教师要利用多媒体计算机辅助教学，激发学生的学习兴趣，加深对知识的理解。

4. 提供多样化的评价方式

教师要为每一个学生的发展提供多样化的学习评价方式，既要考核学生掌握知识、技能的程度，又要注重评价学生的科学探究能力和实践能力，还要重视考查学生在情感、态度、价值观方面的发展。使学生都能具备适应现代生活及未来社会所必需的化学基础知识、技能、方法和态度，具备适应未来生存和发展所必需的科学素养，同时又注意使不同水平的学生都能在原有基础上得到发展。

第四节　化学核心知识的教学

一、基本概念和基础理论的教学

1. 化学基本概念和原理在初中化学中的地位和作用

概念是经过一系列观察、分析、抽象等思维过程才建立的。在概念的建立过程中，使学生运用科学方法，对所观察的现象进行比较、分析、综合、抽象、概括等思维活动，对发展学生的能力起着十分重要的作用。

概念和原理是化学基础知识的精髓。掌握概念和原理是学好化学知识的基础。如果学生对概念和原理的学习不清楚、不准确，那就会使获得的知识越来越混乱，会对进一步学习造成困难。讲授概念和原理，有助于学生形成正确的观点和方法。灵活运用概念和原理，能够顺利地解答习题和进行实验。

2. 化学基本概念和原理教学的一般原则和方法

（1）遵循认识规律，贯彻直观原则。

化学概念和原理的形成过程通常是从生动的化学变化的事实和现象出发，经过分析、综合等抽象思维方式揭示事物的本质，做出结论或形成概念，然后再应用到实践中去解决实际问题。

为了有利于化学概念的形成，可以充分利用化学实验或多媒体手段，给学生以明确的认识。例如：为了使学生形成“化学变化”这个基本概念，我们演示了镁条的燃烧、$NaHCO_3$与 HCl 的反应、$MgCl_2$与 NaOH 的反应，引导学生观察化学变化前后的不同现象，使学生从现象中总结出这一基本概念。

（2）揭示事物本质，全面进行论述。

①讲清概念中关键的字和词。化学概念是用简练的语言高度概括出来的，常包括定义、原理、反应规律等。为了深刻领会概念的含义，我们不仅要注意对概念论述时用词的严密性和准确性，同时还要及时纠正某些用词不当及概念认识上的错误，这样有利于培养学生严密的逻辑思维习惯。

②剖析概念，加深理解。对一些含义比较深刻、内容比较复杂的概念进行剖析、讲解，有利于帮助学生加深对概念的理解和掌握。例如：在讲解催化剂的定义时，一定要强调催化剂只是改变了其他物质的反应速率，而本身的质量和化学性质都不改变，即它的特点“一变二不变”。

③正反两方，讲清概念。有些概念，有时从正面讲完后，再从反面讲，可以使学生加深理解，不致混淆。例如，在讲“氧化物”的概念时，可提出这样一个问题：“氧化物一定含有氧，那么是不是含氧的化合物就是氧化物？”让学生举例说出已学过

的氧化物和含氧化合物。

（3）加强联系对比，分段深化提高。

不少概念容易混淆，为了使学生对概念有较深的理解，应该找出它们的区别与联系。必须在讲解时把它们的内涵讲清楚，对原子质量和相对原子质量、溶解度与溶质的质量分数的讲解可以列表进行比较。把它们的区别和联系找出来，再从反面进行练习和巩固。

（4）抓住逻辑体系，进行科学论证。

化学教材中的概念及原理具有很强的逻辑性，教学工作正是通过科学逻辑体系，让学生掌握学科知识。例如：在向学生通过实验正面阐述了质量守恒定律的内容后，还可从反面让学生判断概念，并且可以进行补充实验。

《课程标准》在教学建议中明确指出："化学概念教学不要过分强调定义的严密性，要注意概念形成的阶段性、发展性和学生的可接受性。原理性知识教学要与元素知识相联系，做到深入浅出，防止出现偏重思辨和过深过难的现象。"在概念形成的过程中，教师要尽可能避免将概念作为结论直接传输给学生。在概念运用的过程中，教师要帮助学生建立起概念与概念、概念与具体物质、化学反应及其实际应用之间的联系，形成完整的概念体系。

二、元素化合物知识的教学

在初中化学教材中，与元素化合物相关的知识占据了绝大部分，并且考试出题考查元素化合物知识的比重也占据了较大的比例，因此在初中化学教学中，教师和学生应在元素化合物有关知识上投入更大的精力。

1. 元素化合物知识在化学中的地位

元素化合物是学习化学的基础，也是化学教学中的重点内容，初中化学中许多知识都涉及元素化合物的知识，并且初中化学的学习通常是从元素化合物物质的性质和用途开始的，再扩展到元素化合物的制取、鉴别等化学知识。因此，学生只有对元素化合物知识有清晰、深入的理解，才能学好初中化学。此外，元素化合物相关的知识与人们的许多日常生活有很大的关联，而教学是为了培养人才以促进社会的发展、进步。总而言之，化学元素化合物的知识在初中化学教学中占据着重要的地位。

2. 元素化合物知识的教学方法

（1）丰富教学模式，提高学生的学习兴趣。

元素化合物相关的知识内容较多，且相互之间的相似度较高，易使学生对有关联的知识产生记忆混淆现象，教师应在元素化合物知识的讲解中采用丰富且具有针对性的教学模式，使学生对知识进行清晰的记忆。此外，丰富的教学方式可以活跃课堂气氛，提高学生在化学课堂上的积极性，进而培养学生对化学的学习兴趣。如在"二氧化碳和一氧化碳"的学习中，教师可在课堂上采用多媒体视频演示实验操作等丰富的教学模式，使学生对二氧化碳和一氧化碳的性质和用途进行清晰的了解和深刻的记忆，吸引学生的注意力，提高学生的学习积极性和学习兴趣。

（2）创设情境结合实际，使学生参与到课堂教学中。

因为化学与人们的生活息息相关，故教师在元素化合物的教学中，可结合生活生产实际对相关的元素化合物知识进行讲解，对学生熟悉的生活实际中蕴含的元素化合物知识的讲解可使学生能够参与其中，让学生在亲身经历中了解、学习元素化合物的知识，从而激发学生的学习兴趣，并且促进学生发散思考的能力，培养学生探究问题的习惯。此外，教师还可在元素化合物知识讲解中安排实验环节，并由学生自己动手操作，使学生对元素化合物的知识更了解，有助于提高学生的实验动手操作能力。如在“金属的化学性质”学习时，教师就可结合实际生产中从铜矿中制取金属铜用到的铁的金属活泼性比铜高的化学性质的知识，先使铜矿在硫酸溶液中溶解，再加入铁就可将金属铜置换出来，同时教师也可安排相关的实验课程，使学生在亲身操作中了解到铁的这一化学性质。采用类似的方法运用到其他元素化合物知识的教学中，不仅可加深学生对相关知识的理解记忆，还可以培养学生对化学的学习兴趣。

（3）整理相关知识，建立元素化合物知识网络。

化学教材的安排中存在一些相对不合理的现象，使本身就琐碎的化学知识内容影响了学生对化学知识的记忆，作为化学理念基础的元素化学物的相关知识更为繁多且内容分散，不利于学生对知识的整体理解。因此，在元素化合物知识的讲解中，学生可在教师的帮助下对元素化合物知识之间的联系进行整理分类，建立清晰、完整的知识网络，帮助学生对复杂知识的记忆，简化学生对元素化合物知识的学习。如酸碱之间的反应会生成水，这时将可与水发生化学反应和发生化学反应生成水的元素化合物知识列在一起，以此建立起知识网络图，对初中阶段涉及的元素化合物的知识进行归纳整理，建立完整的知识网络图，帮助学生对知识的联想记忆，简化学生学习复杂、繁多的元素化合物知识，便于学生理解与记忆。总之，元素化合物作为学生学习化学的基础，在实际教学中教师要运用实验、多媒体技术等丰富的教学方式和建立知识网络等科学高效的学习方式，最大限度地帮助学生学好元素化合物知识，为化学学习打下良好的基础。

第五节　化学教学活动的基本环节

结合《课程标准》，义务教育阶段的化学课程教学活动的基本环节包含化学教学设计、化学课堂教学、作业批改与考试、课外活动、化学教学评价五个方面。

1．化学教学设计

化学教学设计是指化学教师根据化学教学目标、化学教学内容以及学生的实际（包括知识基础、能力发展水平、生理和心理发展特点等），运用教学设计的理论与方法，对化学教学方案做出的一种规划。

化学教学设计可以分为不同的层次，初中化学教学设计的基本层次有如下四种：课程教学设计、学段（学期、学年）教学设计、单元（课题）教学设计、课时教学设计。具体而言，课程教学设计主要是解决课程教学的总体规划，制订课程教学的蓝图和宏观方法；学段（学期、学年）教学设计是对一学段（学期、学年）教学工作的阶段性规划；单元（课题）教学设计是对一个内容单元（课题）教学工作进行的局部规划；课时教学设计是在课程教学设计、学段（学期、学年）教学设计和单元（课题）教学设计基础上，根据具体的教学条件，以课时为单位进行的教学设计。

2. 化学课堂教学

化学课堂教学是根据学校教育目标，以化学科学体系为基础，按照学生的年龄特点和学生的接受能力所进行的，旨在促进学生身心全面和谐发展的师生教和学的共同活动。课堂教学作为教师的教与学生的学的最直接的活动场所，是提高教学质量与学习质量的关键环节。因此要求义务教育阶段化学课堂教学应做到目标明确、结构合理、方法得当、节奏适宜。

3. 作业批改与考试

课外作业是课堂教学的延续过程，是化学教学活动的重要组成部分。通过适量的课后作业，不仅能帮助学生巩固、强化课堂所学习的内容，同时又利于促使学生形成独立思考的习惯。此外，在教师批改作业的过程中，能够更加直接有效地了解学生知识的掌握程度，方便教师在后续的教学过程中及时改进课堂，补救学生的学习缺陷。

4. 课外活动

课外活动作为化学课堂教学的重要环节，也是化学教学活动的重要组成部分。这一活动能够扩大学生的知识面，激发学生的学习兴趣，培养学生热爱科学的情感和独立思考的能力。常见的课外活动主要有课外阅读、课外实验、化学竞赛、校外参观等。在这一教学环节中应充分尊重学生自愿参加的意愿，坚持科学性与趣味性相结合的原则。

5. 化学教学评价

在教学过程中，教学评价主要是通过化学成绩的评定和解释，对化学的教学成果以及学习成果进行诠释，具有定量、客观、科学性。在教学评价基础上，能够进一步了解教与学的具体情况，为教师的教的过程提供依据，更能进一步地促进和激发学生的学习热情。

第二部分 化学教学设计

第四章 化学教学设计一般过程

第一节 化学教材分析

教材是教师进行教学的基本材料，教材分析是教学设计的一个重要环节。分析教材，应做到从整体上把握课程的基本结构，理清教材的知识体系；在此基础上，具体分析某单元或某节的教学内容。

分析教材内容主要包括以下几个方面的内容。

1．分析教材内容的知识类型

中学化学教材的内容，从基础知识和基本技能的角度大致可划分为化学基本概念、化学基础理论、元素化合物知识、化学用语、化学计算和化学实验等类型。不同类型的教学内容具有不同的特点，要求采用不同的教学策略和教学方法。认识和理解教材，首先需要分析将要学习的教材内容归属于哪一种知识类型。

2．分析教材知识与技能的要点

一方面要分析这部分教材内容涉及哪些知识点和哪些技能；另一方面要分析通过这部分内容的教学，哪些是学生必须掌握的知识和技能，哪些是为了让学生掌握这些知识和技能而安排的背景材料、例证或过渡性练习，准确地找出教材内容的要点或知识点。

3．分析教材的知识结构

分析教材内容之间的联系就是分析教材的知识结构，这包括两方面内容：一是分析这部分教材内容的知识体系；二是分析这部分教材内容与前后教材知识的联系。要特别重视分析新学习的内容和学生已学过的内容之间有什么联系，在以后的学习中有哪些运用和发展。这样，可使新知识的学习建立在学生已有的知识基础之上，使知识的学习循序渐进，层次分明，逐步形成完整、系统的知识结构。

4．分析教材内容的编排特点与呈现方式

要分析、识别教材内容的结构布局，以及发展学生科学认识和科学方法的结构框架。

【案例】

“有机合成材料”教材分析

本课题包括有机化合物和有机合成材料两部分。教学重点是：有机合成材料。本课题体现了《课程标准》中化学要面向社会、面向生活的理念，重点介绍有机合成材料。《课程标准》的教学要求不高，属“知道”“了解”的层次。本课知识有利于学生联系生产和生活，激发学生的学习兴趣。对有机化合物的学习，教材设计了“活动与探究”，让学生自己填写、分析已经学过的物质的化学式、组成元素和相对分子质量，归纳出有机化合物的共同点、有机化合物和无机化合物的区别。有机合成材料从学生的生活实际出发，介绍了常见的塑料、合成纤维和合成橡胶的性能和用途，以及一些新型有机合成材料。使学生认识化学与生活、生产的密切联系，以及材料在人类社会的发展中所起到的巨大作用，提高学生的化学素养；让学生从结构与性质的关系的角度了解有机高分子化合物的结构特点和性质；让学生完成好“调查与研究”，了解治理“白色污染”的途径和方法，以培养学生关注自然和社会的责任感。

第二节　学情分析

一、学情分析的主要内容

学情分析是教学活动的基本环节，也是教学研究的基本内容。其主要是指在课前认真研究学生的实际需要、能力水平和认知倾向，为学习者设计教学，优化教学过程，这样可以更有效地达成教学目标，提高教学效率。

美国著名认知教育心理学家奥苏贝尔（D. Ausubel）在其名著《教育心理学》的扉页中写道：“如果我不得不将教育心理学还原为一条原理的话，我将会说，影响学习的最重要的因素是学生已经知道了什么，我们应当根据学生原有的知识状况去进行教学。”通过教学前的学情分析，教师可以全面了解学生，为教学内容的取舍、教学方法的选择以及教学起点的确定等指明基本方向；教学过程中即时的学情分析可以为教师调整和改进当下的教学活动，促进教学有效生成提供重要依据；而通过教后的学情分析，教师可以知晓教学达成情况，促进教后反思，并为后继教学的预设与调整提供重要信息，等等。但在日常的教学活动中，不少教师无视或轻视“学情分析”的意义与功能，在进行学情分析的过程中，经验主义、主观主义与形式主义现象比较严重，同时，很多教师对常用的学情分析方法缺乏基本的了解与运用能力，导致学情分析的教育功能与研究价值未能得到有效发挥。

学情分析重在“分析”上。不少研究者因此指出学情分析是教学分析中的技术层面。分析就是把复杂的事物进行分解，以获得对整体事物的把握。学情分析就是把

“学情”这个概念进行分解，寻找各个部分的关系以及“学情”作为整体与教学设计、教学实践的关系，在此基础上设计有效教学。

在日常教学实践中，学情分析中的“分析”具有不同的表现形态和话语方式。“分析”在学情分析中不仅仅是对学情的静态的、细致的描述或者誊写，而且更多地包含了“做”和应用的成分。教师并不是给出一个最终的评语或者结论就完成了学情分析的任务。学情分析不能止于此。在教师得出学情分析的结论之后，教师还需要进一步寻找学情分析的结果与教学设计、教学实践的关系，即教学设计、教学实践的各个环节要与学情分析的结论相对应。

1．学生已有知识经验分析

针对本节课或本单元的教学内容，确定学生需要掌握哪些知识，具备哪些生活经验，然后分析学生是否具备这些知识，对学生已有知识经验进行分析。可以通过单元测验、摸底考查、问卷调查等较为正式的方式，也可以采取抽查或提问等非正式的方式。

如果发现学生知识经验不足，一方面可以采取必要的补救措施，另一方面可以适当调整教学难度和教学方法。

2．学生学习能力分析

分析不同班级学生理解掌握新知识的能力如何、学习新的操作技能的能力如何，据此设计教学任务的深度、难度和广度。经验丰富、能力较强的教师还可以进一步分析本班学生中学习能力突出的尖子生和学习能力较弱的学习困难学生，并因材施教，采取变通灵活的教学策略。

3．学生学习风格分析

班级整体学习风格：一个班级的学生在一起时间长了会形成“班级性格”，有些班级思维活跃、反应迅速，但往往思维深度不够、准确性稍微欠缺；有些班级则较为沉闷，但可能具有一定的思维深度。不同的学生个体也是如此，教师应该结合教学经验和课堂观察，敏锐捕捉相关信息，通过提出挑战性的问题、合作等方式尽量取学生之长、补学生之短。

学情分析是教学目标设定的基础，是教学内容分析（包括教材分析）的依据，是教学策略选择和教学活动设计的落脚点。总之，学情分析是对以学生为中心的教学理念的具体落实。

二、学情分析的常用方法

1．经验分析法

即教师在教学过程中基于已有的教学经验对学情进行一定的分析与研究。应该说，教师自身的教学经验越丰富、全面，对自身的教学经验反思与总结越深入，基于已有教学经验的学情分析就越易于进行，也越易于深入，其分析成果也更有教学价值。经验分析法是进行学情分析的常用方法之一，学情分析离不开一定的教育教学理论与教学经验的支撑，但仅仅依靠经验分析法进行学情分析是远远不够的，而且也易使学情分析陷入经验主义和主观主义的泥潭中而不能自拔。应该说，在进行学情分析时，运用多元分析方法与多维分析视角，其分析结果更为可靠，也更有指导作用与理论价值。

2. 观察法

观察法是指教师在日常教学活动中，有目的、有计划地对教育对象、教育现象或教育过程进行考查的一种方法。教师在课堂上要多注意观察学生在学习过程中各种外在的行为表现及其学习情绪、学习态度等的自然流露，还要在课下经常与学生进行交流和沟通，以便对学生的学习情况和学习态度等有较为深入而全面的了解。在教学过程中运用观察法，教师要注意以下几点：①观察目的要明确。实施教育观察的教师心里要明白，通过教育观察主要试图收集什么信息、解决什么问题。②观察要客观与全面。应避免观察方法、观察过程、观察结果受到观察者的主观“污染”或主观干扰，在课堂观察过程中，教师既要关注教学过程中具有一定普遍性的问题，又要关注其个别性的问题，并注意在课堂教学过程中进行全方位、多角度的观察，尽可能使教学观察“保有”课堂教学的“全息信息”。③观察记录要翔实。要运用适当的方式对观察结果进行及时记录，以便对其进行相应的统计与分析。在教学过程中，教师可以通过录像与录音等方式保存课堂教学的音像资料，由于此类材料可以在教学研究过程中反复使用，可使观察过程更加全面、深入，还可以借助录像与录音等对课堂教学观察进行“核实”与补充。④观察结果的统计与分析应规范、科学，并尽可能详细、深入和全面。通过多维的分析视角、运用多元的分析方法“多角互证”地揭示观察到的教育现象背后的深层意蕴。

3. 资料分析法

资料分析法是教师基于已有的文字记载材料间接了解、分析学生基本情况的一种研究方法。材料包括档案袋、笔记本、作业和试卷等。通过查阅相关资料，教师可以比较系统地了解学生的学习、生活、思想、个性以及家庭背景等方面的基本情况，这对全面了解学生的学习情况等具有重要价值，对教学定向与教学预设具有重要指导作用。比如，通过深入分析（量化分析与质性分析相结合）学生已有的试卷（作业）或专门设计的试题（作业），教师可以了解学生关于某些特定教学内容已有的知识储备、已有的学习经验，可以知晓学生是否具有学习新知识的必要基础，有没有必要在教学过程中进行相应的补充，等等。同时，通过对学生已有的试卷（作业）或专门设计的试题（作业）的深入分析，教师可以在一定程度上揭示学生的认知水平、思维特点及其学习方法等方面的重要信息。另外，通过专门设计的试题（作业）对学生已有的知识储备进行检测与分析，教师还可以为教学过程中新知识的生成确定适合的固着点与生发点。

4. 问卷调查法

问卷调查法是指教师通过已有的相关问卷或专门设计的问卷对学生的已有学习经验、学习态度、学习动机和学习期望等进行较为全面与深入的了解，并通过多元的统计分析，为教学活动提供更进一步的量化与质化数据。问卷的设计要满足科学性与有效性的最基本要求，问卷中的问题要能客观、准确、全面地反映研究对象的实际状况，并符合研究的根本目的与基本要求。问题的表述要客观、准确、简洁、通俗易懂，避免在问题表述中带有任何暗示性或倾向性。一个问号前只能设置一个问题，不能在一个问号前设置多个问题。整个问卷应该主题突出，简明扼要，便于学生回答，便于教师进行统计与分析。

5. 访谈法

访谈法是指通过研究者与被研究者口头谈话的方式，从被研究者那里收集第一手资料的一种研究方法。通过一定的深度访谈，教师可以更加深入地了解学生的已有知识储备、已有学习经验，及其学习态度、学习动机等方面更为详细和深入的信息，为教学活动的有效开展提供更进一步的“深度信息”。访谈前，教师应该在认真分析的基础上，确定访谈的目的、内容，列出详细的访谈提纲，选择一定数量的有代表性的访谈对象，并确定适合的访谈时间、地点等。访谈地点要安全、安静，教师在访谈过程中要努力营造和谐、民主、真诚的访谈氛围，并通过适当引导使师生自然、和谐地进行“深度交流”。需要注意的是，在访谈过程中，教师应进行适当记录，或在征得被访者同意的条件下进行录音，并对与访谈相关的信息适当保密，等等。另外，运用多元分析方法对访谈资料进行全面而深入的分析，并进行科学而合理的“深度解读”，也是访谈资料能否发挥其应有的作用与价值的重要环节。

6. 基于一定的教育教学理论进行分析

当下比较成熟的教育理论与学习理论，比如皮亚杰的认知发展阶段理论、当代社会建构主义理论、加德纳的多元智能理论等，可以为学情分析提供基本的分析依据、分析视角与分析方法。在进行学情分析的过程中，教师再结合具体的学习对象、学习内容、学习环境以及学习过程等进行更加具体而深入的分析，从而揭示学习者的个性化学习特征与心理特征，为教学活动提供更为具体、更有针对性的指导信息。学情分析离不开一定的教育教学理论支持，否则往往缺乏科学性与理论深度，但仅仅基于某些教育教学理论的学情分析又难免空洞无力。只有在一定的教育教学理论指导下，科学运用多元方法对学情进行深入分析，其研究结果才既具有一定理论深度，又具有现实指导意义。

【案例】

“硝酸”的学情分析

在本节课学习前，学生已经学习过氮的各种化合物之间的转化，此外学生已经认识到硝酸是一种强酸，具有酸的通性，能用已学的基本概念分析、解决问题，已基本具备运用实验的方法进行自主、合作、探究学习的能力。

在学习过程中可能遇到的问题和困难有：①认为铜与硝酸反应，还原产物是氢气；②认为铜与稀硝酸反应起始观察到的红棕色气体是二氧化氮。学生遇到问题时可能会自主思考或者合作探究，也可以进行类比学习和归纳学习。

第三节　化学教学目标的确定

一、三个维度教学目标的具体含义

教育部2001年颁布的《基础教育课程改革纲要（试行）》（以下简称《纲要》）指出，基础教育改革的具体目标是“改变课程过于注重知识传授的倾向，强调形成积极主动的学习态度，使获得基础知识与基本技能的过程同时成为学会学习和形成正确价值观的过程”。同时指出：“国家课程标准是教材编写、教学、评估和考试命题的依据，是国家管理和评价课程的基础。应体现国家对不同阶段的学生在知识与技能、过程与方法、情感态度与价值观等方面的基本要求，规定各门课程的性质、目标、内容框架，提出教学和评价建议。”

《纲要》中提到的“知识与技能”“过程与方法”“情感态度与价值观”三个维度的课程目标就是本文所指的三维目标。它的提出是为了改变过去只重视知识与技能而轻视过程与方法、情感态度与价值观，从而影响了学生全面发展的现状。“要使学生具有爱国主义、集体主义精神，热爱社会主义，继承和发扬中华民族的优秀传统和革命传统；具有社会主义民主法制意识，遵守国家法律和社会公德；逐步形成正确的世界观、人生观、价值观；具有社会责任感，努力为人民服务；具有初步的创新精神、实践能力、科学和人文素养以及环境意识；具有适应终身学习的基础知识、基本技能和方法；具有健壮的体魄和良好的心理素质，养成健康的审美情趣和生活方式，成为有理想、有道德、有文化、有纪律的一代新人。”可以看出，三维目标的政策依据正在这里。课程总体目标被表述为知识与技能、过程与方法、情感态度与价值观，显然是一种具体解读的结果及把改革希望实现的结果转为对人的素质的要求。

所以，三维目标的基本含义是学生在知识技能学习的过程中获得学科思想、方法的个人学习体验的过程，是形成学生个人的科学人文素养的过程。三者各有侧重，相互促进，从整体上形成学生个体的创造性素质。

1. 知识与技能

所谓知识就是人们在改造世界的实践中所获得认识和经验的总和，它主要是指学生要学习的学科知识，包括事实、概念、原理、规律等。技能是指通过练习而形成的对完成某种任务所必需的活动方式，一般包括智力技能和动作技能。知识与技能二者是辩证统一的，知识是技能的基础，技能是知识的升华；没有知识就谈不上技能，没有技能，知识也无用武之地。因此，在教学中既要授之以鱼，又要授之以渔，既要加强基础知识的教育，又要在学习知识的过程中培养学生的能力，两者不能偏颇。知识与技能是通过一定时间的教学，学生学习行为变化要达到的结果，即学生在知识方面要获取多少，在技能上要提高到何种程度，要取得何种结果，这是知识目标和技能目标都具有的共性特征，所以，把知识与技能合在一起又叫结果性目标。

2. 过程与方法

过程与方法目标是新一轮基础教育改革中的创新。所谓过程，就是指为达到教学目的而必须经历的活动程序；方法是指师生为实现教学目标和完成教学任务在共同活动中所采用的行为或操作体系，这里主要是学生的学习方法。过程与方法目标最重要的特征就是亲历体验。体验是知识的升华，体验的信息可以成为日后解决类似问题的经验。所以学生在过程中可以获得知识与技能并最终内化为个性化特征。

3. 情感态度与价值观

情感态度与价值观，是人对亲身经历过的事实的体验性认识及其由此产生的态度行为习惯。其中，情感是人对客观现实的对象和现象的刺激所产生的心理反应，它分为积极情感和消极情感；态度是社会心理学基本概念之一，指在一定情境下，个体对人、物或事件，以特定方式进行反应的一种心理倾向；价值观就是对某一知识、事物的价值判断，就是对某一知识、事物有用无用，有多大用处等认识的价值取向。其中情感决定并形成态度，而态度体现情感，往往积极的情感形成正确的态度，消极的情感形成错误的态度。教师的责任就是要指导学生用积极的情感战胜消极的情感，用科学的态度去克服消极的态度，并逐步形成良好的行为习惯。情感和态度是价值观形成的基础，没有积极的情感和正确的态度就不会有科学的价值观，价值观是情感和态度的升华，并决定了人们的情感态度。

二、化学教学目标的表述

1. 知识与技能目标的表述

（1）了解身边常见物质的构成、化学性质以及在社会领域和日常生活中的应用，能够运用化学术语描述清楚。

（2）熟悉基本的化学概念和化学原理，对物质的微观组成形成初步的认识和理解，了解化学变化的基本特征和规律，了解一些常见物质的性质并能利用其性质分析其用途的原理。

（3）认识化学在社会生活和科学技术之间的关系，并能以此解决一些社会生活中的简单问题。

（4）在化学实验中掌握基本的实验技能，能够自主发现问题并设计出相应的实验，在实验中培养科学探究和合作精神。

2. 过程与方法目标的表述

（1）掌握科学探究的方法和过程，敢于挑战，进行简单的探究活动，在探究活动中培养科学创新精神。

（2）初步运用调查、搜集资料等方法获取相关信息，运用绘图、制表、化学术语来表述相关的信息，初步学会运用类比、演绎、归纳等方法对获取的信息进行加工和处理。

（3）利用所学的物质间变化与联系的观点分析和解释化学现象，并能够解决简单的常见化学问题。

（4）能够和同学间建立善于交流和合作的小组，能够与同学主动交流和探讨问题，敢于表述自己的观点，形成组间良好的学习习惯和合作精神。

3. 情感态度与价值观目标的表述

（1）对自然界和生活中的化学保持一颗好奇心和探究的欲望，激起强烈的化学兴趣。

（2）建立健全科学的物质观和价值观，增进对“认识来源于实践”“物质世界有其自身固定的运动、变化和发展的轨迹”等辩证唯物主义观点的认识，树立用科学知识的武器来反对迷信的观念。

（3）关注化学在社会领域中的热点，对化学在个人生活和促进社会进步方面的成就予以赞赏，初步建立为社会决策贡献力量的态度。

（4）树立绿色化学的观念，形成在享受化学带来福利的同时要保护环境、合理利用资源、避免化学造成的污染和伤害的意识。

（5）发展合作精神，以及科学严谨、善于思考、勤于动手、创新实践、精益求精的科学精神。培养爱国主义精神，树立为科学事业发展贡献力量和为振兴中华学习化学的志向。

有关表述词见表 2－4－1。

表 2－4－1　化学教学目标的表述词

目标		一般要求	表述词
认知领域	知道	知道是什么	列出、告诉、界定、识别、标出、定位、区分、描述、匹配、命名、划线、再现、陈述
	领会	理解	说明、阐述、举例说明、描述、提示、总结、详述、转换、测查、辩护、解释、重写、领会、理解
	应用	运用知识并进行理解	展示、应用、使用、解决、选择适宜程序、更改、操作、准备、产生、构建、重构、分类
	分析	分解	分析、争论、区别、归纳、推导、组织、分解、用图显示、分开、细分、联系、比较、检测、推演
	综合	整合、创建	创建、整合、计划、设计、产生、编辑、发展、组成、发明、更改、组织、重建、重组、推理
	评价	评价	评价、判断、讨论、推断、认为、比较、发展、批评、支持、决定

续上表

目标		一般要求	表述动词
情感领域	接受	乐意关注和接受信息	倾听、意识、观察、知觉、认可、认识、宽容、分享、积累、接受、结合、控制
	反应	乐意做出反应	反应、合作、欣赏、发现乐趣、遵守、讨论、赞同、赞扬、警告、争议
	形成价值观	发展态度和观念	重视、认可、评价、评估、肯定、相信、品评（也可见“认知领域”的“评价”）
	组织价值观念系统	表现出价值	讨论、抽象、推理、比较、展示、表现、行动、投入、支持、定义、公式化
	价值体系个性化	形成个性化价值观念	努力、计划、方法、行动、道德、人道、忠诚、成熟、冲突、欣赏
动作技能领域	知觉	注意、感觉	注意、感觉、觉察、发现
	模仿	做好了尝试准备	准备进行、准备就绪、采取步骤、进行准备、意愿
	操作	尝试	尝试、表现、实践
	准确	提高	提高、逐渐熟练、改变、增强、减少
	连贯	掌握	掌握、达到完美水平
	习惯化	适应	适应、调整、调节、改变、调制

三、化学教学目标确定案例

在实际的化学教学中，部分化学教师对新课程提倡的三维目标之间的相互关系认识不够深刻，相互之间的关系处理得不平衡。教师对教学目标存在孤立性认识而非整合性认识，导致教学目标的全面落实存在偏失。具体来说，在确定“知识与技能”教学目标时仅仅罗列学生所要获得的基础知识和基本技能，不谈获得知识与技能的情境、方式、条件等；在确定“过程与方法”和“情感态度与价值观”教学目标时，则分别与“知识与技能”目标孤立起来，显得与之毫无关系，不谈或略谈教学目标达成所依靠的载体，从而形成目标要求上的空话、套话。

1.“氯气的实验室制法和氯离子的检验”的教学目标

（1）知识与技能：掌握氯气的实验室制法和氯离子的检验方法。

（2）过程与方法：

①通过引导学生观察、分析演示实验的现象，培养学生观察和分析问题的能力。

②学会研究气体的实验室制法和氯离子检验的方法和程序。

（3）情感态度与价值观：

①通过实验，激发学生学习化学的兴趣，培养学生热爱化学的情感，从实验中感悟到化学的魅力。

②培养学生严谨求实、勇于探索的科学态度。

③对学生进行安全教育和环境保护教育。

评析：

可以看出，虽然上述教学目标从3个维度分别陈述，但其中“知识与技能”目标实属罗列知识点（“氯气的实验室制法”“氯离子的检验方法”），“过程与方法”目标①和“情感态度与价值观”目标①、②、③也都未能与“知识与技能”目标相互照应、取得联系。这种对教学目标的孤立性认识，违背了学生科学素养全面发展的基本思想和内涵。

具体到化学学科角度上看，三维目标旨在使学生在化学学科的知识、技能、体验、交往、方式、方法、兴趣、态度、情意、价值观等多方面形成化学科学素养的一个整体性发展。对于教师来讲，“过程与方法”“情感态度与价值观”2个维度的教学目标较“知识与技能”目标更为隐性、更难挖掘与深入、更不易凸显。同时，受制于广大化学教师的专业化发展水平，在教学过程中如何高效、常态化地开展一些有助于落实这2个维度教学目标的教学活动也是一个难题。许多教师从过去的片面重视“双基”转变到现在“三维目标”并重，虽然在认识上、观念上有了改变，但是在具体的教学行为上依然存在“恋旧情结”，不易摆脱过去的教学状态和教学范式。

对于教学目标的整合性认识及其设计思路，《课程标准》指出，“基于全面发展观的教学目标设计，要按照科学素养的三维目标来重新构建教学目标”，“三个维度目标之间应有机结合，融为一体”，这体现了人们对化学教学目标从孤立性到整合性的更为深刻的认识转变。教师对教学目标存在整体性认识是指从整体、系统的角度形成对三维目标的全面的、系统的认识，力图使三维目标之间能产生相互的联系，能有机结合，全方位地凸显三维目标的全部教育价值和功能，促进学生科学素养的全面发展。

2. “钠的氧化物”的教学目标

（1）通过回忆前一节课中的实验现象，进一步了解氧化钠和过氧化钠的颜色和状态。

（2）通过类比氧化钙与水、二氧化碳和盐酸的反应，学生能写出氧化钠与水、二氧化碳和盐酸的反应方程式，体会和感悟类比法在学习同类物质性质方面的重要性。

（3）通过教师展示的新闻信息和氧化还原反应的知识，产生对过氧化钠与水反应产物的猜想、讨论，进而分组设计实验方案，并完成实验得出结论，从而让学生能正确书写过氧化钠与水反应的化学方程式，并能标出电子转移数目和方向，判断氧化剂和还原剂，进一步掌握实验操作技能，形成团队合作意识以及对待科学的严谨态度。

（4）通过对过氧化钠在现实生活中应用实例的了解，认识过氧化钠的重要用途，感受化学与人类生活之间所存在的密切联系。

评析：

上述教学目标虽然并没有将3个维度的教学目标分别列出，但却反映出该教师对教学目标的整合性认识。上述教学目标既包含着“氧化钠和过氧化钠的颜色和状态”“氧化钠与水、二氧化碳和盐酸的反应”“过氧化钠与水的反应的实验”“过氧化钠的重要用途”“标出电子转移数目和方向，判断氧化剂和还原剂”“实验操作技能”等知识与技能，也包含着“回忆实验现象”“类比”“猜想、讨论，进而分组设计实验方案，并完成实验得出结论”等过程与方法，还包含着“团队合作意识以及对待科学的严谨态度”“化学与人类生活之间所存在的密切联系”等情感态度与价值观的内容，充分地体现出了3个维度的教学目标，而且是相互交织、彼此交融的，突出地表现在“知识与技能”有其实现的背景、条件与手段，“过程与方法”“情感态度与价值观”有其得以落实的基础、载体和方式。

如何实现教学目标的整合呢？有2种方法值得探讨。

第一种方法是分别从3个维度的教学目标中选出共同的或相关的内容要素来做整合，形成既包含3个维度又体现相互联系的教学目标。这样的教学目标能够综合3个维度，也能够将其相互联系，但是，由于3个维度的教学目标性质不一、价值各异，有些目标比较显性而有些又相对隐性，所以对于教师来讲，在进行整合的时候往往不容易站在一定的高度去全面审视3个维度教学目标之间的关系，不能将3个维度教学目标整合得恰如其分、恰到好处，反而容易使得整合流于形式、疏于斟酌，故不易操作。

第二种方法是先确定一个维度的教学目标作为整合的基础，再通过分析该维度教学目标的教育价值来思考如何在此基础上去建构、发展其他2个维度的教学目标，最终实现整合。在“知识与技能”“过程与方法”“情感态度与价值观”3个维度中，“知识与技能”维度应该是整合教学目标的基础。这不仅因为“知识与技能”历来就是化学课程中的重要组成部分，而且对于教师来讲，“知识与技能”最显性、最容易理解与把握。

事实上，“过程与方法”“情感态度与价值观”2个维度的教学目标也只可能在获得“知识与技能”的过程中得到实现，否则就容易空洞、泛化。所以，正确地理解不同类型的化学知识与技能的教育价值是关键。只有全面地认识了化学知识与技能的教育价值，才有助于实现教学目标的整合。

第四节　化学教学重难点

一、确定教学重点与难点的依据和原则

1. 确定教学重点与难点的依据

课堂教学过程是为了实现教学目标而展开的，确定教学重点与难点是为了进一步明确教学目标，以便教学过程中突出重点，突破难点，更好地为实现教学目标服务。

因此，确定教学重难点首先要吃透新课程标准，其次要吃透教材。只有明确了这节课的完整知识体系框架和教学目标，并把课程标准、教材整合，才能科学确定静态的教学重点与难点。

学生是课程学习的主体，教学重点尤其是教学难点是针对学生的学习而言的。因此，我们要了解学生，研究学生。要了解学生原有的知识和技能的状况，了解他们的兴趣、需要和思想状况、学习方法和学习习惯。从教育学的活动要求来看，培养学生能力，掌握学习方法，是教学重点与难点；从情感教育和品德养成来看，激发学生积极的情感，形成正确的价值观，是教学重点与难点。总之，教师在教学中，要结合学生实际，根据教学目标，恰当地将知识与技能、过程与方法、情感态度与价值观确立为教学重点与难点。

2. 确定教学重点与难点的原则

要做好教学工作，首要的任务是从实际出发，确定教学的重点与难点。教学重点与难点是课堂结构体系中最重要的一环，选好教学重点与难点，是一堂课成功的关键。

（1）以“课程标准”为指导。教学重点与难点的确定要以课程标准要求为准绳，课程标准规定了总体教学的要求，确定了学生在某一学习阶段应掌握的能力的总体水准，这一切当然是教师在确定教学重点时首先要遵循的。学习课程标准并领会其精神，在其规定的范畴对知识结构系统加以精确的分析，再制定出具体的教学重点与难点。

（2）以“学情”为基础。在确定教学重难点时要充分考虑“校情”“班情”的实际，这是确定教学重难点的“合情”原则。在整个课堂教学活动中，每个环节必须努力做到以学生为本。只有这样，教学才有针对性，进而克服盲目性。要做到“合情”，就必须深入了解学生，这包括学生的认识能力、知识水平、生活阅历、求知欲等个体因素，也包括优生和差生的比例和他们的能力差别等总体情况。反复权衡这些因素后，才能正确确定教学重难点。

（3）以知识结构为脉络。知识结构系统化、网络化是确定教学重难点的重要条件，任何学科的知识都有自身的体系，知识点之间都有内在联系，而这些联系往往具有有序性。正是这个特点决定了我们教学中必须遵循“循序渐进”的原则，所以在确定教学重难点时，必须考虑知识结构的有序性，从而合理安排。

（4）以知识迁移为目的。注意知识向智力和能力方向的迁移，确定教学重难点时必须遵循这个要求，这就是教学重难点的“适时”性。我们在确定教学重点时，力争做到教学有法、教时有核（核心）、教后有“果”（学有所得）。

二、教学重点与难点的设计策略

1. 建立辩证思维，提高学生研究、分析重难点问题的能力

就化学课堂教学而言，教师必须具备一定的辩证思维，提高其研究分析问题的能

力。不能凭主观印象先入为主，要真正将书本知识与学生需求结合起来，提高突破重难点问题的能力。要建立定期分析制度、过程量化制度、目标牵引机制，将整个化学教学过程统一起来，具备操作性和实践性，达到解决问题的目的。

2．突出目标牵引，将共同发展作为教学的核心要义

在授课之前必须要针对学生的接受能力和学习状态，区分不同层次，结合课本要点，确定讲什么、讲到什么程度，以此实现一人一策，使好学生的思维可以得到拓展，稍弱的学生可以有所提升。实际上，授课中的重难点并非真正的重难点，它难在如何在授课之前做到有效地确定。

3．结合实践操作，带着问题进行理论学习和分析

要突出化学课堂教学的操作性，模仿文科教学中的案例式教学模式，通过先实验后授课或者边实验边授课等方式，让学生带着问题进行学习，通过自发地发现问题和解决问题，让学生具备独立学习的能力，从而解决化学教学中的重难点问题。这种实践操作可以通过动手操作、多媒体演示、实验解析等方式进行。

4．培养学习兴趣，通过教学定位解决重难点问题

“兴趣是最好的教师”，必须通过准确的教学定位，才能将教学目标、教学效果、教学模式和教学评价体系等内容统一起来，提高教师授课的水平和学生听课的兴趣，使他们在积极主动的学习中，提高解决重难点问题的能力。比如，结合实验创设不同情境，防止气氛沉闷；给予学生正确评价，通过表扬提高兴趣；等等。

“实践是检验真理的唯一标准”，化学课堂教学过程中重难点问题的确定与突破，必须立足实践，通过提高兴趣，完善方法手段，注重实验操作，把握其实践性、创造性和生活性特点，将生活、学习与创造结合起来，达到突破重难点问题的目的，从根本上提高化学课堂教学的实效性。

三、教学重点与难点的设计案例

以绪言课为例，由于绪言课是学生第一次接触的化学课，这节课的学习将直接影响学生学习化学的兴趣、态度、动机等学习内驱力的形成，因此绪言课的第一个教学重点是激发学生学习化学的兴趣，形成良好的学习动机。物理变化与化学变化、物理性质和化学性质等概念是以后学习中不可缺少的知识内容，它将直接影响学生对元素化合物知识的学习，尤其化学变化是化学研究的核心，贯穿化学学习全过程，因此这一内容又是绪言课可教学的第二个重点。此外，绪言课的学习是在演示几个实验的基础上进行的，学生必须认真、有序地观察化学实验。良好的观察习惯的养成将为以后的学习奠定良好的基础，因此借助实验培养学生实验观察的目的性、有序性是绪言课的第三个重点内容。

由于学生刚刚接触化学知识，头脑中的感性材料积累是有限的，这就使概念的形成过程由感性经验上升为理性认识的过程有了障碍，故对学生来说，理解两种变化的

区别、正确判断物理变化和化学变化具有一定的难度。所以，理解物理变化和化学变化的区别、准确判断物理变化和化学变化是绪言课教学的难点。

第五节　化学教学策略和方法的选择

一、化学教学策略的选择

1. 化学教学策略的内涵

教学策略是指在一定教学理论指导下，为实现某种教学目标，合理选择和组织相关的内容、组织形式、方法和技术，形成的具有效率的特定的操作样式或实施方案。

教学策略具有以下基本特征：第一，思想性。选择或制订教学策略是在一定的教学思想指导下，对教学内容、媒体、组织形式、方法、步骤和技术等要素加以综合考虑的结果。第二，可操作性。教学策略不是抽象的教学原则，也不是在某种教学思想指导下建立起来的教学模式，而是可供教师和学生在教学中参照执行或操作的方案。第三，灵活性。教学策略根据不同的教学目标和任务，并参照学生的初始状态，选择最适宜的教学内容、教学媒体、教学组织形式、教学方法并将其组合起来，保证教学过程的有效进行，以便实现特定的教学目标，完成特定的教学任务。

2. 常用的化学教学策略

人们从不同的角度归纳和分类教学策略，其中从认知过程四要素的角度可以将教学策略分为以下四类。

（1）激起认知动因的策略。真正的学习需要学生全部心理活动的参与。每个学生头脑里的认知结构和意向状态互为学习的前提，并且互相促进。情感化和技术化现在正成为教学策略研制的主要方向之一。

在化学教学上人们设计了许多策略来激起学生的认知动因。如利用新闻媒体上关于化学品事故的报道激发认知动因、利用反常实验现象激发认知动因、利用化学与生活的联系激发认知动因等。

（2）组织认知内容的策略。学生头脑里的知识体系是由课程、教材、教学方案的结构和序列转化而来的，因此必须追求最便于学生理解和应用的呈现方式。

在化学教学中，结构图、表格、概念图、物质转化关系等是常用的组织认知内容的策略，将元素化合物知识和理论知识穿插呈现、复杂概念的学习分层次螺旋上升等也是组织认知内容策略。

（3）优化认知式的策略。最有效的学习应该是让学生在体验和创造的过程中学习。中国古代教育家推崇的教学过程是“道而弗牵，强而弗抑，开而弗达”（《礼记·学记》），以此达到教学的最高境界。

有经验的化学教师会非常注意优化学生的认知方法，采用探究学习、自主学习、合作学习等教学策略。边讲边实验、讨论、辩论、参观、竞赛等也是可以用于优化认知方式的策略。

（4）利用认知结果的策略。化学教学中有一类问题是很突出的：学生知识遗忘率高，教师教学针对性差，造成教学目标的达成度比较低。解决这类问题，应注意对学生学习结果的了解和正确利用。

3. 化学教学策略的选择依据

中学化学教学中教学策略制定和选择的依据是与一般教学策略制定和选择的依据相通的，我们可以借助选择一般教学策略的思路进行探讨。关于教学策略制定和选择的依据也可以是多方面的，以下从五个方面来阐述中学化学教学中教学策略制定和选择的依据。

（1）中学化学教学目标。化学教学目标是化学教学中教学策略的构成要素之一，它也是运用化学教学中教学策略所要达到的教学效果。教学策略运用得恰当与否也要看目标的达成情况。教学目标可分为三个领域，即认知领域、动作技能领域和情感领域。同一教学内容可能同时涉及这三个领域。但教学策略所依据的教学目标无论涉及哪个领域，都要尽可能使用清楚、明确的语言陈述目标，使教师和学生都能理解，同时具有可测验性，以标示学生的目标达成情况。

（2）中学化学教学内容的属性。教学内容本身的特点是选取教学策略的最重要的依据。比如在中学化学中，同样是概念教学，却可以或必须采用不同的教学策略，因为概念有不同的属性。如“摩尔”这一概念是无法通过实验去观察、验证的，此时宜采用以奥苏贝尔的接受式教学为主的教学策略，实施程序可按如下几个步骤完成。

①引进“摩尔”这一概念的必要性。

②给出“摩尔”的定义。

③分析定义中的关键词。

④进行相关知识的练习，总结归纳使用定义时应注意的问题。

（3）中学生的特点。化学学习中每一位学生都是拥有独自特征的个体，他们在知识储备、思维能力、心理特点、学习态度等方面都会有或多或少的差异，中学生已接受多年的教育，有一定的学习基础，并在学习中逐渐形成了自己的见解和一套方法。在中学化学教学中制定和选择教学策略时，可以针对班级中各类学生所占的比例适当倾斜、调整来提高整体的学习水平。比如：有的班级大多数学生对化学有着浓厚的兴趣，活跃，动手能力强，在化学教学中就可适时地采用实验探究式教学策略，让学生参与教学过程，手脑并用，在学习中不断提高化学学习能力，增加感性认识。

（4）化学教师的能力和风格。在什么情况下采取什么样的策略更为恰当，不仅仅取决于教学内容本身，还要取决于教师的教学风格，即是对教学内容的不同处理格调。目前，新中学化学教材也倾向于先给学生一个较完整的理论体系，以使其指导学生继续学习基本知识，同时用理论去理顺知识网络。可见，对同一教学内容的不同安排是很常见的，也是有一定教学理论依据的，教学策略要视教师的教学计划、教材编排体例以及学生的接受能力等因素共同决定。

（5）化学教学设备。化学教学设备包括化学教具（模型、标本和图表等）、化学实验设施和电教设施。结合教材利用化学教具让学生通过观察、阅读来理解教学内容，无疑是一种培养学生自学能力的策略；依据化学实验设备情况，除完成教学大纲中的实验内容外，还可多设计趣味实验，这是提高学生学习兴趣的策略；并且为了增加学生的参与度，更快、更好地掌握实验技能，可开放实验室等，以及利用计算机演示难度较大、较危险的实验，演示较抽象的微观粒子教学，这是一种提高教学效果和效率的策略。

二、化学教学方法的选择

教学方法就是在教学过程中，教师和学生为完成教学任务而采取的教与学相互活动的方式。教学方法是教学过程中最重要的组成成分之一，是教学的基本要求，是能否实现教学目标完成教学任务的关键。因此，教师必须恰当地选择、创造性地运用教学方法。教学方法的选择由具体的教学目标、教学内容、学生情况等共同决定。“教学有法、教无定法”，每种教学方法都有其长短，没有万能的方法。化学教学方法来自教师的实践经验，它不仅仅是单纯的教学技巧问题，还反映着教师的教学理念和能力水平。在教学过程中，学生的学习方式和教师的教授方法也是直接相关的，假如教师长期只运用单一的教学方法，学生的学习方式也必然是死板的，这种“迁移”体现了教学方法的双边性。经验丰富的教师常常灵活运用多种教学方法，各种具体方法彼此互相补充，密切配合，综合地发挥着整体效能，使教学活动富于变化并体现出一种特殊的节奏美。

教师在筛选、提炼和创造性地运用教学方法时，应符合以下要求：

（1）符合化学教学原则。化学教学原则是化学教学必须遵循的基本要求，它是根据教学目标和教学过程的规律提出的，是化学教学实践经验的总结。化学教学原则包括科学性与思想性相结合原则、直观性原则、实践性原则、创造性原则、知识情感并重原则、以问题为中心的学习原则、主体性原则等。

（2）符合本节课教学目标与任务。教学目标对教学方法的选择有着制约的作用，教学设计者应根据教学目标选用适当的教学方法。如讲授法、讨论法等离开了目标，就很难比较教学方法的优劣。

（3）符合学生实际。要充分考虑学生的学习能力、知识水平、班级集体的特点，使教学方法与学生的学习和谐统一。

（4）符合教师本身的可能性。这种可能性取决于教师的经验、理论修养和个性品质。

（5）符合现有条件和所规定的教学时间。化学教学的教学方法虽然多种多样，但教学方法发展的主流是最大限度地调动学生学习的主动性，把获得知识、技能、培养能力和对学生的观念、态度、情感教育结合起来。因此，教师在运用具体的教学方法时，要注意以下几方面的转变：从教师单一的讲授转变为在讲授的同时鼓励学生提问，并能积极主动地参与各种教学活动；从教师演示转变为学生自己动手，进行观察和实验；从课堂上教师控制学生接受式学习转变为教师指导学生进行自主、合作、探究学习，发挥学生的主体作用。处理和组织教材的方法也要注意以下转变：从直接学习理论转变为在学习解决问题的方法中学习理论；从学习事实与原理转变为学习发现事实与原理的方法；从教材为唯一学习内容转变为接触多种媒介，整合各种课程资源。教师在改进教学方法的同时，还要注重对学生学习方法的指导，培养学生终身学习的能力。

第六节　化学教学过程设计

一、化学教学过程的内涵和特征

1. 化学教学过程的内涵

教学过程是一个师生互动的动态活动过程，教师要根据教学目标、学生的已有知识、重点、难点，预计学生将作出的反应，设计好教学方法、问题和练习，一旦出现非常情况，教师要及时调整自己的教学进度、要求、教学策略和方法。

教学过程是教学主题和学生活动（即师生互动的动态活动过程）的统称。我们可以从两个维度来整理，一是横线维度，即教师和学生活动；二是纵线维度，即教学内容或者说教学主题。

2. 化学教学过程的特征

化学教学过程的基本特征是化学学科特征在教学中的反映，是区别于其他学科教学的标志。化学是一门以实验为基础的自然科学，“以实验为基础”是化学学科的基本特征。可观察现象的宏观世界，分子、原子和离子等微粒构成的微观世界，化学式、化学方程式等构成的化学符号世界构成了化学学习的三大领域，其内容特点决定了在化学学习中，学习者必须要从宏观、微观和符号等方面对物质及其变化进行多种感知，从而在学习者心理上形成了化学学习中特有的“三重表征”形式：宏观表征、微观表征和符号表征。这三种表征形式之间不应是孤立的，而应有机地融合，共同构成学习者对化学知识完整的表征系统。

综上所述，化学教学过程的基本特征可以概括为：

（1）以实验为基础。

（2）以化学用语为工具。

（3）以“宏观、微观、符号”三重表征有机融合的特有思维方式认识事物。

二、化学教学过程设计的基本形式

1. 纲要式（以人教版九年级化学第一单元课题3为例）

“走进化学实验室”教学过程设计

【教学设想】

作为刚学习化学的初中学生，第一次接触化学实验，如果一开始就放手让学生去做，势必会让学生无所适从。因此，本课题教学应该先由教师来讲解并引导示范，然后由学生练习巩固，让学生在实验室将学习内容进行综合提升。建议将本课题分为4课时完成：

第1课时：明确实验室规则，认识常用仪器。

第2课时：药品的取用。

第3课时：物质的加热和仪器的洗涤。

第4课时：学生分组实验—实验基本操作的综合练习。

根据学校实际情况，前3个课时可以在教室授课，以教师讲解示范为主，同时请部分同学在全班演示相应的操作，其他同学观察思考其操作是否规范；对于有条件的学校可以安排在实验室授课，全体学生分组实验，都能得到练习的机会。第4课时采用自编学生实验的方式将基本操作进行整合，全体学生在实验室分组进行实验。这部分内容能否出色完成，关键在于学生对课上教师的讲解示范的理解和领会。通过第4课时的练习，既可以让学生得到实验基本技能的提升，又可以让学生明确实验是化学学习的重要内容。

【实施策略】

第1课时：了解实验室规则和常用仪器。

（1）实验室规则：可以向学生展示交通红绿灯视频，提出生活和学习中都要遵循一定的规则才能科学有效地行事。从而引出实验室的规则、操作要求及安全注意事项。

（2）认识常用仪器：先让学生阅读课本“附录Ⅰ”中的常用仪器，然后展示实物，要求学生会说、会写仪器名称，初步了解其用途及使用注意事项。课上配合一些完整的实验装置图，让学生指出对应的仪器名称。

第2课时：药品的取用。

课前自学：教师提前布置任务，让学生利用家中现有的器具，如杯子、碗、筷子、汤勺、吸管、小药瓶、塑料眼药水瓶以及水、食盐、蔗糖等来练习固体和液体药品的取用，并记录取用方法及注意问题，然后在课上进行交流。

课上学习：学生先展示自己在家操作的成果，根据教师提供的仪器和药品来进行实际操作，共同讨论、归纳药品的取用方法和注意问题。教师再重点讲解和展示定量取用时量筒和胶头滴管的使用方法和注意问题。对于常用危险化学品标识和药品取用规则可以让学生自读课本，然后教师用跟踪练习进行检测。

第 3 课时：物质的加热和仪器的洗涤。

在这一课时中，给固体、液体加热以教师演示为主，再通过错误操作的后果图示，让学生明确规范的实验操作不仅是收到良好的实验效果的前提，也是安全实验的关键因素。此外，教师通过示范操作，总结出正确的操作和注意事项，以便学生课后消化理解，为学生走进实验室做好准备。

第 4 课时：实验基本操作综合练习。

建议教师自己编写实验教材，其中包括仪器选择（含认识）、药品取用、量筒和滴管的使用、给固体和液体加热、洗涤仪器等内容。然后将学生带到实验室进行分组实验。

实验题目：氧化铜与稀硫酸反应。

实验目的：

（1）认识常用的实验仪器：试管、酒精灯、量筒、滴管等。

（2）练习向试管中放入固体药品氧化铜。

（3）练习向试管中加入液体药品稀硫酸。

（4）练习量筒和胶头滴管的使用。

（5）练习给试管中的液体加热。

实验过程与记录见表 2－4－2。

表 2－4－2　实验过程与记录

实验步骤	实验现象	实验结论	操作方法及注意事项
取一支试管，用________取少量氧化铜固体放于试管中	氧化铜是________色，粉末状固体	________________ ________________	固体药品取用方法： 一升：____________ 二送：____________ 三直立：__________ 固体最少取用量：______
用量筒量取 2 mL 稀硫酸，到接近刻度线时，改用________滴加稀硫酸	稀硫酸是________色________体______ ________________		液体药品取用方法： 一倒：____________ 二向：____________ 三挨：____________ 四斜：____________ 五注入：__________ 液体最少取用量为：_____ 量筒读数方法是：______ 胶头滴管使用注意事项是：____________

续上表

实验步骤	实验现象	实验结论	操作方法及注意事项
2 mL 稀硫酸加入盛有氧化铜的试管中，振荡，观察	黑色粉末逐渐溶解，溶液变成__________色	氧化铜和稀硫酸反应生成________色溶液	明确观察要点： 固体变化：____________ 液体变化：____________ （取用硫酸时注意安全）
加热试管	黑色粉末逐渐溶解并消失，溶液由________色变为________色	在受热情况下，氧化铜与稀硫酸反应更快	给试管中液体加热的方法及需要注意的问题：________

2. *表格式（以人教版九年级化学第三单元课题 2 为例）*

“离子”教学过程设计

【教学目标】

1. 知识与技能

（1）了解核外电子分层排布的一般规律，了解原子结构示意图。

（2）理解原子通过得失电子形成阴阳离子的过程。

（3）知道离子是带电的原子或原子团。

2. 过程与方法

（1）通过归纳原子核外电子的排布，增强空间想象力。

（2）通过阅读资料、分析示意图，初步学会比较、归纳、分类等科学方法。

（3）通过探究 NaCl 的形成过程，逐渐形成宏观与微观相结合的化学思维意识。

3. 情感态度与价值观

通过对核外电子运动状态的想象和描述，培养对微观世界学习的兴趣，唤起对科学的好奇与向往。

【教学过程】

表 2-4-3　教学过程设计

教学阶段	教师活动	学生活动	设计意图
图片引入	展示太阳系图片、原子核式模型图片，引导学生聚焦于电子在核外的运动规律	观看图片，发挥想象	把学生的思维带入原子的内部世界

续上表

教学阶段	教师活动	学生活动	设计意图
引导思维	以地球表面不同飞行器离地球远近为例，启发学生对核外电子分层排布的理解	思考与想象	让学生对核外电子分层排布形成感性认识
活动一	分析如何用原子结构示意图的方法来表示核外电子排布情况	阅读资料，完成前 18 号元素原子核外电子排布并与同学进行交流；画出前 18 号元素的原子结构示意图	培养阅读能力；加深对示意图的理解
活动二	组织学生交流自己的发现	根据自己画的前 18 号元素的原子结构示意图分析、讨论其中的特点和规律，与同学交流	培养分析归纳能力；体会发现的快乐
活动三	通过稀有气体的结构特点，讨论结构与性质的关系	填写表格，感悟最外层电子数与元素化学性质的密切关系	逐渐由微观到宏观，帮助学生理解研究电子层结构的意义
引出离子	回归宏观，进行钠和氯气反应的实验，启发学生从微观进行解释	认识氯化钠的形成过程，了解离子的形成和离子的特征	离子概念的形成水到渠成

3．图解式（以人教版九年级化学第七单元课题 1 为例）

“燃烧与灭火”教学过程设计

【教学目标】

1．知识与技能

通过人类认识燃烧的历程，了解燃烧的概念；通过实验探究，掌握燃烧的三个条件及其之间的关系；通过实例分析，掌握灭火原理和简单的消防常识。

2．过程与方法

能依据控制变量的思想设计实验，探究燃烧条件是否缺一不可；能运用燃烧条件和灭火原理分析实际问题。

3．情感态度与价值观

体会燃烧对人类社会的发展起到了巨大的作用，但若控制不当也会带来灾难；体会人类认识客观世界是一个渐进的过程，科学研究的深入必将推动社会的发展。

【教学重点】

燃烧条件与灭火原理。

【教学难点】

燃烧条件的实验探究。

【教学过程】

情景引入

［情景描述］远久而又亲切，浅显而又深奥的燃烧现象。
［视频资料］古代用火。
［讲述］学会取火带来了社会进步。

↓

概念建立

［设问］什么是燃烧？
［讲解］燃素说。
［演示实验］木炭在氧气中燃烧。
［分析］燃素说存在不足，建立燃烧概念。
［视频实验］钠在氯气中燃烧。
［讲解］更广义的燃烧概念及课本中对燃烧的定义。

↓

燃烧条件

［讨论汇报］依据古人用火的视频、教师演示实验和已有的生活经验，分析燃烧需要哪些条件。
［分组探究］分别探究燃烧的其中一个条件能否缺少。
［汇报指导］控制变量、思维亮点、不同的设计思想的介绍。
［视频实验］用红磷、白磷验证燃烧的条件。

↓

灭火原理

［过渡］燃烧的利弊两面性。
［资料展示］消防安全图。
［重点分析］用火安全（演示铁丝燃烧实验）。
［归纳］消防三步骤：预防—灭火—逃生、报警。

↓

实例应用

［资料］珠穆朗玛峰恶劣的自然条件和火炬研发小组的解决方案。
［分析］依据燃烧条件，分析为什么研发小组采用这些方法。

↓

小结

［线索］人类认识燃烧的历史进程。
［知识］燃烧概念、燃烧条件与灭火原理。
［方法］控制变量。
［体验］科学研究推动社会的进步，今天的所学必将是明天的起点。

三、化学教学过程设计的基本内容

在进行教学过程设计时，应该首先合理地设计学习主体的活动内容和活动方式，然后再设计施教主体如何进行教和导、如何对学习主体的学习活动起辅助作用和保证作用。教学过程设计包括认知、情感、行为等教学活动的设计以及教学活动的情境设计。此外，还应注意设计好教师和学生、学生和学生之间构建适宜的人际关系的活动。

1．教学情境和情感活动过程的设计

教学活动总是在一定的情境中进行的。在进行教学活动设计时，还应该同时做好活动情境的设计和情感活动过程的设计，用适当的教学情境对教学过程起引导、定向作用，适当的情感活动对教学过程起维持、强化、调整和控制作用。教学情境设计和情感活动过程设计具有很强的创造性、艺术性。在进行有关的设计时，教师的经验、积极性和能动性有着很大的作用。

2．教学内容的设计

（1）设计区别观察和推论的活动。

观察和推论之间是有根本区别的［观察是对直接通向感官（或感官的扩展）的自然现象描述性的陈述］。理解观察和推论之间的根本区别是弄懂隐藏在科学世界的许多推论、理论以及相关术语的前提。如果教师的话语对观察和推论不加区别，这就会导致学生对于内容的不理解，学生会认为科学知识就是事实本身。只有将观察和推论加以区别，才有可能有目的地设计出跨越观察到推论之间的话语，真正实现学生在认识上的跨越。

（2）设计知识的产生方式。

学生对知识的深刻理解是建立在学生对知识的产生过程的认识基础上的。知识的产生是不一样的，如科学定律和科学理论。科学定律是对观察现象间的关系的描述性陈述，科学理论是对观察现象或这些现象中的规律提出的假设，是被建立的比较满意的、高度证明的、内部一致的解释系统。理论与定律一样都是合理的科学产物。科学定律和科学理论最本质的区别就在于它们产生方式的不同。科学理论的产生方式是归纳模式，科学理论的产生方式是建构模式。教材在呈现科学定律的时候应该使用的知识形成话语是"从大量的事实可以归纳出……"；在呈现科学理论的时候应该使用的科学话语是"我们提出……理论能够很好地解释这些事实，这种理论的合理性可以通过证实其预测的情况来间接找到支持性依据"。在呈现理论的过程中，使用话语"发现"是不恰当的，因为这会使教师和学生误以为果真如此。

（3）设计反思性活动。

长期以结论态内容为目标的科学教育会使学生形成科学是对客观世界的真理性认识的观点，即使有探究性活动的设计，也会使学生形成科学是对自然世界的发现性认识的观点。因此，在教材的设计中，应该有对科学认识活动的反思。反思主要指为学生提供各种机会对认识活动进行反思，可以对科学家的认识活动史进行反思，也可以对学生自己的认识活动过程进行反思。在我国目前内容与课时矛盾比较突出的情况下，反思学生自己的认识活动可能是一种较为可行的方案。学生只有对科学认识活动进行反思，才有可能认识到科学认识活动中的"建构性"特点。如在微观的教学活动中，要通过显性和反思性活动让学生在理解化学理论的同时，理解科学理论的本质；在显性活动中注意区别观察和推论、注重知识的产生式以及教学话语。在反思性活动中，让学生清晰回顾知识学习过程，对知识的产生方式进行反思，评价其合理性，使学生对科学理论的本质有一定的认识。

第七节 作业设计

一、作业的功能

1. 导向功能

作业设计要做到知识与技能、过程与方法、情感态度与价值观的统一，充分体现素质教育的精神。作业应体现学科价值、社会价值、人本价值导向功能。

2. 巩固功能

作业设计是巩固教学的主要手段。教师及时反馈学生的作业，可以帮助学生理解、保持和应用知识，从而形成对知识的完整、确切、清晰的认知。

3. 诊断功能

作业设计的诊断功能体现在既可以检测学生的学习效果，也可以检测教师教学的效果。教师的教学效果及学生对课堂内容的掌握程度，主要是通过作业的完成情况反馈的。教师根据反馈的作业信息调整教学内容和进度，改进教学方法，以便进一步有效地实施教学。教师对作业进行评价和批改，又反作用于学生。如此便形成了循环的诊断系统，使得教师和学生在知识和思想感情上都有交流。

4. 激励功能

学生的学习自信心和积极性是学生学习能够持续有效进行的前提条件。学生通过查阅资料、独立思考、积极参与实践等活动完成作业并与同学、教师交流，可以获得成功感，从而增强自己的学习自信心，同时对继续学习产生强烈的兴趣。

5. 发展功能

作业能发展学生的非智力因素，也能发展学生的智力因素。作业完成的过程往往是学生独立的自我劳动过程，在很大程度上学生的观察思维能力、计算与表达能力等智力因素都是在完成作业的过程中发展的。

二、作业设计的原则

1. 目的性

作业的最终目的是实现教学目标。教师要根据教学目标设计作业，避免机械、重复的作业。在作业设计中，从教学与学生的实际出发，根据教学内容的要求与学生的心理特征实际，有目的性地设计作业，抓住教学内容的重难点与学生学习的薄弱环节设计专项作业。

2. 系统性

作业设计是教学设计的有机组成部分，承担着知识巩固与诊断的功能。作业内容的设计应充分考虑之前相关知识的深化，节与章作业的联系与综合，帮助学生在头脑中建构知识网络、巩固记忆，同时为今后学习打下基础。

3. 层次性

新课程提倡“突出学生主体，尊重个体差异”的基本理念。由于学生存在着智力水平、认知结构和学习动机、心理、个性等差异，学习能力的开发程度也不一样，所以作业的设计要从各层次学生的实际出发，建立多层次的弹性作业结构。教师在设计作业时，既要面向全体，又要兼顾个体差异，给不同层次的学生创造成功的机会。

三、作业设计的基本内容

1. 基本作业设计

（1）以知识与技能为目标的作业设计。根据发展性原则，作业设计的重点是对学生后续学习和终身发展提供有用的化学知识。有用的化学知识主要包括化学学科主干知识、重点知识，如化学核心概念、重要的元素化合物知识、质量守恒定律、化学用语、化学计算、化学实验以及与生活、生产、环境密切联系的知识等。考查重点主要不是放在知识的简单记忆和重现，不能孤立地对知识与技能进行评价，而应该放在分析和解决问题的背景中去评价，从知识的整体联系上去考核。因此，作业应该提供必要的真实的解决问题的情境，在具体情境中测试学生运用化学知识与技能分析解决实际问题的能力。

（2）以过程与方法为目标的作业设计。认识探究活动的过程和意义，能提出问题并进行初步探究，初步学会获取信息以及对信息进行处理；能分析化学现象，并能解决一些简单的化学问题。

2. 反思作业设计

反思作业设计以形成情感态度与价值观、科学本质观理解为目标。

（1）以考查情感态度与价值观为目标的作业设计。情感态度与价值观的考查包含人对自然、对社会、对科学以及对自身发展等方面的情感、态度、价值观。

（2）以考查科学本质观理解为目标的作业设计。科学学习评价对于科学教育具有较强的引导性功能。如果对于科学学习的评价仅局限在知识的掌握及其应用上，追求答案的唯一性，就会导致教师只关注知识是什么和知识怎么用的思维方式。为了使教师具有当代科学本质教学行为并有效地发展学生的科学本质观，应该在科学学习的评价中对于科学本质方面给予适当关注。对于学生科学本质观理解的评价可以从以下三个方面来进行：①评价学生对于科学内容的理解；②评价学生对科学知识产生方式的了解；③评价学生对于科学知识合理性的理解。

第八节　板书设计

教师在课堂教学中，主要是通过语言和板书来讲授知识。讲解是用字音说话，板书是用字形表示。板书、板画，是教师利用黑板以凝练的文字语言和图表等形式，传递教学信息的行为方式，它们是调动学生视觉感知新教材的最有效方法之一。板书具有灵活、简便的特点。好的板书能提纲挈领、系统完整地概括一节课的主要内容，理清教材的脉络，打开学生的思路。它能帮助学生更好地理解与掌握教学内容，便于学生笔记，为学生复习功课提供了良好的条件。学生课后联系板书复习功课，既方便又易记。因此，板书是课堂教学的重要手段，是师范生必须掌握的一种教学基本技能。

一、板书的功能

板书是课堂教学的重要组成部分，是传递教学信息的有效手段，对教师提高课堂教学质量具有十分重要的作用。即使在多媒体辅助教学不断发展的今天，越来越多的教师也深刻地认识到，在教学活动中，板书绝非可有可无，它影响着整个教学过程中的每一项教学活动，关系到每一个教学要求的落实，影响到每堂课的教学效果。好的板书集中了整个教学方案的精华，运用得当，能起到事半功倍的作用。

1. 增强语言教学效果，辅助口头语言传递信息

尽管教学语言是课堂交流教学信息的主要方式，但它转瞬即逝，不易长时记忆。而作为口头语言辅助工具的板书，能简明扼要、提纲挈领、条理分明地把教学内容表现出来，使视听两种感官相结合。由于板书和口头语言两种信号的协同作用，使得口头语言所表达的内容更明确、更突出，因而能取得更好的教学效果。

心理学研究表明，人的大脑中所储存的信息，通过各种感官的学习比率是不同的，有83%是通过视觉学习获得的，11%是通过听觉获得的，其余是通过其他感官获得的（嗅觉3.5%，触觉1.5%，味觉1%）。可见视觉对于学习起着重要的作用。例如，某大学做过这样一个实验：在两个英语水平相同的班，5分钟内用同样的方法教学生一个陌生的句子。不同的是，甲班边讲解边板书，乙班只是口头讲解不板书。结果，甲班有80%的学生能流利背诵，而乙班能流利背诵的学生只有45%。可见，把语言与板书结合起来进行教学，对学生的学习有较大的影响。

2. 揭示知识的结构体系和内在联系

板书是随着教学的进程逐步出现的，它的主要意图是揭示教学的结构体系和知识

之间的内在联系。在板书教学中，教学内容随教学的时间顺序而先后出现，体现了知识的结构。完整的板书内容所揭示的就是知识的体系，而其中连接内容的文字、符号便体现了知识之间的内在联系。按照教学进程和知识顺序所书写的板书，还体现了教师的教学进程。一幅完整的板书，可以把知识的学习过程和能力的培养过程充分地体现出来。

3. 突出教学重难点和关键点，帮助理解和记忆

板书是紧紧围绕教学目标和教学内容而设计的，尤其在如何突破知识重点和难点上进行了精心的组织，有效利用板书的独特作用，会起到画龙点睛、提纲挈领的功效。在板书中，教师可以有目的地对关键内容进行强调，如用不同颜色的粉笔书写、绘画或用彩色粉笔圈圈点点等，使得重点更为醒目。心理学研究表明，板书这种高度概括、条理化反映知识体系的方式，既便于知识的记忆又便于知识的迁移。一般来说，中学生的笔记主要是教师课堂上的板书，一节课的内容尽管很多，又有一定难度，但许多学生往往凭借教师的板书就可以把一节课的内容有条理地复述出来，甚至长时间不忘，这很大程度上是得益于板书的高度概括和总结能力。

4. 激发兴趣、启发思维

由于板书图示在文字、符号、图形的组合和呈现时间、颜色差异等方面独具的吸引力，因而能够集中学生的注意力，激发他们的学习兴趣，使他们受到艺术的熏陶和思维的训练，激起他们一系列的心理活动。如有的教师简笔画较好，一笔就能生动形象地画出某种动物或植物的形态，学生就会集中全部注意力，兴趣浓厚地观察教师画的每一个步骤。在学生赞叹之余，教师不失时机地提出问题让学生思考，就会较好地启发学生的思维活动，根据板书得出科学的结论。

5. 对学生进行潜移默化的思想教育

好的板书，对学生无疑是一种美的享受。教师漂亮的字体、优美的板图、巧妙的构思，不仅会使学生感受到板书形式的美，而且会从教师的板书风格中感受到教师的内在品格美。有人曾说，好的粉笔字是教师精神风貌的反映。教师优美的板书会对学生的精神世界产生潜移默化的影响，能在学生的心目中树立终生难忘的“第二印象”。魏巍在《我的老师》一文中这样写道：“学生不仅模仿蔡云芝先生的字，连写字的姿势，孩子们都要模仿。”可见教师板书对学生的影响之深。板书是教师的第二形象。

二、板书的类型与设计案例

板书的形式和教学的其他活动形式一样，要根据教学内容的特点，从实际出发，灵活运用。板书的种类很多，从语言的运用来分有提纲式、词语式；从表现形式来分有文字式、表格式、图示式；从内容来分有综合式、单项式；从结构来分有总分式、对比式、分列式、提示要点式。选择最佳的板书形式是增强教学效果的重要一环。通常所用的板书形式主要有以下几种。

1. 提纲式

提纲式是按教学内容和教师的讲解顺序，提纲挈领地编排书写的形式。这种形式能突出教学的重点，便于学生抓住要领，掌握学习内容的层次和结构，培养学生的分析和概括能力。

【案例】

绪　言

一、化学的研究对象

化学的研究对象是物质；化学是研究物质的组成、结构、性质、变化以及合成的一门基础自然科学。

1. 物质的变化

（1）物理变化：没有生成其他物质的变化叫物理变化。

（2）化学变化：有新的物质生成的变化叫化学变化。

例：

$$\text{镁} + \text{氧气} \xrightarrow{\text{点燃}} \text{氧化镁}$$

Mg	O_2	MgO
银白	无色	白色
固体	气体	固体

2. 物质的性质

（1）物理性质：不需发生化学变化表现出来的性质，如颜色、状态、气味、熔点、沸点、硬度、密度等性质。

（2）化学性质：物质在化学变化中表现出来的性质，如物质的可燃性、酸碱性等。

二、为什么要学习化学？

三、怎样学习化学？

读书、做实验、参加课外活动、学以致用。

2. 表格式

这种形式的板书是根据教学内容可以明显分项的特点设计的。教师根据教学内容设计表格，提出相应的问题，让学生思考后提炼出简要的词语填入表格，或教师边讲解边把关键词语填入表格，还可以先把内容分类有目的地按一定位置书写、归纳、总结再形成表格。

【案例】

表 2-4-4　同位素、同素异形体、同系物、同分异构体的比较

概念	内涵	比较对象	实例
同位素	质子数相同、中子数不同的原子	原子	氕、氘、氚

续上表

概念	内涵	比较对象	实例
同素异形体	由同一种元素形成的不同种非金属单质	单质	白磷、红磷
同系物	结构相似，在分子组成上相差一个或若干个 CH_2 原子团的物质	有机化合物	CH_4、C_2H_6
同分异构体	具有相同的分子式，但具有不同结构的化合物	有机化合物	$CH_3CH_2CH_2CH_3$、$CH_3CH(CH_3)CH_3$

3. 计算式

在化学计算教学中，教师一方面要启发学生的思维，另一方面还要引导学生用规范的格式解题。这绝不是表面上的形式，而是培养学生的思维能力、训练科学方法所必需的。因此，化学计算教学中的板书要体现知识间的逻辑关系、数学运算中的逻辑关系和规范的解题格式。由于计算属于化学基本技能之一，教学活动中采取边讲边写的展示方式要比用多媒体的幻灯片一次性展示出来更受学生欢迎，因为后者的展示学生不知道过程的先后顺序。

【案例】

溶解度和溶液质量分数的计算

20 ℃时，50 g 水溶解食盐 18 g 达到饱和。求 20 ℃时，食盐在水中的溶解度和此时溶液的溶质质量分数。

解：设 20 ℃时食盐的溶解度为 x，则有以下关系

水 ～ 溶质 ～ 饱和溶液

50 g　　18 g　　(50 + 18) g

100 g　　x

$$50 : 100 = 18 : x$$

$$x = 36\ \text{g}$$

食盐溶液的溶质质量分数为 $\dfrac{18\ \text{g}}{68\ \text{g}} \times 100\% = 26.47\%$

答：20 ℃时食盐的溶解度为 36 g，此时溶液的溶质质量分数为 26.47%。

4. 线条式

以线条为特征的板书称为线条式板书。该板书适用范围较广，可将分散的相关知识系统化，或将某一专题内容进行分析、归纳和推理，提示某一专门知识中的若干要素及其联系。

【案例】

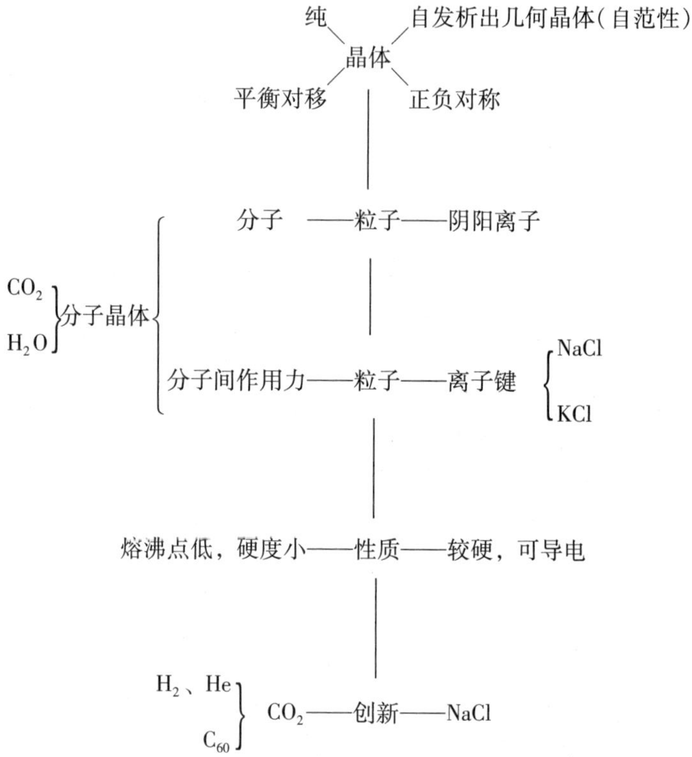

图 2-4-1　晶体结构

5. 图画式

以图画为特征的板书称为图画式板书。该板书适用范围广，可以以图代文、图文结合和图表结合，培养学生的识图能力和抽象概括能力。

【案例】

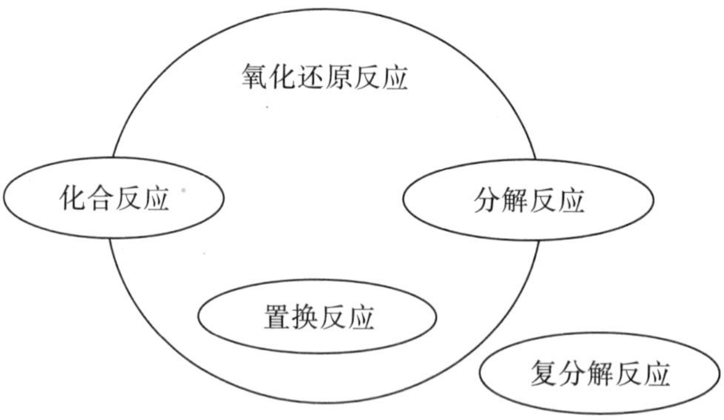

图 2-4-2　氧化还原反应和四大基本反应类型之间的关系

6. 网络式

以网络为特征的板书称为网络式板书。网络式板书是指将文字、化学用语或简单图示用线条、箭头、框图等联系起来的板书。这种板书的特点是能清晰、简明地反映事物间的关系，便于学生了解知识的结构和内在联系，掌握比较复杂的内容。

【案例】

摩尔反应热

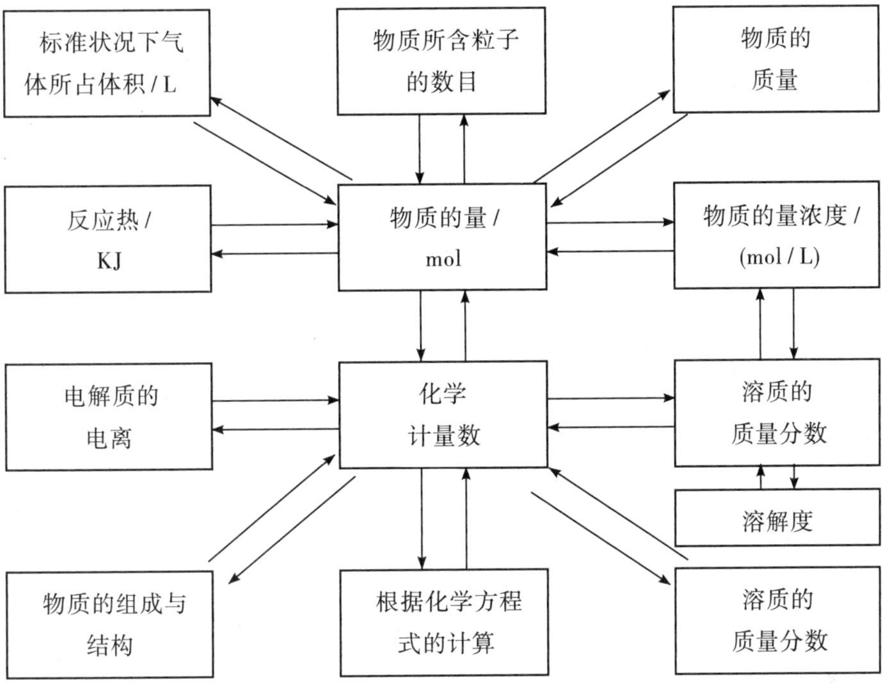

第五章　化学教学设计案例

第一节　“科学探究”教学设计

一、基于科学探究的“溶解度”教学设计

1. 课标分析

本课题属于《课程标准》一级主题“身边的化学物质”的二级主题“水与常见的溶液”中的内容。《课程标准》要求学生在学习之后要了解饱和溶液和溶解度的含义，能利用溶解性表或溶解度曲线，查阅有关物质的溶解性或溶解度；能依据给定的数据绘制溶解度曲线。

2. 教材分析

本课题是溶液基础知识学习的基础，是联系化学知识与生活实例的纽带。本课题是在人教版九年级化学第九单元课题1“溶液的形成”的基础上，定量研究溶质在水中溶解的限度。本课题包括饱和溶液和溶解度两部分内容，分2课时。通过饱和溶液和溶解度的学习，加深学生对溶解性和溶液的认识。溶液—饱和溶液—溶解度，这些概念出现的先后顺序，符合化学学科的逻辑规律，又符合学生的认知规律。

本节课教学内容的功能与价值分析：本节课是第1课时的内容饱和溶液。饱和溶液的内容在化学知识上起着承上启下的作用，既加深对溶液的认识，又为理解溶解度的概念打下基础。本节课的实验内容——氯化钠和硝酸钾的溶解实验，既能培养学生实验操作、现象观察、结论推断等能力，也能进行科学研究方法——控制变量法的教育，提高学生的科学素养。另外，通过实验认识溶质溶解是有限度的，饱和与不饱和的存在是有条件的，改变条件可使饱和溶液与不饱和溶液相互转化，结合海水晒盐加深对这种转化关系的认识，有利于辩证唯物主义观点的渗透。本节课的设计基于课本实验，在课本实验基础上加以拓展，既体现了对比实验法的魅力，又进一步加深学生对物质溶解性受温度影响情况的认识，为下节课定量比较不同物质的溶解性做铺垫。

3. 学情分析

通过上一课题的学习，学生对溶液的组成和基本特征有了定性的认识。本课题以溶解度为核心，展开对溶液的定量研究。从定性到定量，知识内容上加深了，研究方法上提高了，学生能力的要求提升了一个层次。而第1课时的主要内容饱和溶液，需

要学生通过实验探究认识溶质的溶解是有限度的，通过实验条件的改变，让学生感受饱和溶液与不饱和溶液的存在和转化是有条件的。第1课时的实验是建立饱和溶液的概念、认识饱和不饱和转化关系的基础。而学生在之前已有了实验探究的体验和一定的实验操作技能，为本课题的学习奠定了基础。

4. 教学目标

（1）了解溶解度的概念含义。

（2）能从溶解度曲线中获取相关的图示信息。

（3）学会绘制溶解度曲线。

（4）能设计实验方案进行简单的实验探究。

（5）体验实验条件的控制在实验探究中的重要作用。

（6）认识数形结合法在体现事物变化规律中的作用。

（7）通过师生互动、语言激励等方法激发学生的学习热情。

5. 重难点

重点：溶解度的含义。

难点：溶解度概念的建立。

6. 教学过程

（1）新课引入。同学们，糖和食盐是日常生活中常见的两种物质，联系我们的生活经验想一想，这两种物质在水中能无限制地溶解吗？（不能）事实上，大多数固体物质在水中的溶解都会有一个限量。影响固体物质在水中溶解限量的因素到底有哪些？影响结果又是怎样的呢？请同学们做出大胆的猜想。

（2）探究活动1（探究影响固体物质在水中溶解限量的因素）。

①学生猜想（其间贯穿师生活动，配以媒体展示）：

影响因素	影响结果
溶质的种类	溶质不同，溶解限量不同
溶剂的多少	溶剂越多，溶解限量越大
温度的高低	温度越高，溶解限量越大

针对学生“溶剂种类”的猜想——溶剂的种类对溶质的溶解限量有影响，但今天研究的是物质在水中的溶解限量，因此，这一因素暂不考虑。

针对学生“搅拌”的猜想——搅拌是影响溶解的因素，但影响的是溶解限量还是溶解速率呢？请同学们回家后做一个糖在水中溶解的实验，相信会搞明白的。

②教师讲述：怎样才能知道同学们猜想的因素是否正确呢？（用实验验证）影响溶解限量的因素可能有多种，我们在设计实验验证某一因素的影响结果时，应注意些什么呢？（注意变量的控制）控制变量法是开展科学探究的一种重要方法。如要探究溶质种类对溶解限量的影响，需要改变的因素是什么？（溶质种类）必须控制其不变的因素是什么？（溶剂的质量和温度）要探究温度对溶解限量的影响，又要注意什么呢？（温度改变，溶质种类和溶剂质量保持不变）现在请同学们依据刚才的分析以及

屏幕上的提示，设计两个实验方案，在设计过程中，可以单独思考，可以阅读教材的内容，也可以开展小组讨论，遇到困难可以随时向老师寻求帮助。

③学生设计探究实验Ⅰ、实验Ⅱ（探究实验Ⅰ中，提供的药品是硝酸钾和熟石灰各1 g；探究实验Ⅱ中，提供给学生的硝酸钾有3小袋，1.5 g的1袋，3 g的2袋；两个实验中每次用到的水都是5 mL）。

④实验方案汇报交流（教师做简要的点评）。

⑤学生完成实验，实验Ⅱ中可能会出现如图2－5－1所示两种情况。

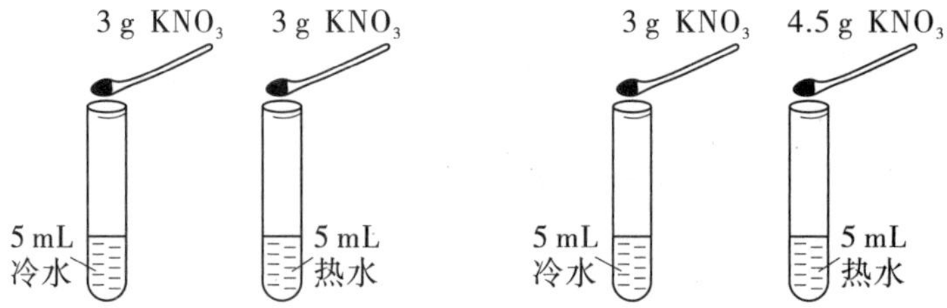

图2－5－1　实验Ⅱ可能出现的情况

⑥学生汇报实验现象和结论。

实验Ⅰ：1 g硝酸钾能在5 mL水中全部溶解，1 g熟石灰未能在5 mL水中全部溶解，说明了溶解限量受溶质种类的影响；说明了室温下硝酸钾在5 mL水中的溶解限量比熟石灰的大。

实验Ⅱ：3 g硝酸钾在5 mL冷水中未能全溶，在5 mL热水中能全部溶解，说明了溶质的溶解限量受温度的影响。温度越高，物质的溶解限量越大。

⑦教师总结：刚才的实验探究使我们认识到，固体物质在水中的溶解限量的确受溶质种类、溶剂多少、温度的影响。值得一提的是，温度对固体在水中溶解限量的影响情况是很复杂的，绝大多数固体在水中的溶解限量随温度的升高而增大，也有极少数固体在水中的溶解限量随温度的升高而减小，在后面的学习中我们将会涉及这方面的实例。

⑧反思评价：刚才完成探究实验Ⅱ的过程中，有没有同学将所提供的3袋硝酸钾全用完的？说说你们观察到的现象？（4.5 g硝酸钾在5 g热水中也能全部溶解）由此，你们有了什么新的发现？（硝酸钾的溶解限量随温度的升高而增大，且增幅较大）这也告诉了我们，实验过程中善动脑筋，大胆探索，常常能使我们获益良多。

过渡：溶剂的多少是影响物质溶解限量的因素之一。因此，要确定某种固体物质在一定温度下的溶解限量，必须确定好溶剂的质量，通常情况下，人为地将溶剂的质量确定为100 g。

（3）探究活动2（认识溶解限量）。

①多媒体呈现不同温度下硝酸钾在100 g水中的溶解限量（见表2－5－1）。

表 2－5－1　不同温度下 100 g 水中硝酸钾的溶解限量

温度/℃	20	50	60	80	90
硝酸钾在 100 g 水中的溶解限量/g	31.6	90	114	170	200

②学生描述 31.6 g、114 g 两个数据的含义。

③引导学生分析在几个溶解限量的得出过程中，对哪些因素做了限定？（溶质种类、溶剂质量、温度）

④组织学生讨论“溶解限量”的实质：达到饱和状态时所溶解溶质的质量。

⑤建立溶解度的概念。

a. 要求学生通过添加适当词语的方法，将溶解限量的限定因素与溶解限量的实质串联起来。

b. 固体物质的溶解度是指在一定的温度下，某固体物质在 100 g 的溶剂（通常是水）里达到饱和状态时所溶解的质量。

⑥理解、巩固溶解度的概念。

a. 分析溶解度概念的“四个要素”：温度、100 g 溶剂、饱和状态、溶质质量。

b. 课堂练习（教师简要点评）。

⑦溶解度概念引入的目的——准确衡量物质的溶解性（见表 2－5－2）。

表 2－5－2　溶解度与溶解性的关系

20 ℃物质的溶解度/g	大于 10	1～10	0.01～1	小于 0.01
溶解性	易溶	可溶	微溶	难溶

过渡：在溶质和溶剂都已确定的情况下，影响其溶解度的主要因素是什么？（温度）我们可以采用列表的方式来表示固体溶解度随温度的变化情况。

（4）探究活动 3（溶解度随温度变化的表示方法）。

①多媒体呈现氯化铵溶解度的表格（见表 2－5－3）。

表 2－5－3　不同温度下氯化铵的溶解度

温度/℃	0	10	20	30	40	50	60	70	80	90
溶解度/g	29.4	33.3	37.2	41.4	45.8	50.4	55.2	60.2	65.6	71.3

②学生利用表格查找不同温度下氯化铵的溶解度。

③要求学生以温度为横坐标、溶解度为纵坐标绘制曲线。

④引导学生将表格法和坐标法进行对比，感悟用曲线表示溶解度随温度变化情况所具有的优势。（形象直观；可以查找任意一个温度下固体溶质的溶解度）

⑤教师讲述：这条曲线就叫作溶解度曲线，这种将数字和图形有机结合起来的方法叫数形结合法。和刚才设计实验、完成实验时所用到的控制变量法一样，数形结合法在科学研究过程中也有着广泛的应用。接下来，我们来一起分析溶解度曲线的意义。

⑥了解溶解度曲线的意义。

a. 任意点的意义：某种溶质在某一温度下的溶解度。（在学生查找几种不同溶质在不同温度下溶解度的基础上得出）

b. 交点的意义：表示在某一温度下两种溶质的溶解度相等。（通过硝酸钠和硝酸钾两条溶解度曲线的交点的意义得出）

c. 线的意义：溶解度随温度变化的趋势。（按照上坡型、平坦型、下坡型三种类型，对溶解度曲线进行分类分析）

⑦课堂练习（略）。过渡：留意观察几位同学在探究实验Ⅱ中所做的“多余实验”，我们会发现，在被加热的这支试管里原先溶解了4.5 g硝酸钾，现在已经有部分析出了，带着这个发现，我们来思考一个问题。

（5）探究活动4（处处留心皆学问）。

①学生思考讨论：使硝酸钾从其饱和溶液中析出，最好采用什么方法？为什么？海水晒盐用的是什么结晶方法？请运用所学知识解释采用这种结晶方法的原因。

②学生思考讨论：揭开易拉罐饮料的封口以及烧开水的过程中，所看到的共同现象是什么？由此，可推出气体溶解度的影响因素有哪些？这些因素对气体溶解度的影响结果是怎样的？

③教师总结：显然溶解度曲线不仅可以用来查找溶解度、比较溶解度，还能用来解释一些实际问题。同时也告诉了我们，留心观察做过的实验以及日常生活中的现象并加以思考，往往能增长我们的学识。

（6）课堂小结。

①本节课你学到了哪些新知识？

②本节课你运用了哪些好方法？

（7）结束语。

刚才同学们的发言表明，本节课的学习，同学们是积极的、主动的、有效的。最后，我想送同学们几句话：固体物质在水中的溶解是有限的，物质的溶解限度可以用溶解度来反映。与此不同的是，我们的学习潜力、学习能力是无限的，同学们化学学习的道路就像硝酸钾的溶解度曲线，愿同学们沿着这条上坡路，不断挑战自我，不断攀登新高！

（8）布置作业。

①温习本节课所学内容。

②思考：怎样除去硝酸钾晶体中含有的少量氯化钠？

评析：

这节课的目标定位是以学生为行为主体的，且合作探究是多样化的，这种多样化的探究方式有效地拓宽了学生的探究思路，充分体现了以学生为本的课程理念。这节课注重过程、提炼方法，让学生亲身体验了一种科学探究的过程，对学生掌握学习的基本策略和方法起到了良好的促进作用。这节课对课堂生成性资源的保护与发展的把握适当，多媒体和化学教学的整合恰到好处。无论是教学环节的设计、教学结构的安排、教学重点的突破、教学策略的应用，还是教学细节的处理，都体现出教师具有扎实的基本功。

二、基于ATDE教学模式[①]的“粗盐的提纯”教学设计

1．课标分析

《课程标准》要求学生要了解粗盐提纯的方法，练习溶解、过滤、蒸发等基本操作，了解混合物分离的概念，设计实验方案除去粗盐中可溶性的杂质。

2．教材分析

本节教材在复习了初中有关粗盐提纯知识的基础上，从更高要求上介绍了粗盐的精制的方法，从而提高学生的实验设计能力，把学生引入一个新的境界。

3．学情分析

（1）能力分析：初中科学和化学教材都很强调探究式学习，所以学生形成了一定的探究习惯，对化学现象、化学实验兴趣浓厚，有探究欲望，而且也具备一定的实验操作能力和观察分析能力。

（2）知识分析：在初中化学“酸、碱、盐”这部分中，对复分解反应的发生条件已经有了一定的探讨，特别是对硫酸盐及碳酸盐的特征反应有过重点介绍，因此，同学们已经初步掌握了化学学科的一些基础知识，为本节课的学习奠定了基础。

4．教学目标

（1）知识目标。

①练习溶解、过滤、蒸发等基本操作。

②了解混合物分离的概念。

③学会写实验报告。

（2）能力目标。

①使基本操作规范化。

②使规范的操作习惯化。

③养成操作沉稳、有条理，物品及时归位、随时清理台面的习惯。

（3）情感目标。

通过本节教学，学生形成“问题—分析—实验—再分析”的学习思路，分层次地去解决问题，要有质疑的态度和锲而不舍的精神。

---

① ATDE教学模式：由问（asking）、想（thinking）、做（doing）、评（evaluation）4个要素所组成的一种发展学生高级思维能力的教学模式。

5．重难点

（1）重点。

①借此实验，梳理整个实验基本操作部分的知识，以规范地完成“称质量—溶解—过滤—蒸发—洗涤”这一系列实验操作为重点。

②粗盐提纯的步骤溶解、过滤、蒸发等操作中玻璃棒的作用。

（2）难点：设计实验方案除去粗盐中可溶性的杂质。

6．教学过程（见表2－5－4）

表2－5－4　教学过程设计

ATDE 教学环节	具体内容
问	实验前给学生观看有关海水制盐相关录像，依据录像内容整理以下问题提交给学生思考，要求学生将思考答案认真撰写在预习实验报告中： （1）粗盐中往往含有哪些杂质？ （2）针对粗盐中的不同杂质，可分别采用什么方法除去？（写出反应方程式） （3）除去杂质时需要用到哪些仪器和试剂？（列出仪器试剂清单） （4）如何检验精制后产品的纯度？ （5）影响产品收率、色泽和纯度的主要因素有哪些？ （6）实验过程中哪些操作要用到玻璃棒，玻璃棒分别起什么作用？ （7）常压过滤和减压过滤的差别？如何选用恰当的过滤方式？ （8）如何选择滤纸、折叠滤纸、安装漏斗和真空泵？
想	在讲解实验时，针对以上问题，引导学生从以下几个方面进行积极思考（点名回答）： （1）推测杂质：食盐往往由海水中提取，海水味苦，含有 Mg^{2+}、SO_4^{2-}、K^+、Ca^{2+} 及不溶性杂质如泥沙等。据此，推测粗盐中可能含有的杂质。 （2）除杂方法：除去新杂质的时候，一定不能引入新的杂质，同时尽可能做到除杂过程绿色化。针对不同杂质采用不同的方法除去：对可溶性杂质，往往通过转化成沉淀的方法或利用溶解度差异，进行分离；对于难溶性杂质，则可直接通过过滤除去；Mg^{2+}、SO_4^{2-}、Ca^{2+} 可以通过生成________沉淀的方法除去，K^+ 可以通过________除去。 （3）据（2）可知，本实验肯定要用到过滤操作，因此需要________仪器，涉及蒸发浓缩，则需要用到的仪器有________；反应过程中需要加热、搅拌及量取试剂，需要用到仪器有________。 （4）可以通过生成沉淀或生成有颜色的物质来定性鉴定 Mg^{2+}、SO_4^{2-}、K^+、Ca^{2+}。请学生思考 SO_4^{2-}、K^+、Ca^{2+} 的定性鉴定方法。 （5）依据实验中涉及的溶解、过滤及蒸发浓缩操作，思考玻璃棒的作用。（①溶解时，玻璃棒的作用是加快氯化钠在水中的溶解速率。②过滤时，玻璃棒的作用是引流。③蒸发时，玻璃棒的作用是使液体受热均匀，且搅拌时玻璃棒应向一个方向搅动。） （6）除杂过程中，各种试剂的用量及加入顺序对粗盐提纯效果是否有影响？

续上表

ATDE 教学环节	具体内容
做	依据以上问、想，引导学生积极查找文献资料（包括上网）或进行实验验证。 （1）通过信息调研，并结合实验室实际，制订出适合教学实际的实验方案（第一次实验清点仪器时已告知学生实验室所有的仪器）。（预习中完成） （2）实验准备：小组提交实验预习报告，教师检查预习情况、修正实验方案、给出小组预习成绩；选定值周小组（12 小组分别轮流值日、负责准备实验，确保每位同学都有机会参与实验全过程）；准备实验所需的仪器、试剂（此时，学生已初步掌握常压过滤、抽滤、加热搅拌、蒸发浓缩等基本实验操作）。 （3）实验验证：对制订出的方案进行实验验证，注意规范实验操作，如实记录实验现象和数据（教师监控实验过程，给出实验操作分数、人格考查点的评价）。 （4）产品检验：按实验方案检验产品的纯度。计算产品收率，记录产品颜色、形状并将提纯后的产品交给老师审核（给出实验结果分数）。 （5）实验总结：整理仪器试剂（考查学生是否养成清洁的习惯，给出清洁素养分），对实验进行总结归纳分析，撰写并按期提交实验报告或小论文（依据实验报告评分细则，给出实验报告总评分数）
评	（1）每次实验共分 12 小组，将不同组的实验结果列表进行汇总，对不同组产品实验品颜色、形状、纯度及收率进行比较分析，进行小组自评、组间互评，给出成绩；同时总结归纳影响实验的关键因素。 （2）教师针对学生信息调研、实验准备、实验验证、实验操作、实验纪律、C3H3[①] 素养、实验结果、实验报告等进行教师评分，并给出实验成绩和评语。（学生已初步了解 ATDE、C3H3 素养基本知识） （3）综合小组自评、组间互评、教师评价成绩给出总评成绩（包括实验操作的规范、实验结果的比较、实验过程的表现、基础知识的掌握、科学素质的养成及人文精神的彰显、健全人格的构建等多元评价指标）

评析：

此教学设计将 ATDE 创造性思维教学模式运用在实验教学中，取得了明显的教学育人效果：

1. 通过让学生自己发现问题、提出并分析问题、设计并验证实验方案、分析评价，手脑并用，充分发挥了学习的积极性和主动性，可以培养和发展学生实验的兴趣，形成了明确而强烈的学习动机。

2. ATDE 创造教学模式非常重视自由、民主、安全及和谐的环境和气氛，充分体现协商、合作、互动的学习原则，建立相互尊重、欣赏、平等的新型师生关系。通过本实验进一步巩固构建成了和谐的师生关系。

3. 通过运用 ATDE 教学模式，有利于更新教师教学行为和理念，使教师成为学生发展的促进者、引导者、启发者，促进教师专业成长。

① C3H3：即 clear head（清醒的头脑），clever hands（灵巧的双手），clean habit（洁净的习惯）。

4. ATDE模式重视自主探究，注重推陈出新，注重学生素质的深层建构和整体提高，因而能提高学生学习兴趣、增强学习情感，使学生从“能学”到“乐学”、从“学会”到“会学”、从“会学”到“志学”，促进学生创新思维能力的提高，提高终身学习能力，化知识为智慧，变“行为”为“素养”，有利于塑造健全人格。

第二节 “身边的化学物质”教学设计

一、基于情境创设—问题驱动的“二氧化碳和一氧化碳”教学设计

1. 课标分析

《课程标准》要求教学注重从日常生活中选取学生熟悉的素材，注重引导学生通过观察和实验探究活动，认识物质及其变化。用五彩缤纷的化学物质和丰富多彩的化学变化，让学生体验化学美。通过本节课的教学，学生能结合实例说明二氧化碳的主要性质和用途，初步学习二氧化碳的实验室制取方法。

2. 教材分析

本节课是人教版九年级化学第六单元“碳和碳的氧化物”课题3“二氧化碳和一氧化碳”的第1课时。在教材编排上，是继氧气、单质碳等物质学习之后，进入化合物知识学习的启蒙课。本章教材研究的是碳的单质及碳的化合物，其中学生对二氧化碳比较熟悉，但缺乏系统性的认识。二氧化碳是初中化学教学要求掌握的两种气体之一，也是与生活实际联系广泛的一种重要物质。本节内容主要讲解二氧化碳的性质，最后联系到用途。

本课题有利于巩固旧知识，学习新知识，又为以后学习酸、碱、盐做了良好的铺垫。本堂课的重点是采用探究式的方法调动学生的学习积极性和主动性，运用实验来探讨二氧化碳的性质，并学会从化学视角来认识二氧化碳。

3. 学情分析

本节课相对来说难度不大，学生已经积累了许多关于二氧化碳的知识，如碳酸饮料、植物的光合作用等，因此学生易于理解和接受本节课的内容。学生对实验很感兴趣，很想进行一些探究性实验，但是对实验的过程不熟悉。因此，教师要有意识地培养学生的科学探究能力，使学生初步认识科学探究的过程和方法，通过实验探究、分析并总结得出二氧化碳的性质。

4. 教学目标

(1) 知识与技能。

①了解二氧化碳的性质、用途。

②了解并关注温室效应。

（2）过程与方法。

①会对实验现象进行观察、分析、归纳。

②会运用已学知识解决实际问题。

（3）情感态度与价值观。强化保护环境、解决环境问题的意识。

5. 重难点

重点：二氧化碳的性质。

难点：CO_2与水的反应；CO_2与澄清石灰水的反应。

6. 教学过程

教师：展示一瓶气体，让学生猜想可能是何种气体，思考验证方法。

学生：观察，思考，验证。一位学生走上讲台，演示验证该气体。

教师：[板书] 二氧化碳能使澄清的石灰水变浑浊。介绍该反应的化学方程式，$CO_2 + Ca(OH)_2 = CaCO_3\downarrow + H_2O$。

现在我们已经知道了二氧化碳气体，结合前面学习的二氧化碳的收集方法，描述二氧化碳的物理性质。

学生：思考，回答。

教师：[板书] 二氧化碳：无色，无味的气体；密度比空气大；能溶于水。

过渡：那么我们能用什么方法来证明二氧化碳能溶于水？

学生：思考，回答。

教师：[演示] 在一个收集满二氧化碳的塑料瓶中倒入约四分之一体积的水，振荡，观察塑料瓶变瘪。引导思考原因。

学生：思考，回答。

教师：[讲解] 因为二氧化碳能溶于水，所以塑料瓶中压强减小，小于外界的大气压强，所以瓶子变瘪。那么根据此性质，二氧化碳有哪些用途呢？

学生：制汽水。

教师：你能如何证明汽水中产生的二氧化碳气体？

学生：动手实验。在汽水瓶上连接一个带导管的单孔橡皮塞，再将产生的气体通入澄清的石灰水，观察现象。

过渡：二氧化碳能溶于水，那么在溶解的同时有没有发生化学反应呢，也就是说二氧化碳能否和水反应呢？

教师：演示实验。取一些塑料瓶中的溶液，滴几滴石蕊溶液，观察到溶液变红。提出问题：谁使得石蕊溶液变红？

学生：[猜想] 二氧化碳？水？

教师：[验证]（1）在紫色石蕊试纸上喷水；（2）将紫色的石蕊试纸放入装满二氧化碳的集气瓶中。

现象：两张试纸均不变红。

结论：说明二氧化碳和水都不能使石蕊变红。

老师：大家的猜想不成立，再想想?

学生：［思考，回答］可能是二氧化碳和水能反应，它们反应后的生成物使石蕊变红。

教师：［演示］将湿润的紫色石蕊试纸放入装满二氧化碳的集气瓶中，紫色石蕊试纸变红，说明二氧化碳确实能与水反应。那么生成物是什么呢?将石蕊试液滴入稀盐酸、稀醋酸中，石蕊试液均变红。所以二氧化碳与水也反应生成酸。

教师：［板书］二氧化碳能与水反应，化学方程式：$CO_2 + H_2O = H_2CO_3$。

教师：演示实验（见图2－5－2）。

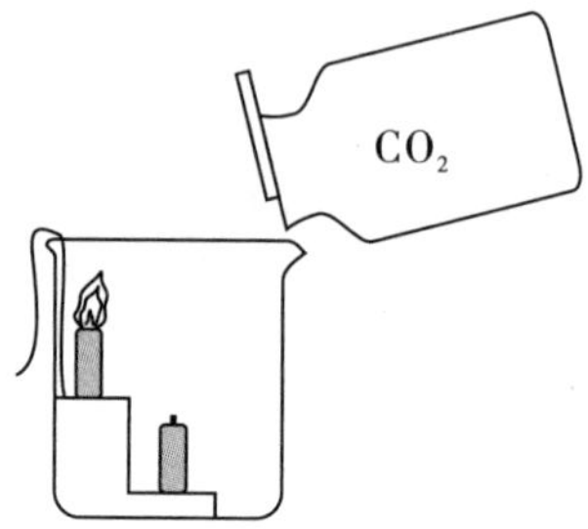

图2－5－2　演示实验

现象：下层蜡烛先熄灭，上层蜡烛后熄灭。

教师：［分析，板书］二氧化碳密度大于空气，不能支持燃烧也不能燃烧。

教师：［讲解］下面请大家把黑板上的性质分成物理性质、化学性质记录在化学课本上。阅读课本内容，总结二氧化碳的用途。

影片：二氧化碳对环境的影响。

教师：［小结］（1）空气中二氧化碳的来源；（2）造成温室效应的气体；（3）温室效应的危害；（4）减缓温室效应的措施。

评析：

本节课主要是通过对展示的一瓶无色气体可能是何种气体引发学生思考，并且设计实验证明，通过创设情境、问题驱动，激发学生的学习热情。充分运用学生所学知识，在此基础上引导学生进行大胆思考和推断。通过实验，验证和归纳得出CO_2的一系列性质。再通过回忆基本的概念，区分得出CO_2的性质。

二、基于实验“探究金属的化学性质”教学设计

1．课标分析

《课程标准》对本章节的要求是认识常见金属的主要化学性质，能用金属活动性顺序对有关置换反应进行简单的判断，并能解释日常生活中的一些现象。

2. 教材分析

“金属的化学性质”是人教版九年级化学第八单元课题 2 的内容，在本课之前学生已经学习了非金属元素氧、碳及其化合物的知识，学习了本章节之后，元素化合物知识将较为完整。这一教学内容在初中化学课本中作为重要知识点之一，对判断金属能否与其他物质发生化学反应提供重要的依据，也对金属性质的了解、材料的选用等方面产生重要的实际意义。还给对高中化学“元素周期表”中金属规律性的性质的理解打下必要的基础。

3. 学情分析

学生在之前已经知道钢铁生锈、镁带燃烧等具有明显现象的化学反应，这对激发学生认识金属、了解金属的好奇心起了很大的作用。在“氧气的化学性质”中学习了细铁丝在氧气中燃烧时会产生“火星四射”这一令人激动的实验现象。在“燃烧和缓慢氧化”中知道了即使在没有达到燃烧条件的情况下，钢铁、铝、铜等金属制品在空气中长期放置会发生锈蚀，而生活经验却告诉我们如金、银等金属制成的饰品却无类似的现象，为学习金属的活动性顺序埋下了伏笔。本课介绍金属的化学性质，其中金属活动性顺序是一个重点。学生在之前已经研究了金属与氧气的反应，对部分金属表现出的活泼程度有所了解，并且学生已基本具备合作、探究学习的能力。

4. 教学目标

（1）知识与技能。

①知道铁、铝、铜等常见金属与氧气的反应。

②初步认识常见金属与盐酸、稀硫酸以及金属氧化物溶液间的置换反应。

③熟悉常见金属的活动性顺序，学会利用金属与酸以及金属化合物溶液通过“置换”推断常见金属活动性顺序。

（2）过程与方法。

①体验和学习利用控制实验条件进行科学探究的方法，学会运用控制实验条件探究金属活动性顺序。

②学习通过对实验现象进行筛选、对比、归纳、分析，进行信息处理，获取科学结论的科学方法。

（3）情感态度与价值观。

①发展学生敢于质疑、勤于动手的科学精神，发展求知欲和探究激情。

②感受科学探究对知识建构的重要意义。

③体验合作学习和共同竞争的愉悦。

5. 重难点

（1）重点。

①认识部分金属重要化学性质（与氧气反应，与盐酸、稀硫酸反应及金属间的置换）。

②金属的活动性顺序。

（2）难点。

对金属活动性顺序的初步探究。

6. 教学过程（见表2－5－5）

表2－5－5 教学过程设计

项目	教师活动	学生活动	设计意图
引入	导读：提出思考问题	引言思考：铝为何具有抗腐蚀性？其他金属如何？化学性质有什么共性和差异性？规律怎样？	明确目的，关注重点
情景创设	演示：外观相似的四片金属片（Mg、Al、Zn、Fe，编号）置于铁三脚架上灼烧，由学生根据现象猜金属名称	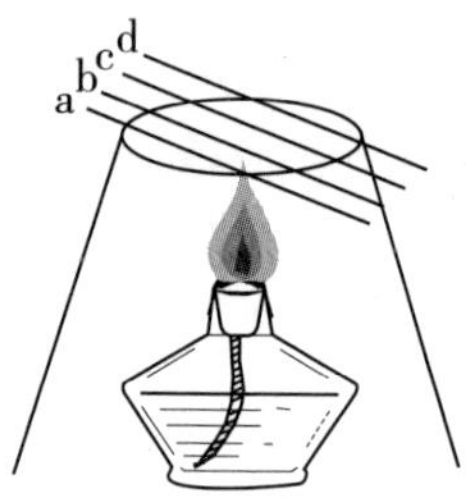 进行“猜金属”游戏，观察现象，猜测金属。 据学生展示猜出的结果进行互动评价——学生很难完全猜准，多数根据“燃烧”仅猜出“Mg”	激发学生好奇心与求知欲，激励探究激情，并学习在真实的情景中发现规律和问题，以存在“问题”为探究留下悬念
规律建构1	导思： 1. 同学们在猜金属的游戏中，发现了它们化学性质的共性和差异性吗？ 2. 通过发现，我们能粗略确定这些金属的活动性吗？为了寻找差异性和规律性，我们是否还可以根据以前的学习、生活经验来寻找规律呢？	讨论金属的共性与差异性：Mg、Al、Zn、Fe都能与氧气反应，但剧烈程度不同，初步归纳活动性：Mg＞Al、Zn、Fe。 讨论与发现：学生从教材及生活中的经验“真金不怕火炼”、铜制品（如铜锁）裸露保持光泽、铁制品裸露易生锈等事例归纳规律并互动评价。 活动性：Mg、Al＞Fe、Cu＞Au，或Mg＞Al、Zn、Fe＞Cu＞Au 发现：仅凭上述探究，还很难更广泛找出金属的活动性规律	这一过程，学生仅能从最基本的认知层次初步归纳少量金属的活动性顺序、存在的问题，继续为后续的探究留下悬念

续上表

项目	教师活动	学生活动	设计意图
问题链接	引导联想：上述探究初步找出了一些金属的化学性质和活动性规律，但要更广泛探究金属活动性的顺序规律，须另辟蹊径进行探究。 多媒体引导：探究酸雨的模拟实验	观察“酸雨模拟实验”的过程重视 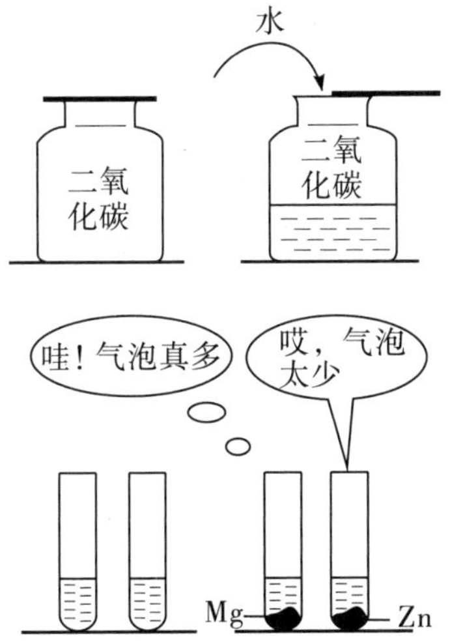 讨论： 1. 这一现象能否反映出镁、锌的活动性顺序？ 2. 能否类似用这一方法探究镁、锌、铁、铜等金属的活动性？	将不同的探究方法通过学生的亲身体验搭建联结的桥梁，同时发展运用已有知识探究新知识的能力，发展学生在事物间建立联系，进行组合、移植等创新思维
规律建构2	引导学生对新的探究进行猜想、设计、结果预测	讨论：哪些金属可与酸反应？原因如何？ 猜想并预测：镁、锌、铁、铜在酸（盐酸、稀硫酸）中的可能化学行为。 设计：①用酸性的二氧化硫溶液探究不便，选择盐酸、稀硫酸；②控制的条件——酸足量，浓度同；③为观察较准确，金属质量大致相等；④注意观察反应剧烈程度，可对反应时间做记录或估计	进一步学习科学探究的基本方法，发展学生严谨的科学态度和作风，为规律的建构向更深层次发展

续上表

<table>
<tr><th>项目</th><th>教师活动</th><th>学生活动</th><th>设计意图</th></tr>
<tr><td rowspan="3">规律建构2</td><td>示范：操作的规范以及如何检验产生的气体</td><td>组内合作探究并填写探究记录表：
表一：金属与稀盐酸反应
<table><tr><th>金属</th><th>现象及反应时间</th><th>生成物</th><th>方程式</th></tr><tr><td>Mg</td><td></td><td></td><td></td></tr><tr><td>Zn</td><td></td><td></td><td></td></tr><tr><td>Fe</td><td></td><td></td><td></td></tr><tr><td>Cu</td><td></td><td></td><td></td></tr></table>表二：金属与稀硫酸反应（表略）</td><td>通过自己的实践，检验自己的猜想，发展合作精神，体验探究乐趣</td></tr>
<tr><td>引导对信息进行处理，并获取结论</td><td>各组交流获取的信息：
（1）能与稀硫酸、盐酸反应及不能反应的金属。
（2）反应的剧烈程度与速率（差异大的讨论）。
分组：
活泼金属（可与盐酸等反应）：Mg、Zn、Fe
不活泼金属（不与盐酸等反应）：Cu
活动性：Mg > Zn > Fe > Cu
展示结论，互动评价</td><td>使学生享受自己获得成功的快乐，更深层次对知识进行建构</td></tr>
<tr><td>导思：同学们，你们的观察真实可靠吗？
多媒体 Flash 动画：金属与盐酸反应的比较</td><td>观看动画，对照自己的探究反思：
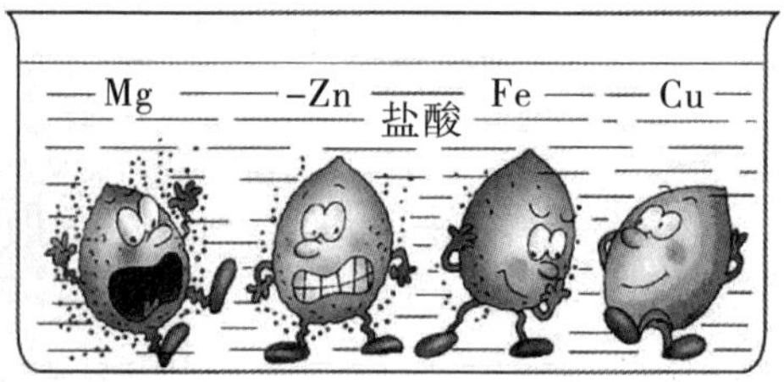
</td><td>创设轻松和谐的探究氛围，发展学生想象力，将真实事物以“图景”形式与学生的认知特点协调</td></tr>
</table>

续上表

<table>
<tr><th>项目</th><th>教师活动</th><th>学生活动</th><th>设计意图</th></tr>
<tr><td rowspan="3">规律建构3</td><td>问题延伸：一些金属不能与盐酸或稀硫酸反应（如铜和银），如何解决确定它们之间活动性顺序的困难？
要求：对铝、铜、银活动性顺序的探究，设计探究方案、预测实验现象、做出合理判断</td><td>讨论：回忆第五单元铁钉与硫酸铜的反应。
猜想：可用这种方法解决铜、银等金属的活动性顺序确定的困难。
设计探究方案：既可以按教材的方案设计，也可以自己创新设计，但记录必须真实。
（当学生提出用 Ag 与硫酸铜溶液反应，不可否认方案的合理性，若有条件，教师应事先做好准备）</td><td>启迪学生客观真实的认识问题，发展学生严谨的科学态度，为学生的创新留下空间</td></tr>
<tr><td>提示：铝表面必须打磨。
展示：铜与硝酸银反应的样品——银树，铝与硫酸铜溶液反应的样品——铜树（若有条件，演示银与硫酸铜溶液反应）</td><td>学生探究并将探究结果填写于自己设计的探究记录表中（其中之一）：<table><tr><th>实验</th><th>现象</th><th>方程式</th></tr><tr><td>铜与硝酸银溶液</td><td></td><td></td></tr><tr><td>铝与硫酸铜溶液</td><td></td><td></td></tr><tr><td>铜与硫酸铝溶液</td><td></td><td></td></tr></table>归纳活动性：Al > Cu > Ag。
展示结论，互动评价</td><td>使学生更进一步体验获得成功的愉悦，更深层次建构规律</td></tr>
<tr><td>导行：我们做出了这么多探究，但规律还是零碎的，请同学们用卡片将已经探究的规律归纳起来</td><td>进行“玩卡片”游戏：学生互动，将卡片按自己分析、归纳的活动性顺序粘贴成序列。
展示、评价：Mg > Al > Zn > Fe > Cu > Ag > Au，交流、讨论排序的理由和依据</td><td>以“玩”的形式用卡片排序创设一个思维的载体，发展学生分析、归纳、综合处理的方法和能力</td></tr>
<tr><td>规律建构4</td><td>导思：更多的金属活动性排序是怎样的呢？
背景介绍：科学家类似于我们的探究，进行了认真的去伪存真、由表及里的分析，总结出了金属活动性顺序</td><td>读教材（多媒体）金属活动性顺序：
K Ca Na Mg Al Zn Fe Sn Pb (H) Cu Hg Au Pt Au
————————————————→
金属活动性由强渐弱</td><td>以背景介绍启迪学生学习科学家严谨的科学作风和探究精神，形成金属活动性顺序的完整规律</td></tr>
</table>

续上表

项目	教师活动	学生活动	设计意图
规律建构4	启迪：对于金属活动性顺序，同学们发现了什么？为判断金属活动性提供了什么依据？	讨论并确定简洁语言归纳： 越在前面越活泼，氢前金属置换氢； 金属之间互置换，溶液里面可探寻	用简洁的语言转换和表述，解决记忆困难并使其认知化
运用与深化	问题：有X、Y、Z三种金属，展开活动性排序实验	讨论： （1）确定氢的活动性排X之后，Y、Z之前的依据？ （2）假如只告之“将Y放入Z的化合物溶液中无变化”能否得出结论？你是如何思考的？	—
小结	1. 知道金属主要化学性质：活泼金属多共性，与氧与酸易反应。 2. 金属活动性顺序：以氢为界，五字断句。 3. 活动性判断与应用（见归纳）		—
实践与创新	1. 实验室制氢气常选择锌与稀盐酸、稀硫酸反应。 （1）选用的依据是什么？（2）不选铜的理由是什么？（3）猜想：为什么也不选钾、钙、钠？ 2. 设计在溶液中证明铁的活动性大于铜的实验有哪些方法？ 3. 要证明铁、铜、银的活动性： （1）提供一种单质两种溶液，如何设计？（2）提供一种溶液两种单质，如何设计？ 4. 计算等质量的Mg、Zn、Fe与足量稀盐酸反应生成氢气的质量比，并依据探究过程中粗略测得的反应速率，在坐标图中，粗略绘出反应时间与产生氢气质量的关系图（金属质量自己决定）。 5. 看一看学校、家庭、工厂的铁器、铜制品等如何保存，想一想这些与金属活动性顺序是否有关？ （答案略）		（1）发展学生运用知识解决问题的能力。 （2）对知识的价值、内涵等延伸，扩展学生认知领域。 （3）持续发展学生好奇心和探究精神

评析：

本课以多层次科学探究为主线，渗透建构主义思想，以“猜金属”“玩卡片”创设情景，互动评价激励探究热情，以“学生发展”为本，进行有意义的知识建构，符合学生心理特点，学生兴趣盎然，参与主动，体验深刻。主要的缺陷是时间较为紧张，课堂上学生极为兴奋，控制探究实验的进程较难。课堂各种活动还应做好更充分的准备，实验探究安排也应更合理（如金属与稀硫酸、稀盐酸反应，将学生分为两部分分别进行，以节约时间），效果可能更好。

第三节　“物质构成的奥秘”教学设计

一、基于模型策略的“分子和原子”教学设计

1. 课标分析

首先分析《课程标准》中的本节课的内容与要求，再根据学生的情况分解目标，制定适合学生本节课学习的学习目标。①认识到物质是由不连续的微小粒子构成，知道分子、原子、离子都是构成物质的微粒；②能用微粒（分子、原子）的观点来解释生活中某些常见的现象；③知道原子可以构成分子。

2. 教材分析

分子、原子概念是基础化学中最基本的核心知识，通过本课题的学习，可以把学生从宏观世界带入肉眼看不到的微观世界，既可以帮助学生深入理解物理变化、化学变化的本质，同时，也为学生以后学习质量守恒定律、化学方程式、复分解反应以及定量分析等打下坚实的基础。所以本课题在整个初中化学学习中起到了承上启下的作用。

3. 学情分析

“分子和原子”是人教版九年级化学第三单元课题 1 的内容。学习本课题之前，学生在物理学科中已经了解到“所有物质都是由极其微小的粒子构成的”“物质有三态变化”等知识，并对一些涉及微观粒子的生活场景有所接触。但是，学生还很难将物理课中学到的知识、生活中熟悉的现象与化学知识联系起来，同时，作为刚刚接触微观概念的初中生，其思维方法还处在由形象向抽象的过渡期，用微观概念解释宏观现象往往会感到过于抽象，难于理解。

4. 教学目标

（1）知识与技能。

①通过实施模型教学策略，学生认识到分子由原子构成，分子和原子的大小不能任意比较；②通过用球棍模型拼装演示水的蒸发过程及化学变化过程，学生认识到分子、原子的定义；③通过模型拼装，学生的动手能力和操作能力有所提高。

（2）过程与方法。

①通过分析教师展示的模型图片，学生的观察和推理能力、分析和归纳能力有所提高；②通过拼装和讲解模型的小组活动，学生的交流与合作能力有所提高；③通过自主阅读教材，分析反应过程，学生的独立思考能力和创造能力有所提高。

（3）情感态度与价值观。

①通过模型拼装过程，学生认识到实施模型教学策略的重要意义；②通过对分子和原子概念的学习，学生体会到微观化学世界的独特奥秘。

5. 重难点

重点：认识分子的特性，运用分子、原子的知识解释有关日常现象。

难点：分子、原子构成物质的微观想象，粒子运动表象的形成并初步体会它与宏观物体运动的不同。

6．教学过程（见表2－5－6）

表2－5－6 教学过程设计

教学环节	教师活动	学生活动	设计意图
创设问题情境	一声“服务员上菜”，立刻展现在眼前的是针管、试管、测量杯等。这就叫作“分子料理”……	观察思考，产生兴趣	通过情境创设，自然过渡到本节教学，调动学生的学习兴趣，使学生感受到此节课与我们生活紧密相关，调动学习积极性
	什么是分子？分子的结构怎样重组呢？我们将对其本质进行深入研究		
模型教学策略的实施	播放视频：“物质的三态”	观看视频、模型拼装：液态水的微观状态和气态水的微观状态	通过物理变化和化学变化的实例对比和模型拼装，学生对分子在物理变化和化学变化中的情况有了深入认识；通过咬文嚼字过程，学生真正理解分子的概念
	分析水的蒸发过程：用模型展示液态水的微观状态和气态水的微观状态	［师生共同总结］分子的定义：保持物质化学性质的最小粒子	
	在化学变化中，分子会发生变化，如过氧化氢制备氧气——过氧化氢分子变成水分子和氧分子，是不同的分子，性质也自然不同；汞和氧气加热生成氧化汞——汞原子和氧分子变为氧化汞分子，自然也就不保持原来的性质了	咬文嚼字：①限制了对象，那就是由分子构成的物质；②化学性质，不是物理性质	
	巡堂指导，引导学生阅读课本第50页，使其自主拼装并讲解氧化汞分解成汞和氧气的过程 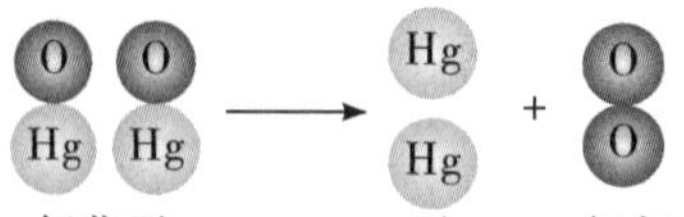 氧化汞（HgO） → 汞（Hg） + 氧气（O_2）	分组拼装模型并上台展示氧化汞的分解过程：氧化汞分子的拼装，反应前，至少有两个氧化汞分子（在教学中，学生经常不明白为什么要有两个氧化汞分子，教师要注意引导）；分解过程中，氧化汞分子拆分成汞原子和氧原子，两个氧原子结合成一个氧分子，许多汞原子聚集成金属汞；反应前后，原子个数不变	通过实施模型教学策略，拼装氧化汞加热分解过程，学生真正理解原子的概念。通过模型拼装和上台展示，提高学生的操作能力和语言表达能力

续上表

教学环节	教师活动	学生活动	设计意图
模型教学策略的实施	讲解：分析汞原子、氧分子和氧化汞的结构。总结：分子在化学变化中发生改变，而原子不发生改变，原子是化学变化中的最小微粒		
拓展迁移	教师展示以下两个反应过程（在教学过程中笔者发现，未采用模型教学策略的对比班，明显有很多学生对于为什么有两个水分子参加反应非常疑惑，不知从何处分析）： 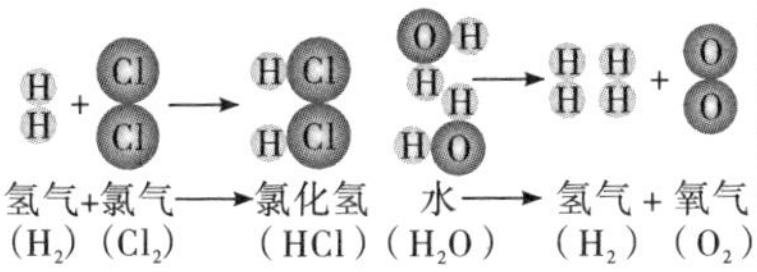	自主拼装并讲解：氢气和氯气生成氯化氢的反应过程；电解水的反应过程	在进一步实施模型教学策略的过程中，加深学生对知识的理解，同时提高操作能力
总结评价	［师生共同总结］分子和原子的区别和联系		总结归纳，巩固知识，提高学生的辩证思维能力

评析：

化学微观概念是抽象化、本质化的微观化学知识，是初三化学学习和中考的重难点之一。其中，“分子和原子”的概念是初三学生最初接触到的微观概念，处于中心地位，作用最为关键。本案例以“分子和原子”教学为落脚点，通过展示和拼装氧化汞和水分子的球棍模型，将模型教学策略贯穿于整体教学之中，帮助学生更好地理解微观结构和微观反应本质。模型教学的研究前景极为乐观，可以为教师教学、教材编写和教学资源的完善提供有效指导，值得我们不断探索，充分发挥模型在化学教学中的重要作用。

二、基于宏观、微观与符号的“化学式与化合价”教学设计

1. 课标分析

《课程标准》对本部分内容的要求，集中于一级主题“物质构成的奥秘”下的二级主题“物质组成的表示”部分。具体表述如表 2 -5 -7 所示。

表 2-5-7 《课程标准》中对“化学式与化合价”内容的相关要求

一级主题	二级主题	内容标准	活动与探究建议
物质构成的奥秘	物质组成的表示	①说出几种常见元素的化合价； ②能用化学式表示某些常见物质的组成； ③利用相对原子质量、相对分子质量进行物质组成的简单计算； ④能看懂某些商品标签上标示的物质成分及其含量	①根据化合价写出常见化合物的化学式； ②根据某种氮肥包装袋或产品说明书标示的含氮量推算它的纯度

从知识与技能、过程与方法、情感态度与价值观三个角度对《课程标准》中相关内容进行分析，可以得到如下结论（见表 2-5-8）。

表 2-5-8 从三维目标分析《课程标准》中“化学式与化合价”的相关内容

教学内容 目标维度	知识与技能	过程与方法	情感态度与价值观
化学式与化合价	①说出几种常见元素的化合价； ②能用化学式表示某些常见物质的组成； ③利用相对原子质量、相对分子质量进行物质组成的简单计算； ④识别标签上的物质成分及含量	①依据化合价推断化学式的方法； ②化学式书写方法； ③用相对原子质量、相对分子质量进行物质组成计算的方法	日常生活中养成关注商品标签、关注商品中物质的成分与含量的意识，用所学知识提升自己的生活品质

2. 教材分析

（1）“化学式与化合价”内容的地位和作用。

化学式与化合价是在学生学习过元素的概念之后引入的。化学式是用来表示物质的化学符号，是化学特有的符号语言，比文字语言有优势，世界通用。通过化学式不仅能清晰地知道物质是由哪几种元素组成的，还能知道各种元素的原子结合的比例，以及各元素在某种物质中的质量分数。引入化学式，在很大程度上提升了学生对物质组成的认识水平。引入化合价概念，有助于学生掌握常见物质的化学式，这是其最主要的功能。另外学习化合价还为高中阶段学习氧化还原反应以及氧化还原反应方程式的书写奠定了基础，同时有助于学生对物质结构的认识和理解。化学式的有关计算一方面能够满足人们在实际生活中的应用需要（如计算化肥中氮元素的含量），另一方面能帮助学生加强宏观、微观和符号三者的联系。

（2）教材对相关内容的处理。

①内容选取。本课题教材内容包括化学式、化合价、相对分子质量的计算三部分。

教材内容体系如图 2－5－3 所示。

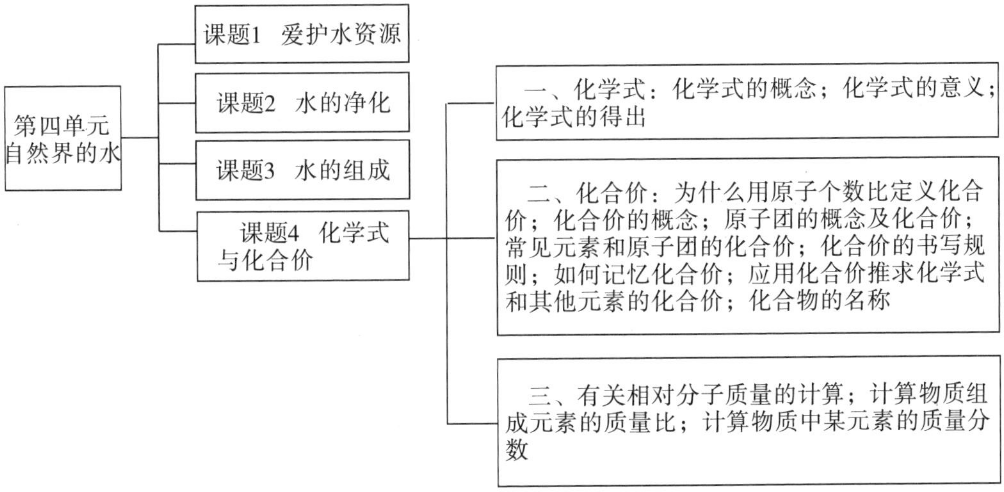

图 2－5－3　人教版九年级化学教材“化学式与化合价”的内容框架

②组织特点。与义务教育化学课程中大多数课题不同，本课题偏重工具性学习，偏重介绍化学式与化合价是什么、怎么用，而对于化学式为什么这样写、元素的化合价是怎样形成的，限于学生的知识水平，在此处都不做过多讨论。因此，教材在处理这部分内容时，采用从事实入手：1 个水分子中就是有 2 个氢原子和 1 个氧原子，所以化学式写成“H_2O”；元素或根的化合价是相对固定的，所以氢氧化钙写成 $Ca(OH)_2$。而后给出书写化学式的规则、计算化合价的方法以及进行相对分子质量计算的程序。也就是说，本节教材是以基于化学事实基础上的技能培养为重点的。

③栏目分析。本节教材共涉及讨论、活动与探究，学完本课题你应该知道共 3 类 6 个栏目。其中 5 个随着课题内容变化差异较大的栏目，其所涉及的内容素材及功能分析如表 2－5－9 所示。

表 2－5－9　“化学式与化合价”内容的相关栏目

栏目名称	栏目内容	栏目功能
讨论 1	符号 H、2H、H_2、$2H_2$ 表示的意义	通过对比分析让学生理清各种符号表示的含义，加深学生对化学式意义的理解
练一练 1	化合价记忆比赛；编写帮助记忆化合价的韵语、歌谣或快板	帮助学生提高学习化合价的兴趣，牢固记忆化合价
练一练 2	（1）已知氧的化合价为 －2 价，计算二氧化硫中硫的化合价	通过应用化合价的有关规律进行计算，加深学生对化合价有关规律的理解，掌握化合价计算的方法

续上表

栏目名称	栏目内容	栏目功能
	（2）根据元素名称写化学式以及根据化学式读出化合物的名称	通过活动帮助学生熟练掌握化合物的化学式与名称
练一练3	查看家中药品、食品的说明书，了解其成分以及各成分的质量分数	通过在实验室应用学到的关于化学式以及关于化学式定量计算的知识，深化学生对本节课知识的理解

3．学情分析

（1）已有知识基础。关于化学式与化合价这部分的内容，学生的现有知识水平是：通过前面的学习以及日常生活经验，学生已经接触到了许多常见物质的化学式，如 H_2O、H_2、O_2、CO_2、Fe_2O_3、Cl_2等，知道化学式能表示物质；能看出其组成元素的种类。学生在前面的学习中已经掌握了原子的结构、原子的核外电子排布，知道原子的最外层电子能够发生转移，形成离子，并结合形成化合物。这为学生学习本节课中涉及的化合价提供了重要基础。另外，前面学习的相对原子质量是本节课学习相对分子质量的计算的基础，学生在日常生活中也接触到不少关于组成物质元素的质量分数的实例，如某保健品中钙元素的含量，化肥中氮元素的含量，牛奶中各种营养元素的含量等。这些生活经验是本节课中将要学习的有关计算的重要前提。

（2）学习障碍点分析。在学习本节课之前，学生对化学式的意义了解并不是很清晰和全面，也不知道化学式是如何得来和如何书写的。化合价的概念更是一个全新的名词，学生完全不了解引入化合价的目的是什么、化合价有什么含义、怎么来确定化合价、如何用化合价来推求实际存在的化合物的化学式等。另外，关于相对分子质量、物质组成元素的质量比以及物质中某元素的质量分数等的概念和计算，学生之前都未曾接触过。再者，由于缺乏系统学习，学生对接触到的各类商品的标签的理解还不够清晰。这些都需要在本课题中加以落实。

4．教学目标

总体来看，《课程标准》对本部分内容的要求不高，主要行为动词有能说出、能表示、能进行简单计算、能看懂等。对于化合价，仅仅要求能说出几种常见元素的化合价，对化合价的概念、规则以及应用等均未提及。对于计算方面，《课程标准》只要求能进行简单计算。但是由于此部分内容承载着帮助学生构建认识物质的新的角度——微观角度、定量角度，其重要性不言而喻，因此在设定教学目标时，根据学生情况在这些角度上应有所体现。

本课题分为3个课时完成。这里选择第3课时“有关相对分子质量的计算”作为教学设计的具体案例进行介绍。

针对《课程标准》分析、教材分析、学情分析，确定本课时内容的教学目标如下。

（1）知识与技能。

①知道相对分子质量的含义。

②知道物质中元素的质量比和元素的质量分数的含义。

（2）过程与方法。

①通过相对原子质量，类比学习相对分子质量，引导学生掌握这一类比方法。

②通过相关计算的学习，认识定量研究物质的方法。

（3）情感态度与价值观。

①通过有关数值和计算的学习，体会从定量角度认识物质组成和结构的科学性和严谨性。

②通过有关计算，强化宏观、微观与符号三者相结合的思维方式。

5. 重难点

重点：相对分子质量、物质中元素的质量比和元素的质量分数等有关计算。

难点：物质中元素的质量比和元素的质量分数的含义；从定量角度认识物质组成和结构的方法。

6. 教学过程（见表2－5－10）

表2－5－10 教学过程设计

教学环节	教师活动	学生活动	设计意图
情境引入	（用法语向同学们问好）你们知道我说的是什么意思吗？	不知道（一脸疑惑）	让学生体验到使用化学式的必要性
知识过渡	我在用法语向大家问好，可见语言的障碍带来了交流的不便。化学学习中也会出现这样的情况，在第四单元中我们共同学习了“自然界的水”，知道水是由氢元素和氧元素组成的。中国人用“方块字”表示水，英国人用“water”表示水，日本人用“みず”表示水，法国人用“l’eau”表示水，这样不仅给我们的交流带来不便，而且也不能让我们看出水的组成。化学上有没有一种方法，既能表示水的组成又可以让全世界的人都能看懂它是水呢？	H_2O	进一步证实了使用化学式的必要性，同时通过引导性教学启发学生自主思考得到答案

续上表

教学环节	教师活动	学生活动	设计意图
新课导入	我们把这样的符号叫“化学式”。从今天起我们就要学习用这样的化学式来表示物质。我们这节课主要来学习有关化学式的知识。在生活中我们经常见到化学式，你在哪里见过化学式呢？	在矿泉水瓶身，在药品说明书上，还有在某些食品的外包装上	引导学生把实际生活经验与化学知识的学习联系起来
知识讲解（化学式）	正如大家所说，在生活中有好多这样的例子，比如化妆品的外包装瓶上有化学式，一些食物标识上也有，药品说明书上也有，试剂瓶的标签上也有。什么是化学式呢？请大家看看化学式由什么要素构成？是用来表示什么的？你能不能给化学式下一个定义呢？	化学式是用元素符号和数字表示物质组成的式子	在教师的启发与讲解中，学生通过独立观察和探究，得到了关于化学式的定义
知识讲解（化学式的含义）	化学式是全世界一致认同的表示物质组成的化学语言。它源于一个基本的事实：任何纯净物都有固定的组成，不同的物质组成不同，每种物质只有一个化学式。因此，化学式是对物质组成的真实反映。化学式除了可以表示物质组成以外，你知道它还有其他含义吗？	可以表示这种物质的组成，表示一个分子，表示构成这个分子的原子的种类和个数，还可以表示这种物质	让学生主动探究，提高自主意识，让学生从不同的角度分析化学式的意义
知识讲解（化学式的含义）	教师向学生们展示宏观水、水分子模型和水的化学式的图片，并讲解当我们一看到化学式 H_2O 时就想到宏观物质水，同时由于水是由无数水分子组成的，H_2O 还表示一个水分子，可见化学式是宏观物质与微观粒子的桥梁和纽带，这也是化学式的魅力所在。 提问：化学式 CO_2 的含义是什么？	表示二氧化碳这种物质；表示二氧化碳是由碳元素和氧元素组成的；表示二氧化碳的 1 个分子；表示 1 个二氧化碳分子是由 1 个碳原子和 2 个氧原子构成的	练习巩固知识，强调课堂上所学习的知识

续上表

教学环节	教师活动	学生活动	设计意图
知识讲解（化学式的含义）	展示乙醇的分子模型和一瓶酒精，提问 C_2H_5OH 的含义	可以表示乙醇这种物质；表示乙醇是由碳元素、氢元素和氧元素组成的；表示乙醇的1个分子；表示1个乙醇分子是由2个碳原子、6个氢原子和1个氧原子构成的	进一步巩固所学的知识
课堂总结	化学式不仅能表示物质，而且还能给出物质组成的很多信息，它如此重要，那你会读写化学式吗？	会了	了解学生对知识的掌握情况

评析：

建立对微观世界的想象力，体现微观与宏观相联系的思维方式是中学化学教学不同于其他课程的特点，也是其他课程不能代替的。这节课最大的亮点是使用球棍模型引导学生对物质微观构成进行想象，又利用实物使学生深刻感受化学式宏观和微观两个层面的含义。化学式是化学学科中的一种符号、一种语言，很抽象，离开实物、离开微观的分子与原子，它没有任何意义，正是意识到这点，本节课选用了生活中的乒乓球、小棍、小球等玩具组成了各种分子模型，使抽象的问题形象化，使学生对化学式的微观含义理解得更加深刻。在设计化学式宏观含义的学习中，教师不忘展示宏观实物，让学生看到化学式就很容易想到对应的实物，看到实物就想到如何用化学式表示实物。通过宏观和微观两个角度的感知，让学生深切体会到化学式是连接宏观和微观世界的桥梁与纽带。

第四节　“物质的化学变化”教学设计

一、基于任务驱动的“质量守恒定律”教学设计

1. 课标分析

《课程标准》中“质量守恒定律”在第四个一级主题“物质的化学变化”，课标中

对这一主题的要求是“引导学生通过实验探究认识化学变化的规律，初步了解研究化学变化的科学方法；逐步形成物质可以变化的观点”。

从《课程标准》的活动与探究建议可以看出，学生是在质量守恒定律的基础上，认识到物质的质量，认识到物质质量间的关系，而且化学方程式的正确书写也是基于质量守恒定律的本质即原子、元素守恒来书写的。总之，质量守恒定律知识的学习为学生以后的学习打下了基础。

从《课程标准》中所提供的情境素材，如拉瓦锡与质量守恒定律的发现、铜片在空气中灼烧后固体质量的变化、电解水实验及其微观解释，可以看出这些都是辅助学生建构质量守恒定律核心概念的，有利于学生对质量守恒定律的本质进行微观解释。

2. 教材分析

质量守恒定律是初中化学的一个重要规律，是分析物质在化学反应中质量关系的理论依据，它的应用贯穿于整个中学化学。人教版九年级化学上册第五单元“化学反应方程式”的第一个课题就是“质量守恒定律”，质量守恒定律在初中化学教学中起着承上启下的作用。教材中本课题首先提出在化学反应中反应物的质量与铜生成物的质量之间存在何种关系，让学生思考，然后通过作出假设、实验探究、交流讨论、得出结论等科学探究步骤，指导学生观察、思考，使学生得出质量守恒定律。

3. 学情分析

在学习质量守恒定律之前，学生已经形成了元素符号、化学式、分子和原子的认识，已经为学习化学方程式的书写和计算做了必要的理论铺垫。此外，学生已经认识基本的实验仪器，掌握了基本仪器的操作方法，为本节课完成活动任务提供了前提。此外，初中生思维活跃，课堂积极性较高，对化学实验持有高昂的热情。

4. 教学目标

（1）知识与技能。

理解质量守恒定律的内容；能从微观上解释质量守恒的实质；让学生初步了解定量研究的科学方法。

（2）过程与方法。

学生在任务的驱动下自主展开学习实践，教师及时评价和激励，从而完成质量守恒定律的概念建构过程；让学生初步认识科学探究的步骤和方法，体验科学探究的过程。

（3）情感态度与价值观。

树立透过现象认识事物本质的辩证唯物主义观点；体验科学发现真理的途径和方法。

5. 重难点

质量守恒定律的含义及微观解释。

6. 教学过程（见表2－5－11）

表2－5－11　教学过程设计

教师活动	学生活动	设计意图
【创设情境】 故事导入：一天，华生问道："敬爱的先生，别人都说你很聪明，那么你能告诉我你吐出的这些烟有多重吗?"福尔摩斯慢条斯理地说："这个问题简单，我只要称出抽烟前烟斗和剩余烟灰的总质量，不就是我吐出烟的重量了嘛!"	学生被故事深深吸引，兴趣和思维被激发	引发兴趣，激发学生的探究欲望。这些学习的动力资源能促使学生自主地去寻找、验证、评价甚至自主建构认知途径
【提问】 作为智慧化身的福尔摩斯的方法准确吗? 【讲述】 要想知道福尔摩斯的方法是否正确，通过今天的学习，就能得到答案。 我们这节课的主要任务就是探究在化学变化中，参加反应的各物质的质量总和与反应后生成各物质的质量总和之间到底有怎样的关系。 【板书】 第二节　定量认识化学变化	学生众说纷纭，并积极回答	明确本节课的研究任务
【提问】 要想知道结果，大家打算怎样研究? 【提出任务1】 请你们利用提供的实验仪器和药品完成两个实验：（1）硫酸铜溶液与氢氧化钠溶液的反应；（2）碳酸钙与稀盐酸的反应。看看反应前后物质的总质量有没有变化	学生做实验，用天平称。 【明确任务】 根据教师所提出的任务进行思考，分析用所给实验药品和仪器进行实验探究的各种可能的装置组合情况	—

续上表

教师活动	学生活动	设计意图
【分析任务】 用投影给出反应的化学方程式，并出示如下3个思考题： （1）这两个反应的反应物和生成物分别是什么？ （2）你准备怎么称量反应物和生成物的总质量？是分开称量还是整体称量？ （3）你打算选择什么装置来进行实验？	【制定实验方案】 学生在回答了教师设计的3个思考题之后，明确了实验方向，以小组为单位（4人1组，共10组）在已有知识的基础上制定具体的实验方案，并在小组间的交流讨论中完善实验方案	分析任务是任务正确执行的前提。教师在设计出具有某种情境的实验任务后，不要急于讲解，而是组织学生讨论分析任务，让学生自己发现问题、解决问题。这样的拓展过程，既提高了学生的实验设计能力，又培养了学生的实验思维方式
【投影】探究步骤： （1）选择仪器。 （2）反应前：分开放置，一起称量。 （3）反应：混合反应物，观察现象。 （4）反应后：称量，比较反应前后质量。 （5）记录实验结果，分析。 【指导任务】 教师在小组间巡视，根据学生在实验探究过程中遇到的问题进行引导分析并及时提醒学生记录实验现象，分析现象	【实施任务】 学生进行实验探究，并进行小组间交流，发现问题，分析原因。学生在做铁钉与硫酸铜溶液反应的实验时，装置除用书上的外，也可用小烧杯加试管的装置；在做盐酸与碳酸钠粉末的反应时，除用书上的装置外，也可用锥形瓶加小气球的装置	—
【任务评价】 教师根据学生实验汇报的结果进行点评和完善，帮助学生建构质量守恒定律的概念。 【完成任务】 鼓励学生自己说出质量守恒定律的内容。参加化学反应的各物质的质量总和，等于反应后生成的各物质的质量总和	【任务汇报】 各小组根据实验现象及所得出的结果派一代表向全班汇报，对实验失败的原因进行分析。 【知识总结】 学生用自己的话总结归纳出质量守恒定律的内容。并认识到在进行有气体参加或生成的实验验证质量守恒定律时，一定要在密闭体系中进行	培养学生收集与处理信息的能力以及表达与交流的能力。让学生在完成探究实验的过程中自我建构知识

续上表

教师活动	学生活动	设计意图
【讲述】 其实早在200多年前，科学家就已经通过若干实验得出了质量守恒定律。 【投影】 介绍质量守恒定律的发现史。 【提出任务2】 请你再次评价福尔摩斯称烟的方法是否正确	【实施任务】 此时学生能很轻松地判断出其方法的错误，即忽略了参加反应的气体和生成气体的质量，没有从反应物和生成物的总质量做比较	渗透化学史的教育，学习科学家追求与探索科学真理而不懈努力的精神。培养运用所学化学知识解释实际问题的能力
【提出问题】 为什么物质在发生化学变化时遵守质量守恒定律呢？你能用物质是由微粒构成的观点对质量守恒定律做出解释吗？ 【提出任务3】 请你利用手中的球棍模型，模拟氢气燃烧生成水的微观过程	积极思考。 【实施任务】 学生分组动手操作。学生将2个氢分子和1个氧分子的模型进行拆装，组成2个水分子的模型。理解化学变化的微观过程	培养学生的动手能力
【思考任务】 （1）你能用简短的语言描述这个微观变化的过程吗？ （2）在这个变化过程中，发生变化的是什么？没有变化的是什么？ A. 分子种类；B. 原子种类； C. 原子数目；D. 原子质量； E. 元素种类	【完成任务】 （1）该过程其实就是2个氢分子和1个氧分子先分解成4个氢原子和2个氧原子，然后再重新结合成2个水分子的过程。 （2）发生变化的是A，没有变化的是B、C、D、E	把学生的认识从宏观引向微观；从微观原因来研究、探寻规律的本质
【知识总结】 微观与宏观的对应关系：化学变化中原子数目、原子种类、原子质量都不变，化学变化中反应物和生成物的总质量不变	师生共同总结归纳	—

续上表

教师活动	学生活动	设计意图
【提出任务4】 （1）根据氢气燃烧的微观变化过程，写出该反应的化学表达式，并配平。 （2）4 g 氢气和 32 g 氧气恰好完全反应，生成水多少克？ （3）4 g 氢气和 40 g 氧气完全反应，生成水多少克？ （4）8 g 氢气能和多少克氧气恰好完全反应，生成水多少克？ 【投影】质量守恒定律的应用： （1）解释生活中的一些现象。 （2）书写化学方程式。 （3）进行化学计算。 【小结】通过本节课，你有哪些收获？ 【布置作业】（略）	【实施任务】 （1）学生根据球棍模型拆装，能写出正确的化学方程式。 $2H_2+O_2\xlongequal{点燃}2H_2O$ （2）很快答出 36 g。 （3）不少学生回答44 g，后在教师的引导下更正为36 g。 （4）学生根据简单的倍数计算得出氧气 64 g，水 72 g。 再次回顾本节课所学知识	为后面学习化学方程式的书写、根据化学方程式进行计算打好基础，做好准备。加深对质量守恒定律中“参加反应”这 4 个字的理解

评析：

此教学设计遵循“低起点、高落点”的原则，设计了一系列梯度合适的学习任务，分散了重点、难点，并充分利用了学生实验中的认知冲突和课堂生成性资源进行教学，发挥了认知冲突的心理学功能，使学生认知结构中的“支架”不断从不平衡趋于平衡，增加了学生的思维活动与课堂参与度，提高了课堂解决的问题的有效性，有利于提高学生的思维能力，深化对实验装置的认识，提高学生的探究意识和能力。

二、基于情境的“化学方程式的计算”教学设计

1. 课标分析

在《课程标准》中涉及化学方程式计算的内容条目具体如表 2－5－12 所示。

表 2－5－12　《课程标准》中关于化学方程计算的内容

一级主题	二级主题	标准	活动及探究建议
物质的化学变化	质量守恒定律	能说明化学反应中的质量关系；能根据质量守恒定律进行简单计算	无

可见，《课程标准》对化学方程式计算的要求并不高。《课程标准》在评价建议部分专门提出：对“依据化学方程式进行简单计算”学习目标的评价，只要求学生根据化学方程式由一种物质的质量求算另一种物质的质量。

2. 教材分析

（1）相关内容在教材体系中的意义、地位和作用。

化学方程式计算是《课程标准》中物质的化学变化主题下的教学内容，与质量守恒定律、化学方程式的书写密切相关，是定量认识化学变化的直接反映，是对化学反应进行研究的一种方法，也是将人类对化学变化的定量认识应用于社会生产和生活实践的基本途径。

（2）教材对相关内容的处理。

①内容选取。以人教版教材为例，“利用化学方程式的简单计算”的教学内容及其结构如图 2－5－4 所示。

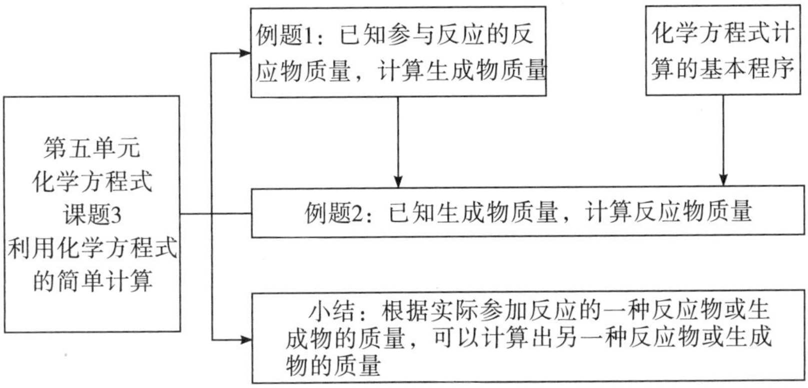

图 2－5－4 教学内容结构示意图

②组织特点。本节教材主要介绍了化学方程式计算的两种类型：一是已知参与反应的反应物质量，计算生成物质量；二是已知生成物质量，计算反应物质量。教材还明确提出了化学方程式计算的基本程序和步骤，用答题范例的形式表达出来供学生模仿使用。

③栏目分析。本部分教学内容涉及的栏目有两个：“练一练”“学完本课题你应该知道的”。“练一练”的内容是在化学方程式计算两种类型介绍的基础上，给出一道题目供学生练习使用。这个题目的类型为给出参与反应的一种反应物，计算参与反应的另一种反应物或生成物的质量，实际上是对教材中介绍的两种计算题类型的拓展。“学完本课题你应该知道的”是对本课题学习的概括总结，提出“根据实际参加反应的一种反应物或生成物的质量，可以计算出其他反应物或生成物的质量”的化学计算核心思路。

3. 学情分析

（1）已有知识基础。

学生已有的知识包括：①物质是由微观粒子构成的；化学变化的本质是分子分裂、

原子重新组合的过程。②用化学方程式表示化学反应。③知道从化学方程式反映出的化学反应的基本信息。④会用化学方程式进行相关计算。

学生已经具备的化学学习能力包括：①初步具备了正确书写化学用语的技能；根据化学式进行相关计算的技能。②体会到了化学计算与数学计算的不同，具备一定的数学运算能力。③能够运用分析、比较、宏观与微观相联系、定性与定量的思想来学习化学知识的学习方法。

（2）学习障碍点分析。学生对化学方程式计算学习的主要困难如下：

第一，如何理解可以应用比例式进行计算。学生已经了解了质量守恒定律，但只是从化学反应前后总质量不变的角度认识到定量关系。在化学方程式的计算中，利用的是物质之间质量比不变这一定量关系进行计算，这与质量守恒定律的知识不同。如何突破这一思维难点，成为教学中的首要任务。

第二，面对丰富多样的变式和问题情境，在如何处理已知量与未知量、如何设未知数和列比例式等问题上，学生也有一定困难。

4. 教学目标

（1）教学价值分析。

①学科价值。化学方程式计算是化学式计算的后续，是定量认识化学反应的集中体现。质量守恒定律是定量认识化学反应的开始，是进行化学方程式计算的依据，而化学方程式是计算的另一载体。

②应用价值。化学方程式计算是对化学变化的定量研究，是研究化学反应原理规律的基础，是科学研究领域的一种重要方法。化学方程式计算也是了解化学变化过程中物质之间质量关系的基本方式，是科学研究向生产、生活转化的必经途径。

③学生认识发展价值。从深度、广度要求看内容，化学方程式计算分成 3 个阶段和水平：第一是化学方程式的简单计算，要求格式和过程规范、计算准确；第二是有杂质，但杂质不参加的化学反应方程式计算，要求理清各种物质质量的关系；第三是学习溶液后，结合溶液中溶质发生的化学反应进行的综合计算。初中化学不要求过量判断、同时发生两个以上反应或连续反应的较复杂的化学方程式的计算。在本节课中，根据学生学习能力，一般只要求掌握前两种化学方程式计算。

（2）具体的教学目标。通过上述《课程标准》、教材、学情分析，确定本课题的教学目标如下：

①知识与技能。

a. 建立对化学反应中各物质质量关系的理解，促进对质量守恒定律的认识。

b. 根据化学方程式中各物质的相对质量关系，能正确计算出反应物、生成物的质量。

②过程与方法。

a. 掌握根据化学方程式获得各物质间的数量关系的方法。

b. 形成在真实情境中运用化学方程式计算的基本方法解决问题的能力。

③情感态度与价值观。认识定量研究对于化学科学发展的重大作用。通过对化学

方程式计算的学习，形成清晰的解题思路，培养勤于思考、严谨求实、勇于创新的科学精神。在解决问题中学会相互帮助，体会成功，建立自信。

5. 重难点

重点：利用化学方程式计算的依据；依据化学方程式计算的解题格式。

难点：依据问题情境灵活进行解答。

6. 教学过程（见表 2－5－13）

表 2－5－13 教学过程设计

教师活动	学生活动	设计意图
【引言】 通过前面的学习我们了解到：在化学反应前后各物质的质量总和相等。化学反应前后各物质的质量守恒的原因是什么？ 【思考】 怎样用一个式子表示一个化学反应，既能体现化学反应前后物质种类的变化，又能体现化学反应前后物质总质量不变，比如铁在氧气中燃烧？ 【教师引导学生分析】 两个表达式的不足。	思考教师提出的问题并回答。 【学生回答】 化学反应前后原子的种类、数目、质量都没有改变。 【学生回答】 铁＋氧$\xrightarrow{点燃}$四氧化三铁 $Fe + O_2 \xrightarrow{点燃} Fe_3O_4$ 学生交流讨论后认为：不是理想的式子。	活动元 1：回顾与思考 复习与本节有关的知识内容，为引入新课做准备
【教师引导学生分析】 同学们顺着这样一个思路：元素用国际上通用的元素符号表示，而物质用元素符号的组合——化学式表示。同学们能否用化学式的组合表示一个物质参加的化学反应？这个式子应达到这样的要求： （1）国际通用语言。 （2）直观看出反应物、反应条件，体现反应前后物质种类的变化。 （3）体现遵守质量守恒定律，微观上化学反应前后原子的种类、数目、质量没有改变	【要求由学生讨论，互相补充，若有遗漏，教师再启发学生补充完整，最后教师投影】 学生尝试用符合这样要求的式子表示一个化学反应：铁在氧气中燃烧	活动元 2：活动与探究 引导学生自主探究，在原有知识基础上探究如何用国际通用语言简便地表示一个化学反应

续上表

教师活动	学生活动	设计意图
【教师总结】 ××同学所写的式子即为国际通用的表示化学反应的式子——化学方程式。表扬××同学的创造性。 板书：一、化学方程式 $3Fe+2O_2 \xlongequal{点燃} Fe_3O_4$	学生分小组讨论，学生代表上来写出自己的式子，学生与教师一起分析哪个式子包含的信息多，更完整体现上述要求	活动元3：交流与讨论1 通过学生与教师、学生与学生之间的交流，判断所写的式子哪一种能更好地表示化学反应，从而导出正确的化学方程式
【教师引导】 看看这个化学方程式，有哪些优点？从中我们可了解哪些信息？通过前面的探究与讨论，同学们将其总结出来。 【提问】 使左右两边的各类原子个数相等，也就是在化学式前配上适当的化学计量数，这个过程我们称为配平化学方程式。请刚才写出正确方程式的一组同学起来介绍是如何配平该方程式的。 【提问】 还有没有其他的配平方法？在今后的学习活动中同学们还可以找一找。 【教师讲解】 配平时，应注意三点：（1）不能更改化学式。（2）化学计量数不能为分数。（3）化学计量数互为最简整数比	教师引导，同学总结，最后教师投影：①表示了反应物、生成物和反应条件（宏观）。 例：表示铁和氧气在点燃条件下生成四氧化三铁。 ②表示了反应物、生成物的构成粒子之间的粒子个数比（微观）。 例：表示 3 个铁原子和 2 个氧气分子在点燃条件下生成 1 个四氧化三铁分子。 ③表示了反应物、生成物各物质之间的质量比例：表示每 168 份质量的铁和 64 份质量的氧气反应生成 232 份质量的四氧化三铁 学生回答：最小公倍数法……	活动元4：交流与讨论2 通过学生的交流与讨论，引导学生总结出化学方程式的含义，培养学生归纳、总结知识点的能力 活动元5：交流与讨论3 通过同学间成功经验的介绍与交流，了解方程式的配平原理及方法，鼓励学生主动探究，发挥学生的主观能动性
【过渡】 前面的学习我们已了解方程式的优点，下面请同学将以前学过的几个化学反应用方程式表示，以小组为单位，同学互相合作，将方程式写在纸上，拿到上面投影，以准确率高、速度快的一组为今天的优胜者。 教师投影： 1. 木炭燃烧 2. 镁在空气中燃烧 3. 硫在氧气中燃烧 4. 铝在氧气中燃烧 5. 磷在空气中燃烧 6. 过氧化氢在二氧化锰做催化剂条件下分解 7. 高锰酸钾受热分解 8. 水通电分解	学生以小组为单位探究书写方程式，学生代表将小组书写 8 个方程式的结果投影	活动元 6：小组合作、组际竞赛 活动与探究以小组合作的形式，探究书写前面所学过的化学反应的化学方程式，培养学生合作精神和竞争意识，鼓励学生展开探究性学习，发现其他的配平方法，体验创新学习化学的成就感

续上表

教师活动	学生活动	设计意图
教师一边分析方程式正误，一边引导学生总结如何正确书写化学方程式的原则和步骤，提醒注意箭号的使用问题。提醒学生意识到：能够发现别人的错误，并改正错误，这对自己来说就是一种提高	学生与教师一起分析方程式正误，一边初步总结如何正确书写化学方程式的原则和步骤	活动元7：反思与评价 通过边纠错边概括，总结出书写化学方程式的原则和步骤。发现问题的同时在教师的引导下及时解决问题，培养学生自主学习的能力，同时组间竞争让学生体验学习化学成功的乐趣
教师分步投影书写化学方程式的原则和步骤： 书写化学方程式的原则（略）。 步骤： 1. 写：正确写出化学式，反应物在左侧，生成物在右侧。 2. 配：左右两边的各种原子个数相等，使化学式前的化学计量数为最简整数比。 3. 注：注明反应条件、生成物的状态符号。 4. 等号连接反应物和生成物	学生总结归纳书写化学方程式的原则和步骤，说一说本节所探究了解到的方程式的配平方法	活动元8：体会与收获 归纳总结本课题的知识与技能，感受正确书写化学方程式的乐趣
布置作业：略	—	活动元9：巩固与实践
教学后记	本节课主要引导学生在原有知识的基础上推写化学方程式，通过讨论与交流，让学生发现方程式的优越性，激发学生的求知欲望，再让学生以小组合作的形式将前面所学的化学反应用化学方程式表示，突出了自主、合作、探究的学习方式，调动了学生自主学习的兴趣。但由于时间的关系，最后的体会与收获总结得较为仓促，另化学方程式的配平还应引导学生进一步的探究和练习	

第五节 “化学与社会发展”教学设计

一、基于STSE的“常见的酸和碱”教学设计

1. 课标分析

课标要求学生知道酸和碱发生中和反应；了解酸碱性对生命活动和农作物的影响，以及中和反应在实际中的应用；会用pH试纸检验溶液的酸碱性，了解溶液的酸碱度在实际中的意义。

2. 教材分析

本案例涉及的教学内容为人教版九年级化学第十单元课题2“酸和碱的中和反应”。在前面的学习中学生已了解酸和碱的性质和用途，同时也认识了酸和碱的概念及其具有相似性质的原因。本课题的主要内容：中和反应的原理及其应用，溶液酸碱度的含义及其测定。本教学设计对本课题教材内容的顺序重新做了调整：第1课时先完成“溶液酸碱度含义及其测定”内容的教学；第2课时也就是本课的教学内容，完成“酸与碱的中和反应及其应用”等内容的教学。

3. 学情分析

初三学生把化学实验当作一件非常有趣的事情，有强烈的好奇心，但不喜欢化学基本理论学习，多数学生只对化学实验现象感兴趣，对过程、结论缺乏认真思考，甚至对分析问题厌烦；学生习惯于被动接受式的传统教学，缺乏合作意识，缺乏独立发现和自主学习与探究的能力；化学实验仪器的使用能力、实验设计能力、实事求是的科学态度都有待于培养。

4. 教学目标

认识酸和碱之间发生的中和反应、盐的组成，会书写中和反应化学方程式。通过分析酸碱中和反应的微观变化图及中和反应过程中pH变化的曲线图，学会用分析、归纳的方法对信息加工处理得出结论；通过探究酸碱之间发生中和反应，学会证明没有明显现象的变化是否发生化学反应。通过了解中和反应在实际中的应用，学生能体会化学与生产、生活密切联系。

5. 重难点

重点：中和反应及其应用。

难点：中和反应的理解和应用。

6. 教学过程

（1）教学活动主题一：从生活走进化学。

教师活动：［导入］人胃分泌的胃液中有一种酸性物质，它就是盐酸，浓度一般是0.05%。人体适量的胃酸可以帮助食物消化，因为不少的食物都要在酸性环境中分解、吸收。但是，有的人胃酸分泌过多，会影响健康和食欲，可能损伤胃壁黏膜，造成胃溃疡或十二指肠溃疡等疾病。胃酸中显酸性的物质是什么？胃酸过多可以用什么物质除去？［展示并说明］（治疗胃酸过多的钙镁咀嚼片及说明书）治疗胃酸过多的药物中含有氢氧化镁。用碱除去酸的原理是什么？通过这节课的学习，我们将揭开其中奥秘。

学生活动：［回答］胃酸中显酸性的物质是盐酸。可以用碳酸钙等与盐酸反应的物质除去。

设计说明：

以学生身边的生活事例导入本课题内容，吸引学生的注意力，激发学生对本课题内容的学习兴趣，让学生认识到化学的学习价值。“从生活走进化学”是化学学科“生活教育”的认知思路，让学生养成关注身边的化学，应用化学知识去理解生产生活现象或问题的习惯。

（2）教学活动主题二：酸碱混合时是否会发生化学反应？

教师活动：［过渡］上节课我们学习了酸和碱，酸和碱之间是否会发生反应？我们先完成下列实验，再来回答这个问题。

学生活动：［做实验并记录现象］实验探究一：

每个小组的同学桌上都有酸溶液和碱溶液。第一组：氢氧化钠溶液与稀盐酸；第二组：氢氧化钡溶液与稀硫酸；第三组：石灰水与稀盐酸；第四组：氢氧化铜的悬浊液与稀盐酸。分别把两种溶液（浊液）混合，观察发生的现象，思考酸和碱能否发生反应。

教师活动：［提出问题］第二、第四组的同学都看到了明显的现象，说明酸和碱的确发生反应生成了新物质。而第一、第三组的同学都没有观察到实验现象，是否就能下结论：两种溶液之间没有发生化学反应？

学生活动：［讨论并可能回答］第二、第四组的学生回答：有现象，会反应；第一、第三组的学生则回答：没有现象，不会反应。

教师活动：［引导］化学反应的特征是什么？反应物如何变化，变多还是变少？生成物如何变化，变多还是变少？［启发］借助石蕊试液判断，二氧化碳与水是否发生了反应？同学们能不能设计实验方案证明氢氧化钠溶液与稀盐酸混合时，是否发生了反应？

学生活动：［小组讨论］氢氧化钠溶液与稀盐酸混合时，是否发生了反应？［实验探究］参考教材中“活动与探究”，探究酸碱溶液混合发生的变化。［交流］互相交流实验设计内容、实验结论。

教师活动：［演示实验］用手持技术演示氢氧化钠溶液与稀盐酸混合过程中溶液的pH及温度的变化。

学生活动：［从手持技术测示曲线图中获取信息］

①开始时，pH 是多少？说明这时溶液的酸碱性情况如何？

②在整个过程中，pH 如何变化？什么时候变化幅度较大，什么时候较小？

③最后的 pH 情况如何？这时溶液的酸碱性情况如何？

④从图示的变化反映出反应的过程：反应物及生成物的变化情况、溶液的酸碱性变化情况、酸碱恰好完全反应的时间点。

⑤还有其他变化吗？

师生活动：[活动小结] 可借助指示剂指示在混合过程中反应物酸或碱的变化，或测出混合过程中溶液酸碱度的变化，说明酸碱溶液在混合过程中发生了化学反应。

设计说明：

通过一组学生实验产生认知冲突，引入本环节的主题：酸碱混合时是否会发生化学反应？学生通过讨论、设计、实验等过程，更深入理解酸碱混合时会发生反应，进一步达成探究“没有现象的混合过程是否发生化学反应”的方法。最后，通过手持技术这一新型教学手段呈观反应过程的曲线表征，为教学提供了丰富的信息。师生双方在共同处理信息的过程中，实现了信息的交换。这种方式促成课堂中信息的多向交流，进一步培养了学生收集、处理、评价、应用信息的能力。通过“酸碱混合时是否会发生化学反应?”这一问题的深入探究，初步掌握了化学学科的认知方法，增强了认知的深度，提升了认知水平。

（3）教学活动主题三：酸碱反应发生什么反应？

教师活动：[提出问题] 酸碱混合时发生了什么反应？生成了什么物质？[启发] 氢氧化钠溶液与盐酸反应过程中酸溶液中的氢离子和碱溶液中的氢氧根离子的变化。[动画演示] 氢氧化钠溶液与盐酸溶液反应的微观过程。[归纳] 借助酸碱指示剂指示变化，可知反应过程中反应物酸或碱随着反应的进行不断地减少，作为酸溶液中的氢离子和氢氧根离子也就不断减少。[小结] 溶液中的氢离子和氢氧根离子由于结合生成水不断消耗，这时剩余的氯离子与钠离子生成了氯化钠。

[板书] $H^+ + OH^- \longrightarrow H_2O$，$Cl^- + Na^+ \longrightarrow NaCl$

$HCl + NaOH = NaCl + H_2O$

其他：$Ca(OH)_2 + 2HCl = CaCl_2 + 2H_2O$

其他：$2NaOH + H_2SO_4 = Na_2SO_4 + 2H_2O$

[讲解] 盐的定义：含有金属离子和酸根离子的化合物。中和反应：酸和碱作用生成盐和水的反应。

学生活动：[猜想、讨论、班级交流] 根据质量守恒定律推测可能生成的产物。[归纳] 三个反应中的生成物的特点是什么？[回答] 生成物中含有盐和水。

师生活动：[活动小结] 中和反应：酸 + 碱$\longrightarrow$盐 + 水。

设计说明：

本环节经历科学抽象的过程，学生认知过程发生了质的飞跃。从质量守恒定律的角度引导学生从实验现象分析该类反应，抽象出中和反应的反应规律和盐等概念。应用相关的动画或示意图等手段，化抽象为具体，有助于学生更深入理解它们的含义。

学生对这类反应的认识产生了理性的飞跃。

（4）教学活动主题四：从化学走向社会。

教师活动：［展示并介绍］结合教材内容，介绍中和反应在实际中的应用。［实验］用手持技术测出：氢氧化镁加入稀盐酸溶液过程中的酸碱度变化。

学生活动：［练习］写出以下反应化学方程式：

①钙镁咀嚼片中氢氧化镁用于治疗胃酸过多的原理。

②用石灰水中和硫酸厂的污水。

③氢氧化钡溶液与稀硫酸反应。

师生活动：［活动小结］中和反应在实际中的应用：改良土壤的酸碱性；处理工厂的废水；用于医药制造。

设计说明：

经过科学抽象所获得的一般规律，应用于指导实践，才能体现其价值。同时，学生通过把这些理论知识应用于实际中，培养了其迁移所学知识解释、解决相关的实际问题的能力，同时，也及时检测了中和反应知识等教学目标的达成程度。

（5）教学活动五：学生交流学习体会、小结本课题内容。

查阅相关资料（有条件可以完成相关的家庭小实验）后，回答以下问题：

①厨房清洁剂和厕所清洁剂混合时，会降低它们的功效。为什么？

②皮蛋味涩，请你设计一实验检验它呈酸性还是碱性。在食用之前如何用简单的方法除去涩味？

评析：

创设有意义的认知背景，经历认知的过程。教学“从生活走进化学”开始，抽取有价值的问题，并深入进行探究，抽象出化学概念，最后“从化学走进社会”。体现了生活教育理念和STSE教育理念。学生经历了认知的完整过程，明确认识的起点在哪里、终点在哪里，深入体会化学在保护环境、促进人体健康方面的应用价值。

突破认知的难点，初步掌握一类的认知方法。本教学中的难点：部分酸和碱混合过程没有明显的现象变化，如何判断这一混合过程是否发生反应？发生什么反应？如何把“中和反应”应用于解释或解决生产生活中的问题？本案例围绕这些认知的难点，让学生深度参与探究的过程，并收集与处理实验现象、变化曲线图、微观动画过程、化学符号等多重表征信息，让学生经历深刻的认知过程，获得探究一类物质变化问题的方法（没有明显现象的溶液混合是否发生化学反应），从理性的高度提升对中和反应的认识。

二、基于STSE“有机合成材料”教学设计

1. 课标分析

（1）区分有机化合物和无机化合物，用简单的实验方法区分棉纤维、羊毛纤维和合成纤维。

（2）知道常见的塑料、合成纤维、合成橡胶及其应用，可以辨别生活中常见的合成材料制品。

（3）了解使用合成材料对人和环境的影响，能够查阅和交流有关复合材料和合成材料应用的资料。

（4）认识新材料的开发与社会发展的密切关系，调查白色污染形成的原因，提出减少这类污染的建议。

2. 教材分析

本课为人教版九年级化学第十二单元课题3的内容，包括有机化合物和有机合成材料两部分。教学重点为有机合成材料。本课题体现了新课标化学要面向社会、面向生活，重点介绍有机合成材料。《课程标准》的教学要求不高，属“知道”“了解”的层次。本课知识有利于学生联系生产和生活，激发学生的学习兴趣。有机化合物中，教材设计了“活动与探究”，让学生自己填写、分析已经学习的物质的化学式、组成元素和相对分子质量，归纳出有机化合物的共同点、有机化合物和无机化合物的区别。“有机合成材料”从学生的生活实际出发，介绍了常见的塑料、合成纤维和合成橡胶的性能和用途，以及一些新型有机合成材料。使学生认识化学与生活、生产的密切联系，以及材料在人类社会的发展中所起到的巨大作用，提高学生的化学素养。让学生从结构与性质的关系的角度了解有机高分子化合物的结构特点和性质，完成“调查与研究”，了解治理“白色污染”的途径和方法，以培养学生关注自然和社会的责任感。

3. 学情分析

（1）学生已有的认知水平和能力基础。通过前面八单元的学习，学生已经认识、了解了金属材料，有一定的化学基础，本节课合成材料的学习使学生对材料有更深入的理解。

（2）学生学习本课可能遇到的困难和问题。

①有机化合物与无机化合物的区分。

②对塑料、合成纤维与合成橡胶的辨别。

4. 教学目标

（1）知识与技能。

①了解有机化合物和有机高分子化合物的特点。

②知道塑料、合成纤维和合成橡胶的性能和用途。

（2）过程与方法。

①进行初步的探究活动。初步学会运用搜集、查找、观察、实验等方法获取信息，初步学会运用比较、分类、归纳、概括等方法对信息进行加工。

②能主动与他人进行交流和讨论，表达自己的观点。

（3）情感态度与价值观。

①认识有机合成材料的发展对人类社会的进步所起的重要作用，激发学习化学的兴趣。

②了解学习化学的重要价值，培养学生关注社会和人类生存环境的情感。

5．重难点

重点：有机化合物与无机化合物的区分。

难点：对塑料、合成纤维与合成橡胶的辨别。

6．教学过程

【课前准备】

学生搜集相关资料，每组搜集2～3种材料。

【教学设计】

【引入】服装材料的发展、演变过程。（联系生活实际，激发学生的学习兴趣和求知欲）

（多媒体课件）服装材料的变迁：兽皮和树叶—棉、毛、丝、麻—天然纤维、合成纤维和混纺师。服装材料的发展和演变过程，可谓人类文明发展史的记录仪，科学技术进步的量度计。同学们，今天，我们穿的服装是什么材料？

生：纯棉、混纺、化纤、羊毛……

师：这节课，我们一起来学习课题3“有机合成材料”。

【活动与探究一】有机化合物。（使学生初步学会运用比较、分类、归纳、概括等方法对信息进行加工）

（1）完成表2－5－14。

表2－5－14

物质	甲烷	乙醇	葡萄糖	淀粉	蛋白质
组成元素					
相对分子质量					

学生展示所完成的表格。

（2）根据表格讨论。

讨论①：甲烷、乙醇、葡萄糖、淀粉和蛋白质的组成元素有什么共同点？

讨论②：甲烷、乙醇和葡萄糖的相对分子质量与淀粉和蛋白质的相对分子质量相比有什么不同？

师：化合物的分类；有机化合物的特点；有机高分子化合物；有机合成材料。

【活动与探究二】热固性和热塑性。（培养学生建立结构决定性质、性质决定物质用途的观点）

学生分组实验、讨论：

生：聚乙烯塑料加热时熔化，冷却后变成固体，加热后又可熔化；电木加热后不熔化。

（投影）高分子结构示意图。

师：高分子化合物的热塑性、热固性。

（投影）不同种类的塑料制品。

师：塑料制品结构不同，性质不同，因此有不同的用途。

【活动与探究三】衣服纤维的燃烧实验。（进行探究活动，使学生初步学会运用实验等方法获取信息，了解学习化学的重要价值）

学生分组实验、讨论：

师：天然纤维和合成纤维各有优缺点，混纺结合了它们的优点。

（投影）认识服装的标签。

（投影）合成橡胶的用途。

师：合成橡胶的优点、用途。

【辩论】使用塑料的利与弊。（体现开放性，布置学生课前查阅资料的任务，使学生树立辩证的观点。使学生认识合成材料在人类社会的进步中起着巨大作用，但是不合理使用也会给人类带来危害，培养学生主动与他人进行交流和讨论，表达自己的观点。）

（投影）白色污染。

师：大部分废弃塑料在自然环境中很难降解，引起的环境污染称为“白色污染”。怎样治理“白色污染”呢？

学生讨论小结：

生：减少不必要的塑料制品；重复使用某些塑料制品；回收废弃塑料。

学生分组辩论使用塑料的利与弊。

生：使用塑料的优点；使用塑料的缺点。

师：合成材料的使用，大大方便了人类的生活。塑料制品的使用，标志着人类的进步，但其在给我们带来方便的同时，也给我们带来了环境污染问题。新型有机合成材料逐渐向对环境友好的方向发展。

【观赏】（录像）新型有机合成材料。（开阔学生的视野，激发求知欲）

【活动】交流搜集的材料，说明它们的特点和用途。（联系社会，联系生活）

【反思与回顾】通过本课的学习，同学们有哪些收获和体会？你还想知道什么？

【课外实践】

（1）（家庭小实验）保鲜膜保鲜能力测试。

（2）（查阅资料）了解自来水管道的变迁。

第三部分　化学教学实施

第六章　化学课堂学习指导

第一节　初中生化学学习指导

一、初中生化学学习的认知特点

初中生一般指 12 ~ 16 岁的儿童。初中阶段称为少年期、青春期或学龄中期。青少年期生理发生迅猛的变化，正处于生理发育的第二个高峰期。

1. 初中生知觉的发展

在知觉方面，初中生的知觉出现了许多新的特点。首先，知觉的有意性和目的性有了较大提高，能自觉地根据教学要求去知觉有关事物。其次，知觉的精确性、概括性更加发展，出现了逻辑性知觉。在空间知觉上，带有更大的抽象性，能比较熟练地掌握三维的空间关系；在时间知觉上，可以更精确地理解较短的单位，如月、周、时、分等，而对“世纪”“年代”这样的历史时间单位，虽然也可以开始理解，但常常不太精确。在观察力发展上，初中生观察的目的性、持久性、精确性和概括性都比小学生有了显著的发展。初中二年级是观察力概括性发展的一个转折点。在观察中，他们观察细节的感受力、辨别事物差异的准确率、理解事物的抽象程序均在不断地发展。

2. 初中生记忆和注意的发展

初中生识记的有意性得到发展。初中一年级学生的无意识记常常表现得很明显，对有兴趣材料记得比较好，对一些困难材料记得比较差。随着教学的要求，学生逐步学会使记忆服从于识记的任务和教材的性质，因而有意识记日益占主导地位。从识记方法上，初中一年级学生机械识记方法还起着很大的作用。从识记内容看，初中生的形象识记和抽象识记都在发展，抽象识记从初一年级开始加快了发展速度。

在注意发展方面，初中生注意比较稳定和集中。在注意的分配和转换品质上，初中生可以边听教师讲课，边记笔记。绝大多数学生具有一定的注意分配的能力。

3. 初中生思维的发展

初中生的抽象逻辑思维从总体上讲处于优势地位，但其抽象逻辑思维在很大程度上还属于经验型。从初中二年级开始，初中生的抽象逻辑思维开始由“经验型”向“理论型”转化，这种转化大约到高中二年级初步完成。从形式逻辑思维看，初中一年级已开始占优势，初中二三年级开始能理解抽象概念的本质属性。就辩证思维发展来讲，初中一年级学生已经开始掌握该种思维的各种形式，但水平还不高。初中三年级学生的辩证逻辑思维处于迅速发展的转折期，但是辩证逻辑思维尚未处于优势地位。同时初中生思维的品质尤其是独立性和批判性有了很大的发展，但是很容易产生片面性和表面性的缺点。

4. 初中生想象的发展

初中生想象的有意性迅速增长。初中二年级到初中三年级是学生空间想象力发展的加速期或关键期，初中生想象的创造性成分在不断增加，想象的现实性在不断发展，想象的内容比较符合现实，富有逻辑性。初中生的幻想具有现实性、兴趣性，有时也带有虚构的特点，而要达到理性的想象一般要到高中阶段。

5. 初中生的认知教育

初中阶段是人的一生中的一个重要阶段，在认知发展上处于一种既懂事又不完全清楚的状态中，即各种认知过程都在发展而又发展得不完善。因而，在教育中，我们既要向初中生提出具体的、可行的要求，又不能期望过高。

由于他们已能理解一些抽象的概念，因此对他们的教育内容可以具有一定的理论性、抽象性。针对他们富于想象、崇尚英雄的特点，要教育他们区分勇敢与鲁莽、友谊和义气、大胆与粗暴等界限；针对他们认识上易产生片面性和表面性的特点，教师要循循善诱，以理服人，用事实说话，使他们心服口服，逐渐改变他们敢于争论却常常缺乏依据、敢做又不善于做的缺点。

二、初中化学知识特点

1. 启蒙性和基础性

化学是初中学段新开设的一门学科。学生第一次迈入化学的大门，一切都是新鲜的，一切有关化学的观念、方法都是从头建立的，所以不论从学生对化学科学认识的角度，还是从社会对学生进行科学教育的角度，化学都具有启蒙性。初中生所学的知识，所形成的技能、能力、观念、方法等对高中乃至大学的继续学习，以及参加社会生产劳动和应付日常生活都是基础性、必备性的。尽管初中化学在知识上不具有严密的科学体系的性质，观念、方法上也不具有认识的深刻性、研究的独创性等，但却是化学科学中的一些最基本的东西，一切高深的学问都是在此基础上完善发展起来的，因此初中化学带有明显的基础性特点。

2. 以实验为基础

化学是研究物质的组成、结构、性质以及变化规律的科学。研究这些主要是依靠客观事实来说明，而客观事实主要是依靠实验来直观认识，所以说化学是以实验为基础的。

3．与日常社会、生活密切联系

迅猛发展的化学已成为生命科学、材料科学、环境科学、能源科学、信息科学等领域的重要基础，它在解决人类社会发展过程中面临的有关问题、提高人类的生活质量、促使人与自然和谐相处等方面发挥着重要的作用。

4．以现代物质结构理论为主线

化学科学是由一系列化学概念、原理构成的具有严密逻辑性的体系。它的核心部分是基本原理或基本规律的陈述。初中化学内容虽然都属于最基础的知识，但却不是零散地堆积，胡乱地拼凑，其中的每一组成部分都受整体内在规律的支配。这个规律就是作为化学主导理论的物质结构理论。

5．以学生认知规律为顺序

（1）重视学生学习品质的培养。学生的学习品质包括学习的目标、需要、动机、兴趣、态度、习惯、情感、意志、性格等。现行初中化学教材都在此方面给予了高度重视。

（2）在学科内容的编排上，采取把元素化合物知识和理论知识穿插编排的方式。即从一些物质及其变化入手，从中引出理论，然后再有选择地应用已学过的理论解释或研讨后面的内容，从而使理论认识更加深化，使理论知识和元素化合物等描述性知识更好地结合起来。

6．独有的化学用语

化学用语即化学元素符号、化学式、化学方程式、离子方程式、电子式、结构式等由化学符号组成的化学学科特有的词汇系统。化学用语是化学科学表达、交流的语言，是学习化学的基础。

三、初中生化学学习的基本特点

1．以化学实验为基础

特点是相比较而言的，是与该学科的研究对象、研究方法相关联的。近代科学建立在观察、实验与数学的逻辑推理相结合的基础上。十七世纪以伽利略为代表的先驱者以科学家特有的思维方式，把一个重要的哲学论断变成了可以操作的科学方法。这个论断是以弗郎西斯·培根为代表的一批哲学家提出的“实验是自然科学的基础”。从此自然科学走上一条新的道路，以新的方式观察研究自然现象，发现并阐明它们所依循的规律。这不仅使人们在很多领域离开了数千年的思维误区，推动科学健康地向前发展，而且为超越经验和常识的新技术的产生奠定了坚实的基础。可见，实验是自然科学共同的基础，是自然科学区别于社会科学、人文科学、数学与艺术的共同的特色。

就自然科学而言，物质科学，生命科学，地球、宇宙和空间科学三大研究领域，各自肩负不同的使命，其赖于建立的实验基础表现不同的特色。化学定位于研究分子。

化学家擅长分子识别、修饰与合成。通过分析实验与结构测定识别分子；通过分离实验获得分子；通过修饰和合成实验创造分子；通过动力学实验揭示分子重组的规律。因此，以化学实验为基础是化学学科的一大特色。

2. 以科学思维方法为指导

化学的学习和化学的研究都是有意识、有目的的科学实践活动，因此都离不开科学思维的指导。科学思维方法是人脑正确反映研究对象客观规律的主观手段。化学理论形成的主要标志在于能够反映化学物质的客观运动规律，具有学科体系的严密逻辑和进行定量表达的精确性等。化学理论的真理性必须由化学实验方法加以检验和证实。化学理论的逻辑性则需要运用化学思维方法去建立，需要把零星的、散乱的知识依据其本质关系和因果关系纳入一个严密的科学体系。

化学思维方法包括逻辑思维方法和非逻辑逻辑思维方法两大类。逻辑思维是在感性认识的基础上，运用概念判断推理等形式对客观世界间接地概括的反映过程。它主要包括抽象、比较、分类、类比、分析、综合、归纳、演绎、联想等几种基本的思维方法。逻辑思维带有规范性，并具有形式化的逻辑规则和程序。非逻辑思维不采取形式化的逻辑规则和程序，带有灵活性，它包括直觉思维和灵感思维。这两种思维方法往往带有突发性、跳跃性，缺乏自觉性的特点。

3. 以化学语言为载体

化学作为人类反映客观事实和规律的知识体系，以其特有的思维方式和信息交流系统来丰盈人类的语言大厦。化学语言是人们对化学认识成果包括化学概念、定律、理论等的简洁而规范的表现形式。在化学语言的体系中包括化学用语（即符号语言）、文字语言和图表语言三类。它们是为解决化学认识成果的存在形式和描述化学的对象而建立的，是化学认识成果交流和传播的工具，也是学习化学重要的、有效的思维工具和认识工具。化学语言既是化学思维的载体与中介，也是化学思维活动的体现。

化学用语包括用来表示物质组成、结构和变化规律的一种特殊符号（如元素符号、化学式、化学方程式）以及由基本化学用语为核心发展或演化得到的离子符号、电子式、电子排布式、结构式、电离方程式等。化学文字语言是在自然语言的基础上形成和发展起来的，具有化学学科特指的确定的语义，常以化学概念、化学术语的形式出现，如化学平衡、电离、烷烃等。化学图表语言是指包含一定化学信息的各种图或表，可细分为图形语言（如分子模型、原子模型等）、图像语言（如彩图、名人肖像、物质用途示意图、实验装置图、化学反应现象图等）和表格语言（元素周期表、数据分析表等）。

四、化学学习方法

1. 化学学习的基本方法

化学学习基本方法包括外部的操作活动方法和内部的心智活动方法。外部操作方法主要指阅读、听课、观察、笔记、练习、表达、实验等方法。内部心智活动方法主要包括抽象思维方法、形象思维方法和符号思维方法。化学学习中常用的抽象思维方法有分析、综合、比较、类比、归纳、演绎和反证等。化学学习的形象思维方法一般机制是：观察—意象—联想—想象 + 模型 + 模仿或模拟。化学符号思维方法是指用元素符号、化学式、化学方程式以及其他化学符号来表示严格定义的化学事物的科学概念，表示化学事物之间特定关系和运动变化规律的过程。

2. 化学学习的综合方法

化学学习的综合方法是按照特定的学习策略由若干种基本方法构成。根据学习活动的性质，可以把化学综合学习方法分为接受性、再现性学习方法和研究性、发现性学习方法。

五、化学学习策略

所谓学习策略，就是学习者为了提高学习的效果和效率，有目的、有意识地制定有关学习过程的复杂方案。学习策略是学生用于获得、保持与提取知识和作业的各种操作与程序，能够促进知识的获得和贮存，以及信息利用的一系列过程或步骤。总体来说，学习策略具有以下特点：

（1）学习策略是一个多层次的动态系统。

（2）掌握学习策略的标志不是记住了学习方法和程序本身，也不是对学习方法和程序的机械套用，而是能够根据学习内容的特点、自身的认知水平和预期的学习目标等因素，自觉而灵活地选择、调控和应用特定的学习方法和程序。

（3）学习策略有其自身的适用条件和范围，不同类型的知识需要调用不同的学习策略。

（4）学习策略不能凭空生产，也难以单靠直接传授的方法获得。

结合化学知识的特点，本节将从事实性知识、理论性知识、技能性知识、情意类内容以及化学问题解决等五个方面来阐释化学学习的策略。

（一）化学事实性知识的学习策略

1. 化学事实性知识的特点

化学事实性知识是指反映物质的性质、存在、制法和用途等多方面内容的元素化合物知识及化学与社会、生产和生活实际联系的知识。

化学事实性知识主要包括主族元素、副族元素及其化合物，各类有机物及其代表物。化学事实性知识是学生学习其他化学知识的基础，也是与现代人们生活和社会发展联系最紧密的知识。化学事实性知识都是物质及其变化的宏观表现，具有生动、形象、直观的特点，学生理解起来一般不存在困难，但由于涉及的元素及其化合物种类较多，内容相对零散庞杂，往往导致学生记忆困难。

2. 化学事实性知识的学习策略

根据化学事实性知识涉及的元素及其化合物种类繁多，内容零散庞杂，学习“易学难记”的特点，有效地学习化学事实性知识可以采用的策略有多种感官协同记忆策略、联系—预测策略、知识结构化策略等。

（1）多种感官协同记忆策略。对于事实性内容，学生一般很容易看懂或听明白，但是却难以在头脑中留下深刻印象。学生的实际情况经常是“一听就会，转眼就忘”，这是事实性知识学习困难的原因。

心理学实验证明，人们接受外界信息所参与的感觉器官不同，学习化学事实性知识时，应充分调动各种感觉器官对物质及其变化进行全面的观察和体验，做到从各方面明确感知化学事实，从而加深对事实性知识的印象，增进对知识的理解与记忆。

在运用多种感官协同策略进行学习时，不能仅仅停留在简单的听、看等层面上，还应该做到以下几方面。

①要善于观察，将所学内容与身边的事物或现象联系起来，以加深记忆。

②要勤于动手，尽量创造条件自己动手做实验，既可以利用实验室进行实验，还可以开展家庭小实验、课外实验等，通过做实验来学习化学。

③要善于思考，看、做等的最终目的是形成对知识的理解和把握，而不是单纯欣赏，所以无论是在观察还是操作的过程中，都要积极动脑思考，将实验、观察与思维三者有机地结合起来，使枯燥的事实性知识的学习变得生动深刻，增进记忆。例如，学习金属活动性顺序时一定要让学生通过实验探究学习，认真观察相关现象，并结合相关形象记忆和理解。在铝与硫酸铜溶液、铜与硝酸银溶液反应时借助反应现象的有趣现象描述“铜树”和“银针”来记忆和理解，有必要时在微观上解释其现象形成的微观原因。

（2）联系—预测策略。化学事实性知识内容虽然相对庞杂，但它们之间也存在着一定的内在联系。这种联系表现在：一是事实性知识与理论性知识联系紧密，是理论性知识的具体体现；二是事实性知识与学生已有的知识经验相联系；三是事实性知识之间存在互相联系。所以，在学习事实性知识时，可以根据这些联系做出大胆的预测，从而建立起知识之间的意义建构。

联系—预测策略是指学生在学习化学事实性知识时，有意识地抓住其与理论性知识、学生已有知识经验的联系以及物质性质之间的内在联系，并以这些联系为依据对要学习的物质的一系列性质先做出自己的预测。

在应用联系—预测策略时，须注意以下问题：

①要做到尽可能多方面、多角度联系，大胆预测。

②要保证预测有理有据，而不是无根据地胡乱猜测。

③预测不是目的，只有将预测结果与正确结果进行比较，找出差异，并针对差异进一步深入学习，才能达到目的。例如，测定空气中氧气含量的实验，对于初中生来说第一次接触这样复杂的实验，是第一个有探究意义的重要实验，也是第一个具有定量意义的实验。看似简单的气压原理的运用很关键，所以我们可从学生的生活经验出发，如从拔火罐原理入手，分析和推测氧气含量不同时的实验现象，最后根据实验结果确定空气中的氧气含量。这样做的目的是让学生在学习生活过程中有充分的理解和

内化的思维过程。

（3）知识结构化策略。知识结构化策略是指将事实性知识按照一定的线索进行归类、整理，使零散、孤立的知识变为彼此间相互联系的整体，形成一个系统化、结构化的知识网络结构。

现代认知心理学普遍认为，知识结构的形式是产生广泛迁移的基础。在化学学习中，除了要揭示知识之间的联系外，更重要的是要有意识地将所学知识进行归纳总结，从而形成知识体系。经过结构化组织的材料往往给人一种形象直观、简明扼要的感觉，有利于一目了然地把握知识之间的复杂关系或内在联系。它储存在头脑中，犹如图书馆经过编码的书，可“信手拈来”，减轻学生的记忆负担，提高解决问题的效率和能力。

运用知识结构化策略的关键，是要确定知识间的内在联系，并以此联系为脉络，形成知识框架结构。通常事实性知识之间的联系有以下几种：①顺序关系；②因果关系；③种属关系（一般用于单元复习）；④功能关系。

在实际学习中，运用哪种思路要根据具体内容和任务而定。但是，不管构建哪种知识结构，结构图中各节点间必须具有内在联系，而且层次分明，保证信息的顺利提取。例如，复习课中的物质的分类，分析和理解每一个层次分类的依据，理清相互之间的关系比记住分类结果更为重要。

另外，由于每个人的知识经验不同，不同的人构建的知识结构图也会各不相同，为此，可以引导学生就各自的结构图展开讨论和互评。这样做，一方面可以澄清学生头脑中的某些模糊观念，同时，让他们通过评价自己和他人的网络结构图，可以反省自己构建网络图的过程，发现自己的不足，从而加以补充修正，使之更加完善。

（二）化学理论性知识的学习策略

1．化学理论性知识的特点

化学理论性知识是指反映物质及其变化的本质属性和内在规律的化学基本概念和基本原理。在中学阶段，化学理论性知识主要包括有关物质组成、结构、性质、变化和化学量等基本概念，以及化学定律、物质结构理论、元素周期律、电离理论、化学反应速率和化学平衡等基本理论。

化学理论性知识具有以下特点：第一，化学理论性知识是对物质及其变化的本质和规律的反映，它具有高度的概括性，直接影响着学生对化学事实、现象的观察和理解。第二，化学理论性知识可以知识系统化，使之便于检索、记忆。第三，化学理论性知识可以帮助学生掌握规律，实现知识的迁移，从而培养学生的思维能力。第四，化学理论性知识的形成过程体现着丰富的科学观念、科学方法和科学态度，是对学生进行科学方法训练和情感教育的良好素材。

2．化学理论性知识的学习策略

（1）概念形成策略。概念形成策略是指学习者从大量的具体例证中，以比较、辨别、抽象等形式自己概括得出事物关键特征的一种学习策略。这种学习策略强调学生主动参与知识的获得过程。

运用概念形成策略一般要经历三个阶段：第一阶段，要充分收集与化学概念形成相关的具体例证，以获得丰富的感性认识。第二阶段，自觉地对获得的具体例证进行分析、比较、辨别，提取其共同的特征信息，逐步舍弃干扰信息，然后将特征信息进一步抽象和概括。第三阶段，将获得的结论与同学展开交流，在交流中使正确的观点进一步得到明确，并在练习中加深对化学概念的理解。例如，在学习固体溶解度概念的过程中，首先找不同物质（如氯化钠和硝酸钾）在相同条件下溶解能力表现的不同和同一种物质在不同温度和不同量溶剂中溶解质量的不同；然后提出如何科学地进行溶解能力的对比，进行广泛讨论；最后总结固体溶解度的四要素，再通过练习运用，达到理解运用溶解度概念的教学目的。

（2）概念同化策略。概念同化策略就是指学习者利用原有认知结构中适当的概念来建构新概念的一种方法。

现代认知心理学认为，新知识的获得依赖于认知结构中原有的知识经验，新知识只有通过和旧知识的相互作用，才能实现有意义的学习。这种新旧知识相互作用的结果，就是新旧意义的同化，进而形成更为高度分化的认知结构。

运用概念同化策略，一般经历三个环节：首先，寻找并激活认知结构中与新概念学习相关的已有概念，这是概念同化的前提，通过将新概念与已有概念建立联系，初步理解新概念的含义。其次，将新概念与原有概念进行精确类比。这个过程包含了对新旧概念的各方面之间的比较，既要找出二者的相同之处，又要认识到其差异，毕竟它们不完全相同。这是在新旧概念之间建立联系的过程，是概念同化策略的关键。最后，将相关的概念融会贯通，使新概念以适当的方式纳入认知结构之中，形成系统的概念网络体系，便于记忆和运用。例如，同样在学习溶解度概念的过程中，先分析讨论已知（物理学科）的速度、密度、比热容等概念的从简单的定性到定量化的思维方法，再引用到溶质在溶剂里溶解能力的简单定性描述到精确定量化的过程中，溶解度的概念就不难理解了。

（3）概念图策略。概念图策略是指学习者按照自己对知识的理解，用结构网络的形式表示出概念的意义以及与其他概念之间联系的一种策略。

一个完整的概念图要包括命题、层次等级、横向系和实例4个方面。例如，学习纯净物的分类时通过表格进行对比分析（表格只有概念图的作用）。

（三）化学技能性知识的学习策略

1. 化学技能性知识的特点

化学技能性知识与其他类型的知识联系密切，需要在理解有关化学知识的基础上学习和运用。脱离具体化学情境，进行单纯的技能性训练，化学技能性知识将失去意义。化学技能性知识包括化学用语、化学实验技能和化学计算技能。

化学用语是用来表示物质的组成、结构和变化规律的化学符号及术语。化学用语的学习必须和它所反映的宏观现象、微观结构紧密结合，使学生在理解有关化学知识的基础上学习和运用化学用语。

化学实验技能是指学生完成化学实验过程中所需要的各种技能和技巧。它包括基础的化学实验操作技能，也包括设计实验方案、收集实验数据、处理实验结果的思维。因此，化学实验技能的培养必须和具体的探究活动相结合，不宜孤立。

化学计算技能是指学生依据化学知识，运用数学方法来解决化学问题的技巧。化学计算技能的学习，基础是化学概念的原理，核心是思维能力和运算技巧。

2. 化学技能性知识的学习策略

（1）多重联系策略。多重联系策略是指在学习化学用语时，有意识将化学符号与它所代表的宏观事物、所反映的微观结构有机地联系起来，深入挖掘符号本身所承载的多重意义，使化学用语含义具体化，从而在理解化学用语的意义的基础上进行技能学习，而不是将化学用语当作孤立的符号。

多重联系策略适应于教授化学用语知识时将化学符号与它所代表的宏观事物、所反映的微观结构有机地联系起来，同样也适用于化学实验技能的学习中，可以将实验原理、实验装置、实验操作有机地结合。

（2）练习—反馈策略。练习—反馈策略是指在理解化学技能性知识的意义的基础上，在反馈作用的参与下反复多次地进行一种动作，使其达到自动化的水平。练习—反馈策略中反馈包括两方面：一是指在练习中，注意思路和方法的反思总结，促进方法的迁移，这在化学计算技能中经常运用；二是指在练习中，及时订正错误，找出错误的原因、类型，归类记录。

练习—反馈策略常用于化学实验技能与化学计算技能的掌握和巩固过程中。

（3）可视化策略。可视化策略是指在解决化学计算题时，在对问题进行整体的感知的基础上，运用图示帮助解题者分析题意。对于一些较复杂的化学计算题，学生在理解题意时既要分析题目中给出的信息，又要从头脑中检索提取解题所需的知识经验，不断寻求已知、未知之间的联系，从而确定解题的有效策略。

可视化策略主要应用于化学计算技能，尤其是复杂的化学计算。例如，在复杂的计算中借助示意图来进行分析和运算。

（四）化学情意类内容的学习策略

1. 化学情意类内容的特点

化学情意类内容是指能对学生情感、意志、态度、价值观产生影响的有关内容，它包括科学的好奇心、学习兴趣、科学的物质观、对化学科学的认识、科学态度和科学精神、爱国主义情感等。化学课程中对情意类内容的要求具体体现在“情感态度与价值观”课程目标。

情意类内容在教材中分布零散，且多以隐形的方式存在，这就需要教师深入分析和挖掘化学知识所蕴含的情意类内容，将情意类内容的学习与具体知识的获得有机结合，使学生通过丰富多彩的学习活动，获得有关的情感体验，形成科学的价值观。

情意类内容的养成是一个潜移默化的、多学科协同运作的过程，我们不能期望它在短时间内形成。而且，对它的测量无法通过传统的纸笔测验来实现。然而，它一旦形成，将会在相当大的程度上促进其他知识的学习。情意类内容的学习应有目的、有计划、循序渐进地进行。

2. 化学情意类内容的学习策略

（1）挖掘知识的多重价值策略。挖掘知识的多重价值策略要求学习者从观念上认识到科学知识不仅是事实、规则和理论的体系，还要知道任何知识都是人类探索和研究的结果，其中凝聚着科学家的智慧，体现着科学家的思想、观点和方法。这样的观念表现在行动上，就要求在学习每一项具体知识之前，都要有意识地从知识本身、知识的形成过程以及知识背后蕴含的思想观点几个角度进行分析，确定不同领域的学习目标，挖掘出知识的情意价值，从而保证情意类内容的养成有的放矢。

（2）主动参与策略。主动参与策略是指学习者主动地针对学习内容展开探究活动，积极参与到学习活动中来，通过发现问题、提出假设、设计方案、收集证据、分析处理证据、获得结论等实践过程，获得对问题的理解和价值体验的一种学习策略。

（3）合作交流策略。合作交流策略是指学习者采取分工合作的方式参与探究活动，相互交流自己的进展、结论，并针对各自的观点展开讨论。合作交流是能够使学生体验到小组成员间合作的重要性，培养学生的参与意识、合作精神和合作能力，获得问题解决和情感发展的一种策略。

（五）化学问题解决策略

化学问题解决策略，是对化学问题解决途径和方法的概括性认识，是在化学问题解决全过程中借以明确目标，思考假设，选择、调整和审视解决问题计划的方针和原则。

1. 化学问题解决机制

现代心理学的研究表明，一个问题包括 3 个基本成分：①给定。一组已知的关于问题条件的描述，即问题的起始状态。②目标。关于构成问题结论的描述，即问题要求的答案或目标状态。③障碍。正确的解决方法不是显而易见的，必须间接通过一定的思维活动才能找到答案，达到目标。这样，问题就是给定信息和目标之间有某些障碍需要被克服的刺激情境，问题解决就可以理解为克服问题的起始状态和目标状态之间的障碍，填补其间的空隙，使问题状态转变为目标状态的过程。

解决任何问题，必需的信息（内容）和推导（过程）是非常重要的两个因素。阿什莫等人将化学问题解决过程分为 4 步：明确问题，选择适当的信息，组合零散的信息，评价。成功地解决化学问题需要三个方面的有机结合：①扎实的化学知识基础；②问题解决的有关策略；③自信心。

2. 化学问题解决策略

（1）类比策略。类比策略是指设法将新问题转化为已有知识经验中相似的问题（原型），通过比较在几者之间建立联系，从而利用已有问题的解决方法来解决新问题的一种策略。它是一种常用的问题解决策略，关键是找到新问题与原型之间的可类比点。

例如，Fe_3O_4若看作“混合氧化物”时可以写成 $FeO \cdot Fe_2O_3$，若看作一种盐时又可以写成 $Fe(FeO_2)_2$。根据化合价规则和这种书写方法，Pb_3O_4可以分别写成 $(PbO)_2 \cdot PbO_2$和 $Pb(PbO_2)_2$。

（2）分解策略。分解策略是指按照一定的原则将问题分解为系列相互联系、具有一定层次结构的具体问题，即将问题的目标状态分解为几个次一级的子目标，尽量不要一次处理太多信息，通过子目标的逐个实现解决问题的一种策略。例如，计算涉及含杂质的物质运算时，先计算出纯净物质的质量，最后再换算为含杂质的物质的质量等。

（3）逆推策略。逆推策略，又称逆向推理策略，即逆向思维、反向思考。它是出于对问题不能进行整体表征而采取的自下而上的推理活动。例如，硝酸铜和硝酸银的混合溶液中加入铁粉充分反应后过滤，滤渣中滴入稀盐酸有气泡产生。从结果推理分析，滤渣中含有铁粉，铁过量，故推出加入的铁粉过量，所有的银离子和铜离子全部被置换为银单质和铜单质。

（4）反思策略。反思策略是指问题解决者适时地对问题解决过程及其结果进行批判性思考和评价的策略。反思策略一方面表现为在问题解决过程中，问题解决者不时地停下来对自己的问题解决过程做出评价；另一方面表现为在获得问题答案后，问题解决者自觉地从更高的层次上反思评价自己问题解决的过程。反思结果可用反思日记的形式总结。

（5）探究策略。探究策略是指通过对问题的分析、解释，先提出对问题的假设（即对问题的一种推测性论断和假定性解释），然后设法收集能够证实假设的证据，通过对收集到的证据进行抽象概括确定问题的答案，从而达到问题目标的一种策略。

探究需要较多的时间，能让学习者经历获得结论的过程，学会解决问题的科学方法，所获得结论的正确程度较高。

第二节 创设化学教学情境

一、化学教学情境的内涵

化学教学情境是指在化学教学中，通过建立师生间良好的情感氛围，创设适宜于学生充分发展的认知客体与认知主体间的情境，使化学教学在积极的情感和美好的情境中展开，使学习者的情感活动积极参与认知活动，以期激活学习者的化学情境思维，从而在活跃的化学情境思维中获得知识，培养能力，发展智力。

二、化学教学情境的功能

1. 激发学生学习兴趣

化学教学情境可向学生提供有趣的现象和丰富的事实，让学生能真切地感到自己像个探索者，发现化学世界中的神奇奥妙，触“境”生情，产生积极活跃的情感体验。轻松愉悦的心境使学生的学习效果事半功倍。

2. 促进学生知识迁移

化学情境教学能帮助学生从真实、可感知的情境中获得知识。由于情境蕴含着相关知识的丰富背景，会对学生的思维加工产生积极的影响，利于学生多角度挖掘知识的内涵和外延，促进对化学知识体系的自主建构，从而实现对化学知识的理解内化，保证知识向真实情境迁移。

3. 发展学生的探究能力

置身于一个基于化学问题解决的真实情境中，学生通过感知情境中的材料发现并提出问题，再通过探究活动分析、解决问题，最终提高认识，收获新知识。通过化学教学情境提供素材支持、思维空间以及情感氛围，学生基于原有的知识经验展开形式多样的探究学习，不仅有利于科学态度的养成，而且有利于科学探究能力的发展。

4. 培养学生的合作意识

在化学情境中，为让学生多角度理解知识，教师依据学生的性格特征、知识基础、实验能力等因素进行学习任务的明确分工，指导学生围绕情境中的化学问题展开讨论、互助互学、合作探究，让每位学生在化学教学情境中各兼其职、共享成果，有助于增强学生的合作意识与团队精神，形成互帮互促、合作共赢的良好氛围。

5. 提升科学素养

化学情境教学把实际的生产生活场景作为学生学习的对象，让学生在具体情境中联系社会热点问题，应用所学知识解决问题。在情境中建立概念、摸索规律、思考问题、诊断错误、领悟方法、完善知识等，这些都有助于抽象的化学基本概念得到更深刻的理解和转化，进而形成科学素养。

三、创设化学教学情境的常用方法

1. 通过化学与日常生活、生产实际的联系来创设课堂教学情境

化学是自然科学的重要组成部分，它与工农业生产、国防、科技、人类生活有着密切联系。中学化学课程中的许多知识都来自于生活。随着科学技术的发展，化学与人类生活的关系越来越密切。教师可以从生活中提取素材，让学生感觉到化学就在我们身边，化学知识并不是高深到我们很难理解和接受的程度。

例如，在学习“酸碱盐”时，可以结合一些生活小窍门创设情境，如水壶中的水

垢如何除去；夏天里人被蚊虫叮咬了，在家里能涂抹些什么；为什么在蒸馒头前面粉中要放些碱面；等等。另如，从好酒不怕巷子深、很远就闻到花的清香等这些学生熟悉的日常生活现象出发，揭示分子在不断运动的规律。所有这些情境的创设，目的就是让学生感觉到化学就在我们的周围，从而激发起学生学习化学的兴趣。

2. 利用化学史来创设课堂教学情境

在课堂教学中可以设计一定的化学史实情境，如化学发展的规律，化学概念，学说及理论的提出、发展和演变，化学家的业绩等，使学生很快进入学习角色。利用化学史来创设教学情境，无论在开发学生的化学思维、培养科学意识和科学品质还是扩大学生的视野等方面都有重要的意义。

如在讲“空气的组成”时，向学生介绍各国科学家如何通过不断的探索，发现空气的组成；拉瓦锡怎样推翻了统治化学理论达百年之久的燃素说，建立了以氧为中心的燃烧理论，等等。为学生创设科学探究的情境，以激励学生努力学习化学知识。在讲氧气的知识时，以氧气的发现过程带学生走进化学世界。学习有关盐的知识时，可通过讲述侯氏制碱法及其为纯碱和氮肥工业技术的发展做出了杰出贡献的故事来吸引学生，等等。

3. 通过化学习题创设课堂教学情境

创设问题情境，特别是思维的情境，可以引发学生思维。学生有问题，学会去思考，而化学情境问题也是训练学生思维能力的一个良好途径。给学生创设一定的课堂情境，更能激发学生的求知欲望，激活学生的思维。

例如，某课外兴趣小组对一批铁样品（含有杂质，杂质不溶于水，也不与稀硫酸反应）进行分析，甲、乙、丙三位同学进行实验，其中只有一位同学所取用的稀硫酸与铁样品恰好反应。实验数据见表 3－6－1（烧杯的质量为 25.4 g），你认为哪位同学所用的稀硫酸与铁样品恰好完全反应，反应后所得溶液中溶质的质量分数是多少？

表 3－6－1　实验数据表

项目	甲	乙	丙
烧杯＋稀硫酸	200 g	150 g	150 g
加入的铁样品	9 g	9 g	14 g
充分反应后，烧杯＋剩余物	208 g	158.7 g	163.7 g

4. 通过化学实验为学生创设探究情境

化学是一门以实验为基础的学科，实验现象十分引人注目，极易把教师和学生带入变化纷繁的化学世界。化学实验情境的创设基础来自于教师对化学课程的利用和开发。设置以实验为主的多种探究活动，使学生体验科学研究的过程，营造化学思维和化学创新的良好氛围，更利于激发学生学习化学的兴趣，强化科学探究的意识，促进学习方式的转变，培养学生的创新精神和实践能力。

例如，初中化学在讲“二氧化碳的性质”时，涉及二氧化碳与氢氧化钙的反应，实验现象是澄清的石灰水变浑浊。在讲碱这部分内容，涉及氢氧化钠的性质时，氢氧化钠和氢氧化钙表面看差不多，是否也和二氧化碳反应生成白色沉淀呢？提出这个问题后，让学生动手做实验，学生会发现现象并没有像氢氧化钙那样出现白色浑浊。为什么会有这种结果呢？学生的思维开始活跃起来，对即将学习的知识产生了浓厚的兴趣。

5. 利用化学学科发展前沿知识创设课堂情境

现在的中学生处于信息时代，紧跟时代的步伐，对社会发展中出现的高科技、新材料等非常感兴趣。教师要抓住学生的特点，通过对化学学科前沿知识的介绍，创设一定的情境，激发学生学习化学，为社会的发展做贡献的决心和信心。

例如，为让学生进一步巩固化学方程式的书写以及质量守恒定律的应用，以汽车上使用的安全气囊为题材设计情境：为了防止汽车撞车时车上的人向前冲而发生意外，现在开始使用一种放在座位前的安全气囊。在该安全气囊中，装有一种能在瞬间分解释放出气体的混合物，其主要组成为叠氮化钠（NaN_3），发生意外时，叠氮化钠在0.01 s内引发、0.03 s内全部分解，生成金属钠，并释放出气体，该过程发生的化学反应是什么？该情境体现化学知识的广泛应用以及最新的重大科技成果，具有一定的趣味性。学生对此问题都非常感兴趣，在课堂上能够积极思考，相互讨论，取得了良好的教学效果。

6. 利用多媒体教学创设课堂教学情境

随着科学技术的不断发展，现代教学媒体也成为课堂教学的重要辅助手段。利用各种教学媒体创设教学情境，不仅能够激发学生的学习兴趣，使学生尽快进入学习状态，还能使学生在整个教学活动中维持学习兴趣，提高课堂教学质量。化学模型、多媒体课件、动画演示等都是常用的教学媒体。

例如，在教授分子和原子、原子的结构时，教师可借助实物模型或是化学设计软件展示氧气分子、氢气分子、水分子等初中阶段常见的分子模型，将微观物质宏观化，使学生初步形成微观表征的意识。

四、创设化学教学情境应注意的问题

1. 学习对象的需求性

学生是课堂的主体，学生的发展是教育的最终目标。在创设化学教学情境时，应考虑学生作为发展中的人的本质属性，从学生的心理发展水平出发，基于学生原有的知识结构、思维方式、解决问题的方法等多方面加以详细分析，依据学生的需要，选择满足学生认知范围、靠近学生生活实际的材料等。

2. 化学教学情境的真实性

建构主义强调创设真实的情境，这包括“情”的真实性和“境”的真实性。教师创设的化学教学情境应蕴含正确的情感态度与价值观，这样才能让学生在情境中形成科学的思维方式，促进学生科学素养和人文素养的提升。化学教学情境必须符合事实逻辑与物质发展变化的客观规律。

3. 化学教学情境的有效性

学生的学习过程是根据已有经验主动对知识进行加工，在新旧知识间建立联系，通过同化和顺应的方式将新知识纳入原有的认知体系。教师在创设化学教学情境的过程中，要充分了解教学内容的重难点，针对学生现有的知识水平，在学生的最近发展区内创设教学情境，帮助学生有效建构新知识。

4. 化学教学情境的全程性

化学教学情境应该对整节课的内容有统领作用，贯穿于课堂始终，是教师授课的知识主线，也是学生学习探究的主线。在具体的化学情境中导入新课、讨论、辨析、交流，最后达到理论的升华，即建立新知识和原有知识的联系，帮助形成更完善的知识体系。

5. 化学教学情境的合作性

教师在创设化学教学情境时，要考虑师生之间的交流与合作，并通过师生相互启发、诱导，产生思维碰撞的火花；同时还要考虑利用组员之间或小组之间的合作、交流学习，传递、交流知识信息而达成既定的教学目标，以获得最优的教学效果，同时培养学生的集体观念、团队精神和合作能力，体会分享的快乐。

第七章　化学课堂教学实施

第一节　化学教学实施基本技能

一、体态语技能

教师在教学中运用的面部表情、手势动作和身体态势等称为教师的体态语。课堂教学是师生互动所形成的一种双边活动，在师生的互相交流中，如果没有体态语作为辅助表达，就不可能创设出完整的课堂效果，甚至使有声语言效果大大削弱。

1．体态语技能的功能

（1）教育功能。教师在学校与学生的接触交流中，通过站立姿势、手势、眼神甚至服装、发型等方面所展示的态度、情感、气质和修养，无一不对学生产生潜移默化的影响。

（2）信息传递功能。在课堂教学中，教师传递知识、交流思想感情的最主要工具是口语，但是用体态语来吸引学生注意、交流感情，也是不可缺少的重要的方面。

（3）信息强化功能。用视、听两种途径接收信息的效率比单一听觉渠道的效率要高得多。教师体态语对于学生通过口头传授接受教育时，具有不可忽视的强化作用。

2．体态语技能的主要内容

（1）面部表情。面部表情是由脸色的变化，肌肉的收缩、舒展以及眼、眉、鼻、嘴等部位协调运动所构成，它是教学中很丰富的信息源。

（2）手势。手势是强化教学效果的重要方式，可以使教师更充分地表达自己的情感，增加语言的表现力和感染力，增加教学信息传输的强度，调动学生的学习热情和求知欲，活跃课堂气氛。

（3）身姿。身姿是人体的主干（头、颈、躯干、臀部、腿等）发出的某种信息的姿态。在课堂教学中，教师举止得体、稳重、洒脱的身姿，配合有声语言传递教学信息，将收到良好的效果。

（4）仪表。仪表主要包括服饰、容貌和发型等方面。教师的仪表是教师人格、个性、情感、观念等的外化反映和真实写照，更是一种强有力的教育因素。

3．体态语技能的常见问题

（1）注意体态语的协调统一。教师体态语要与口语协调一致，在教学中以口语以主体辅之体态语才能起到好的效果。

（2）注意让学生明确体态语的含义。体态语传递的信息有相当大的不确定性，所以教师在展现体态语时要力求动作简练利落，目的明确。

（3）注意纠正不良的无意识的体态语。教师随时随地都可能有无意识的体态语，而有些无意识的体态语是不规范的，甚至是不文明的，要予以纠正。

二、口语技能

教学语言是在教学的特定场合情境中，以学生为对象，用来实施和完成教学活动的基本手段。教学口语是教师在课堂上根据教学目标，针对特定的学习对象，使用规定的教材，按照一定的方法，在有限的时间内使用的语言。

1. 运用教学口语的原则

（1）科学性。教师在进行课堂教学时，无论是在概念的阐述、实验现象的描述方面，还是在有关化学方程式的书写、结论的推导与论证等方面，所用的语言和专业术语等，都要科学、规范。

（2）准确性。化学教学口语的准确性体现在讲解化学概念时，应注意讲清其内涵与外延，尤其要区分容易混淆的、相似或相近的概念，力求准确严密。

（3）生动性。教师的教学口语要做到深入浅出，善于运用比喻、拟人等修辞手法，将抽象的“真”化成具体可感的、形象生动的形式。

（4）启发性。教师要善于根据教学内容创设一个启发的情境，抓住契机，争辩促思。

（5）逻辑性。化学教学口语的逻辑性是由教师讲授的化学知识的系统性所要求的。教师的口语设计应注意化学知识的内在联系，力求条理清晰、结构紧凑。

（6）感染性。化学教学口语从讲课的语气、语调、语速、音量到节奏的综合处理上，要能够营造出清晰悦耳、节奏明快、舒适怡人的语音效果。

2. 化学教学口语技能的分类

（1）按表达方式进行分类。

①叙述式：即陈述、描述客观事物。叙述式的重要之处在于言之有理、条理清楚，即教师用恰当的、有条理的语言把事情介绍给学生。

②解说式：客观解释事物、事理。教师往往用解说式表达化学中某些概念、理论、实验、药品仪器、操作等。

③论证式：运用实验事实、数据等论据来证明论点正确的口语表达方式。

④比喻式：利用常见的事物或语言类比抽象的化学知识，将概念化抽象为具体，化深奥为浅显，促进学生的理解。

（2）以教学过程进行分类。

①讲授式：教师较系统、完整地阐释化学知识内容的教学用语。

②诱导式：教师适时插入诱导语，启发学生的思维。

③评价式：教师评价学生的答问、演示、作业等的教学用语。

3. 口语技能的常见问题

（1）词不达意或选词不当。教师由于紧张或对要讲的内容还不熟练，出现词不达意或措辞不当的情况。

（2）口语逻辑关系不顺。主要表现为某个关键词的插入式解释过长，影响了对原来话语的完整理解，或是表现为语无伦次。

（3）语速与节奏问题。新教师的主要问题是心中只有知识，导致语速和节奏不适应学生思维的速度和节奏，要么过快，要么过慢。

（4）声态语和体态语配合不当问题。常见的体态语配合不当有在口语表达时背对学生、手势单一、手动过频、站姿不规范、活动区域过大等。

（5）口语与情感配合不当的问题。没有表情的口语表达和不观察学生的目光语是教学的大忌。

（6）语言乏味。教师总是用一种陈述的口语形式，口语修辞水平低，缺乏生动性。

三、导入技能

导入是指教师在一个新的教学内容开始或进行新课教学时，运用各种方法创设引人入胜、先声夺人的教学情境，建立与新知识的联系，把学生引入自主性学习的轨道和特定的学习方向上来，使学生的被动学习转为主动、探究、合作学习的一种教学行为和行为方式。

1. 导入的功能

（1）集中学生注意力。导入技能通过提供必要的信息，给予适当的刺激，引起学生的注意，为学生进入新知识的学习做好心理和知识准备，减少学生从旧知识领域进入新知识结构的思维障碍。

（2）明确学习目标。导入技能能把学生的注意力集中到研究对象上来，把教师的教学目标转化为学生的学习目标。

（3）激发学习兴趣。导入技能可以引起学习动机，使学生对即将讨论的问题产生兴趣，充分激发和调动学生自主参与学习过程的积极性。

（4）设置问题情境。导入技能可以创设良好的学习氛围，激活学生的思维，使学生对所要学习的内容保持高昂的学习情绪。

2. 导入技能的原则

（1）目的性和针对性。导入方法要具体、简捷，尽可能用简洁的语言说明课题要学习的内容、意义和要求。

（2）启发性。导入要通过浅显而简明的事例，富有启发性地引导学生去发现问题，激发学生解决问题的强烈愿望，调动学生思维活动的积极性。

（3）简短明快。导入语言要做到简短、明快；简短导入的新旧知识点要找准。开讲导语要做到内容精练，抓住关键。导入时间要快速，节省时间，以免影响教学进度。

（4）难度适宜。导入环节的设计应积极引导学生向新知识迁移，然后通过对新知识的理解逐步加大难度，达到进一步深化的目的。

（5）趣味性。设计导入要做到最大限度地引起学生的兴趣，激发他们的学习积极性，以引导和促进学生去接受新知识。方式和手段要新、奇、巧。

3. 导入的方法

（1）直接导入法。直接导入法是指教师直接指出学习的目的、任务。直接导入要求教师语言精练，条理性强。直接导入法是化学教学中最简单、常见的导入方法。

（2）审题导入法。审题导入法是指教师先板书标题或课题，引导学生分析课题，再导入新课。这种方法可以高度概括教材内容，突出中心或主题，使学生思维迅速定向，进入对教材中心内容的探求。

（3）衔接导入法。衔接导入法主要是根据知识之间的逻辑联系，利用旧知识的回顾和引申来导入新知识的方法。运用学生已学知识来讲授新知识，能使学生注意力集中，同时起到温故知新的作用。

（4）实例导入法。教师选取生产、生活实际中一些生动具体的实例，使抽象的知识具体化，让深奥的道理通俗化。

（5）故事导入法。教师借助恰当的寓言、典故、传说，以故事的形式讲述，激发学生的好奇心和学习兴趣，启迪学生思维的导入方法。故事内容应与教学内容紧密相关，或为教学内容的有机结合部分。

（6）悬念导入法。教师在讲授新课前结合所讲内容设置悬念，使学生置身于认知冲突之中，从而产生渴望了解、解决认知冲突的强烈愿望，引导学生积极主动去学习。

（7）实验导入法。教师巧设实验使学生通过对实验的观察去发现规律，进行归纳总结，推导出结论，导入新课。

四、提问技能

提问是教学过程中教师和学生之间常用的一种相互交流的教学技能，是实现教学反馈的方式之一，是师生相互作用的基础，是启发学生思维的方法和手段。提问是通过师生相互作用，检查学习、促进思维、巩固知识、运用知识、实现教学目标的一种教学行为方式。在各种教学技能中，提问是比较复杂的教学技能。

1. 提问技能的功能

（1）创设问题情境，吸引学生参与教学。教师利用语言、设备、环境、活动等各种手段，创设一种符合教学需要的情境，使教学效果优化。

（2）激化认知矛盾，启发学生积极思维。提问可以使学生对已有的知识和求解的目标之间形成认知冲突，从而为学生提供真实的学习背景，模拟解决实际问题的过程，认真思考，积极反应。

（3）收集反馈信息，便于及时调控教学。教师可以通过提问了解学生对知识的掌握程度，探明学生的知识盲点，从而灵活地调整后继的教学活动。

（4）增进师生交流，利于生生相互启发。师生可以对某一问题进行探讨，交换观点。学生之间也可以相互启发，取长补短。

2．提问的类型

（1）根据教学提问方式的意向维度，提问的类型可分为直问和曲问。

①直问：教师在教学中直接向学生提出问题，学生对此类提问可以直接做出回答，而不必拐弯抹角。

②曲问：为引导学生解决某一问题，教师进行间接设问，从而为该问题的解决提供前提。

（2）根据教学提问方式的视角维度，提问类型可分为顺问和逆问。

①顺问：即“正面提问”。教师根据教学内容从正面提出问题，让学生顺藤摸瓜，在探求问题答案的过程中获取知识。

②逆问：又称“倒问”。教师为促使学生深入思考，提出对立假设，让学生通过对照比较得出正确结论，训练学生的逆向思维。

（3）根据教学提问方式的对象范围维度，提问类型可分为单问和复问。

①单问：又称“常规提问”。教师要求某个学生单独口答或板书回答。这是低年级课堂中比较普遍的提问方式。

②复问：又称“并行提问”。教师提问一个或几个问题，让若干学生板书回答或口答，并逐个评价。

（4）根据教学提问方式的时间速率维度，提问类型可分为急问和缓问。

①急问：又称“急问抢答”。针对认知水平较低的学习内容，教师提出填空式和选择式的抢答题，使课堂上呈现一种紧张活跃的氛围。

②缓问：又称“深求缓问”。针对教材中认知水平较高的内容，教师为了深化重点、突破难点、解决疑点，提出问题后给学生留有充足的思考时间，使其经过周密思考再进行回答。

3．课堂提问设计的基本原则

（1）要有一定的难度和广度，既要激发学生的好奇心、求知欲和积极的思维，又要促使学生通过努力达到“最近发展区”。但是同时也应该注意提问的广度，切忌为少数人而问。

（2）应有主次、轻重之分，紧扣教学内容和中心环节，选题恰当，切勿随心所欲，注意问题的内在联系以及知识的前后衔接。

（3）要由易到难，由简到繁，由小到大，层层推进，步步深入。

（4）要有探索性，通过问题的设置，引导学生学会思考分析，学会发现问题、提出问题和解决问题。并可以利用提问引出现在解决不了的问题，激发学生的探索科学的欲望。

五、演示技能

演示技能是教师在课堂教学中进行示范操作或运用实验、实物、模型、图片、图表以及电化教学等直观教学手段，充分调动学生的感官，形成表象和联系，指导他们观察、思维和练习的一类教学行为。从生动的直观到抽象的思维是人类认识发展的基本规律，也是课堂教学所必需的。

1．教学演示的功能

（1）提供直观的感性材料，帮助学生理解和掌握知识。演示所提供的模象直观材料能帮助学生理解和掌握一些比较抽象的知识以及一些难以直接看到的现象和事实。

（2）有利于培养学生的观察能力、思维能力、想象能力以及科学态度和科学方法。教师引导学生观察化学现象和事实，从实际出发实事求是地分析具体问题，同时运用归纳、演绎等方法研究问题，并启发学生理解化学现象的本质。

（3）提供正确的示范操作，有利于训练学生的实验操作技能。化学教师的示范操作以及在课堂教学中进行演示实验时的规范操作是学生进行动作模仿的原型。

（4）激发学生的学习兴趣，提高学习的积极性。教师熟练的操作能吸引学生的注意力，激发他们的兴趣和热情，为取得较好的教学效果奠定基础。

2．演示技能的类型

（1）操作示范。教师的示范为学生的模仿提供了正确的模式，并能帮助学生养成认真严谨的习惯。学生的观察要点是教师的示范操作，并认真体会操作要领和原理。

（2）实验演示。实验演示是化学课堂教学中主要的演示，是学生获得化学知识的重要途径。化学实验演示包括物质性质、制备、提纯、分离、鉴别等。

（3）实物、标本的展示。展示实物或标本让学生观察，使学生了解物质的客观存在，认识事物的外部特征。

（4）图片、图表、模型的演示。应用图片、图表、模型等教具的直观作用属于模象直观，可以人为地突出事物的特点、揭示事物的本质或内部结构，有利于学生对知识的理解。

（5）电化教学演示。幻灯片、投影、电影、录像以及多媒体辅助教学等电化教学手段的演示可以突出事物的结构和特征，提高学习效率，增强直观性，有利学生对化学微观反应的理解。

3．演示技能的应用要点

（1）认真选择演示实验和展示的实物或模型，明确演示目的。选择的原则要有利于突出教学重点或难点，有利于培养学生的观察、分析等能力；选择的实验能为进行概念、理论的教学服务。

（2）善于创设情境，引起学生观察。教师在课堂上灵活运用演示技能，能激发学生的兴趣，调动学生的全部感觉器官参加课堂活动。

（3）合理利用图表、标本、模型等视觉教具。实物直观活动（直接观察实物或标本、观察演示实验等）或模象（图解、图表、模型、影像制品等），有利于学生产生直观印象；图表便于使学生建立起知识的联系。

（4）充分认识电化教学在教学中的重要作用，并要学会使用各种教学仪器。电化教学使用传递教育信息的各种教学仪器给出的信息形象、感染力强，能缩短教学时间，提高教学效率。

六、板书技能

板书是课堂教学的重要组成部分，是传递教学信息的有效手段，对教师提高课堂教学质量具有十分重要的作用。即使在多媒体辅助教学不断发展的今天，越来越多的教师也深刻地认识到，在教学活动中，板书绝非可有可无，它影响着整个教学过程中的每一项教学活动，关系到每一个教学要求的落实，影响到每堂课的教学效果。

1. 板书的功能

（1）增强语言教学效果，辅助口头语言传递信息。板书和口头语言两种信号的协同作用可以使口头语言所表达的内容更明确与突出，因而能取得更好的教学效果。

（2）揭示知识的结构体系和内在联系。在板书中，教学内容随教学的时间顺序而先后出现，体现了知识的结构，完整的板书内容所揭示的就是知识的体系。

（3）突出教学重点、难点和关键点，帮助理解和记忆。教师可以在板书中有目的地对关键内容进行强调，如用不同颜色的粉笔书写或用彩色粉笔圈点等使得重点更为醒目。

（4）激发兴趣，启发思维。板书在文字、符号、图形的组合和呈现时间、颜色差异等能够集中学生的注意力，激发学生的学习兴趣，使他们受到艺术的熏陶和思维的训练。

（5）对学生进行潜移默化的思想教育。教师漂亮的字体、优美的板图、巧妙的构思，会对学生的精神世界产生潜移默化的影响，在学生的心目中能树立终生难忘的“第二印象”。

2. 板书的类型

传统板书有两种，一种是教师在对教学内容进行高度概括的基础上，提纲挈领地反映教学内容的书面语言，往往写在黑板的中间，称为“正板书”。另一种是在教学过程中作为正板书的补充或注脚而写在黑板两侧的文字或符号，称为“副板书”。通常所用的主板书类型主要有以下几种。

（1）提纲式。提纲式是按教学内容和教师的讲解顺序，提纲挈领地编排书写的形式。这种形式能突出教学的重点，便于学生抓住要领，掌握学习内容的层次和结构，培养学生分析和概括的能力。

（2）表格式。这种形式的板书是根据教学内容可以明显分项的特点设计的。

（3）计算式。计算式是化学计算教学中的主要板书类型，可以体现知识间的逻辑关系、数学运算中的逻辑关系和规范的解题格式。

（4）图画式。以图画为特征的板书称为图画式板书。该板书适用范围广，可以以图代文、图文结合和图表结合，培养学生的识图能力和抽象概括能力。

（5）网络式。网络式板书是指将文字、化学用语或简单图示用线条、箭头、框图等联系起来的板书，能清晰、简明地反映事物间的关系。

3．板书技能的应用要点

（1）板书中的术语、图表、公式、定义等必须准确、规范、科学。

（2）要有计划，通常把教学内容的主干、系统，简明扼要地按层次展开。重要的公式、概念、结构等作为一节课的持久性板书，安排在板面的中部（即在正板）；把次要的材料、临时性的补充材料作为暂时性板书放在副板，可用后擦去。

（3）应布局合理，纲目清楚，条理分明，体现知识的内在联系，并力求简练，突出重点和关键。板书设计要突出美观大方，具有艺术性。

七、结课技能

课堂教学到了结束阶段，学生精力容易分散，情绪容易松弛，但这正是上课的总结性阶段，甚至是整节课画龙点睛之时，所以，教师应当特别重视结课设计。结课技能是指在完成一个教学内容或活动时，教师对知识进行归纳总结，使学生将所学知识形成系统而转化升华的行为方式。

1．结课技能的功能

（1）桥梁功能。教师要抓住关键使知识形成一个统一的整体，为后行课巧做铺垫，在本节课与下节课之间架起一座知识的桥梁。

（2）导行功能。通过教师的设计，激发学生的情感和兴趣，使理论联系实际，将所学知识灵活运用、举一反三，创新实践。

（3）反馈功能。通过对教学内容的课堂问答或作业练习、课外思考等，进行小结讲评，肯定正确、纠正错误，鼓励学习，不断提高。

2．结课的类型

（1）归纳型。由教师、学生或师生共同对本节课的内容要求、知识结构和化学基础知识、基本原理、基本技能进行梳理与概括。它又可分为语言式归纳、图表（多媒体视听）式归纳等具体形式。

（2）分析对比型。教师采用总结、提问、列表等方法，梳理新知识与原有知识的区别与内在联系，使知识系统化，以起到更准确和深刻理解知识的作用。

（3）拓展延伸型。教师结课时在总结归纳所学知识的基础上，将所学知识向社会生产、生活领域延伸，拓宽学生的知识面。

（4）悬念设疑型。教师从总结复习已学的知识出发设置悬念，以引导新课的预习、探索，为上好下节课埋下伏笔的一种结课类型。它又可分为直接设问式、事例设问式及留疑设问式等。

（5）活动巩固型。教师根据教学内容组织全班或小组进行一定教学实践活动，如知识竞赛等方式，使学生用口头或笔头表达形式，巩固所学知识。

3．结课技能的基本要求

（1）水到渠成，自然完成。教师在课堂教学时，要严格按照课前设计的教学计划，由前到后地顺利进行，有目的地调节课堂教学的节奏。

（2）结构完整，首尾照应。在设计课堂教学结束时，首先要考虑为实现特定的教学任务服务，前后联系以保证课堂教学结构的完整性。

（3）语言精练，紧扣重点。课堂教学结束的语言一定要少而精，紧扣教学内容的中心，总结要点，升华主题，帮助学生形成清晰、完整的知识网络结构。

（4）内外沟通，设疑激趣。教师要充分发挥各种教学组织形式在培养学生中的协同作用，注意课内与课外、化学课程与其他学科课程的联系，拓宽学生的知识面，培养学生的创造性思维能力。

八、实验技能

化学教学实验是指教师将化学实验置于一定的化学教学情境下，为实现一定的化学教学目的而开展的一系列教学活动。化学教学实验有广义和狭义之分。广义的化学教学实验既包含化学教育教学研究领域的化学教学实验，也包含化学教学领域的化学教学实验。狭义的化学教学实验仅指后者，即等同于教学类化学实验。我们所指的化学教学实验属于狭义的概念。实验技能是教师实施化学教学的基本技能之一。

1．化学教学实验的特征

（1）速度快，直观性强。一般化学教学实验都应是反应速度较快、耗时较短的。化学教学实验的目的就是通过实验现象的观察和分析，帮助学生理解化学规律，形象直观地认识规律的产生过程及应用。

（2）目的性强，整体性强。教师选择的化学教学实验都应是针对特定的教学目的而设计的，应符合化学教学目的，为教学活动而服务。一般都会产生预期的现象，达到预期的结果，得出预期的结论。

（3）具有趣味性、社会化等特点。教学实验内容应具有一定的趣味性，并贴近实际生活，以此吸引学生的兴趣，活跃化学课堂气氛，促进学生理解教学内容，培养学生的观察能力、动手操作能力和创新思维能力。

2．化学教学实验的功能

（1）认识论功能。对于化学课程教学而言，学生感性认识的获得很大程度上来源于化学实验，所以化学实验对于学生完成化学学习的认识过程起着非常重要的作用。

（2）动机功能。化学实验中的实验现象能够引起学生浓厚的认识兴趣，从而对化学实验带有强烈感情色彩的活动倾向，形成促进学生探究物质及其变化规律的内驱力。

（3）方法论功能。化学实验的方法论功能具体表现在化学实验能培养学生的创新观察能力、思维能力以及动手操作能力上。

（4）探究功能。化学实验是进行科学探究的重要方式，学生可以形成基本的化学实验技能，发展实验能力。反之，化学实验又是学生学习化学和顺利进行探究活动的基础和保证，通过化学实验增进学生对科学探究的理解，发展学生的科学探究能力。

（5）人文教育功能。化学实验可以培养学生实事求是的科学态度，引导学生用辩证唯物主义观点来认识和分析化学事实，在实验过程中经历成功与失败的情感体验，受到安全教育等。

3．化学教学实验设计的过程

（1）分析教学目标及教学任务，构思教学过程。在设计教学实验时首先要考虑教学目标、教学任务。

（2）细化教学过程，确定化学教学实验在教学过程中的位置。化学教学实验是教师教学活动的一部分，是为教学服务的。教学实验所处位置合适，才会达到预期的教学效果。

（3）依据实验的教学目的，选择合适的教学实验内容。在已经明确教学目标，确定了化学教学实验的位置之后，我们需要做的就是选择合适的教学实验内容。

（4）根据教学任务及教学实验内容，确定化学教学实验的形式（演示实验、学生实验）。

4．化学教学实验设计的原则

（1）目的性原则。化学实验的教学设计必须依据教学目标，为教学目标服务。

（2）科学性原则。化学教学实验的科学性是指实验设计符合物理学和化学原理，能够反映客观事实和规律。

（3）趣味性原则。教师要通过种种手段增加实验的直观性和现象的鲜明性，从而使所有的学生都能清晰地观察到实验现象，更有效地引起学生感知。

（4）启发性原则。精心设计教学实验，设法提高每个实验的智力价值，使整个教学充满启发性、思考性，有利于发展学生的能力。

（5）简易性原则。“简”是指实验装置要简洁、实验操作要简便、实验原理要简明。“易”是指实验仪器、药品和其他材料要常见易得，实验装置要易装易拆，实验要容易成功。

（6）安全性原则。设计化学教学实验时，对实验的安全性必须给予足够的重视，避免发生燃烧、爆炸或中毒事故对师生造成人身伤害，影响到学生今后学习化学的兴趣和积极性。

九、调控技能

课堂调控技能是教师根据教学活动过程的反馈信息及时调整教学方法或采取必要的补救措施，即对教学过程这一特殊系统实施控制的教学行为方式。发挥好课堂调控技能，对提高教学效率、激发学生求知欲、调节课堂气氛、沟通师生情感、改善教学过程等有着不可低估的作用。

1．课堂调控的功能

（1）提高课堂教学效率。教师在课堂教学过程中若能运用调控技能，及时利用反馈信息，发现问题，及时调整教学过程，选择最优的教学方法，将会大大提高课堂教学效率。

（2）激发学生求知欲。教师调节好学生课堂情绪是取得良好教学效果的重要条件，还可以增强学生的求知欲望。

（3）调整师生关系。教师运用调控技能创造一个宽松民主、获得成功的气氛，才能取得良好的教学效果。

（4）改善教学过程。教学系统是一个可控制的系统，只有对教学系统实施有效的调控，使教师、学生、知识三者协调一致，才能取得最佳的教学效果。

2．课堂调控的基本内容

（1）获取反馈信息调控课堂节奏和教学进度。教师通过巡视、提问等多种途径，特别是从学生的体态语言中捕捉课堂反馈信息，不断调整教学策略及教学内容。

（2）运用语言技能主动调控课堂气氛和学生情绪。教师的教学语言要准确、有启发性、节奏鲜明，充分调动学生学习的情绪，优化课堂气氛。

（3）注意观察分析，运用应变机制处理偶发事件。教师要能运用应变机智，正确、迅速地对课堂突发事件做出恰当处理，充分发挥调控技能使课堂气氛迅速恢复正常。

3．课堂调控的基本方法

（1）提问调控。教师在教学中，精心设计课堂提问，为学生创造问题情境，使教师及时获得反馈信息，不断进行课堂调控，实施启发式教学。

（2）评价调控。教师在课堂教学中，对学生正确的回答给予肯定和鼓励，对他们的错误进行纠正和引导，采用或接受学生的意见并做出积极反应。

（3）指导调控。在课堂教学中，若学生回答问题受阻，或对教师的演示、分析归纳理解有困难时，教师必须与学生的思维同步，尽可能巧妙地分化难点，指导启发学生思维或及时修正自己提出的问题。

（4）管理调控。在课堂教学中，教师除了要讲解教学内容外，还要管理好课堂秩序。

（5）回避和应变调控。课堂调控是一门综合性的教学艺术，是教师应变能力的综合体现，是教师教学经验的再创造。

4．调控技能的应用要点

（1）积极主动。在教学实施之前，教师应事先预计教学中可能出现的问题，做好充分的应对准备；教学中教师针对教学的反馈信息，积极主动地调控教学，把握教学的方向。

(2) 及时准确。教学中教师及时获取教学反馈信息，准确调整教学活动，对完成教学任务、达成教学目标十分重要。

(3) 方法得当。教师应该选择适当的教学环境和适应学生特点、突出自身风格的调控方法，有效地调控课堂教学，使其向着预定的教学目标前进。

(4) 教书育人。在进行教学调控时，教师要尊重、热爱学生，既解决问题又不损伤学生的自尊心和自信心，将课堂教学调控作为教育学生的一个新契机。

(5) 学生的自我调控。让学生明确学习目标，调动其学习的积极性，实现自我反馈、调节和控制，与教师的调控产生“教学共鸣”。

第二节 化学有效课堂教学实施的常见问题

有效课堂教学包括两个方面的含义：一是有效果；二是有效率。有效果，就是教师的教能够引起教师预期的学生行为，使学生积极主动地参与学习活动；有效率，就是教师能够在有限的时间内尽可能长时间地使学生保持高水平的思维，使学生高质量地达成既定学习目标。实施有效课堂教学是每位教师的责任和义务，也体现了教师的专业水平。

一、初中化学课堂教学中的低效现象

1. 问题不少，启而不发

教师在课堂上提出了一系列问题，但是这些问题并不能有效调动学生的积极思维，学生面对教师提出的问题，经常是在等待答案的出现，或者根本就没有解决的思路。教师只好“全权处理”“自行解决”这些问题，把答案呈现给正在等待或者困惑中的学生。无法调动学生高水平的思维，必然无法实现有效教学。

2. 探究活动有“形”无“神”

在化学课堂上，教师在组织学生进行探究活动时，经常能看到学生动手操作实验，亲手录入数据等兴致勃勃的场面。但是在某些情况下当具体去询问学生探究的问题是什么，为什么要如此设计实验步骤等问题时，他们却非常茫然。可谓是探究过程“热热闹闹”，探究结果“迷迷糊糊”。在探究教学的实践中，有许多教师把探究贴上了动手做的标签，把探究教学形式化，认为只要学生动手操作，他们就是在探究。这种认识使教师的探究教学仅仅具备了探究的“外形”——基本程序，而没有参透探究的“神”，因而也没有真正调动学生的积极思维，让学生真正走入探究活动中去，所以必然是一种低效教学。

3. 多媒体技术等手段运用华而不实

如今的初中化学课堂上，绝大多数教师都会选用多媒体技术等现代化的技术手段，

并且倾注大量精力美化教学课件。但是在课堂上展示的时候，学生对这些精美的教学课件的画面却并不怎么感兴趣，甚至在这些课件的引导下，越发不知道教师要讲什么，更难领会教师的意思。这种过分依赖、毫无目的地滥用多媒体技术的现象，必然会影响课堂教学的效果。

4. 学生“走神”现象严重

教师在努力地给学生讲解内容，但是学生很难长时间注意力集中地听讲，听一会儿就走神了，待回过神来，前面的内容教师早已讲完，全然不知现在又在讲哪一部分；或者学生的注意力很容易被外界干扰，被其他因素吸引。这种注意力涣散的现象也是导致课堂教学低效的一个重要原因。

二、课堂教学低效现象归因分析

具有上述低效现象的化学课堂教学，或让学生丝毫体会不到学习的快乐，压抑并泯灭了学生的主动性；或使学生没有必要也没有时间思考，禁锢了学生的创造性和想象力；或学生没有主动参与课堂的动机和机会。综合分析化学课堂教学中的这一系列低效现象，主要有以下几个方面的原因。

1. 教学内容照搬教材，忽视学生实际

教学内容是教师组织和实施课堂教学活动的主要依据，也是学生学习的主要依据，是实现教学目标的保证。在教学过程中，教师是“教教材”还是“用教材教”，是否能够联系学生的生活实际选择适合学生的教学内容，直接影响着教学的效果。如果教师只是照搬教材内容，而不顾学生的实际情况，使教学内容与学生的已有知识经验脱节，必然导致学生出现听不懂、听不进去、对学习内容不感兴趣等现象，从而无法结合自己的已有知识经验对问题进行思考，这样势必会严重影响教学效果。

2. 学生积极主动参与学习的心向未充分调动

新课程倡导学生是课堂教学的主体，倡导把课堂还给学生，教师的教要以学生的学为中心，学生的学决定教师的教。教师的教必须落实到学生的学习活动，才会具有现实意义。但是教师在实际教学时，更多的是关注自己的教，比如教师更多地想“我讲完了吗?”“我做的课件是否整齐漂亮?”“我的课堂是不是太乱了?”等等。而不是去想“学生能听明白吗？听明白了多少?”“学生感兴趣吗？愿意听吗?”“学生还有哪些内容不太理解？我再补充点什么内容以强化学生的理解?”。教师对自己教学的过多关注，必然导致学生主体地位的缺失，学生没有积极主动参与学习的心向，必然引起师生在课堂上思维不同步，学生无法理解教师的意图，因而就无法积极主动地参与学习，于是“走神”“等待答案”等现象频现。

3. 对教学手段的理解运用不到位

多媒体技术等现代技术手段都是一些教学辅助手段，其本身有很多传统手段无法比拟的优点，但是自身的局限性也较大，而且使用时，有很多注意事项，如果教师忽视了这些，一味追求时髦、追求现代化，过分夸大多媒体技术等现代化教学手段的功能，将多媒体技术作为主要教学手段，过分依赖，必然会对课堂教学产生不良影响。

4. 教师教学调控能力有待提高

尽管学生是学习活动的主体，但并不意味着教师可以完全放手让学生尽情自学，教师在教学活动中仍然处于主导地位。如果教师无法根据课堂运行情况及时调控，必然会使不利因素的影响扩大，从而影响教学效果。

三、提高课堂教学有效性的方法与策略

在化学课堂教学中切实体现学生的主体地位，引导学生积极主动参与到课堂学习中，是实现有效教学的基本保障。有效的课堂教学应该让学生知道学什么、想学、能学、坚持学。

1. 帮助学生明确学习活动的目标

目标对人的行为具有导向作用，教师在课堂教学中帮助学生明确学习活动的目标，有利于学生明确学习的方向和任务，有利于学生主体作用的发挥。教师应该在课堂学习开始时，就简明概括地向学生陈述本节课的主要教学目标，并在一个核心内容开始学习之前，提示该内容的学习目标。明确的学习活动目标，能有效地帮助学生集中注意力并主动达成目标。

2. 注意调动学生的学习兴趣

兴趣是动机中最现实、最活跃的因素。学生对课堂学习内容感兴趣，必然会产生想学的愿望，必然会积极主动地参与到学习中。教师可以在课堂教学中注意采用多样化的教学手段，不断变化呈现的方式，创设与学生的生活实际密切相联系的学习情境，巧妙设计化学实验，运用风趣幽默的语言表达等调动学生的学习兴趣。另外，化学教学内容的选择和组织也是影响学生化学学习兴趣的一个重要因素，教师应注意跳出教材的约束，整合多种教学资源，开发有利于达成教学目标的、学生感兴趣的教学内容，提高化学教学效率。

3. 密切关注学生的学情

这里的学情不仅指学习一节课之前的已有知识经验、学习能力基础等实际情况，还要包括课堂学习过程中学生表现出来的真实学习情况、状态等。学生的学习需要有一定的基础，而不同的学生其个体差异较大，教学过程中如果忽视学生的基础，一味只顾落实客观的教学目标，必然会使学生无法接受要学习的内容。课堂教学运行过程中，很可能不按照预设来发展，经常会出现一系列“意外”，教师应注意密切观察学生的课堂学习情况，及时判断、调整教学策略，这样学生才能够积极主动地参与到学习中去。

4. 给学生提供充足的学习空间

学生的学习归根到底还是学生自己的事，教师只是帮助者、促进者、引导者。学

生一旦产生了积极参与学习的心向，教师就应该给其提供充足的学习空间，相信学生，大胆放手，鼓励学生充分思考，发散思维，将学生的学习导向深入。这样学生就容易体会到学习的成果和乐趣，从而产生继续学习的愿望。

事实上每一堂课都是一个遗憾的艺术，没有一堂绝对的、没有任何问题的课。现实的课堂教学中都或多或少地存在各种各样的问题，正是这些问题的暴露、思考和解决，促进了课堂教学向着有效和高效的方向不断发展，也推动着教师的专业素养不断提高。

第三节　化学教学实施策略

一、基于探究的初中化学教学策略

探究教学是培养学生科学探究能力的主要教学方式，教师在教学过程中怎样才能实现化学知识落实与学生探究能力培养的统一？教师在实施初中化学探究教学中应注意哪些问题？通过调研目前初中化学探究教学中存在的主要问题，教师应在以下几个方面努力：以问题情境驱动科学探究活动；以主体知识的获取作为核心设计和实施科学探究活动；根据实施条件设计不同的探究活动；注重学生探究能力和水平的评价。

1. 以问题情境驱动科学探究活动

科学探究活动是以问题为核心的，发现和提出问题是探究活动的开端，找到问题的结论是探究活动的目标。建构主义学习理论强调学生要在真实的情境下学习，即学生学习环境中的活动要与学习结果所应用的环境相联系。这要求教师在教学中使用真实的任务，将一些日常活动或实践改编为学习任务，因为这些接近生活的、真实的、复杂的任务整合了多重内容，它们有助于学生用真实的方式来应用所学的知识，同时也有助于学生意识到他们所学知识的相关性和意义。所以，创设一个好的问题情境就能对整个探究活动起到驱动和推进作用。

纵观初中化学新课程实施十几年来的教学实践，探究教学的问题情境大致可分为三类。

一是根据化学教学知识体系的逻辑关系，直接提出学科教学问题，其问题情境实际上是上下文的学科内容。如在进行“金属的活动性顺序”教学时，由于上节课介绍了几种重要的金属及合金，教师在一上课就直接给出“铁、镁、铝等金属都能与氧气、酸等反应，那么不同的金属的活动性都一样吗?”的问题，然后引领学生设计实验的方案，再进行证据收集活动。

二是给出与研究问题或对象相关的社会或生活情境，在此基础上提出学科教学问题。如在进行“水的组成”教学时，教师先给出水在自然界存在的图片、录像等资料，展示出水对人类的作用、水与大自然的关系、自然界中各种形态的水，然后提出“水对人类如此的重要，那么水是由什么组成的呢?”的问题，进而进入用电解法探究水的组成的活动。在进行“燃烧和灭火”的教学时，教师先给出人类利用火和发生火灾的大量图片和录像，然后指出“火能给人类带来光明与温暖，但利用不好，也能给人类带来灾难”，再顺势提出“燃烧都需要哪些条件呢?”这一问题，随即引领学生开始燃烧条件的探究。

三是设计能贯穿第一节课始终的问题情境，将教科书主题内容的学习镶嵌到任务完成之中，使学生在解决问题中学习化学知识。也就是在生活或社会的实际情境中提出问题，为解决问题开展探究活动，活动结束得出的结论就是要学习的化学知识，同时又解决了实际问题。如“物质的溶解”的教学，教师从“学校旁边的一家洗衣店要洗涤一批被化学试剂（硫酸铜、润滑油、碘等）污染的工作服”开始，为解决“如何来洗这批衣服”的问题，展开探究活动，在最后学生确定出洗衣服的方案时，以学习物质的溶解、溶质、溶剂、乳化、浊液等全部相关知识。

这三种方式各有利弊，无所谓好与差。第一类问题情境在教学设计中是最方便的，因课堂的逻辑主线是化学学科知识，而对此我们的多数教师是最熟悉的（但却不一定最适合学生的学习认识线索），但一节课后学生对化学与生活关系形成的认识是浅层次的，参与探究活动的动机是化学知识学习的需要，似有为了探究而探究的迹象，这种形式的问题情境也是在目前一线教学中最常见和最普遍的。第二类问题情境，在教学设计中教师一定花费了时间和精力去创设情境，但往往在主题探究内容开始之后，这个情境被忘得一干二净，又恢复到了纯学科知识的探究方式之中，给人的感觉是情境和探究内容“两张皮”，可称之为“蜻蜓点水地用生活或社会场景引人”。这种形式的问题情境在目前的公开课、评优课活动中很常见，其优点是情境的创设比较容易，情境的选择范围大，生动的情境常能给学生以学习的兴趣，美丽的图片给学生以美的熏陶，缺点是一节课中学生学习的心理逻辑主线是间断的，探究形不成持久的动力和兴趣，长此以往学生参与课堂探究活动的兴趣会下降。第三类问题情境，设计起来是最困难的，其适用范围可能较小，但其能让学生在生活问题的解决中不知不觉地学习化学知识，润物细无声。一节课后学生对化学与生活关系的认识是深刻的，对科学探究的体验也是最深的，可形成牢固的心理影响，对学生化学学习兴趣的保持，对进一步探究欲望的激发也是深层次的和持久的。

何时、何种情况下选择应用哪一种方式设置探究活动的问题情境，需要根据教学的进程、教学的时间、教学的内容、课时目标与课程目标、单元目标的匹配和学生实际情况来确定，不能一概而论。但单纯就前文所述探究教学目标的达成和实现程度来说，第三类问题情境优于第二类问题情境，第二类问题情境优于第一类问题情境。

2. 以主体知识的获取作为核心设计和实施科学探究活动

初中化学的教学内容是课程标准规定要求的，教学课时有限，而探究教学是需要时间的，对某一知识点若采用讲授式进行教学，可能只是几分钟的事情，但若采用探究教学可能需要一课时甚至两课时。解决这一矛盾，除了要合理安排探究活动的密度外，更重要的是要选准初中化学的主体知识作为探究活动的核心。使学生在体验探究的过程、学习探究的方法的同时，就可学到初中化学的主体知识，构建起知识的网络。新课程的实施经验证明，以这种方式学到的知识，学生的理解透彻，掌握牢固，更便于灵活应用。

什么是初中化学的主体知识呢？在浩瀚的知识海洋中，本着服务于学生未来的发展、适应社会发展的需要的原则，课程标准已经界定了初中学生需要学习的内容。但是，这些内容的学习并不是都需要用探究的方式来进行的，其中那些在化学学习的启蒙阶段，对构建化学学科知识体系最基础的内容，对形成基本的化学观念最有利的内容，与学生生活最为接近的内容，应当是初中化学的主体知识。

例如，选择“空气中氧气含量的测定”作为探究的核心，就比选择“探究拉瓦锡研究空气成分装置的原理”的价值高，也比“探究混合物与纯净物的相同点与不同点”的价值高，因为空气中氧气的含量问题与学生的生活最为接近，又是形成纯净物、混合物等一系列概念的基础，还是定量研究化学问题的开始。同时，新课程标准明确要求学生“说出空气的主要成分”“实验探究空气中氧气的体积分数”，磷的燃烧又是新课程标准要求的“知道氧气的性质”之一。

“二氧化碳制取的探究”“水的组成的探究”“化学反应前后质量关系的探究”“二氧化碳性质的探究”“燃烧条件的探究”“铁生锈条件的探究”“氧气性质的探究”“金属活动性强弱规律的探究”“物质溶解能力的探究”“物质酸碱性与 pH 关系的探究”等都是很好的探究课题，都是初中化学主体知识的探究，都有助于学生在历经科学探究过程的同时，构建起一个个化学知识的主体骨架。但有的主题在初中化学教学中就不是一个好的探究课题，如“元素周期表”等。

3. 根据实施条件设计不同的探究活动

化学课堂上科学探究活动的实施是需要一定的条件作为支撑的，除了所选择的探究内容是初中化学的主体知识并且具有探究价值外，问题的难易程度、学生的认知发展水平、学生已有的知识和经验、学校师资水平、教学的课时时间、班级规模、学校硬件条件等都会对探究活动的实施构成影响。

在设计探究活动的时候，应根据知识内容的特点，从学生的实际情况出发，先从开放程度较低的探究活动开始，逐渐转向开放水平更高的探究活动，循序渐进，使教学中多种形式的探究活动呈现出不同的水平层次。可从模仿探究开始，到有指导的探究，再到独立的探究，逐渐增大探究活动的开放程度。

在目前初中教学课时普遍较紧张的情况下，在日常教学中应较多地采用“碎片”式探究，即在提出问题、形成假设、制订方案、收集证据、得出结论等关键要素中选取一两个，让学生去思考和探究，其他要素则由教师直接或间接给出。在一个学期中开展两三次完整的探究活动，即从问题提出直至得出结论都具有开放性的探究活动。这样在整个的教学中，完整的科学探究活动与“碎片”式的探究活动相结合，学生既能经常参与并体验科学探究的过程，又能保证教学的进度和教学任务的完成。

班级规模和学校实验室条件也是影响探究活动的设计和实施的重要条件。一般认为，小额班级有利于探究活动的组织，但新课程实施十几年来的经验证明，班级规模在 50 人左右的较大班级同样可以较好地进行分组的科学探究活动，关键在于教师的精心准备和有效的组织。学校实验室硬件条件直接影响着分组的规模和数量，经验表明，较为理想的小组规模一般以 4 ~6 名学生为宜，但这并不等于说在条件较差的学校，当全班只有一套仪器时就无法开展探究活动。经验恰恰给出相反的证明，即使只有一套仪器，教师也能组织起较为完整的科学探究活动，因为除了动手实验活动会因仪器问题而无法使每一位学生体验之外，其他要素都可在教师的组织下较高开放度地进行并理想地完成。如对于“原子的结构”的教学，因其内容的时代跨越性和涉及实验设备的特殊性，多数教师都是采用讲授的方式进行的。

4. 注重学生探究能力和水平的评价

评价是探究学习过程不可分割的一部分，要想知道学生是否积极参与和经历了探究活动，评价不仅应重视学生知识与技能的理解水平，更要关注学生是否在活动中形成了积极的情感体验。也就是说，评价的目的要着眼于能促进学生的发展，评价的主体应是多元化的，既有教师的评价，也有同学间的互评，还应有学生的自评。评价的方式也应是多样化的，既要有过程性评价，也要有终结性评价，既可以在探究活动中评价，也可以用答题的方式评价。

科学探究能力是内隐的，我们无法直接看到，只能通过学生在探究过程中的外显活动表现出来。评价者可以设计真实的探究活动，让学生的探究心理过程以行为的方式外显化，再通过对外显行为的观察来判断其科学探究能力水平，这就是学生科学探究能力和水平的考查。科学探究是一种活动，也只是在实际的探究活动中学生的探究能力才能表现出来。所以考查学生科学探究能力的最好形式是让学生进行真实的科学探究活动。但在目前初中各校班额较大的情况下，让学生在开放的条件下进行真实、完整的探究活动还难以大规模全面实施。从这十几年义务教育初中化学新课程实施的经验来看，学生探究能力和水平的评价方式主要有：活动表现评价、建立学习档案评价、纸笔测试评价等。下面重点谈谈大家关注的纸笔测试评价和活动表现评价。

（1）纸笔测试评价是目前最普遍、最常见的学生学业评价方式，也是多年来研究最多最深入的评价方式。用纸笔测验的方式对学生的探究能力和水平进行评价，就是在纸笔测验的试卷中，拟命、编排有考查学生的科学探究能力和水平立意的题目（简称探究题），从学生答题的情况来判断其科学探究能力和水平。其关键是题目的命制水平，以下几点很重要：

一是题目设计内容以核心知识的应用为基础，给日常的教与学以正确的引导。探究能力的考查不是智力测验，所涉及的知识基础不能漫无边际，化学试卷中要考查的是学生以化学知识和技能为基础的科学探究能力。然而由于探究题的局部性和代表性特点，我们又不可能让学生在探究中用到初中化学所有的基础知识，故命题一定要选择那些初中化学新课程标准规定的核心内容作为探究活动的知识基础，这对于学生来说既可以保证考试的公平，同时又给日常学习以方向性引导，对于测试结果来说可以保证其效度和信度。

二是题目的背景素材对全体学生来说应是新颖的。部分命题有这样的观点，考试题目的素材要出自教材，这样可以引导学生学好、用好教材，但在探究题的拟命上这是不合适的。探究题的素材不是不能来源于教材，关键是不能照搬。以教材的某一个素材或某个实验为起点，通过探究进行延伸，同样可以具有新颖性。

三是要选择最能表现学生探究能力的环节进行设问。在一个探究过程中，从提出问题到得出结论、进行评价各个环节，在原则上都可以设问，但受考试时间、卷面容量和减少评分误差等因素限制，只能选择其中的某几个环节设问，其他环节则需由命题者给出，以保证探究的过程性。这里就出现了命题者给什么、问什么和怎么问的取舍问题。问题的开放性过大，给后续问题的设计和考后的评分带来困难，甚至使考试的效度和信度都受到影响。在探究的思维发散点不设问，一味由命题者给出，学生的探究能力得不到表现，同样使考试的效度下降，甚至使题目演变成对基础知识的记忆性考查。

（2）活动表现评价是通过观察、记录和分析学生在各项学习活动中的表现，对学生的参与意识、合作精神、实验操作技能、探究能力、分析问题的思路、知识的理解和认识水平以及表达交流技能等进行全方位评价的一种评价方式。它强调在真实的活动情境中评价学生的发展，使评价不游离于学习过程之外，而是根植于学生在探究学习中的完整而真实的生活。

与传统的纸笔测试评价相比，活动表现评价的基本特点是：

①可以评价学生演示和运用概念与技能的能力、进行科学表征的能力。

②学生和教师事先已经知道有关要求，并且做好准备。事先向学生说明衡量标准，可让学生真正知道对自身的要求，并且让学生能主动地改进在技能或其他方面的弱点。

③教师将在特定的时间与状态下评价学生的表现，使学生不会感到意外。

④对学生的评价可针对他们是否能够适当与有效地应用以下项目：实验室仪器设备、测量工具、实验室安全程序等。

⑤操作是表现性评定的一种方式。这种方式能有效地测知学生的理解能力，特别是配合面谈进行更为有效。

⑥评价通常通过表现任务的水平及各分解任务的等级、任务对照表或总体水平几个方面来进行。

在有限的时间内，给出具体的实际问题，让学生完成探究任务，根据探究的过程对学生的表现进行评价，是目前许多学校和教育行政部门都在做的一种活动表现评价，都是作为学生学业终结性评价的一种方式来实施的。其具体过程为：实验室提前准备多个具体探究任务的题目，并准备好可能用到的仪器和药品，学生抽签确定要完成的任务题目，在规定的时间内实施探究活动，教师在一旁根据学生的操作过程给出评价。这种方式为在我国目前班级容量较大的条件下，开展动手操作性的测试做了很好的探索。

二、基于观念建构的初中化学教学策略

（一）观念建构教学的基本策略

1. 只有脱俗之心才有脱俗之行

塑造人格和形成智慧是教育的最重要目的。观念建构的教学正是达成这一教育目的的基本手段，也是教学改革转向的重要标志。应试教育使得学生不能感受到化学知识内涵的智慧，不能体会它的亲切。

实施观念教育，首先要有脱俗之心，进而才有基于观念建构教学的脱俗之行。不仅是脱应试教育之俗，也要脱完全以功利之心看待知识之俗。

2. 让教学充满历史感

观念教学的基本途径是知识考古。想想看，我们课本上的哪一样知识不具有它产生和发展的历史？对知识寻根问底，把事情的来龙去脉弄明白了，观念就会很容易地建立了。观念建构教学的基本策略就是讲故事的策略，讲述一个个真实的“知识故事”。

故事发生的时间——这些知识是什么时候发现或提出的？

故事发生的地点——在什么样的社会文化背景中发现或提出的？

故事的主人——由谁发现或提出的？他的人生经历与这种知识之间有无内在联系？

故事的性质——是对原有知识框架内的深化还是开辟了一个新的知识领域？

故事的过程——知识的发现和生成过程中使用了哪些手段和方法？

故事的结果——该知识是如何为人们所接受和传播的？是如何产生其他的知识效果或社会效果的？

把教学的着眼点从关注后端（知识结论）变为关注前端（知识结论的生成过程），用历史叙事来解构化学的概念和理论，让知识散发出独有的生命活力，是观念建构教学的指导方针。知识是观念的载体，如何让学生通过学习知识形成观念，关键是把知识的学习由记诵转变为发现，经历了知识的发生发展过程，就会形成“基本理解”，“基本理解”是“观念性”的。

3. 让教学充满原创力

观念建构就是把思考带进教学。观念是对“为什么这样想”和“怎样想”这类问题的领悟，所以只有思维才能产生观念。观念是思维的出发点，也是思维的成果（作为成果的观念我们称之为思想），更是思维的过程。在科学思维中，任何过程都是观念的演化。德国著名科学家玻恩说：“真正的科学是富有哲理性的……是通向人类思想的最深层的途径。”

如果你对知识的追溯越久远、越接近根源，你的思维原创力就会越高。比如，在学习“分子和原子”一节之前，先引导学生思考如下问题：“气体为什么看不见？气体液化后为什么就会看得见？蒸发是怎么回事？蔗糖溶在水里后为什么看不见了，把糖水蒸干为什么就又看见了？”在学生初步建立微粒观后，要提这样的问题：“化学

反应的原因是什么?”对这个问题的探讨就会建立物质的变化是原子运动的结果的观念。

观念建构的教学要从提问题开始，越是简单的问题越具有原创力。原创力的教学就是让思考从“原点”出发的教学。解答这些原创性的问题是观念建构的必由之路。可以说目前我们的课堂里不缺乏问题，但这些问题只是为掌握知识而设计的，而不是为建构观念而设计的，大多是些失去原创力的问题，那些有利于形成观念的问题都被掌握知识的需要过滤掉了。

在基础教育中，最重要的是培养学生的问题意识。有了问题意识可以引领学生一生的奋斗。问题意识的形成是批判态度和怀疑精神的确立。如果教师总是把知识当作既定的真理教给学生，这不是让学生开始思想，而是停止思想。观念建构的教学也就是问题教学，只不过我们的问题不是瞄准知识的边边角角、枝枝叶叶的问题，而是本体本源类的问题。

4. 实施整体教学

观念的产生是胚胎式的，胚胎具有整体性和自我发展的生命性。

5. 创建新的课堂文化

观念建构的课堂文化的特征应是：强调宽松、自由而非设法控制；平等接纳而非评价判断；强调个人发现而非死记硬背；鼓励想象、猜测而非逻辑论证；要求更多的假设而非明确的结论；鼓励标新立异而非避免变化；欢迎创新而非关注错误；让思想免于独断、专制、错误和迷信，追求思想的平等和自由。为建构这样的课堂文化，特别需要关注如下几项。

(1) 充分发挥想象。

英国物理学家丁达尔发表过颇为引人思考的意见，他认为“有了精确的实验和观察作为研究的依据，想象力便成为自然科学理论的设计师……道尔顿富有建设性的想象形成了原子理论”。爱因斯坦也说过，“想象力比知识更重要，因为知识是有限的，而想象力概括着世界上的一切，推动着进步，并且是知识进化的源泉”。他还说过，“知识不能单从经验中得出，而只能从理智的发明同观察到的事实两者的比较中得出”。“要走向理论的建立，当然不存在什么逻辑的道路，只能通过构造性的尝试去摸索”。这“理智的发明”和“创造性的尝试”就是想象。观念是思维的创造物，想象是一种创造性思维。

虽然科学发端于日常生活中的问题，但科学领域和日常生活领域有着很大的不同。科学关注的主题经常无法由肉眼看到和其他感官感触到。思维是把感官的影像移入脑中进行加工制作的过程。如果我们连这个感官的影像都没有，我们如何去思维呢？那就先去想象一个肉眼所看不到的东西出来放入头脑中进行思索。这种想象就是在脑子中建立一个视觉化的形象，这正是观念教学所要解决的困难。我们的教学实践说明，学生不乏想象力，他们需要的是我们提供的机会。

例如，把“物质及其变化”中分子、原子的行为通过类比的方法表现出来，可以发展学生的想象力。能否对所学知识进行合理的类比，表明学生是否真正建立了物质构成的微粒观。课堂上我们专门进行想象力比赛，让学生对每一份作品的类比合理性、创新性进行评比。

（2）鼓励反方向、多角度看问题。

观念是看事情、想问题的方式。发散性思维就是多角度、多方面、多层次地看事情、想问题。每一次角度的变化，就是一次观念的改变。如果我们常用“除此之外，你还能想到哪些方法?”“你从中体会了什么?”这样的语句来要求学生，学生就会不断产生新的观念。特别是采用逆向思维的方法就更容易让学生感受观念的力量。

观念建构的化学教学应当倡导反方向、多角度看问题。比如，在学习“质量守恒定律”时，问一句：“如果质量不守恒会怎么样?”学生会体会到如此一来化学变化就没有了确定性，世界也就失去了秩序，由此会更深刻地体会到质量守恒定律所包含的观念。如“大气中只有氧气或完全没有氧气会怎么样?”“如果没有绿色植物吸收二氧化碳放出氧气，我们的生存环境会怎样?”“如果我们只选取一种物质与氧气反应，尽管看到的现象也是非常剧烈，我们能否得出氧气性质活泼的结论?”，学生对此等问题的思考会更加体会氧气在自然界的地位和作用以及探究氧气性质的思想及方法。

（3）创造机会让学生形成直觉和灵感。

观念建构的教学就要充分发展学生的直觉性知觉（对情景的深层意义与潜在可能的间接知觉），而不能停留在感觉知觉（通过感觉知觉事物）的层次上。直觉是对事物本质的洞察。与直觉并行常用的一个词就是“灵感”，灵感谓之思路豁然贯通。直觉和灵感都是经过长期关注和思考后对事物本质、观念的领悟。

为了创设这种深入思考的条件和氛围，可以采用“先做后学”“先学后教”“以学定教”的方法，以留给学生更多的学习机会和思考空间。在微粒观念建构的关键时段，舍得花费课时，相信只有“先慢”才能“后快”。所以在建构该观念的初期可用4个课时，这4个课时从知识的角度虽然仅是四句话：“物质是由微粒构成的”“微粒很小”“微粒在不断运动”和“微粒之间有间隔”，但在每一个课时中都让学生进行深入思考，努力产生直觉、顿悟，把从微粒的观点看物质的观念变成看事情想问题的无意识。为了创建产生直觉灵感的课堂小气候，更多地采用讨论交流和强调类比、明喻和隐喻。注意了课堂上不能什么都去强调“清楚”“明了”“正确”，必须少些“快餐”文化，因为在这样的“快餐”文化中很难培养直觉和灵感。

6．观念建构的活动教学

科学观念是通过活动体验“建构”的，只有通过自主合作的探究活动才能形成，绝非是记背结论、单纯接受就能形成的。一句话，没有“活动”就没有观念的生成。在活动中，一要建立知识结论和发现过程的联系，二要建立知识结论和学习者的联系，在这两个联系的过程中形成观念。我们将学生实验和讨论作为活动的基本手段，将化学课堂搬进实验室，每节课都通过动手实验去学习化学，在实验和讨论中感悟实验的目的，在生成知识的过程中体验知识中的思想方法。

初中化学新课程标准把科学探究作为课程改革的突破口，指出：“让学生有更多的机会主动地体验探究过程，在知识的形成、联系、应用过程中养成科学的态度，获得科学的方法，在‘做科学’的探究实践中逐步形成终身学习的意识和能力。”一方面强调科学探究是一种重要而有效的学习方式，在内容标准中对各主题的学习提出了探究活动的具体建议，旨在转变学生的学习方式，使学生积极主动地获取化学知识，激发学习兴趣，培养创新精神和实践能力；另一方面将科学探究作为义务教育阶段化学课程的重要学习内容，在内容标准中单独设立主题，明确地提出了发展科学探究能力所包含的内容与培养目标。这些都表明观念建构的教学必然是通过科学探究这种活动教学途径实现的。

7. 精简教学内容

知识教学是把“种子”磨成“面粉”的教学。知识越教越多，但缺少基本观念的引领，缺乏内在生成性，则学之乏味，反而形成了“教多学少”的局面。由知识教学转换为观念教学，就要精简教学内容，把单纯接受知识转变到以“观念”为内核的“活动”生成知识。围绕基本的化学观念选择重组教学内容构建“观念”，统领两类“工具”知识优先的教学内容体系。在该体系中，把“化学变化”“原子”两个核心概念以及围绕这两个核心概念生长起来的其他基本概念（称之为“思想类工具知识”）作为核心的内容，同时为让学生尽早形成自主学习能力，将被称之为“技术类工具知识”的内容和上述的“思想类工具知识”优先安排教学活动。

这样一来，“会做实验”保证学生化学科学素养形成于坚实可靠的实践基础之上，“会使用化学符号”保证了学生对化学的理性思维，并记录、表达和交流这种思维成果。化学入门的关键就在于建立“宏观—微观—符号”相互联系的思维方式，形成这种思维方式既掌握了技术类工具知识（化学符号的识、读、写），又掌握了原子论的思想和方法。初中化学教材的前5个单元主要是这两类工具性知识，这些知识中蕴含着初中化学的几乎所有的基本化学观念，当我们择其要学通之后，其后的6～12个单元的知识，只要教师为学生提供实验条件，提出恰当的研究问题，放手让学生自己去学，完全可以学好。化学用语集中体现了初中化学的基本观念，所以化学用语教学成为化学启蒙教学的核心。

（二）观念建构教学的操作策略

1. 备课中如何将观念与具体知识建立起实质性联系

（1）备课做到纲举目张。

备课讲究吃透教材，做到纲举目张。“纲”，是化学的基本观念；“目”，则是具体的知识。备课要从整册教材入手去把握化学的基本观念，然后再将各章节的具体知识与该观念建立起实质性的联系。

（2）教师做一个认识论者。

备课中如何认识教材的知识？“WWHW”为架构的认识论模型，即所认识的知识是什么？所认识的知识价值是什么？所认识的知识是如何产生的？为什么所认识的知识是合理的？这对观念建构的备课具有很好的指导作用。

（3）确定教学目标。

观念是由知识承载的，掌握知识是必需的；观念建构要重演知识的发生、发展过程和方法，这正是“过程方法”，是目标实现的必由之路；建构观念就是要认识知识的合理性、知识的人生价值、知识中的人生智慧、知识中的精神品格，“情感态度与价值观”目标的实现自在不言之中。

（4）单元备课的程序。

美国心理学家奥苏伯尔在学习组织的原则中指出：“学生应该学习最一般的、包摄性最广的观念，然后根据具体细节对它们逐渐加以分化。”很多学生意识到在考试过后不久，他们就会忘掉很多事实，即便是记住了所有的事实，用处也不大，因为孤立的事实与细节往往价值有限。但当学生有了这个“思维的固定点——观念”的时候，不但获得了理解和应用知识的方向和方法，而且也会更好地记住这些事实。围绕“思维的固定点”的学习就是观念建构的学习。

2. 如何在课堂教学中建构化学概念

如果说我们在备课中运用了“建立知识结论和发现过程的联系”策略，那么课堂教学就要充分运用“建立知识结论和学习者的联系”的策略，备课中我们已经对建立这种联系“预设”了多样的活动，课堂关注的重点则是真实活动中的“生成”问题。

（1）动手实验中概念的“生成”。

观念是在情景感悟、活动体验中建构的。化学课堂里学生自主合作探究的活动大多都可以设计为以实验为载体的活动，所以实验情景和实验活动是观念建构的基本途径。特别是“预设”之外的“生成性”情景和活动，对观念的建构更有独特的价值。

（2）讨论、反思中概念的“生成”。

以“氧气的性质”教学为例。这是人教版九年级化学安排的认识物质化学性质的第一节课，它富含如何认识物质的观念：化学变化表现化学性质的观念——不论自然观察还是实验观察，我们看到的都是现象而非性质，性质是物质藏而不露的本质属性，从现象认识性质需要通过分析、综合、归纳、推理等思维过程，要走“感性—理性”的认识路线。学生完成实验并得出氧气性质的结论后，我们提出如下问题让学生讨论：“为什么说氧气的化学性质比较活泼？”能够回答出“与多类物质发生反应且剧烈，但需要点燃”这样三方面理由的学生不足10%，说明学生没有很好地领悟实验的设计意图，即为什么要选用多类物质做反应物并且要与空气中的反应现象做比较。在此后的教学中我们就用上述问题让学生反思，从而体悟了认识物质性质的另一观念：观察是带有观念的，甚至在观察之前的实验设计中就有了实验者的主观想法了。如果氧气能与金属、非金属、化合物中的无机物、有机物等都发生反应并且反应剧烈，那么我们就认为氧气的化学性质是活泼的。整个实验就是围绕这个想法设计并实施的。

（3）课的开头和结尾都是观念建构的有利时机。

我们都特别重视课的导入，因为它除了激发学生的认识兴趣外还担负着认识定向的功能。不管是采用何种方法导入新课，比如创设实验情景、科学史中的故事情景，还是以旧引新，甚或单刀直入提出问题，如果把掌握知识的目标转移到观念建构上来，我们的导入就会意蕴横生，别开生面，让人回味。

课的结尾，除了通过反思环节将一节课的观念内化之外，我们更希望通过提出新的问题来结课。观念建构的课堂应该是旧问题解决了又会产生出更多新问题的课堂。那些指向新的研究方向的问题，会反映出新的观念和方法。前面我们设想的“质量守恒定律”的结课方式就是一种尝试。

第八章　化学教学实施案例

第一节　化学实验探究教学实施案例分析
——以“质量守恒定律”教学为例

一、案例背景

本节课是人教版九年级化学第五单元课题 1“质量守恒定律”第 1 课时的课堂教学，旨在通过实验探究帮助学生从定量的角度认识化学反应，形成“质量守恒定律”的认识。

本节课的任课教师是一位年轻化学教师，她在讲授本节课时特别关注教师在化学实验探究活动中的引导作用，尤其是在探究过程中对学生思维活动的引导，并且在课前调查、设计学案、准备实验、设计实验探究过程等方面做了细致的准备。教师希望通过本节课让学生体验化学实验探究的基本过程，体验“质量守恒定律”的形成过程。

在教学开始前，教师把学生分成三个小组，并为每个小组准备了不同的实验器材，1 组的实验是“用天平称量氢氧化钠溶液和硫酸铜溶液反应前后的质量”，2 组的实验是“用天平称量铁钉和硫酸铜溶液反应前后的质量”，3 组的实验是“用天平称量氢氧化钠溶液与氯化铁溶液反应前后的质量”。

下面的案例就是描述了这位教师开展“质量守恒定律”实验探究活动的基本教学过程。

二、案例描述

（教师先通过视频让学生观看几个已知化学反应的现象）

教师：同学们，通过视频我们可以看到，物质发生化学反应之后，物质的种类也发生了变化。

大家思考一下，化学反应前后物质的总质量是否会有变化呢？

学生：（开始小声议论）

教师：在课前我们就这个问题进行了调查，我统计了一下，发现有 6 位同学认为化学反应后物质的总质量会变小，有 13 位同学认为物质的总质量不变，有 4 位同学认为物质的总质量变大，还有 8 位同学认为以上三种情况都有可能。

教师：（投影展示学生答卷）认为质量变小的同学以“蜡烛和木炭的燃烧”作为自己的证据，认为质量不变的同学以“水分解前后原子种类和数量不变”作为自己的证据，认为质量变大的同学以“面包长毛”作为自己的证据。

教师：同学们的猜想都很有道理！那到底化学反应前后物质的总质量是什么关系呢？谁的猜想是正确的呢？下面就请大家认真阅读学案中的第一个表格，按照要求完成实验，并记录实验现象以及化学反应后天平的平衡情况。

学生：（阅读学案，并以小组为单位动手开展实验）

1 组学案示例：

探究问题：化学反应前物质总质量和反应后物质总质量是什么关系？

探究实验：

1 组的实验：氢氧化钠 + 硫酸铜——→氢氧化铜 + 硫酸钠 $NaOH$　$CuSO_4$　$Cu(OH)_2$　Na_2SO_4 沉淀
实验步骤：用两支试管分别取半试管的氢氧化钠溶液和硫酸铜溶液，将其都放入烧杯中，称量其总质量并记录；将试管中的溶液倒入烧杯，观察反应现象和记录反应前后的总质量
实验现象：生成________色沉淀。反应前总质量：__________，反应后总质量：________
通过实验我们初步得出结论：化学反应前物质的总质量________化学反应后物质的总质量

教师：（巡视，并及时纠正学生的错误，回答学生的疑问）

教师：（6 分钟后）同学们都已经完成了实验，下面就请每个小组派代表汇报你们的实验结果。

学生代表 1：氢氧化钠和硫酸铜反应生成蓝色沉淀，反应前后天平两端保持平衡。

学生代表 2：铁钉表面变成了棕红色，天平两端保持平衡。

学生代表 3：氢氧化钠和氯化铁反应生成棕红色沉淀，天平是平衡的。

教师：非常好！我们每个组都通过实验发现化学反应前后天平两端保持平衡，那化学反应前物质的总质量与化学反应后物质的总质量有什么关系呢？同学们认为相等的请举蓝色卡片，认为不相等的请举红色卡片。

学生：（清一色举起蓝色卡片）

教师：非常好！大家一致认为化学反应前物质的总质量等于化学反应后物质的总质量。这是我们通过实验探究得到的一个初步结论。

（接下来，教师引导学生拆解、分析通过天平称量的物质都有哪些，哪些是真正参加化学反应的物质，进而得出“参加化学反应的物质总质量等于反应后生成的物质总质量”这一实验结论。）

教师：下面老师利用稀盐酸和碳酸钠的反应再给大家做一个实验，大家注意观察。

（向试管中倒入约三分之一的稀盐酸，向烧杯中放入一药匙的碳酸钠粉末，然后将试管放入烧杯中，最后一起放到天平的左盘上。先称量反应前的总质量，然后将试管中的稀盐酸倒入烧杯中，再一起称量反应后的总质量。）

教师：大家观察到了什么现象呢？

学生：有气泡冒出，发生化学反应后天平向右倾斜。

教师：这是什么原因呢？难道老师做的这个反应不遵守咱们上面得出的结论吗？

学生：（纷纷议论）生成的二氧化碳跑掉了，没有考虑这部分质量。

教师：非常好！所以，我们在结论里需要强调的是，称量的是化学反应前各物质的总质量和化学反应后各物质的总质量，而不能遗漏任何一种物质。

教师：在化学发展史上，化学家是通过大量的化学实验才总结得出了这样一个结论。我们把“参加化学反应的各物质的质量总和等于反应后生成的各物质的质量总和”这一规律称为质量守恒定律。

三、案例评析

这节课是一节典型的化学实验探究课，既有内容也有过程。质量守恒定律是初中化学为数不多的一个具有普遍性的化学原理知识，规律性很强，它的形成过程必须通过大量的化学实验进行验证和总结才能得出，单靠机械地记忆概念是无助于学生掌握质量守恒定律的。在这节课中，学生也是第一次使用天平进行定量实验研究，开展实验探究活动有助于学生认识定量研究在化学发展中的重要意义，也有助于学生领悟研究一般化学规律的基本方法。

从整体上来看，本节课是以教师引导下的学生实验探究活动为主要教学形式，有课前调研，有分组实验，也有学生研讨，基本上体现了以学生为主体的教学理念。在探究质量守恒定律时，先从验证三个一般的化学反应开始试着总结化学反应前后物质总质量的变化关系，然后再演示一个“特殊”化学反应给学生形成强烈的认知冲突，引起学生对刚才化学实验结论的质疑和对这个“特殊”反应的思考，让学生自己主动找出天平倾斜的原因，最终实现对质量守恒定律的深刻理解。教师致力于让学生动手实验获得具体经验，通过实验探究活动体验化学规律的形成过程，最终理解质量守恒定律这个概念；利用化学史实展示了质量守恒定律的发展过程，让学生感受化学定律的产生过程。应该说，对于这节课，任课教师进行了精心准备，也取得了一定的教学效果。

但从教师引导作用有效性的角度来看，任课教师还可以在以下几个方面进行改善。一是对学生兴奋点的把握不到位，教师没有顺势引导。在教学引入时，当教师提出“化学反应前后物质的总质量是否会有变化呢？”这一问题时，立即引起了学生的兴趣，学生开始小声议论起来，但是教师却没有很好地把握这一点，而是按照自己既有的思路去展开课前的问卷调查结果。虽然，问卷也呈现出了对质量变化的多种猜测，但是却把学生的思维引向了对调查问卷的关注，而不是对教学问题的关注。课前调查问卷适用于了解学生的已有基础，“猜想与假设”作为科学探究的重要一环还应该在课堂中由学生分组讨论提出，在各个探究环节中让学生对探究问题始终保持一定的兴奋度，这样教师的引导作用才能有效发挥出来。二是教师没有基于学生的认识基础引导探究活动的开展。在问卷调查中，学生提出四种猜想和假设，也各自给出了支持自己的猜想的理由。但是这些理由都是学生的已有经验，虽与本节课的内容有关，但是却与教师提供的进行探究的几组实验并无太大的关联。教师对其并没有过多关注，分析完调查问卷直接就进入到了实验探究活动。为什么要用这几组实验进行探究？它和学生已有的认识基础能否挂起钩来？这些问题值得思考。

四、化学实验探究教学应注意的问题

实验探究的重要特征是学生的自主学习，让学生自己动手体验实验过程，但是实验探究更需要“手”“脑”并用，教师需要引导学生的思维积极地参与到实验探究活动中去，在过程中教给学生解决问题的思路和方法。

1. 有学生思维参与的实验探究才能真正实现学生的自主学习

初中化学课程标准要求教师在探究活动中要引导学生主动发现和提出问题，通过探究解决问题，充分调动学生的探究积极性，学生积极主动地获取化学知识，充分发挥学习的主体性。然而，在现实教学设计中，很多教师已提前把学生“应该”提到的问题都给预设好了，为了保障课堂教学的顺利进行，教师总希望学生能够按照自己的意愿提出问题，而对学生提出的其他问题则显得束手无策，甚至不予理睬，这极大地挫伤了学生思维参与的积极性，从主动变成了被动。

另外，教师的提问缺乏合理的设计，问题不是很难回答，就是跳跃性太强，学生的思维无法与教师的保持一致，这就造成一些学生不得不盲从教师的安排，而失去了学习的自主性。

2. 有学生思维参与的实验探究才能提升学生解决实际问题的能力

让学生自己动手体验实验过程固然重要，但是现实中，很多教师把实验探究简化为了学生的动手实验，而为什么做、怎样做、做得怎么样，几乎都由教师进行设计，学生只需要按照教师的要求完成实验即可。表面上看学生已经参与到了实验探究过程中，但实际上这种探究只是一种流于形式的动手实验，不能真正体验到实验探究的过程，学生也就无法自主构建解决问题的思路和方法，从而抑制了学生思维参与的深刻性和连续性。一旦学生面对新的问题情景时，就会很难从已有的知识结构中找到解决问题的思路和方法，比如，在做探究性试题时学生就会显得束手无策。

第二节　化学核心概念教学实施案例分析
——以“物质的量”教学为例

一、案例背景

化学概念揭示出化学事物的本质属性，帮助学生认识事物的性质、变化及其规律。化学概念自身的抽象性使其教学成为难点，也易使学生觉得枯燥无味难学，失去学习化学的兴趣。在高中化学的学习中，物质的量是教学中一个十分重要的概念，它贯穿于高中阶段化学学习的始终，在化学计算中处于核心地位，蕴含着重要的认知价值、情意价值和应用价值。

新课程理念下，基础教育课程改革最主要的问题是要改革教学观念和教学方式，要培养学生“主动参与、乐于探究、勤于动手的意识，搜集和处理信息的能力、获取新知识的能力、分析和解决问题的能力，以及交流与合作的能力”，这就必须改革传统的教学形式，鼓励学生参与教学过程，加强学生探究能力的培养。虽然课程改革在不断深入，但目前中学教学还是传统的教学形式，以教师讲授为主，忽略学生的活动。即使在开展的活动课中也是教学方式不一，有的是学科课程的强化课，有的是为了活动而活动，目标性不强，没有系统的规划，达不到预期的教学目标。

本课通过诸多的活动，让学生在简单的计算过程中学习化学概念，体验类比、迁移的学习方法，使学生步步有进展，时时有成功，提高学生学习的自信心和成就感，帮助学生形成化学学习的自我动力机制，促使其基本素质的提高。下面的案例就是描述了化学核心概念“物质的量”的基本教学过程。

二、案例描述

【新课引入】

师：今天我们一起学习第二节“化学计量在实验中的应用”。（板书课题）

师：（出示化学课本）假设这本书中每张纸的厚度相等，你如何测知其中一张纸的厚度？

生：（学生讨论）

师：请同学们分别选择一种方法进行测量。

生：（学生认真测量）

师：哪种方法在现有实验条件下最具有可操作性？

生：（学生讨论）

师：如何通过实验方法粗略测知一个原子或分子的质量？现有一杯水，能否知道其中含多少水分子?

生:(学生讨论)

师:如果你们知道18 g水中水分子的个数,你能推算出哪些结果?

生1:算出一个水分子的质量。

生2:称出这杯水的质量后,再算出这杯水中水分子的个数。

师:为此,国际科学界引进了“物质的量”(n)这样一个物理量,将一定数目的原子、离子或分子等微观粒子与可称量的物质联系了起来。物质的量的单位为摩尔(mol),简称摩。

【学生活动】阅读教材中“资料卡片”栏目。

1. 物质的量(n)的单位——摩尔(mol)(板书)

(反思:以宏观与微观的区别引入新课,从日常生活出发,力求使课本内容贴近学生、贴近生活,激发了学生的学习兴趣,让学生感知“物质的量”,理解“摩尔”引入的重要性。)

2. 了解“物质的量”和“摩尔”

师:物质的量是一个表示含有一定数目粒子集体的物理量。(板书)

(反思:新教材中没有“物质的量”的概念,教学时引入该概念的初衷是帮助学生进一步理解“摩尔”,可实际效果是提高了学习要求,有一半的学生反映此概念记不住,也没搞清楚什么是“物质的量”。课后讨论时笔者将它表达成“物质的量是一种表示物质所含微粒数多少的物理量”,学生普遍认同。)

师:用多少粒子作为一个集体最为合适呢?请根据投影中表格(见表3-8-1)提供的数据计算、归纳得出你的结论。

【投影】

表3-8-1 投影表格1

物质	CO_2	Fe	N_2	Ar
物质的质量/g	44	56	28	40
1个分子或原子的质量/g	7.309×10^{-23}	9.302×10^{-23}	4.651×10^{-23}	6.645×10^{-23}
物质所含粒子数				
相对分子质量或相对原子质量	44	56	28	40

【活动1】分四个小组,各组计算一个数值。交流计算结果:都是6.02×10^{23}。

【活动2】进行猜想。

生:以6.02×10^{23}作为一个集体。

师:用“6.02×10^{23}作为一个集体”的优点是什么呢?

生:(学生争相回答)

师：（教师引导学生互评那些不太规范的答案）大量实验证明，约 6.02×10^{23} 个粒子的质量在以克为单位时，数值上等于该粒子的相对原子质量或相对分子质量。

【活动3】阅读教材中第一部分（最后一段除外）。要求将自己认为是新知识的内容写到黑板上。（每人限写一点，后面的学生可对前面学生写的内容进行补充和修改，但不允许重复。）

生1：含有 6.02×10^{23} 个粒子的集体计量为 1 mol。

生2：含有 6.02×10^{23} 个粒子的任何粒子集体计量为 1 mol。

生3：1 mol 任何粒子所含粒子数约为 6.02×10^{23} 个。

生4：$6.02\times10^{23}\ mol^{-1}$ 叫作阿伏加德罗常数，用 N_A 表示。

（反思：新教材在此处有意识地淡化了对“阿伏加德罗常数”的教学，并没有强调 $6.02\times10^{23}\ mol^{-1}$ 并不是“阿伏加德罗常数”，只是“阿伏加德罗常数”的一个近似值。这种处理，有利于突出重点，分散难点。）

生5：粒子集体可以是原子、分子、离子或原子团，也可以是电子、质子、中子等。

师：（指出注意事项）使用摩尔作为单位时，所指粒子必须十分明确，且粒子的种类要用化学式表示。例如，1 mol Fe、1 mol O_2、1 mol Na^+、1 mol SO_4^{2-}、2 mol H_2O。

（反思：这样做培养了学生的阅读能力。尽管黑板上的板书有些零乱也不全面，但由于学生积极主动参与，教学效果较好。）

师：请计算 1 mol 稻子的质量。（假设稻子的大小相等。已知：一粒稻子的质量为 0.020 1 g。）

生：（思考回答）

师：粒子集体不可以是宏观物体。

【活动4】填表（见表 3－8－2）。

【投影】

表 3－8－2　投影表格 2

物质	CO_2	Fe	N_2	H_2SO_4
物质的量（n）/mol	1			
物质的质量（m）/g		28	28	
相对分子质量或相对原子质量	44	56	28	98
阿伏加德罗常数（N_A）/mol^{-1}		6.02×10^{23}		
物质的粒子数（N）				12.04×10^{23}

【归纳】归纳得出公式：$N=n\cdot N_A$。

【练习】5 mol H_2SO_4 中含有的分子总数是多少？原子总数是多少？氧原子总数是多少？

（反思：以上 4 个活动的安排，层次清晰，遵循了学生的认知规律，充分地体现了自主探究的原则，通过计算和归纳训练学生的逻辑思维能力，让学生体验科学探究的过程，强化科学探究的意识；教师不过多地限制，注重培养学生的创新精神、合作精神和实践能力。欠缺的是为了引出“摩尔质量”，要求学生掌握换算物质的量和物质的质量的难度较大。）

【活动5】阅读教材，了解摩尔质量。要求学生比较“摩尔质量”“物质的质量”“相对分子质量或相对原子质量”。

师：（板书）摩尔质量（M）是单位物质的量的物质所具有的质量，常用单位为g/mol。

【归纳】举例、归纳，得出公式：$m = n \cdot M$

【练习】教材“学与问”栏目。

3. 思考与交流

【活动6】学生在小组内互相提问，强化2个关系式的应用，教师巡视、指导、答疑。

4. 巩固提高

（1）下列各物质中，含氧原子个数最多的是（　　）。

A. 1 mol $KClO_3$　　B. 0.5 mol H_3PO_4

C. 32 g O_2　　D. 3.01×10^{23}个CO_2

（2）Cl_2、HCl、O_2、CO_2各5 g，按其所含分子数目由多到少的顺序排列是：________________。

（3）下列说法是否正确？若不正确，请加以改正。

①水的摩尔质量是18 g。

②1分子硫酸的质量是98 g。

③1 mol 氮的质量为28 g。

④摩尔是7个基本物理量之一。

⑤1 mol 物质中含有6.02×10^{23}个微粒。

三、案例评析

本节课的主要教学内容为“物质的量”概念的建立。在教学时要注意创设问题情境，引发学生认知冲突——怎样建立宏观和微观的联系？设置各种探究活动让学生自主完成概念的建构。组织学生完成“迁移应用”，讲述自己的学习收获，突出“物质的量”概念的建构。结合教材的特点及所设计的教学方法，用“活动—建构”开展学习活动，以学生自己为主体，以生活经验为起点，利用建构主义教学法教学，联系生活实际问题并进行探究，把学习过程和认知过程有机地统一起来，化被动接受转化为主动探索，使学生自主完成知识建构，感受学习的乐趣。学生在教师帮助下顺利完成知识建构，对原有知识经验进行改造和重组，使科学认知与原有经验之间达到平衡，实现学习的有效迁移，从而获得意义建构的成功，培养自己的探究能力。

通过这种教学模式，学生在自身原有知识的基础上，引发认知冲突，自己构建生成“物质的量”概念系统。因此学生从根本上对这些概念有了深刻的认识，明确了知识之间的来龙去脉。在对新知识的活动—建构过程中，我们的教学很好地利用了学生头脑中正确的知识为生长点，使新知识与旧知识有机统一，从而使学生的认知结构更加系统化，便于学生知识的储存和提取。这与传统教学中只是把概念灌输给学生，而对概念的理解要靠习题来巩固的做法，两者之间是有本质区别的。

四、化学核心概念教学应注意的问题

1. 教学过程要注意创设问题情境

新课程背景下强调：教为主导，学为主体。“学生的学习过程就是一个不断发现问题、提出问题、解决问题和再去认识更高层次问题的过程。问题对于学习过程来说，有着至关重要的作用。以问题为中心，围绕着科学的能激发学生思维的问题展开学习，也是科学探究学习最重要的特征。”将教学内容以问题的方式呈现出来，并形成具有一定逻辑关系的问题链接，既可以暗示学生学习和探究的线索，又可以有效地激活学生的认知结构，激发学生求解问题的欲望。因此在课堂教学中努力创设恰当的问题情境，通过问题启发学生积极的思维活动，以问题为主线来组织和调控课堂教学，使学生积极主动地体验知识的发生、发展与变化过程，并在解决问题的过程中激起学生的问题意识，生成更多、更深刻的问题，就能充分调动学生学习的主动性，形成自主学习、探究学习的能力。

2. 教学设计过程中要充分准备“学的活动”

在新课程理念下，我们的教学设计由教学内容到教学环节，从组织教学到教学的方法，处处都要落实到实处，即要落实到学习的主体学生身上。课堂要以营造“学的活动”为基点。在备课中关注学生的学习经验；在教学中关注学生的学习状态；在教学反思中关注学生的学业样本，关注学生的学习方式和学习成效。要让“学的活动”有主题、有程序、有可以接受的环境，从而使“学的活动”在课堂中得以充分展开，使学生真正在活动中获取知识。

3. 教学过程中要注重学生对知识的生成

学习者并不是空着脑袋进入学习情境中的。在日常生活和以往各种形式的学习中，他们已经形成了有关的知识经验，他们对任何事情都有自己的看法。即使有些问题他们从来没有接触过，没有现成的经验可以借鉴，但是当问题呈现在他们面前时，他们还是会基于以往的经验，依靠他们的认知能力，形成对问题的解释，提出他们的假设。因此教学不能无视学习者的已有知识经验，简单强硬地从外部对学习者实施知识的“填灌”，而是应当把学习者原有的知识经验作为新知识的生长点，引导学习者从原有的知识经验中，生长新的知识经验。

第四部分　化学教学评价

第九章　初中化学学习评价

第一节　初中化学学习评价概述

一、化学学习评价定义

学习评价是在系统地、科学地和全面地搜集、整理、处理和分析学生信息的基础上，对学生发展和变化的价值做出判断的过程，目的在于促进教育与教学改革，促进学生全面发展。

化学学习评价是根据化学课程目标，运用科学的手段和方法，收集学生学习化学状况的客观资料，对其化学学习活动和发展变化的价值判断。化学学习评价不仅包括了对化学学习结果的评价（终结性评价），而且强调了对化学学习过程的评价（形成性评价）以及化学学习情境的评价（学习背景和学习潜能的评价）。三者的有机结合，使评价与化学学习过程相配套，成为一个连续的过程。在此，除选拔功能和鉴定功能外，评价的诊断功能、调节功能、发展功能和激励功能也得到了强化。

二、化学学习评价基本观点

1. 由唯认知性评价转向对科学素养的评价

这是指评价理念方面的导向。认知性评价即对学生基础知识和基本技能掌握情况和水平的评价。科学素养的评价既代表了初中化学课程评价的基本理念和宗旨，也简要诠释了初中化学学生评价的内容，包括知识与技能、过程与方法、情感态度与价值观等各个维度。

2. 由以甄别与选拔为主要目的评价转向以激励和促进学生发展为根本宗旨的评价

这是指评价功能方面的导向。从学生评价的目标和功能上看，以甄别与选拔为主要目的的评价主要存在于选拔性考试；常规性测试及评价都应是以促进学生认识发展、诊断教学为目的。以激励和促进学生发展为根本宗旨的评价，首先是评价标准要符合

《课程标准》的要求和日常教学的实际情况；其次是评价实施中期和后期要重视对评价结果的反馈，对学生和教师教学进行有针对性的改进和优化。

3. 由要素性评价转向综合的整体性评价

这是指评价过程和设计方面的导向。要素性评价是指在评价设计中预设几个要素。它的缺点是忽视评价要素间的关系，对评价要素与学生综合评价的关系不清。整体性评价强调依据教学过程和初中化学对学生的评价特点，应用系统论的观点进行整体规划和实施，综合各评价内容、方式和主体之间的关系，协调、整合各评价要素，实现评价的最低效益。

4. 由静态结果性评价转向活动过程与活动结果评价相结合的评价

这是指评价内容和设计方面的导向。静态结果性评价是指评价内容和指标多是针对学生化学学习的结果给予的测试，而且这种评价多是某一阶段性的。活动过程与活动结果相结合的评价是指既关注学习活动的结果，又关注学生学习活动过程中的表现。过程与结果相结合的评价更客观、全面，更利于了解学生学习的整体情况，从而给予更有效的干预。

5. 由只针对个体的评价转向对个体与小组评价相结合的评价

这是指评价对象方面的导向。个体与小组结合的评价体现了评价主体多元化的特点。小组评价的优势在于更关注团队学习的效果，同时考查了个体在团队学习活动中的情况。

6. 由追求客观性和唯一标准答案的评价转向重视个体的认识和理解的相对性评价

这是指评价方法方面的导向。追求学生评价的客观性是必要的，但如果将客观性等同于标准答案的唯一性就过于偏颇了。选拔性评价是要求客观性，标准答案也利于评价的客观，但在促进学生科学素养发展的评价理念下，唯一标准答案的客观性评价具有很多局限性和缺陷，因此更倡导重视学生个体的认识和理解的相对客观性评价。

三、化学学习评价类型

1. 自我评价

学习的自我评价是指学习者依据一定的评价标准，对自己的学习做出分析并进行反馈和自我调节的活动。这里的评价标准主要指预先制定的学习目标和要求学习的自我评价，实质上是学习主体对自己学习观念与行为的反思和调控。

2. 同伴评价

通过开展学生互评，可以让学生成为评价的主体，可以形成正确的班级舆论导向，可以提高课堂教学效果。进行互评活动前，要让学生知道每个人都有自己的学习习惯，因此在合作评价时，要尊重个别差异；进行互评时，要让学生明确自己的角色与作用，鼓励学生发表自己独特的见解。

3. 教师评价

教师对学生的评价不仅具有激励作用，更重要的是能够促进学生的发展。教师在进行评价时，应树立正确的评价理念，正确进行角色定位，营造民主的评价氛围。

4. 家庭评价

家庭是学生成长与发展的重要环境，家长是孩子重要的“教育者”。充分调动家长参与学生评价的积极性，是实现共同促进学生发展目标的重要环节。

第二节 化学学习评价的方法

一、纸笔测试

（一）纸笔测试简介

1. 概念

纸笔测试简称笔试，它是一种与面试对应的测试。纸笔测试作为一种教学评估手段，是学校教育教学评价的一种重要方式，也是社会上经常使用的一种选择人才的手段和方式。在学校中，它一般用来收集学生的学习信息，了解学生的学习情况。在当前教育背景下，纸笔测试能否为学生提供一个公正、客观、真实的展示自我学习情况的机会，以便教师与家长及时了解教与学的情况，做出决策，优化教学，与所选用纸笔测试题的题型和质量有着密切的关系。

2. 化学纸笔测试题的功能

（1）巩固与运用化学知识和技能。学生初学的化学知识和技能通常是比较零乱的，而在进行测试时常常要求学生综合运用所学的知识技能，这就给学生提供了把新知识融入已有的知识体系中，使新知识与已有的知识建立联系，并在头脑中将知识系统化的机会。特别是一些综合性试题的考查，可以帮助学生将知识建立起一定的逻辑联系，使学生已有的零乱的知识条理化、系统化。

学生学习化学的目的还在于能把所学的知识加以应用，以解决实际问题。化学纸笔测试题能使学生学会应用化学知识技能解决实际问题。在解析化学试题时，学生需要将大脑中已有的知识与新的问题情境建立关联，从大脑中提取解决问题的有效知识，经常进行这样的试题练习，学生再遇到相似的情境时，就能迅速提取知识，顺利进行问题的解决。

（2）提高科学探究能力，形成过程与方法目标。纸笔测试中探究性测试题及活动性测试题的解析，其中包含许多科学探究的要素，对学生学习与体验科学探究非常有利。这类测试题往往给学生提供一个探究的情境，让学生通过分析测试题，在这个过程中经历收集证据、形成假说、设计实验、观察记录、归纳概括等环节，可以充分体验科学探究的过程，体验探究的喜悦和乐趣。这类试题有利于引导学生将学习的重心从过分强调知识的传承和积累向知识的探究过程转移，从被动接受知识向主动获取知识转化，从而培养学生的科学探究能力、实事求是的科学态度和敢于创新的精神。

（3）培养与形成正确价值观念。情感态度与价值观目标的达成不是一蹴而就的。因此，在义务教育阶段的化学学习中应该尽量创设宽松、自由、真实、富有创造性的教育环境和教学情境，使学生在情感态度与价值观方面得到发展。纸笔测试是评价学生学习目标是否达成的重要手段之一。化学纸笔测试题可以通过直接的内容呈现，也可以通过信息的提供、情境的创设等手段，对学生潜移默化地进行情感态度与价值观的教育。

3. 纸笔测试题编制的原则

（1）目的性原则。目的性原则是指纸笔测试题内容的选择要从过去只关注知识与技能的目标转向关注《课程标准》所阐述的三维目标。化学纸笔测试题考核的重点不是放在知识点的简单记忆和重现上。考试内容改革要以《课程标准》为依据，体现新的人才观和教育观，改变以前只重视学生学业成就、忽视学生非学业素质发展的状况，全面关注学生各方面的进步与成就。对认知评价而言，初中化学新课程强调的重点与以往相比有许多变化。

（2）情景性原则。在设计纸笔测试题时，应充分考虑问题的真实性和情境性，加强试题内容与社会实际和学生生活实际的联系，重视考查学生面对真实情境时分析问题、解决问题的能力，以便引导学生关注对现实生活的领悟能力、解释能力和创造能力。

（3）开放性原则。义务教育阶段化学教育关注的重要内容之一就是能帮助学生更好地适应社会生活、适应社会发展的需要，能够帮助学生有效地解决人类所面临的、跟化学有关的问题，并对如何应用化学做出明智和负责任的决策。现实中的一些问题往往是复杂的，含有多种不确定性。为了提高学生解决实际问题的能力，我们必须要加强纸笔测试的开放性，设计一些开放性的试题来考查学生，让学生有机会用不同方法解答相同的问题，让学生学会从不同视角探索解决问题的方法，获得更多的结果。“开放题在考查学生学科知识和学科能力的基础上，更着重考查利用相关学科知识综合解决问题的能力，强调学科内部综合的同时更强调学科间的相关内容的渗透、交叉和融合。”

（4）活动性原则。化学纸笔测试题的编制坚持活动性原则，要求充分体现问题解决过程的探究性，使学生体验采用多种活动方式解决化学试题的过程。意大利著名教育家蒙台梭利曾就活动的意义和作用提出过一个著名论断，她认为“儿童对活动的需要几乎比对食物的需要更为强烈”，“对一个可能使出他全部精力的活动，他将感到一种本能的冲动，因为这正是自然使他的能力得以完善的道路”。因此我们应力求设计出能使学生“使出全部精力的活动”，让他们以饱满的热情投入活动中去的化学纸笔测试题。

义务教育阶段化学纸笔测试题的编制应遵循的原则还有很多，如设计中应遵循量力性原则、启发性原则、渗透思想性教育原则等。自觉遵循这些原则是编制高质量的、真正有利于学生发展的化学纸笔测试题的必要基础。

（二）纸笔测试的设计思路与实施

1. 纸笔测验的设计步骤

（1）确定测验的目的。

化学教学中常用的测验，按其测验目的可以分为预测测验、诊断性测验、形成性测验和总结性测验四类。预测测验（或预备测验、安置测验）是为了对学生进行合理的分班、分组、安排教学内容和进度，在讲授新知识之前，对学生应具有的有关学习基础进行测验。诊断性测验是为了发现学生在学习中存在的问题，以便对症下药，改进教学。形成性测验的目的在于了解学生在教学过程中知识、能力、思想品德等方面的形成情况，及时掌握反馈信息，以便辅导学生学习，弥补教学中的不足，改进教学工作。总结性测验是在某一门学科或某一学习阶段结束后，为了对学生的学习成果进行总结、鉴定时所进行的测验，通常是在学期或学年末进行。测验的目的不同，选编项目的侧重点也应相异。

（2）确定试题的题量。

试题的题量或测试内容的多少，与给定的测试时间有关。测试时间一般是在命题之前根据测验目的确定的。形成性的单元测验可用15分钟左右，总结性的学期或学年考试多为90～120分钟。在测试时间确定之后，试题题量的确定依据是：学生回答试题所需要的平均时间和给定的测试时间一致。这里的平均时间是指测试者所希望的一定比例的学生完成试题所需要的时间。一般来说，对于形成性测验，要让90%以上的学生完成试题，以免损失过多的教学反馈信息和影响学生的学习积极性；对于总结性测验，应使80%以上的学生完成试题，这样尽管对部分学生而言题量过大，但对总体学生而言，可以使测试有足够的题量，保证试题对测试内容有必要的覆盖面，同时提高考试的效率。在估计学生的答题时间时，需要考虑到以下三个基本因素：①学生的实际水平；②试题本身的难度；③阅读试题和书写答案所需时间。

（3）确定各类题型的比例。

在题量大致确定之后，为了使题型的选择符合测试目的，要确定代表不同的知识内容、不同的学习水平或难度的各类题型的比例，使之能够对教学目标或教学内容有较好的代表性，试题的总体难度适合于被测学生。

2. 纸笔测验案例

（1）阶段测试简介。

单元考、月考、期中考、期末考、联考、统考、质量抽测、质量监控、质量检查、摸底考试都是属于阶段测验。阶段测验主要目的是了解学生对知识的掌握情况，作为调整进度、改变教学方法等教育策略的依据。测验成绩对于学生来说一般没有太大意义，但质量抽测、质量监控、质量检查、摸底考试的成绩有时也用于衡量学校、教师的教育教学质量。

【案例】

“物质的量及其单位摩尔”阶段测试题

1. （多选）下列说法中正确的是________。

①物质的量是国际单位制的七个基本单位之一。

②物质的量实际上表示含有一定数目的粒子集体。

③物质的量的单位是“摩尔”。

④物质的量是表示物质数量的单位。

⑤摩尔是七个基本物理量之一。

⑥物质的量是国际单位制中七个基本物理量之一。

⑦每摩尔物质都含有阿伏加德罗常数个指定微粒。

⑧摩尔是表示物质的数量单位。

⑨1 mol 任何物质都约含有 6.02×10^{23} 个原子。

⑩在使用摩尔表示物质的量的单位时，应用化学式指明粒子的种类。

2. 下列叙述正确的是（　　）。

A. 0.012 kg ^{12}C 所含有碳原子数约为 6.02×10^{23}

B. 阿伏加德罗常数通常采用 6.02×10^{23}

C. “摩尔”是表示物质粒子的集体的物理量，每摩物质含有阿伏加德罗常数个粒子

D. 1 mol 水中含有 2 mol 氢气和 1 mol 氧气

3. 下列说法正确的是（　　）。

A. 1 mol 氧　　B. 1 mol 氧原子　　C. 3 mol 乒乓球　　D. 1 mol 大米

4. 判断正误。

（1）1.5 mol Na^+ 中含有 1.5 N_A 个 Na^+。（　　）

（2）1 mol H_2O 中约含有 6.02×10^{23} 个水分子。（　　）

（3）1 mol 氢中含有 N_A 个氢原子。（　　）

（4）2 mol CO_2 含有 $2N_A$ 个 O。（　　）

（5）0.5 mol H_2O 中含有 1 mol H_2 和 0.5 mol O，含有 N_A 个原子。（　　）

5. 含 3.01×10^{23} 个 Cl^- 的 $CaCl_2$ 中含有的 Ca^{2+} 离子为（　　）。

A. 0.25 mol　　B. 6.02×10^{23} 个

C. 0.5 mol　　D. 1.505×10^{23} 个

6. a mol H_2SO_4 中含有 b 个氧原子，则阿伏加德罗常数可以表示为（　　）。

A. $\frac{a}{4b}$ mol^{-1}　　B. $\frac{b}{4a}$ mol^{-1}　　C. $\frac{a}{b}$ mol^{-1}　　D. $\frac{b}{a}$ mol^{-1}

7. 相等物质的量的 CO 和 CO_2 相比较，下列有关叙述正确的是（　　）。

A. 它们所含的分子数目之比为 1∶2　　B. 它们所含的 O 原子数目之比为 1∶1

C. 它们所含的原子总数目之比为 2∶3　　D. 它们所含的 C 原子数目之比为 1∶1

（2）自主招生考试简介。

自主招生化学试卷几乎完全由高校命题，难度一般介于高考和全国化学竞赛试题的水平之间。自主招生考试的试题主要用于选拔基础知识扎实、视野开阔、有较强学习潜能、具有较强解决综合问题能力和创造力的学生。2013 年自主招生考试中，只有复旦大学千分考（复旦大学水平测试）试题还保留化学方面的纸笔测验题，其他高校的试题大多与化学关系不大。我们就选择其中的试题分析自主招生试题的命制。

【案例】（复旦大学千分考第 1 题）与 NO_2 原子轨道杂化类型不同的是（　　）。

A. SO_2　　B. CO_2　　C. BF_3　　D. O_3

分析： 此题考查原子轨道杂化类型，除了 CO_2，其余的都超过高考要求。

【案例】（复旦大学千分考第 5 题）C_{70} 分子中含有几个五元环，几个六元环?

分析： 该题考查 C_{70} 分子中五元环、六元环的数目，对分子结构、空间结构、想象力、数学计算能力等有较高的要求。

（3）化学竞赛简介。

国际化学奥林匹克竞赛是一项重要的化学智力竞赛。我国的化学奥林匹克竞赛始于 1984 年，如今已形成从地区到全国的多层次、多级别的竞赛格局。全国高中学生化学竞赛是经过国家教委批准，由中国科协领导下的中国化学学会主办的课外学科竞赛活动。其目的是激发和培养学生对化学的学习兴趣，探索优秀中学生的培养途径，提高化学教学水平，促进化学教学改革，推动中学素质教育，选拔国际化学奥林匹克竞赛选手。化学竞赛是中学化学教学中培养尖子学生的一条重要途径，是化学学科面向全体、重视个体差异的重要体现。化学高考和竞赛试题都是对学生化学学科学习能力的考查，因此两者之间必然具有共性。但化学竞赛在知识和能力的要求上都高于高考。高中化学竞赛的知识除了包含中学化学基础知识，还有部分涉及大学化学知识，以考核学生的潜力和创造力为目的。

【案例】

2015 年全国中学生化学竞赛（安徽赛区）初赛试题（节选）

7. 用带放射性示踪原子（^{18}O）的过氧化氢与用硫酸酸化的 $KMnO_4$ 溶液完全反应，反应完毕后，^{18}O 最可能出现在（　　）

A. K_2SO_4 中　　B. $MnSO_4$ 中　　C. H_2O 中　　D. O_2 中

13. 下列化合物偶极矩由大到小排列的是

（Ⅰ）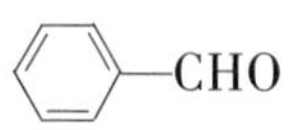　　（Ⅱ）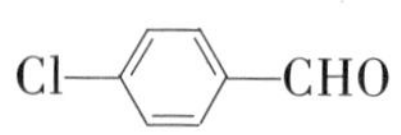

（Ⅲ） 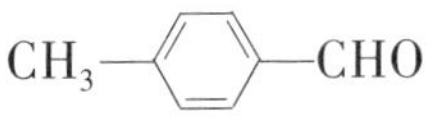　　（Ⅳ） 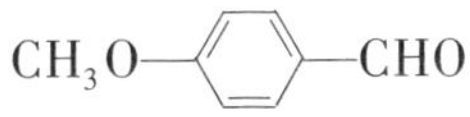

A.（Ⅰ）>（Ⅱ）>（Ⅲ）>（Ⅳ）

B.（Ⅳ）>（Ⅲ）>（Ⅱ）>（Ⅰ）

C.（Ⅱ）>（Ⅲ）>（Ⅰ）>（Ⅳ）

D.（Ⅳ）>（Ⅱ）>（Ⅲ）>（Ⅰ）

26.（9 分）完成下列各题：

（1）在不增加任何配体以及铼原子之间不存在金属键情况下，$[Re(CO)_3Cl]_n$服从 18 电子规则，则 n 的最小取值为__________；

（2）在 N_2CO 存在的化学结构异构体中，最稳定异构体的结构式是__________；

（3）硫离子与固体硫在碱性溶液中反应生成 S_2^{2-}、S_3^{2-}、S_4^{2-} 等聚硫离子，已知 S 与 S^{2-} 反应生成 S_2^{2-} 的 $K_1=12$，生成 S_3^{2-} 的 $K_2=130$，则 S 与 S_2^{2-} 生成 S_3^{2-} 的 $K_3=$________。

27.（12 分）写出下列化学反应的方程式：

（1）Mg_2Si 与 HCl

（2）氯代甲砜 CH_3SO_2Cl 完全燃烧

（3）$Na_2B_4O_7$标定盐酸

（4）在焦磷酸（$H_4P_2O_7$）酸性介质中，$KMnO_4$与 $MnSO_4$反应，其中一个产物为 $[Mn(H_2P_2O_7)_3]^{3-}$

（三）试题的质量指标

1. 信度

考试的信度是指考试结果的可靠性程度对任何学生的多次测定都会产生比较稳定的、前后一致的结果。

2. 效度

效度指考试的准确性，反映的是考试内容与《课程标准》的吻合程度。效度高的试卷，能够较准确地测试出学生掌握和运用所学知识的真实度。

3. 难度

难度 = 平均得分/满分。可根据不同的考试略有调整，建议控制在 0.75 左右。若大于 0.85 则偏易，若小于 0.65 则偏难。

4. 区分度

考出学生的不同水平，把优秀、一般、差三个层次的学生真正区分开来。具体做法是：把成绩从高往低排序，前 50% 的考生为高分组，后 50% 为低分组。其计算公式为：$D=2(XH-XL)/W$。其中，D 为区分度，XH 为高分组平均分，XL 为低分组平均分，W 为试卷总分（一般为 100 分）。

二、档案袋评价

（一）档案袋评价简介

1. 概念

档案袋，其英文单词是 portfolio，有“代表作选辑”的意思。最初使用这种形式的是画家及后来的摄影家，他们把自己有代表性的作品汇集起来，向预期的委托人展示。其所选择或提交的东西，是由出示档案袋的人自己创作的。把这种做法应用到教育上，档案袋评价即是汇集学生作品的样本，但它们的目的和内容，是为了展示学生的学习和进步状况。

作为一种从教育实践中涌现出的评价方法，尽管档案袋评价的出现已经有 10 年左右的历史了，但我们仍然很难给它一个确切的定义。正如对此有详细研究的美国课程评价专家比尔·约翰逊（Bill Johnson）所说，如果要求五个不同的教师给档案袋评价下定义，你很可能会收到五个不同的答案——其中每一个都没有“错”，这是由档案袋评价的性质决定的，它们通常是与特定情境或发现这种方法的学校联系在一起的。

我们认为，在学校教育中，档案袋评价是指在教师的指引下，学生自己有意识地将有关学习活动表现的各种材料以及自我反思的证据收集起来，进行合理的分析与解释，以反映学生在学习与发展过程中努力、进步的状况或取得的成就。它是一种多角度、多维度、多层次的评价方式，也是一本学生学习的实录、写真集。它能在一定程度上反映出学生学习的过程与结果。

2. 内容

学习档案袋的内容无所不包，包括各式各样的学习记录如笔记、实验记录、作品、心得报告、成绩单、图片、图表、海报、照片、录音带、录影带、访谈记录、家庭作业等。总体而言，它统合学习的过程和结果。

3. 特性

（1）自主性。它是一种个别化的评价方式，能适应学生个别差异的需求。学生应该是选定自己学习档案袋内容的主要决策者，学生可依据自己的兴趣、能力，发展自己的潜能。每位学生的档案记录不可能完全相同。

（2）开放性。它适应学生的性向。擅于美术工艺的学生，学习档案记录更多的是插画、图片、海报；擅长诗词的学生，学习档案写有许多打油诗；爱好电脑的学生，学习档案记录则是电子档案。同时它的呈现方式颇具弹性，没有标准答案，没有固定的形式，学生可依自己的想象力，自行设计，自行创造。

（3）情景性。它的学习范围不限于教室内，而是延伸至校园内每一个角落，也扩展至校外的情境及活动，与生活密切结合。学习档案记录内容的点点滴滴反映出学生学习生活的实况。

（4）反思性。与其他方法相比，建立学习档案袋的过程更能激起学生的反思。正如杜威所说，只有对我们从事的活动不断反思，才能进行真正的“做中学”。来自学生的反思也是档案袋的基本内容。写反思材料可以推动学生更深入地检查自己的学习，同时教师也可以根据学生的反思来及时加以指导。有了反思，档案袋就会变成学习的一部分；没有反思，档案袋可能只是材料的聚集。

（5）发展性。它是用来记录学生学习的踪迹，描述学生的发展与变化的写真集。同时，学习档案袋本身也随着学生的成长而不断丰满与完善。

（二）档案袋评价的设计思路与实施

1. 学习档案评价的实施

学习档案评价作为一种创新评价方法，其使用尚处在探索阶段。在实际的教学探索过程中，通过引导、示范、评阅、观摩交流、总结评比等方式，促使该评价方式逐步成为学生的自觉行为，并使其内容和功能不断得到扩展和增强。同时要考虑到学生的可接受性和主动持久参与的问题，以确保评价的效率。可以充分发挥学生自身的潜能，鼓励他们在一定程度上决定自己的行为。在此过程中，教师和学生可以得到同步发展。一般来讲，学习档案评价有以下三个阶段。

（1）组织计划阶段。

这是档案袋评价的初级阶段。教师应做周密的准备，为此需要做好如下工作：确定评价的目的和目标；向全体学生解释档案袋评价的内涵；制定评价内容和范围；与家长和其他教师进行沟通。

（2）资料收集阶段。

这一阶段要以学生“会议”的运用和教师对学生的及时反馈为重点。学习档案评价之所以能成为一种形成性评价方式，其重要因素在于教师和学生之间的定期交流。在师生交流中教师要及时了解和掌握学生取得进步的情况，并为下阶段的学习和评价确定目标。在这一阶段，教师尤其要注意收集学生对自我的反思性资料、小组评价资料以及教师对每次训练的日常评价资料。

（3）成果展示阶段。

这是研究性学习评价的最好阶段，也是学生体验成功的重要阶段。学生把自己的训练成果——实践技能的掌握、小论文、创业个例、竞赛获奖情况等，以汇报会或开展示窗的形式展示出来，教师可以根据学生的展示，给学生以学期性的、终结性的评价。

2. 进行学生学习档案袋评价的策略

（1）发挥学生的主体作用，营造建立化学学习档案袋评价的积极氛围。

在评价过程中，教师应把学生当作平等合作的伙伴来对待，充分发扬民主，尊重学生评价的权利，克服传统评价中评价者与被评价者之间紧张、对立的现象。学生是评价中的主人，在评价过程中，应始终以学生为主体，采取学生自评、小组互评等多种评价形式相结合，引导学生积极参与，对每一位学生的学习情况加以评价分析。

（2）加强师生间的互动，挖掘档案袋评价对学生全面发展的促进作用。

在实施档案袋评价的过程中，我们力求融入对科学知识和技能、科学态度、情感和价值观等多维度的评价。我们和学生共同讨论存放于档案袋中的内容，并专门设计有关评价的表格，然后开展教学实践并进行评价。

学生科学探究活动的评价是广大教师普遍关心的热点问题之一，这也是我们在实施档案袋评价中的重点之一。我们认为，对探究过程的每个环节并不一定都要均匀地评价，可以有针对性地对其中一个或几个环节进行有目的的设计和评价，强调参与和互动、自评与他评相结合；允许学生与他人交流合作，从而认识自我观察过程中未注意或未想到的问题，允许学生自我反思，并提出改进意见。若时间许可，教师可以在全班当堂宣读学生的成功之处，鼓励学生自我成功，以此激励学生在学习中的成就感，挖掘档案袋对学生全面发展的促进作用。

（3）注重教师的引导作用，提高化学学习档案袋评价的质量。

新的化学课程、新的评价观对于学生来说非常陌生，但对学生的全面、和谐发展却至关重要，尤其是学习评价直接涉及他们的亲身“利益”，变化跨度又大，所以教师首先需做好对学生的课改宣传和观念转化工作，告诉学生化学新课程的考评内容和办法，说明考评内容不以一次的期末笔试为终结，还要包含平日的学习表现、学习态度、个性品德、学业能力和收获等，让学生做好充分的思想、心理准备及评价工具准备（档案袋和成长记录卡）。要让学生成为学习化学的主人，让其学会对自己的学习过程做出客观、公正的评价，教师还要特别注意在学生学习过程中利用各种资源和机会对其进行合适的指导。档案袋是学生学习的重要成果，也是学生继续发展的重要资源，教师应利用一切可能的机会，指导学生学会利用档案袋评价自己的学习和发展。

3．档案袋评价案例

【案例】

学生实验探究活动档案实例（“质量守恒定律”实验探究活动）

某位学生学习“质量守恒定律”时，为了更好地开展实验探究活动，提升自己的实验探究能力，在学习档案中收录了以下资料：

（1）自己查阅资料，整理出了有关“质量守恒定律”的发展史，特别是关于罗蒙诺索夫和拉瓦锡的历史事迹。

（2）自己完成的实验探究资料，包括实验方案、实验记录、实验过程的图片和实验结论等。

（3）在老师和同学帮助下整理出的实验探究报告。

（4）老师和同学给自己的活动表现的评语和学习建议。

（5）自己的学习体会论文一篇。

（6）有关质量守恒定律的习题检测和家庭作业。

【案例】

学生学习作品档案实例

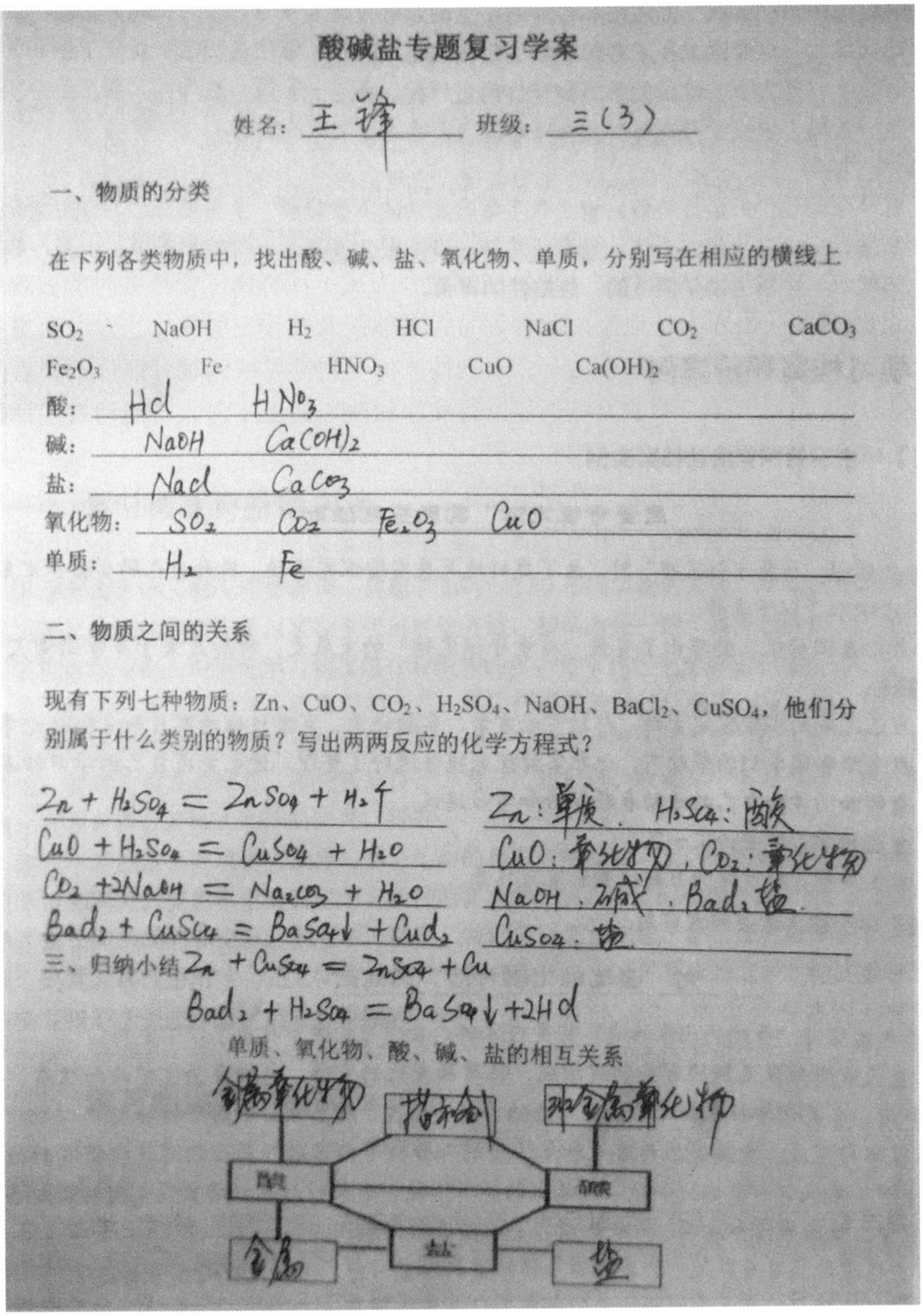

酸碱盐专题复习学案

姓名：王锋　　班级：三(3)

一、物质的分类

在下列各类物质中，找出酸、碱、盐、氧化物、单质，分别写在相应的横线上

SO_2　NaOH　H_2　HCl　NaCl　CO_2　$CaCO_3$

Fe_2O_3　Fe　HNO_3　CuO　$Ca(OH)_2$

酸：HCl　HNO_3

碱：NaOH　$Ca(OH)_2$

盐：NaCl　$CaCO_3$

氧化物：SO_2　CO_2　Fe_2O_3　CuO

单质：H_2　Fe

二、物质之间的关系

现有下列七种物质：Zn、CuO、CO_2、H_2SO_4、NaOH、$BaCl_2$、$CuSO_4$，他们分别属于什么类别的物质？写出两两反应的化学方程式？

$Zn + H_2SO_4 = ZnSO_4 + H_2\uparrow$　　Zn：单质．H_2SO_4：酸

$CuO + H_2SO_4 = CuSO_4 + H_2O$　　CuO：氧化物，CO_2：氧化物

$CO_2 + 2NaOH = Na_2CO_3 + H_2O$　　NaOH：碱．$BaCl_2$：盐．

$BaCl_2 + CuSO_4 = BaSO_4\downarrow + CuCl_2$　　$CuSO_4$：盐

三、归纳小结　$Zn + CuSO_4 = ZnSO_4 + Cu$

$BaCl_2 + H_2SO_4 = BaSO_4\downarrow + 2HCl$

单质、氧化物、酸、碱、盐的相互关系

图4－9－1　“酸碱盐”档案袋评价案例

三、活动表现评价

（一）活动表现评价简介

1．概念

活动表现评价最初是在美国发展起来的。早在20世纪50年代早期，教育测量专家就有过论述。但其最早被提出及运用并不是在教育领域，而是在心理学领域和企业管理领域。例如韦克斯勒儿童智力测验中的拉力拼图分测验，它通常要求被试动手操作具体的实物，并借此评价被试的心理与行为。而在工厂里，是指对工人工作表现的抽样检查，也就是主管人员观察并评价受雇者在完成一项特殊工作任务时的表现。至20世纪80年代美国才大量地应用此种评价，具体涉及写作、科学、艺术与历史等学科。如今，作为质性评价的典范之一，表现性评价受到世界各国教育评价工作者的广泛重视。在我国，随着素质教育的逐步推行和课程改革的逐步深入，活动表现评价作为一种新的评价方法，正逐步兴起和发展。

美国教育评定技术处将表现性评定界定为“通过学生自己给出的问题答案和展示的作品来判断学生所获得的知识和技能”。表现性评定为测量学习者运用先前所获得的知识解决新问题或完成具体任务能力的一系列尝试。在表现性评定中，常常运用真实的生活或模拟的评价练习来引发最初的反应，而这些反应可直接由高水平的评定者按照一定的标准进行观察、评判，其形式包括建构反应题、书面报告、作文、演说、操作、实验、资料收集、作品展示。

2．特征

（1）实际性。活动表现评价的问题是比较真实的，需要学生解决的问题是现实中的问题或具有现实背景的问题，而不是脱离现实情境的抽象问题。

（2）复杂性。活动表现评价鼓励学生创造、思考，需要学生解决的问题一般是比较复杂的，答案也具有多元性和复杂性。需要学生综合运用多学科的知识和技能来加以解决，当然采取的方法和呈现的方式可以很灵活。

（3）时间性。活动表现评价方案设计难度的增加及操作的复杂性导致评价所需要的时间也增加。

（4）易变性。表现性评价容易受主观因素的影响和客观条件的限制。由于活动表现评价的复杂性、解决问题的创造性及形成答案的多元性，需要评价者具备更强的判断力。

（5）过程性。表现性评价的目的是对学生的学习情况进行诊断、指导学习方向、在教学过程中给予激励。学生的学习过程是动态发展的，表现性评价应是一个进行之中的、嵌入的过程，是整个学习不可分的一部分。

（二）活动表现评价的设计思路与实施

活动表现评价的施测受到化学课程学习目标和所在学校的具体客观条件限制，可以通过以下方式在初中生化学学习过程中进行活动表现评价的初步尝试。

1. 全程评价与重点评价相结合

活动表现评价，要求定期观察和评价学生的表现。这是一件任务相当重的工作。为了让学生更好地发挥自己的主动性同时又不额外增加教师的工作任务，我们结合化学教材上的内容，选择典型的探究活动或实践应用题，设计活动表现评价方案，作为评价的重点，做到全程评价与重点评价相结合。旨在将评价活动贯穿于日常化学教与学的过程中，让活动表现评价的形式更丰富，让学生学会自我评价，让同学参与评价，让学生在活动过程中学会自我反思。这样做既能推动课程与教学的发展，保证课程与教学改革的良性循环，又能随时发现和及时解决学生的学习困难和课程与教学改革中存在的问题。

2. 教师评价与学生评价相结合

教师作为学生化学学习活动的引导者、组织者、合作者，对学生整个化学学习的活动应该有一个全面的认识和了解。如果仅仅对学生在化学探究活动和实验活动中的表现做出评价，还不能全面反映学生化学学习的过程。为此，我们为初中化学教师设计了一张教师用表，用来对学生平时化学学习活动的情况做记载（见表4－1－1）。但我国绝大部分地区的学校班级的人数偏多，如果将活动表现评价的任务全部交给中学化学教师来完成，显得不切实际。多元智能理论强调评价主体的多元化，我们在活动表现评价中要充分发挥学生自我评价以及学生互评的作用。将教师评价与学生评价相结合，这样既可以减轻教师的工作负担，也可以调动学生的学习积极性，提高学生的自我评价能力。

【案例】

表4－9－1 学生平时活动表现评价记录教师用表

学生姓名＿＿＿＿＿＿ 日期＿＿＿＿＿ 记录教师＿＿＿＿＿＿

活动形式	评价内容（示例、可补充）	教师观察的结果记录与想法	与学生交流（反馈给学生）并对学生的反应、体会做笔记	其他
课堂学习活动	听课准备情况、课堂笔记行为、课堂提问（教师、学生）及回答、听课态度、参与程度（包括同学间的讨论）等			

续上表

活动形式	评价内容（示例、可补充）	教师观察的结果记录与想法	与学生交流（反馈给学生）并对学生的反应、体会做笔记	其他
作业学习活动	完成作业数量、完成作业质量、完成作业态度、作业中存在的问题、作业订正情况、作业中存在问题的解决办法、学习方法和策略的总结、自我拓展（疑难问题及解答）、学习总结与体会、家长对学生完成作业情况的反馈与交流等			
实验探究活动（以教材上的探究活动为例，或作为活动载体，或自己设计）	活动态度（预备、积极、主动性）、实验操作技能、科学方法的初步运用、发现新问题、解决问题、合作能力、表达与交流能力、探究结果的处理等			
其他活动				

3．活动表现评价与档案袋评价的结合

活动表现评价与档案袋评价是评价学生化学学习的两种不同方式，但目的是一样的，都是为了更全面地了解学生的学习过程、了解他们化学学习中存在的不足和取得的进步，提高学生的化学素养。在实践过程中，我们不应该将这两种评价方式孤立开来，而应当寻求它们的共性。为此，我们在每单元都设计一个实践作业主题，并在开始学习该单元时布置，内容自选，形式不限，要求学生完成后放入自己的档案袋，让学生通过建立档案袋的形式对自己的学习活动进行评价。如“第一单元：化学在我身边”“第二单元：保护空气，从我做起”“第三单元：我眼中的微观世界”“第四单元：燃料，我的未来不是梦”“第五单元：金属之最王国”“第六单元：洗涤剂的功与过”“第七单元：化学家侯德榜的故事”“第八单元：食品添加剂成分的探究”“第九单元：水，让我欢喜让我忧”。（题目也可在征得教师的同意下自定）

四、其他评价方法

（一）多元评价简介

1．多元评价的概念

多元评价是以多元智能理论为基础，强调评价主体多元、目标多元、标准多元和方法多元的一种创新教育评价机制。多元评价认为，学习者的能力是多方面的，每个学习者都有自己的优势。学生在学习过程中表现出来的能力不是单一维度的数值反映，而是多维度的综合能力的体现。因此，对学生进行学习评价应该是多元的，主要包括参与评价主体、评价内容、评价方法的多元化。

2．多元评价的特征

（1）评价主体多元化。

评价主体是指参与教育评价活动并按照一定的标准对评价客体进行价值判断的个人或团体。评价主体多元化是指除了传统评价中的教师评价外，还可以包括学校管理人员、学生家长、学生群体和学生本人以及其他有关人员的评价，特别强调将评价的对象作为评价的主体，注重自我反思、自我调控和自我改进。这种多元主体评价可以充分发挥评价主体的作用，确保评价的客观公正，不仅保障了学生在学习过程中的主体地位，而且有利于评价主体间的相互交流合作，促进学生的持续发展。

（2）评价内容多元化。

在过去的学习评价中，人们过于关注一些容易用纸笔测验考查出来的知识和技能，而对于学生的更高层次的思维技能和活动表现等关注得较少，对于学生的情感、态度、个性等的关注更是少之又少。评价内容的多元化不仅体现在关注学生的学业成绩，而且要关注学生的学习过程和方法、学生学习的情感态度与价值观等方面。更全面地评价学生的综合素养，有利于学生的全面发展。

（3）评价方法多元化。

在多元评价中，除了使用传统的纸笔测验方法外，还会使用其他的评价方法，如问卷调查法、访谈法、档案袋评价法、活动表现评价法等。在具体的评价过程中，评价者根据评价的目标和内容等因素选择合适的评价方法，强调评价的操作性、真实性和情境性。

（4）强调人的发展。

在评价的价值取向上，多元评价更强调人的发展，特别是以人的多元智能和创新素质发展为本。“创新是人的生命本质”，多元评价致力于激发人内在的动机、情感态度和兴趣，注重人格的培养。

（5）强调质性评价。

多元评价强调以质性评价统整量化评价。传统的评价注重量化评价，认为量化程度越高评价越准确。但量化评价有一定的局限性，比如情感态度与价值观，以及兴趣、意志、习惯等，是很难测量出量化的结果的。多元评价提倡用质性评价统整量化评价，将质性评价和量性评价结合起来，将过程性评价和结果性评价结合起来，体现评价的真实性和全面性。

（二）发展性评价简介

1. 发展性评价的概念

发展性评价是一种形成性评价，它是针对以分等级和奖惩为目的的终结性评价的弊端而提出来的评价方法，主张面向未来，面向评价对象的发展过程。终结性评价，主要是在教学结束后进行的；而形成性评价，是在教学过程中进行的，是教学过程的有机组成部分，它是由美国著名评价专家斯克里芬于1976年首次提出来的。关注结果的终结性评价，是面向“过去”的评价；关注过程的形成性评价，则是面向“未来”、重在发展的评价。发展性评价是形成性评价的深化和发展，它由形成性评价发展而来，但比原始意义上的形成性评价更加强调以人的发展为本的思想。发展性评价的核心是重视过程，评价是主客体之间的互动过程，评价作为一项活动，存在于教师的教和学生的学之中，只有强调评价双方的沟通、协商，评价才能促进学生的发展。

2. 发展性评价的基本内涵

（1）评价的根本目的在于促进发展，淡化原有的甄别与选拔的功能，关注学生、教师、学校和课程发展中的需要，突出评价的激励与调控的功能，激发学生、教师、学校和课程的内在发展动力，促进其不断进步，实现自身价值。

（2）与课程功能的转变相适应。体现本次基础教育课程改革的精神，保障基础教育课程改革的顺利实施。

（3）体现最新的教育观念和课程评价发展的趋势。关注人的发展，强调评价的民主化和人性化的发展，重视被评价者的主体性与评价对个体发展的建构作用。

（4）评价内容综合化，重视知识以外的综合素质的发展，尤其是创新、探究、合作与实践等能力，以适应人才发展多样化的要求；评价标准分层化，关注被评价者之间的差异性和发展的不同需求，促进其在原有水平上的提高和发展的独特性。

（5）评价方式多样化，将量化评价方法与质性评价方法相结合，适应综合评价的需要，丰富评价与考试的形式，如成长记录袋、学习日记、情景测验、行为观察和开放性考试等，追求科学性、实效性和可操作性。

（6）评价主体多元化，从单向转为多向，增强评价主体间的互动，强调被评价者成为评价主体中的一员，建立学生、教师、家长、管理者、社区和专家等共同参与、交互作用的评价制度，以多渠道的信息反馈促进被评价者的发展。

（7）关注发展过程，将形成性评价与终结性评价有机地结合起来，使学生、教师、学校和课程的发展过程成为评价的组成部分；终结性的评价结果随着改进计划的确定亦成为下一次评价的起点，进入被评价者发展的进程之中。

第十章 初中化学教学评价

第一节 初中化学教学评价概述

一、初中化学教学评价定义

教学评价是依据教学目标对教学过程及结果进行价值判断并为教学决策服务的活动，是对教学活动现实的或潜在的价值做出判断的过程。教学评价是研究教师的教和学生的学的价值的过程。教学评价一般包括对教学过程中教师、学生、教学内容、教学方法手段、教学环境、教学管理诸多因素的评价，但主要是对学生学习效果的评价和教师教学过程的评价。

教学评价是课程评价的一个方面，教学评价实质上是课程在具体的学校教学环境中实施情况及结果的价值判断。

二、初中化学教学评价功能

全面、科学地了解教学评价的功能，才能树立正确的评价观。教学评价具有多种功能，其中最主要的有以下七个方面的功能。

1. 定向功能

教学评价是以教学目标为依据，判断教学活动的教育功能是否实现的一种方式。判断教师教学水平的高低，主要看他是否有效地帮助学生达到教学目标；判断学生学习成绩的好坏，主要看他达到教学目标的程度。这就促使教师和学生在进行教学活动时，必须以教学目标为准绳，保证教育过程朝着目标指引的方向发展。

2. 鉴定功能

通过教学评价，能够对学生的学习成就做出鉴定，选拔社会所需要的各种人才；也能够对教师的教育水平做出鉴定，为管理决策提供依据。

3. 诊断功能

通过教学评价，调查了解或验证教育教学过程中可能存在的各种问题，并诊断问题存在的原因，为制定解决问题的措施提供依据。

4. 调节功能

教学评价所获得的大量信息能够用于影响教育系统的各种因素之间的协调，使之更恰当地相互配合，以利于教育过程的优化。根据教学评价获得的信息，教师可以调整自己的教学内容、方法、程序，以利于学生达到教学目标要求；学生可以调整自己的学习方式，提高学习效率；教育管理部门可以制定管理措施、提高管理水平。

5. 激励功能

教学评价是对教师的劳动成果和学生的学习成果的鉴定与评价，能够给人带来精神上的满足，也会使人产生压力和动力，提高教师和学生的教与学的热情，激励他们将更多的精力投入教育教学活动。

6. 教学功能

教学评价除了能够为协调和控制教育过程提供信息之外，本身也可以作为帮助学生达到教学目标要求的一种有效手段。评价的内容一般都是教学的重点，在评价过程中，学生对这些重点内容会进一步地记忆、思考、强化，从而会巩固和发展已有的学习成果。由于激励功能的存在，教学评价的这种教学功能有时甚至比其他的教学手段更加有效。

7. 交流功能

只有在参加教学评价活动的有关人员对评价的标准有一致认识的前提下，评价活动才能顺利展开，并获得预期的成果。统一认识的过程就是一个同行交流的过程。在总结教学经验时，利用教学评价对教学活动的全面、系统和客观的描述、评价，有利于使经验更为客观、科学，因而也更有说服力，更便于经验的交流和推广。

三、初中化学教学评价类型

根据不同的标准，教学评价具有不同的分类。根据比较的标准不同，可以把教学评价分为相对评价、绝对评价和个体内差异评价；根据评价内容的不同，可以把教学评价分为过程评价和成果评价；根据评价方法的不同，可以把教学评价分为定性评价和定量评价；根据评价在教学活动中发挥功能的不同，可把教学评价分为诊断性评价、形成性评价和总结性评价。

第二节 化学教学评价的方法

一、自我教学反思

1. 自我教学反思简介

关于教学反思人们有不同的理解，其核心是对反思一词理解的不同。有的人将反思看作是对自己的思想、心理感受的思考，对自己体验过的东西的理解或描述。有的人将反思看作是一种高级认知活动，是一种特殊的问题解决过程。

我国学者认为，教学反思是指教师为实现有效教学，在教师教学反思倾向的支持下，对已经发生或正在发生的教学活动，以及这些教学活动背后的理论、假设进行积极、持续、周密、深入、自我调节性的思考，在思考过程中，能够发现、清晰表征所遇到的教学问题，并积极寻求多种方法来解决问题的过程。

可见，化学教师的自我教学反思既是一个能动的、积极的、审慎的认知加工过程，也是一个与个人化学教学的情感、对化学学科的认知、对教师专业的认同等密切相关，并相互作用的过程。在此过程中，教师不仅有智力的加工，更有职业情感、职业态度、对科学本质的理解等动力系统的支持。

化学教师的专业发展水平是其自我教学反思水平的重要表征，当面对化学课堂上的一个个教学现象、教学事件时，每一位化学教师都会察觉到，都会产生暗示，都会分析比较，但产生的观念不仅多少不同，而且质量也不同。这与教师的化学教学理论的水平相关，因而反思的过程反映了化学教师的专业发展水平。

2. 自我教学反思的内容和方式

那么，化学教师应该从哪些方面进行自我教学反思，又应如何进行自我教学反思呢?

(1) 教学反思的内容。

总结一线教师教学反思的特点，化学教师的自我教学反思一般具有以下 4 方面指向。

一是对教学设计的反思。一节课的教学设计虽然是课前精心设计的，但只有通过教学实施之后才能知道其对本班学生的适合程度。目标制定得如何，内容选择得如何，问题设计得如何等，特别是哪些设计在课堂上没能实施，哪些没有计划的内容却进入了课堂，这种调整的价值如何等问题。因而对教学设计的反思应是化学教师自我教学反思的重要内容。

二是对课堂教学行为的反思。再好的教学设计也是通过课堂上一个个教与学的行为来落实的，同一教学设计由不同的教学行为来实施会产生不同的教学效果。因此化学教师要对自己的课堂教学行为进行反思，包括讲授、提问、演示、任务布置、学生回答后的理答行为等的内容、时机把握等情况；包括安排学生活动的时长、围绕的主题等；包括教学行为之间的先后连接情况等。这对于教师教学能力、驾驭课堂能力的提升至关重要。

三是对自己对化学学科知识和化学教学的理解的反思。化学是自然科学的一个分支，具有自然科学的属性。化学教师要经常反思自己对每一点化学知识在化学学科中的地位、价值的认识是否到位，反思对科学本质的理解，反思自己对化学在人类发展过程中的作用和价值的认识和理解。因为这些认识对于一位化学教师来说是随着教学的过程而不断深化的，这些认识会从本质上影响到化学教师的教学设计和教学行为。

四是对自己教学研究状况的反思。要反思自己是如何解决教学中的难题的，是随意而为，还是尊重客观事实，用科学的态度找出其症结和解决方法；要反思自己是如何参加教学研究活动的，是只做了旁观者还是积极参与，还是与同伴碰撞出了多个值得思考和研究的化学教学火花；要反思自己是采用何种方式进行教学反思的，是想一想就行，还是做“教后记”，还是与同事讨论研究等等；还要反思自己的教学反思处于哪种水平上，是教学技术水平，还是经验分析水平，还是价值判断水平。对这些问题的反思实际上是对反思的反思，可称作“元”反思。

（2）教师自我教学反思的方式。

反思方式是指教师对具体的反思内容进行思维加工时所采取的外显的方法。从教学实践来看，化学教师自我教学反思的方式有五种。

一是在头脑中想一想。这种反思方式实际上是教师头脑中的自我内部对话，反思的水平取决于教师个人自身的理论水平和教师的自我约束能力。这种方式一般不能深刻揭示和分析所反思问题背后的真正原因，仅想一想，往往难以落实到反思的行动上，因而往往是空洞的“自我欣赏”。

二是以“教后记”的形式记录所思所想，然后自我分析。这是目前教学实践中化学教师最常用的自我教学反思形式，也是行动研究常用的一种方法。其基本内容是，在“教后记”中记录教学过程中发生的事件，分析事件发生的原因并进而设计多种解决策略。下面的案例是一位化学教师在上完“金属与金属元素”的课后在“教后记”中的教学反思。

【案例】

今天的实验课程上，我们做了铁生锈的实验，对金属元素铁进行深入的学习和探讨。课本上对铁生锈实验所需的用品有一定的要求，但是学生只是停留在了理性的认识之上，所以可以对学生补充一道前续的准备实验题。

思考一：某课外活动小组为了探究铁制品生锈的条件，进行了研究性的学习。他们准备了如下实验用品：刚洗净的4支试管、3枚铁钉、植物油、久置的蒸馏水、镊子、滤纸，还有需要的用品为________。

学生在做实验时，发现铁钉上有锈，为了迅速除去铁锈，他们进行了如下的操作：取一支试管，将生锈的铁钉放入试管内；向试管内加入2mL的稀盐酸；用试管夹夹持试管在酒精灯上加热；当铁钉上的铁锈消失并且变亮时，将试管内的废液倒入废液缸内；用镊子夹持铁钉，用蒸馏水将铁钉冲洗干净后，在酒精灯上将铁钉烘干。

（1）你认为上述操作中存在什么问题？

（2）除了给铁钉除锈外，上述给出的实验用品还有哪些不符合实验要求？应该如何处理？

为了让学生能够把所学习的知识融会贯通，灵活掌握，还可以给出一道后续的反思题。

思考二：做铁生锈实验时，试管底部出现了黑色粉末，现在有五种猜测：铁粉、氧化铁、四氧化三铁、氯化铁、几种含铁物质的混合物。

（1）你认为不做实验即可以推出的是________、________；理由分别是________

________、______________。

（2）你认为黑色粉末除了上述猜测以外，还有可能是________，理由是________________。

（3）请设计实验证明黑色粉末是不是铁粉。

这样做使学生学会由事物的表象分析事物的本质、变化，进一步培养学生综合运用知识解决问题的能力。真正做到“不仅知其然，而且知其所以然”，学生们的理解能力、动手操作能力都得到锻炼和提高。

“教后记”是一种很好的教学反思形式，在教学实践中很受广大化学教师的欢迎，有很多化学教师通过这种形式提高了自己的化学教学水平，获得了快速的专业能力发展。

三是同事合作讨论。化学教师在课余时间就自己课堂上发生的问题、困惑进行讨论，同事合作讨论要由一名骨干教师带领，使每一次的讨论围绕一定的主题来进行，并要使讨论持之以恒。同时，同事合作讨论式教学反思的顺利开展，需要民主、和谐的同事合作氛围，需要自由、开放的学术讨论环境，同时需要有计划、有安排地进行。讨论的主题要有连续性、结构性，能够通过若干次的讨论从每一位教师的思想上解决一定的问题。另外，讨论后骨干教师要给大家分配任务，把讨论的成果要么落实到文字，要么付诸实践。

同事合作讨论是目前在教学实践中广泛开展的“校本教研活动”的一种形式，深受一线教师的欢迎。

四是利用“反思指导”或“课堂教学评价量表”，对自己完成的课堂教学进行评价。然后将评价结果与他人的评价进行比较。这是一种有指导的自我反思，使化学教师的反思摆脱了盲目性，在“指导”或“量表”引导下完成自我教学反思，对教师的成长促进作用较大。

五是行动研究。教师以所遇到的问题为课题，通过多种研究方法来研究解决问题。这是教学反思的高水平形式，是系统地对教学问题以研究的思路进行的系列反思活动，是能够彻底解决教学问题的反思形式。

二、听课与评课

1．听课与评课简介

听课与评课是学校教研中最普遍、最经常发生的教师间的教学研讨活动，也是教学评价的重要方式。

化学教师专业发展的最重要的标志是其教学能力的提升。研究表明，教师的教学能力由教师的学科专业知识、教师的教学理论知识和教师的教学实践性知识三部分共同构成。在这三部分中，前两部分主要是在任职前的学校学习中获得的，而第三部分主要是在任职后的教学过程中获得的，是三部分知识中增长最快的部分。而听课评课是促进教师成长的主要手段，是教师专业发展的重要途径。

2. 听课与评课的内容和方式

（1）质性的听评课。

质性的听评课就是在听课中只定性地观察和记录课堂现象，在课堂活动之后教师们再一起对教学的方式、方法，对教学内容的把握，对课堂教学的效果等方面进行定性的探讨。

定性观察可以对课堂的全貌做总体的关注，也可以对自己感兴趣的课堂活动的某一方面，如某一种现象、某一种行为做专项的观察。质性的听评课应着重关注以下方面的问题：

①从学生的学习成效看，这节课实现的教学目标有哪些？这些目标恰当吗？还有可改进的余地吗？

②该教师教学的基本技能如何？优势是什么？劣势是什么？

③除课本外，教师开发利用了哪些课程资源？（如社会生活、生产实践、新闻事件、学生经验、教师经验、课堂中的偶发事件等）这些资源的筛选、组织如何？

④课堂中，教师提出了哪些驱动性的问题，用以引发学生的思考和讨论？

⑤课堂中，学生提出了哪些有探究价值的问题和解决问题的方案，或根据事实、资料进行了哪些科学抽象？

⑥在课堂中，该教师运用了哪些方式对学生的学习活动进行评价？这些评价起到了什么作用？还可以有什么改进？

⑦在学生充分讨论和思考的基础上，教师是如何抓住有利的时机、实事和证据对学生进行有效的认知干预，促使其认识和观点获得发展的？

⑧这节课最大的特点是什么？最成功的是什么？最遗憾的是什么？

⑨从这节课中发现的化学课程实施中需继续研究的问题是什么？

有学校开发出了定性观察课堂的要点表，分为4个维度、20个观察视角，为我们观察化学课堂提供了很有价值的参考（分别见表4－10－1、表4－10－2、表4－10－3、表4－10－4）。

表4－10－1　课堂观察要点表——学生学习维度（维度一：学生学习）

视角	观察点举例
准备	课前准备了什么？有多少学生做了准备？ 怎样准备的？（指导、独立、合作）学优生、学困生的准备习惯怎样？ 任务完成得怎样？（数量、深度、正确率）
倾听	有多少学生倾听老师的讲课？倾听多长时间？ 有多少学生倾听同学的发言？能复述或用自己的话表达同学的发言吗？ 倾听时，学生有哪些辅助行为？（记笔记、查阅、回应）有多少人发生这些行为？

续上表

视角	观察点举例
互动	有哪些互动、合作行为？有哪些行为直接针对目标的达成？ 参与提问及回答的人数、时间、对象、过程、结果怎样？ 参与小组讨论的人数、时间、对象、过程、结果怎样？ 参与课堂活动（小组、全班）的人数、时间、对象、过程、结果怎样？ 互动、合作习惯怎样？出现了怎样的情感行为？
自主	自主学习的时间有多少？有多少人参与？学困生的参与情况怎样？ 自主学习的形式（探究、记笔记、阅读、思考、练习）有哪些？各有多少人？ 自主学习有序吗？学优生、学困生的情况怎样？
达成	学生清楚这节课的学习目标吗？有多少人清楚？ 课中有哪些证据（观点、作业、表情、板演、演示）证明目标达成？ 课后抽测有多少人达成目标？发现了哪些问题？

表 4-10-2　课堂观察要点表——学生文化维度（维度二：教师教学）

视角	观察点举例
环节	教学环节是怎样构成的？（依据、逻辑关系、时间分配） 教学环节是怎样围绕目标展开的？是怎样促进学生学习的？ 有哪些证据（活动、衔接、步骤、创意）证明该教学设计是有特色的？
呈现	讲解效度（清晰、结构、契合主题、简洁、语速、音量、节奏）怎样？有哪些辅助行为？ 板书呈现了什么？是怎样促进学生学习的？ 多媒体呈现了什么？是怎样呈现的？是否适当？ 动作（实验、制作、示范动作）呈现了什么？是怎样呈现的？体现了哪些规范？
对话	提问的时机、对象、次数和问题的类型、结构、认知难度怎样？ 候答时间是多少？回答方式、内容怎样？有哪些辅助方式？ 有哪些话题？话题与学习目标的关系怎样？
指导	怎样指导学生自主学习？（读图、读文、作业、活动）结果怎样？ 怎样指导学生合作学习？（分工、讨论、合作、作业）结果怎样？ 怎样指导学生探究学习？（实验、课题研究、作业）结果怎样？
机智	教学设计有哪些调整？结果怎样？ 如何处理来自学生或情境的突发事件？结果怎样？ 呈现哪些非言语行为？（表情、移动、体态语、沉默）结果怎样？

表 4-10-3 课堂观察要点表——课程性质维度（维度三：课程性质）

视角	观察点举例
目标	预设的学习目标是怎样呈现的？目标陈述体现了哪些规范？ 目标是根据什么（课程标准、学生、教材）预设的？是否适合该班学生的水平？ 课堂有无生成新的学习目标？是怎样处理新生成的目标的？
内容	是怎样处理教材的？采用了哪些策略（增、删、换、合、立）？ 怎样凸显本期的特点思想、核心技能以及逻辑关系？ 容量适合该班学生吗？如何满足不同学生的需求？ 课堂中生成了哪些内容？怎样处理？
实施	预设哪些方法？（讲授、讨论、活动、研究、互动）与学习目标的适合度如何？ 怎样体现本学科特点？有没有关注学习方法的指导？ 创设了什么样的情境？结果怎样？
评价	检查学习目标所采用的主要评价方式有哪些？ 如何获取教学过程中的评价信息？（回答、作业、表情） 如何利用所获得的评价信息？
资源	预设哪些资源？（师生、文本、实物与模型、实验、多媒体）怎样利用？ 生成哪些资源？（错误、回答、作业、作品）怎样利用？ 向学生推荐哪些课外资源？可获得程度怎样？

表 4-10-4 课堂观察要点表——课堂文化维度（维度四：课堂文化）

视角	观察点举例
思考	学习目标怎样体现高级认知技能？（解释、解决、迁移、综合、评价） 怎样以问题驱动教学？怎样指导学生独立思考？怎样对待学生思考中的错误？ 课堂、班级规则中有哪些条目体现或支持学生的思考行为？
民主	课堂话语（数量、时间、对象、措辞、插话）是怎样的？怎样处理不同意见？ 学生课堂参与情况（人数、时间、结构、程度、感受）是怎样的？ 师生行为（情境设置、叫答机会、座位安排）怎样？师生、生生间的关系怎样？ 课堂、班级规则中有哪些条目体现或支持学生的民主行为？
创新	教学设计、情境创设与资源利用是怎样体现创新的？ 课堂有哪些奇思妙想？学生如何表达和对待？ 课堂环境布置（空间安排、座位安排、板报、功能区）是怎样体现创新的？ 课堂、班级规则中有哪些条目体现或支持学生的创新行为？

续上表

视角	观察点举例
关爱	学习目标怎样面向全体学生？怎样关注不同学生的需求？ 怎样关注特殊学生（学习困难、残障、疾病）的学习需求？ 课堂话语（数量、时间、对象、措辞、插话）、行为（叫答机会、座位安排）怎样？ 课堂、班级规则中有哪些条目体现或支持学生的关爱行为？
特质	在哪些方面（环节安排、教材处理、导入、教学策略、学习指导、对话）体现特色？ 教师体现了哪些优势？（语言、学识、技能、思维、敏感性、幽默、机智、情感、表演） 师生、生生关系（对话、话语、行为、结构）体现了哪些特征？（平等、和谐、民主等）

（2）量化的听评课。

量化的听评课就是对课堂中的教学现象做定量的记录，然后根据记录的数据对课堂教学做出分析。这种记录可以是就课堂中某一种行为进行，也可以是对某种现象做定量的记录，还可以根据某种量表对化学课堂的全貌做出量化打分，然后再分析。

如某位化学教师对 3 节化学课堂中的提问行为进行了记录，他共记录到 156 次提问，耗时 2 582 s，平均每次 16.55 s，平均每节课 5.2 次，每节课提问所占的时长为 86.07 s。除此之外还将提问行为分为提问原理、提问事实、提问方法、提问结论、提问概念 5 类进行了统计和分析。统计结果如图 4－10－1 所示。

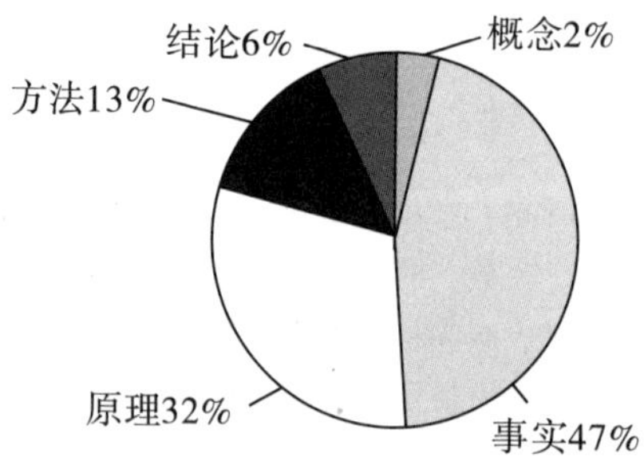

图 4－10－1　提出问题的内容以数次计量的分布

从统计分析可以看出，目前化学课堂上提问的内容以问事实为主，占总提问数量的 47%，问事实实际上是问同学对化学事实的记忆，而有较高思考价值的方法、结论等被提问得很少，分别只占总次数的 13% 和 6%。

表 4－10－5 是一个对初中化学课堂进行量化评价的量表。该表由评价项目、评价

指标和得分3部分构成，评价指标分为一级和二级两个层级，一级指标为推测指标，二级指标为观察指标。评价项目有教学目标、教学内容、教学方式、教师行为、教学评价和教学效果6个方面，可见，评价项目较好地覆盖了新课程化学课堂教学活动的各个方面。最后一个项目“凸显特点”不在评价项目的总分100分之内，是要评价者根据化学课堂的总体情况，进行整体判断有无突出的特点。

表4－10－5 初中化学课堂教学评价量表

评价项目	评价指标		得分	
	一级指标	二级指标		
教学目标（12分）	全面性（4分）	目标包含知识与技能、过程与方法、情感态度与价值观3个维度		
	可行性（4分）	目标准确、具体，适合学生的发展水平		
	引导性（4分）	教师适时展示目标，学生学习过程受目标引导		
教学内容（24分）	课程资源开发充分（6分）	教师利用了教材、社会、生活、校园周围、师生经验等各种素材		
	内容选择恰当（6分）	教学内容都为目标落实服务，容量合理		
	内容组织有序（6分）	教师按一定主线组织所选素材，层次逻辑关系清楚		
	内容呈现形式多样（6分）	采用文本、实物、实验、讨论、信息技术等多种形式呈现教学内容		
教学方式（26分）	创设学习情境（6分）	师生共同创设真实、生动的学习情境，激活已有经验和感情		
	组织学生全方位参与（5分）	学生做实验，在合作中进行自主探究		
	教师问题意识强烈（5分）	学生学习受高质量问题的驱动，能提出有价值的新问题或解决问题的方案		
	培养学生的科学方法（5分）	学生运用比较、分类、归纳、概括等方法得出结论，能得到教师的恰当指导		
	激发学生情感参与（5分）	学生对自然现象、化学实验、科学知识有强烈的兴趣和探究愿望，体验学习过程的快乐和成功的喜悦		

续上表

评价项目	评价指示		得分	
	一级指标	二级指标		
教师行为（15分）	教师教学的基本素质（5分）	教师有较好的语言表达、板书、演示、实验技能、体态语等素质		
	积极的激励与期待（5分）	学生表现能及时得到强化，意见被尊重，得到积极的教师期待		
	恰当的课堂管理（5分）	课堂时间利用率高，学生问题行为得到恰当处理		
教学评价（10分）	评价形式多样（5分）	学生学习活动评价采用自我评价、活动表现评价、命题评价等多种形式		
	评价内容全面（5分）	既评价学生知识的获得，又评价其参与状态		
教学效果（13分）	目标调整价值（4分）	教学设计中的学习目标都能完成和实现		
	目标调整价值高（4分）	目标调整的时机恰当，对课程总目标的落实价值高		
	促进学生全面发展（5分）	与前、后课配合，使全体学生的科学素养在原有基础上有所发展		
凸显特点	新课程理念凸显			

前已述及，单纯的量化评价难以全面反映化学课堂的全貌，把鲜活的化学课堂转化为僵硬的数字，会损失掉很多的课堂信息。同时分数的多少也不具有绝对的好与差的含义，一节得85分的课与一节得83分的课难以说清有多大的差别。

因此，量化评价需要与质性评价结合起来，发挥各自的优势，全面观察和审视化学课堂现象，对课堂的设计、行为、活动等以三维目标的实现为标准做出客观的判断。

三、其他评价方法

依据不同的分类标准，可以对教学评价种类做不同的划分。

（1）按照评价基准的不同，可将教学评价分为相对评价、绝对评价和个体内差异评价。

①相对评价。相对评价又叫常模参照评价，是在被评价对象的群体中建立基准（通常以该群体的平均水平作为这一基准），然后把该群体的各个对象逐一与基准进行比较，以判断该群体中每一成员的相对优劣。

相对评价具有甄选性强的特点，因而可以作为选拔人才、分类排队的依据。它的缺点是不能明确展示学生的真正水平，不能表明他在学业上是否达到了特定的标准，对于个人的努力状况和进步的程度也不够重视。

②绝对评价。绝对评价又叫目标参照评价，是将教学评价的基准建立在被评价对象的群体之外（通常是以教学大纲规定的教学目标为依据来制定这一基准），再把该群体中每一成员的某方面的知识和能力与基准进行比较，从而判定其优劣。

绝对评价可以衡量学生的实际水平，了解学生对知识、技能的掌握情况，宜用于升级考试、毕业考试和合格考试。它的缺点是不适用于甄选人才。

③个体内差异评价。个体内差异评价是指把评价对象个体的过去与现在的成绩进行比较，或把个人有关侧面进行相互比较判断的评价。主要有两种方法：一是把评价对象的现在与过去进行比较；二是把评价对象自身的不同侧面进行比较。

个体内差异评价的最大优点是充分体现了尊重个体差异的因材施教原则，适当减轻了被评价对象的压力。但是，由于评价本身缺乏客观标准，不易给评价对象提供明确目标，难以发挥评价的应有功能。

（2）按照评价功能的不同，可将教学评价分为诊断性评价、形成性评价和总结性评价。

①诊断性评价。诊断性评价也称“教学前评价”，一般是指在某项教学活动前对学生的知识、技能以及情感等状况进行的预测。通过这种预测可以了解学生的知识基础和准备状况，以判断他们是否具备实现当前教学目标所要求的条件，为实现因材施教提供依据。

在教学活动中，诊断性评价的主要功能是：检查学生的学习准备程度；决定对学生的适当安置；辨别造成学生学习困难的原因。

②形成性评价。形成性评价是在某项教学活动中，为了更好地达到教学目标、取得最佳教学效果而不断进行的评价，它能用来及时了解某阶段教学的结果和学生学习的进展情况以及存在的问题，因而可据此及时调整和改进教学活动。形成性评价在教学中用得最频繁，一节课或一个知识点之后的小测验就是一种形成性评价。从形成性评价采用的基准上看，它属于绝对评价，即用于判断前一段教学工作是否达到了教学目标的要求。课堂教学过程中进行的评价主要是形成性评价，对于提高教学质量来说，形成性评价比总结性评价更有实际意义。

在教学活动中，形成性评价的主要功能是：改进学生的学习；为学生的学习定步；强化学生的学习；给教师提供反馈。

③总结性评价。总结性评价又称“事后评价”，一般是在教学活动告一段落后，为了解教学活动的最终效果而进行的评价。学期末或学年末进行的各科考试、考核都属于这种评价，其目的是检查学生的学业是否最终达到了教学目标的要求。总结性评价重视的是结果，借此对评价者做出全面鉴定，区分出等级，并对整个教学活动的效果做出评定。

在教学活动中，总结性评价的主要功能是：评定学生的学习成绩；展现学生掌握知识、技能的程度和能力水平以及达到教学目标的程度；确定学生在后续教学活动中的学习起点；预言学生在后续教学活动中成功的可能性；为制订新的教学目标提供依据。

（3）按照评价方法的不同，可将教学评价分为定性评价与定量评价。

①定性评价。定性评价是对评价材料做“质”的分析，运用的是分析、综合、比较、分类、演绎、归纳等逻辑分析方法，分析结果是没有量化的描述性资料。

②定量评价。定量评价是对评价材料做“量”的分析，运用的是数理统计、多元分析等数学方法，从纷繁复杂的评价数据中提取出规律性的结论来。由于定量评价的方向、范围必须由定性评价来确定，所以定性评价与定量评价两者必须结合起来，互相补充，不可偏废。

（4）按照评价目的不同，可将教学评价划分为决策性评价、研究性评价和工作性评价。

①决策性评价。决策性评价一般是指教育行政部门或委托的专门机构所做出的评价。主要是针对课程与社会、课程与教学改革、课程与学生等宏观性、整体性问题进行的评价。目的是判断课程与教学的价值和社会效益，为调整课程与教学的法律法规和重大决定提供信息。

②研究性评价。研究性评价主要指教育理论工作者为了新课程与教学的改革和发展，对现行课程与教学的情况进行的评价。旨在从理论与实践的结合上进行探讨，提出改进课程与教学的意见和建议。

③工作性评价。工作性评价是教师对教学是否达到预定的教学目标和任务而进行的评价。它主要关注课程教学对学生的直接影响以及学生在知识、技能、价值观等方面的变化。

（5）按照评价主体的不同，可将教学评价分为自我评价与外部评价。

①自我评价。自我评价是指根据评价指标，参照一定的标准，由自己进行的评价。主要是通过自觉的反思、检查等形式进行的。自我评价通常具有较高的准确性，有利于增强自我评价意识和评价能力，及时改进工作。

②外部评价。外部评价是指除自己以外的其他人员对评价对象的评价。这种评价能客观地反映评价对象的实际情况，有助于对课程与教学有更宏观和理性的把握。

课程与教学评价的分类都是相对的，各种评价之间也都是优劣互补的。因此，在实际工作中，只有辩证地对待每种评价方式，合理地发挥各评价方法的作用，才能从整体上提高教学评价的水平，有效地促进教师、学生的成长与发展。

参考文献

[1] 郑长龙，孙佳林. “素养为本”的化学课堂教学的设计与实施［J］. 课程·教材·教法，2018，38（4）：71－78.

[2] 周业虹. 基于发展化学学科核心素养的教学设计案例分析［J］. 化学教学，2016（8）：36－39.

[3] 毕华林，崔素芳. 促进“观念建构”的化学教学设计［J］. 中学化学教学参考，2011（8）：3－6.

[4] 王磊，张毅强，乔敏. 观念建构为本的化学教学设计研究［J］. 化学教育，2008（6）：7－12.

[5] 叶澜，吴亚萍. 改革课堂教学与课堂教学评价改革：“新基础教育”课堂教学改革的理论与实践探索之三［J］. 教育研究，2003（8）：42－49.

[6] 许茂勇. 初中化学课堂教学有效性的实施策略［J］. 南昌教育学院学报，2011，26（7）：122－123.

[7] 张春莉. 从建构主义观点论课堂教学评价［J］. 教育研究，2002（7）：37－41.

[8] 姚蕾，闻勇. 对我国体育教学评价的理论思考［J］. 北京体育大学学报，2002（1）：92－94.

[9] 赵明仁，王嘉毅. 促进学生发展的课堂教学评价［J］. 教育理论与实践，2001，21（10）：41－44.

[10] 李定仁，刘旭东. 教学评价的世纪反思与前瞻［J］. 教育研究，2001（2）：44－49.

[11] 黄海燕. 基于发展初中生化学学科核心素养的“分子”教学设计：分子构成物质的模型建构与应用［J］. 化学教育（中英文），2020，41（23）：27－32.

[12] 傅永超，王祖浩. 基于科学建模的化学教学设计：以“燃烧的条件”为例［J］. 化学教学，2020（4）：41－45.

[13] 叶婉，李婉冰，姜建文. 发展学生“证据推理与模型认知”素养的教学实践：以“燃烧与灭火”为例［J］. 化学教学，2021（3）：57－62.

[14] 侯肖，胡久华. 在常规课堂教学中实施项目式学习：以化学教学为例［J］. 教

育学报，2016，12（4）：39－44.

[15] 杨传宇. 探析初中化学生态课堂互动教学之实施策略［J］. 科教文汇（下旬刊），2013（7）：159－160.

[16] 裴新宁. 面向学习者的化学教学设计［D］. 上海：华东师范大学，2003.

[17] 宁靖姝. 专家型—新手型中学化学教师课堂教学设计与实施的个案比较研究［D］. 长春：东北师范大学，2010.

[18] 姬波. 化学课堂差异教学模式建构与实施［D］. 西安：陕西师范大学，2007.

[19] 王顺. “情境探究教学”在高中化学课堂教学中的实施研究［D］. 兰州：西北师范大学，2006.